湖北省高等学校哲学社会科学研究重大项目（省社科基金前期资助项目）资助，
项目编号：20ZD069

大数据促进
湖北农业供给侧结构性改革研究

林宏伟 ◎ 著

华中科技大学出版社
http://press.hust.edu.cn
中国·武汉

图书在版编目（CIP）数据

大数据促进湖北农业供给侧结构性改革研究/林宏伟著.—武汉：华中科技大学出版社，2024.4
ISBN 978-7-5772-0652-3

Ⅰ.①大… Ⅱ.①林… Ⅲ.①农业改革-研究-湖北 Ⅳ.①F327.63

中国国家版本馆 CIP 数据核字（2024）第 060173 号

大数据促进湖北农业供给侧结构性改革研究 林宏伟 著
Dashuju Cujin Hubei Nongye Gongjice Jiegouxing Gaige Yanjiu

策划编辑：袁　冲
责任编辑：狄宝珠
封面设计：孢　子
责任监印：朱　玢
出版发行：华中科技大学出版社（中国·武汉）　　电话：(027)81321913
　　　　　武汉市东湖新技术开发区华工科技园　　邮编：430223
录　　排：武汉创易图文工作室
印　　刷：武汉市洪林印务有限公司
开　　本：710 mm×1000 mm　1/16
印　　张：21.25
字　　数：405 千字
版　　次：2024 年 4 月第 1 版第 1 次印刷
定　　价：69.00 元

本书若有印装质量问题，请向出版社营销中心调换
全国免费服务热线：400-6679-118　竭诚为您服务
版权所有　侵权必究

前　言

大数据与供给侧结构性改革是我国现阶段经济发展的重大战略部署,基于大数据潜在的巨大影响,很多国家和国际组织都将大数据视作战略资源,在前沿技术研发、数据开放共享、隐私安全保护、人才培养等方面进行前瞻性布局。湖北省委、省政府积极贯彻和落实国家大数据战略方针,积极推进基于大数据的农业供给侧结构性改革,探索农业产业数字化和数字农业产业化的新路径、新模式,促进数字技术与农业产业融合发展,加大"数智移云"现代信息技术在农业领域的应用,建立健全农业基础数据资源体系,搭建省级农业农村大数据综合平台,提升数字农业整体发展水平,用数字化引领驱动农业现代化加速发展,为实现乡村全面振兴提供有力支撑。

尽管湖北在大数据与农业供给侧结构性改革方面已取得显著成果,但与国内先进地区相比,仍存在一定差距。当前,湖北在推进数字农业发展中面临数据整合共享不足、应用动力缺乏、应用场景有限、资源投入不够及专业人才短缺等挑战。同时,农业供给侧结构也面临结构调整和转型升级的艰巨任务,产品供给质量有待提高,农产品品牌建设需进一步加强。新兴农业产业对经济增长的贡献度尚待提升,新旧动能转换仍需时间。

农业大数据在农业生产和管理方面的应用将极大地推进农业产业发展和供给侧结构性改革。本书对湖北省农业供给侧结构及农业数字化水平进行深入分析和评价,针对湖北省大数据促进农业供给侧结构性改革的优势和挑战,给出了大数据促进湖北农业供给侧结构性改革的路径和对策,推进湖北省农业高质量发展,促进湖北省乡村全面振兴。

本书分为九章。第一章为绪论,对国内外相关研究动态做梳理,提出研究思路、研究内容、研究方法和主要创新点等。第二章为大数据与供给侧结构性改革理论基础,从经济学理论、需求层次理论、SAM战略匹配模型的角度分析了供给侧结构性改革的理论,分析了大数据促进经济发展的原理,构建了大数据促进供给侧结构性改革模型。第三章为农业大数据与农业供给侧结构性改革逻辑与架构,对农业供给侧结构性改革进行了逻辑解析,研究了农业供给侧结构性改革的动力机制。第四章为国内外大数据促进农业供给侧结构性改革实践。第五章为湖北省农业供给侧结构性分析。第六章为湖北省农业供给侧结构性改革实践。第七章为湖北省大数据促进农业供给侧结构性改革环境分析。第八章为基于"四力驱动"探索大数据促进农业供给侧结构性改革路径。第九章为大数据促进湖北农业供给侧结构性改革对策。

本书的完成得到了湖北省高等学校哲学社会科学研究重大项目(省社科基金前期资助项目)资助(项目编号:20ZD069),以及湖北医药学院卫生管理与卫生事业发展研究中心和课题组全体老师的大力支持。在此,谨向所有为本书提供帮助的人员表示衷心感谢。同时,也要感谢华中科技大学出版社相关编辑的辛勤付出,使得本书能够顺利出版。

林宏伟

2024 年 3 月

目 录

第一章 绪论 …………………………………………………………（1）
    第一节 研究背景、目标及意义 ……………………………………（2）
    第二节 国内外相关研究动态 ………………………………………（5）
    第三节 研究思路、内容及方法 ……………………………………（13）

第二章 大数据与供给侧结构性改革理论基础 …………………（18）
    第一节 大数据与供给侧结构性改革内涵 ………………………（19）
    第二节 大数据促进供给侧结构性改革理论分析 ………………（36）

第三章 农业大数据与农业供给侧结构性改革逻辑与架构 ……（60）
    第一节 农业大数据的概念与内涵 ………………………………（61）
    第二节 大数据在农业中的应用 …………………………………（65）
    第三节 农业供给侧结构性改革 …………………………………（69）
    第四节 大数据在农业供给侧结构性改革中的作用 ……………（91）
    第五节 大数据促进农业供给侧结构性改革的系统架构 ………（113）

第四章 国内外大数据促进农业供给侧结构性改革实践 ………（125）
    第一节 发达国家及地区农业大数据发展主要经验 ……………（126）
    第二节 国外大数据农业成功经验的借鉴与启示 ………………（135）
    第三节 大数据综合试验区建设经验借鉴与启示 ………………（138）

第五章 湖北省农业供给侧结构性分析 …………………………（173）
    第一节 湖北省农业产业供给结构变化 …………………………（174）
    第二节 湖北省农业现代化供给结构变化 ………………………（191）
    第三节 湖北省数字农业发展变化 ………………………………（199）

第六章　湖北省农业供给侧结构性改革实践 (211)
第一节　加强农业供给侧结构性改革,提升全省农业经济发展质量 (212)
第二节　实施大数据战略行动,探索农业供给侧结构性改革有效途径 (221)

第七章　湖北省大数据促进农业供给侧结构性改革环境分析 (233)
第一节　大数据促进湖北省农业供给侧结构性改革的作用 (234)
第二节　湖北省农业大数据促进农业供给侧结构性改革的环境分析 (239)
第三节　湖北省农业供给侧结构评价与分析 (253)

第八章　基于"四力驱动"探索大数据促进农业供给侧结构性改革路径 (263)
第一节　支撑动力驱动——夯实大数据信息基础设施 (264)
第二节　内生动力驱动——大数据促进农业实体经济发展 (267)
第三节　外生动力驱动——大数据促进内陆开放型经济发展 (274)
第四节　调控动力驱动——大数据促进政府效能提升 (282)

第九章　大数据促进湖北农业供给侧结构性改革对策 (293)
第一节　提升农产品有效供给能力 (294)
第二节　推进农业产业链供应链现代化水平提升 (301)
第三节　推进智慧农业应用场景示范建设 (312)
第四节　大数据提升生态农业产品供给 (319)
第五节　建设高素质大数据人才队伍 (324)

参考文献 (330)

第一章 绪 论

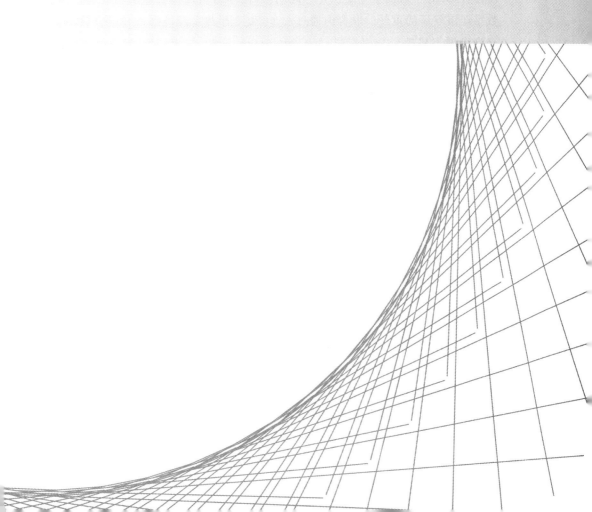

第一节 研究背景、目标及意义

一、研究背景

大数据与供给侧结构性改革被确立为我国当前经济发展的核心战略。鉴于大数据的巨大潜力,诸多国家和国际组织均将其视为关键的战略资源,并前瞻性地在前沿技术研发、数据开放共享、隐私安全保护以及人才培养等多个领域进行布局。美国在2012年便率先启动了大数据研究与发展计划,随后,日本、英国等众多国家也紧随其后,推出了相应的大数据行动计划。中国信息通信研究院的研究报告显示,至2018年,英国、美国、德国的数字经济已在 GDP 中占据主导地位。与此同时,国际组织也积极承担起推动全球数字经济发展的重任。联合国通过发布《2019年数字经济报告》对全球数字经济发展态势进行全面审视,而 G20(Group of 20,二十国集团)、金砖国家等国际组织也将数字经济作为核心议题,通过发布一系列成果性文件,共同为全球数字经济拓展更广阔的发展空间。

习近平总书记站在大数据战略的高度,为网络强国建设制定了深远的规划。他明确指出:"加快数字中国建设,就是要适应我国发展新的历史方位,全面贯彻新发展理念,以信息化培育新动能,用新功能推动新发展,以新发展创造新辉煌。"这一战略思维彰显了我国在新时代的使命与担当。2017年5月,在"一带一路"国际合作高峰论坛开幕式上,习近平总书记强调了创新驱动发展的重要性,并特别提到了数字经济、人工智能等前沿领域的合作。他倡导建设21世纪的数字丝绸之路,通过大数据、云计算和智慧城市的建设,加强沿线国家的互联互通。同年12月,在第十九届中央政治局第二次集体学习时,习近平总书记进一步指出,领导干部要具备获取、分析和运用数据的能力,这是新时代的基本要求。他鼓励大家加强学习,深入理解大数据,提高利用数据推进工作的能力,从而更好地把握大数据的发展规律。2018年4月,在全国网络安全和信息化工作会议上,习近平总书记再次强调了发展数字经济的重要性。他要求加快数字产业化进程,利用互联网新技术对传统产业进行全面改造,提高全要素生产率,释放数字经济的巨大潜力。同时,他还强调了互联网、大数据、人工智能与实体经济的深度融合,推动制造业、农业、服务业的数字化、网络化和智能化发展。

湖北省委、省政府对国家大数据战略方针的积极贯彻与落实,彰显了其在新时代信息化建设和经济发展中的前瞻性和决心。2016 年,湖北省充分认识到大数据作为重要资源的价值,并据此制定了《湖北省大数据发展行动计划(2016—2020 年)》,旨在通过科学规划和有效利用大数据,推动全省的经济社会转型升级和跨越式发展。立足于湖北省在区位、交通、人才等方面的固有优势,以及信息化、大数据产业发展的先发优势,该行动计划旨在打破数据资源壁垒,深化数据资源应用,坚持"以用促建、建以致用、产用结合"的发展思路。这意味着,湖北省不仅重视大数据的基础设施建设,更注重数据的实际应用和产业发展,确保大数据技术与实体经济深度融合,为政府治理、公共服务、产业发展等各个领域提供有力支撑。通过加快推进大数据在政务管理、经济发展、民生服务等领域的广泛应用,湖北省旨在构建一个政府治理科学化、公共服务便利化、数据资源市场化、产业发展体系化的大数据应用先行区和创新引领示范区。这一目标的实现,将有力促进全省的经济社会转型升级,为跨越式发展提供坚实基础。

湖北省在推动数字农业和数字经济方面展现出了前瞻性和决心。通过结合农业发展实际,积极探索农业产业数字化和数字农业产业化的新路径和新模式,湖北省正努力促进数字技术与农业产业的深度融合发展。《湖北省数字农业发展"十四五"规划》的部署显示,湖北省正加大物联网、云计算、大数据、移动互联、人工智能、区块链、5G 等现代信息技术与智能化装备在农业领域的应用,旨在建立健全农业基础数据资源体系,搭建省级农业农村大数据综合平台。这不仅有助于提升数字农业整体发展水平,更以数字化引领驱动农业现代化加速发展,为实现乡村全面振兴提供有力支撑。而《湖北数字经济强省三年行动计划(2022—2024 年)》的颁布和出台,更是体现了湖北省将数字经济作为推动新一轮高质量发展的核心动能的决心。该行动计划强调以数据为关键要素,推动数字技术与实体经济深度融合,加速产业融合,释放数字经济新动能,推动"数字化""绿色化"协同发展。在农业数字化应用领域方面,湖北省要求加快推进 5G、人工智能、北斗导航等新一代信息技术在农业领域的应用,针对小龙虾、柑橘、茶叶、生猪、禽蛋、蔬菜等优势特色农业产业,开展单品种全产业链数字赋能行动。这一举措不仅有助于整合各级涉农数据资源,搭建管理平台,实现精准化管控、智慧化发展,更为湖北农业产业的现代化和高质量发展注入了新动力。

在"数智移云"时代,湖北省作为农业大省,展现出极高的敏锐度和行动力,抢抓数字经济发展战略机遇,通过实施"补短板、强基础、促应用"行动,加速数字技术和智能化装备在农业生产、经营、管理和服务全领域的融合与应用。这一战略部署不仅积极响应和贯彻了国家大数据发展战略行动,还以《湖北省数字经济发展"十四五"规划》《湖北省数字农业发展"十四五"规划》《湖北省推进农业农村现代化"十四五"规划》《湖北省数字经济强省三年行动计划(2022—2024年)》等规划为行动指南,确保全省数字经济发展有章可循、有序推进。通过大数据行动的推进,湖北省正致力于深化供给侧结构性改革,提升全省农业产业链供应链现代化水平,推动农业产业高质量发展。这一战略的实施,不仅有助于提升农业生产的智能化、精准化水平,还将促进农业经营模式的创新,加强农业管理效率,优化农业服务体验。在数字技术的驱动下,湖北省农业产业链供应链将实现更加高效、透明的运作,为农业生产者、经营者和消费者创造更大价值。同时,这也将有力推动湖北省农业产业的整体转型升级,为实现农业现代化、农村振兴和农民增收提供有力支撑。

二、研究目标

湖北省在当前的大数据战略行动及农业供给侧结构性改革发展方面,与发达地区相比,展现出了巨大的增长潜力。本书对湖北省如何利用大数据促进农业供给侧结构性改革进行了深入系统的研究,不仅丰富了创新、国家大数据发展、后发优势及供给侧结构性改革理论等,还为湖北省在互联网、数字农业、农业信息化、大数据、人工智能时代的产业转型升级发展路径及对策提供了有益的探索。这一研究不仅有助于切实提高湖北省特色优势农业产业的有效供给,推动农业产业链供应链现代化水平的提升,还为政策制定者提供了理论依据和决策支撑。同时,湖北省在这些领域的实践经验和成果,也能为国家大数据战略、数字农业发展战略以及农业供给侧结构性改革提供宝贵的借鉴。

三、研究意义

以大数据促进湖北省农业供给侧结构性改革实现路径为研究核心,不仅对于推动湖北省农业产业的高效发展、提升农业产业链供应链的现代化水平及国际、国内竞争力具有重大的实践意义,同时也为湖北省农业大数据战略的实施以及政府在农业供给侧结构性改革政策制定方面提供了宝贵的理论支撑和实践指导。

学术价值:本研究从经济学理论、需求层次理论、SAM战略匹配模型等多维度深入探讨了大数据在促进湖北省农业供给侧结构性改革中的关键作用,通过系统分析农业供给与需求之间的结构关系,不仅丰富了大数据与农业供给侧结构性改革的理论体系,还为湖北省在农业产业健康发展、大数据农业治理、数字农业、智慧农业等领域的理论研究提供了有力的补充。

实践应用价值:本研究紧密结合党的十九大报告及习近平总书记在湖北考察时的重要讲话精神,紧密结合湖北实际,深入探讨了大数据对湖北农业供给侧结构性改革的具体影响。首先,从政府决策层面,研究成果为湖北省委、省政府及相关部门提供了决策参考,有助于更加科学、精准地制定农业政策。其次,从产业层面,本研究为全国及湖北省在农业信息化、农业数字化、智慧农业等领域的政策制定提供了有益借鉴,有助于推动农业产业的转型升级和高质量发展。最后,从企业层面,通过深入分析农业产业链供应链的供需结构,为湖北省内企业在转型升级、降本增效、提升农业产业链供应链现代化水平等方面提供了实践指导。

第二节　国内外相关研究动态

一、供给侧结构性改革理论及实践应用

1.供给侧改革理论渊源与历史演进

供给侧的政策管理思想历史悠久,其理论根源可追溯到亚当·斯密的经典著作《国富论》。斯密强调劳动力和资本等生产要素在经济发展中的核心作用,并特别关注"供给侧"的效率问题。他坚信市场机制具有自我调节的能力,主张政府避免对经济进行过度干预。这一观点为后来的供给侧结构性改革提供了坚实的理论基础。随后,法国经济学家让·巴蒂斯特·萨伊在他的《政治经济学概论》中提出了著名的"萨伊定律",即供给会自动创

造需求。这一理论进一步强调了供给在经济活动中的重要性,并为供给经济学的发展奠定了重要基础。虽然"萨伊定律"在某些方面存在争议,但它无疑为后来的经济学家提供了宝贵的启示。然而,20世纪30年代的经济大萧条对"萨伊定律"提出了挑战。美国的经济危机以失业和生产过剩为特征,与"萨伊定律"的观点相悖。在这一背景下,英国经济学家约翰·梅纳德·凯恩斯提出了基于"有效需求"管理的宏观经济调控理论,为美国治理经济危机提供了有力的理论支持。但随着时间的推移,凯恩斯经济学在面临20世纪70年代"滞胀"型经济危机时显得无能为力。此时,以供给经济学为核心的新理论和政策应运而生,旨在恢复美国经济的稳定发展。这些理论和政策重新审视了供给因素在经济发展中的作用,为后来的供给侧结构性改革提供了新的思路。

随着20世纪70年代西方资本主义国家普遍陷入"滞胀"的困境,一系列反对政府干预、强调供给管理的理论开始崭露头角。其中,以拉弗为代表的供给学派、以弗里德曼为代表的货币主义学派、以卢卡斯为代表的理性预期学派、以科斯为代表的产权学派、以布坎南为代表的公共选择学派等,都重新肯定了"萨伊定律"的价值。这些学派批判了凯恩斯主义的理念,强调市场机制在经济发展中的核心作用,并主张通过减税来刺激投资、增加供给,同时削减过多的社会福利。然而,供给学派的理论也存在极端之处,它过分强调了供给的重要性,几乎完全排斥了需求管理。这种观点认为供给是经济增长的唯一源泉,但在实践中,这种极端的供给导向政策引发了一系列问题,导致供给学派逐渐失去了人们的信任。到了20世纪80年代末,凯恩斯主义经历了短暂的复兴。凯恩斯主义者吸取了新古典主义宏观经济学的合理成分,形成了新凯恩斯主义,试图为经济发展提供更为全面和均衡的理论指导。2008年,美国爆发的"次贷危机"迅速演变成了全球金融危机和经济危机,这一事件对新自由主义理念造成了重大打击。面对这次危机,欧美国家几乎无一例外地采用了凯恩斯主义的救市方案,需求管理政策再次成为主流。

中国的改革开放可以从供给侧的潜能激活和释放角度来理解。通过市场化改革,中国成功地解放了生产力,改变了计划经济时代的供给匮乏和物质短缺,有效地缓解了社会生产与人民需求之间的矛盾。自1978年开始的改革开放,实际上是中国供给侧结构性改革的起点,至今已持续了40余年。

中国的供给侧结构性改革主要体现在以下三个方面：首先，改革的本质在于调整生产关系，进一步解放生产力，以适应经济高速增长带来的社会和经济变化。针对资源配置不均衡、政府过度干预市场、体制机制约束企业活力以及竞争环境不公平等问题，政府通过改革措施，积极发挥市场机制的作用，努力营造公平竞争的营商环境，确保供给与需求的协调均衡。其次，改革促进了生产力的解放，增加了包括劳动力、资本、技术、知识和信息在内的各种"供给侧"要素。通过市场机制的有效配置，企业能够获取所需的要素供给，并在市场需求的导向下，提高生产经营效率和产品供给质量，实现供给与需求的动态平衡。最后，改革还推动了要素资源的合理配置，包括产业结构、就业结构、消费结构、投资结构、所有制结构、人口结构和城乡结构等在内的各种结构性因素都处于动态变化和调整之中。这种调整有助于优化资源配置，提高经济效率，促进经济的持续健康发展。

中国经过四十多年的经济高速增长，面临着人口红利消失、要素成本上升以及生态环境恶化等多重挑战。传统的低要素成本和高投资驱动的增长模式已经难以为继，这要求中国寻找新的经济增长动力和提升全要素生产率。中国经济进入新常态，面临的主要矛盾转向中长期、结构性和内部压力。经济增长速度从高速逐渐转向中高速、中速，甚至中低速。在这样的背景下，中国政府根据国内外经济发展环境，提出了将"供给侧改革"理论作为全国经济改革理论与实践的纲领。

2. 供给侧改革理论的主要和前沿观点

自2008年世界经济危机以来，全球主要经济体纷纷将视线转向我国的供给侧改革，寻求经济振兴之道。在这一过程中，"新供给主义经济学"凭借其独特的理论价值，为我国供给侧改革提供了有力的理论支撑。"新供给主义经济学"结合我国经济的实际情况，提出了全新的供需理论，为供给侧改革注入了新的活力。该理论的核心观点主要有三：首先，它提出了"新供给创造新需求"的原则。这一原则强调，只有引导资源逐步向新供给和新业态转移，才能真正实现去产能的目标，从而顺利完成经济结构的转型升级。这意味着，我们需要通过创新和技术进步来推动供给侧改革，以创造更多的有效需求。其次，"新供给主义经济学"对经济的基本判断是，萨伊定律在我国现实经济发展中难以应验的原因在于对供给存在问题原因的分析不够准确。该理论认为，供给的"老化、约束和抑制"是导致经济危机产生的主要原因。这意味着,我们需要通过深化改革、优化资源配置和释放市场活力等方式来解除供给约束,促进经济健康发展。最后,"新供给主义经济学"提出了经济发展的基本策略,即发展新供给、解除约束和释放财富源泉。

2015年10月,习近平总书记在党的十八届五中全会上提出的"创新、协调、绿色、开放、共享"五大发展理念,为经济新常态下的中国发展提供了明确指导,也为供给侧结构性改革指明了方向。

首先,从创新理念来看,供给侧结构性改革的核心在于创新。这涵盖了制度变革、结构优化以及要素升级等多个方面。创新是推动经济发展的关键动力,需要将经济发展从主要依赖物质资源消耗转向主要依靠科技进步和要素效率的提高。这意味着,我们需要加强科技创新,优化产业结构,提高生产要素的配置效率,以推动经济持续健康发展。

其次,协调理念强调供给侧结构性改革是一项系统工程。这需要我们在推进改革的过程中,协调好各项改革之间的关系,如财税改革、国企改革、金融改革、体制机制改革等。同时,我们还需要协调好适度扩大总需求与去产能、去库存、降成本、补短板的关系,以实现经济结构的优化和升级。

在绿色理念方面,推行低碳循环和减量化的经济发展方式对保护环境、提高资源配置效率具有重要意义。这有助于矫正生态环境资源的扭曲配置,提高资本、劳动等要素的配置效率,消化过剩产能,形成供给与需求的良性循环。实现"绿水青山"与"金山银山"的双赢,是推动经济可持续发展的重要途径。

开放理念则强调了以开放促改革、促发展。通过构建改革发展新格局,健全同国际贸易、投资规则相适应的体制机制,我们可以提高我国产业链供应链在国际分工中的地位,提高产业发展的附加值。这将有助于形成中国经济与世界经济深度融合、互利共赢的供给制度体系,推动全球经济共同繁荣。

最后,共享理念要求供给侧结构性改革更加注重制度供给公平。我们需要健全分配制度和社会保障制度,强化共享机制,确保人民群众能够共享发展成果。这有助于促进社会公平正义,增强人民群众的获得感和幸福感。

3.中国特色供给侧结构性改革理论实践

尽管传统西方经济学的供给侧改革理论对我国的供给侧结构性改革具有一定的指导作用,但由于国情和经济环境的差异,其在实际应用中存在理论误读。西方经济学理论并不能完全适用于中国的实际情况,因此,不能完全依赖其来解决中国的经济问题。我国党和国家领导人对供给侧结构性改革给予了高度重视。习近平总书记在2015年11月强调,在适度扩大总需求的同时,我国应着力加强供给侧结构性改革,提升供给体系的质量和效率,以增强我国经济持续增长的动力,并推动社会生产力水平实现整体跃升。

众多国内专家学者对"供给侧结构性改革"在不同行业中的理论和实践问题进行了深入研究。林毅夫等认为,中国在经济建设方面具备实现稳增长与结构调整的独特能力,这是中国与发达国家的显著差异,也是其优于其他多数发展中国家的地方。吴敬琏指出,"供给侧结构性改革"的核心是通过改革提高供给效率,特别是在制度层面和政府职能方面,不应将其与政府采取的行政手段混淆。厉以宁则强调,市场是推动结构调整的主导力量,政府需要转变其角色,重点加强对企业和企业家经营及创新理念的引导。这些研究成果展示了学者们从不同角度对供给侧结构性改革的丰富解读。自2015年以来,专家学者对"供给侧结构性改革"的实践应用进行了广泛探讨,涵盖了产业、政策、教育、文化、金融等多个领域。何军和王越提出,通过整合乡村文化价值观和建设多元投入的基础设施机制,可以推动农业供给侧结构性改革。刘志彪认为,应通过供给侧结构性改革减少僵尸企业和去除过剩产能,将浪费的资源逐步转移到现代服务业。李家凯和胡静则指出,供给侧改革为湖北经济的发展提供了新方向,应着重从供给方面解决供需错位问题,加速传统行业的转型升级,并推动新兴产业的快速发展。

4.农业供给侧结构性改革的理论实践

国内外学者对中国农业供给侧结构性改革的研究主要集中在改革的背景、内涵、重要性以及主要内容等方面,而对于实践经验的总结、持续性分析、实证分析以及国际经验的比较研究相对较少。首先,关于农业供给侧结构性改革的背景与存在的问题,学者们普遍认为,当前国内农产品供求关系正在发生转变,由过去的偏紧状态逐渐转向偏松。这一转变导致农产品市场价格稳定或下降,农产品销售面临挑战,同时农产品加工企业的利润空间也在大幅缩减。叶兴庆强调,中国农业发展的外部环境正在发生深刻变化,农业发展的主要矛盾已由总量不足转变为结构性矛盾,因此推进农业供给侧结构性改革势在必行。其次,关于中国农业供给侧结构性改革的主要内容和思路,学者们普遍认为其核心是通过供给调整,使农民生产的产品更加符合当前消费市场的实际需求,实现生产与消费的高效对接。韩俊指出,改革应紧密围绕市场需求来指导农业生产活动。同时,学者们也指出,从供给侧的发展潜力来看,中国在劳动力、土地、资金、技术和管理等方面的供给体制都存在优化空间,供给成本有降低的可能,供给质量和结构也有待进一步改革和完善。

二、供给侧结构性改革与现代经济体系

现代经济体系是一种全新的发展模式,它摒弃了传统的"三高一低"(高投入、高能耗、高污染、低效益)的粗放式增长方式,转而追求高质量发展。这一体系以创新为引领,注重产业间的协同发展,形成了统一开放、竞争有序的市场环境。同时,它强调资源的节约使用和环境的友好保护,致力于实现绿色、可持续的发展。随着科技的飞速进步,新一代信息技术(如大数据、人工智能、物联网、云计算、区块链等)正在与其他产业深度融合,推动了技术更新和成果转化的速度全面提升。这种融合不仅加速了产业的更新迭代,更使得社会生产和消费模式从传统的工业化向自动化、智能化转变。在这一背景下,供给侧结构性改革成为构建现代产业体系、建设现代化经济体系的核心任务。

1. 产业转型升级发展

斯坦福大学经济学教授罗默(Paul M. Romer)和哈佛大学商学院教授迈克尔·波特(Michael E. Porter)的观点均强调了资源有限的情况下,国家或地区应集中资源发展优势技术或产业,以带动其他产业的快速发展,实现经济结构的优化升级和全面发展。罗默教授特别指出,这种集中资源的发展策略有助于提升产业的经济结构,进而推动整体经济的进步。刘文剑和卿苏德则从农业、工业和服务业三个角度分析了大数据对传统产业结构的深远影响。他们认为,大数据产业正成为一个新的经济增长点,有力地促进了经济的转型升级。刘强则专注于大数据在制造业转型升级中的应用,强调制造业应抓住大数据发展的机遇,实现行业的快速转型和升级,以确保制造业的稳定和持续发展。陈德余和汤勇刚提出了一个具体的策略,即建立以政府为主导、企业为主体的大型数据中心,构建包括大数据产业、大数据互联网、大数据物流和大数据金融在内的四位一体产业链。他们认为,通过推动大数据资源的共享,可以有效地促进产业结构的转型升级。

2. 大数据推动供给侧结构性改革

国外学者对中国大数据促进供给侧结构性改革的研究相对较少，但自 2016 年以来，国内学者对此话题进行了广泛的探讨。秋缬滢强调了大数据和智能化在打造智能政府、创新政府环境管理模式以及推动生态环境供给侧改革中的重要作用。秋缬滢认为，通过大数据的应用，可以促进国家环境治理体系和治理能力的现代化。秦如培以湖北为例，指出大数据在提升政府决策、管理和服务能力方面的积极影响，并通过国家大数据综合试验区建设推动了供给侧结构性改革，进而促进了湖北经济的转型发展。赵爱清在信息和数字技术时代背景下，强调了大数据应用在实现供给侧结构性改革中的重要性。赵爱清认为，借助大数据和云计算可以实现供需匹配和交易方式的精准化。成艾华等以湖北省农业供给侧结构性改革为切入点，分析了当前农业产业结构存在的问题，并提出了相应的对策建议，旨在提高农业增效、农民增收和农村增绿。孙九林等系统分析了我国农业大数据与信息化基础设施的发展现状和存在的问题，总结了国内外相关政策、行动计划和经验做法，并提出了深化农业大数据应用的具体方向，包括农业全产业链大数据、农业大数据体系、数据开放共享、关键共性技术突破以及农业大数据产业基地建设等。

3. 大数据促进产业链供应链现代化水平提升

大数据技术的快速发展和广泛应用已经引起了党中央和国务院的高度重视。许多学者对大数据的应用进行了深入的研究，并提出了不同的观点和建议。黄群慧强调了我国产业链供应链现代化的方向，认为应立足我国产业的优势，如产业规模、配套和部分领域的先发优势，打造新兴产业链，推动传统产业的高端化、智能化和绿色化，同时发展服务型制造。这一观点突出了大数据在推动产业升级和转型中的重要作用。杨继军等提出了加快新型数字基础设施建设的建议，包括工业互联网、人工智能和数据中心等，以夯实数字经济发展的基础，并优化数字经济的营商环境。他认为，这与对标高标准数字贸易规则是相辅相成的。黄南等针对我国产业链供应链安全面临的问题，如产业核心技术受到威胁，提出了数字经济的兴起有助于降低信息成本和信息壁垒，增进供需之间的信息对接，促进产业链的有效整合，提升产业的整体创新能力。这一观点强调了数字经济在提升产业链供应链安全性和创新能力方面的潜力。占晶晶等认为数字技术与产业的深度融合所带来的生产方式的改变和效率的提升,是重塑全球产业链群生态体系的重要驱动力。这表明大数据技术的应用不仅在国内,而且在全球范围内都具有深远的影响。宋华等的研究表明,数字技术被认为是解决供应链金融中信任危机的有效途径。这进一步证明了大数据在提升供应链金融效率和信任度方面的重要性。许志勇等则针对中小企业资产结构性融资突破与价值融资提升路径提出了具体的策略,包括大数据融资在信用融资、供应链融资与大数据资源融资等方面的创新,以及平台融资在产业平台与金融平台的适度选择。这为中小企业利用大数据技术进行融资提供了新的思路和方法。

三、大数据促进农业供给侧结构性改革

随着大数据技术的普及和深入应用,大数据在农业领域的应用也逐渐受到学者们的广泛关注。以下是对几位学者在农业大数据应用方面的研究成果的概述:董春岩等在研究了日本农业数据协作平台的建设和运营经验后,认为我国应该加快建设农业农村大数据中心,并推动建立数据资源的共建共享合作机制。这一建议旨在促进农业数据的整合与共享,提高数据资源的利用效率,从而推动农业现代化发展。白世贞等针对我国农产品供应链管理的现状,探讨了数字经济如何赋能农产品供应链管理,并提出了新的运作模式和优化对策。白世贞等认为,数字经济背景下,农产品供应链管理需要更加注重数据驱动和智能化决策,以提高供应链的效率和灵活性。李国英研究了农业全产业链数字化转型的底层逻辑,认为这种转型为解决"小农户"与"大市场"之间的矛盾提供了可能,并强调了数字经济等新技术新业态在推动农业经济"双循环"和乡村振兴战略中的重要性,并提倡数字经济与实体经济的深度融合。农业农村部信息中心课题组分析了我国农业全产业链大数据建设存在的问题,并提出将其作为数字农业、数字乡村发展的"一号工程"来推动。该课题组强调了基础设施、产业生态、市场环境、财税金融和人才队伍等方面对农业全产业链大数据建设的支撑保障作用。钱静斐等借鉴了美国和日本信息化建设的经验,从技术集成、发展环境、参与主体、创新能力和人才支撑五个方面提出了促进我国农业"新基建"的政策建议。这些建议旨在提升我国农业信息化的水平和质量,为农业现代化提供有力支撑。张伟等认为,通过完善农村互联网基础设施、推进农业生产智能

化与决策数据化、探索农业电商新模式以及构建农业新零售生态链等措施，可以助力农业供给侧改革。这些措施有助于提升农业生产的效率和效益，满足市场需求，推动农业高质量发展。冯叶等基于企业调研数据，构建了 ISM 模型，探讨了农业企业采纳农业大数据的影响因素和层次结构，并提出应加大研发力度、加强大数据技术产业协作以及培养大数据人才等建议。这些建议对于推动农业企业大数据应用和发展具有重要意义。赵丙奇等研究了数字农产品追溯体系的生态圈和信息链条，强调了有为政府和有效市场在整合政府内部资源，协调人、物和技术关系方面的作用。他认为，建立完善的数字农产品追溯体系有助于提高农产品的质量和安全水平，增强消费者信心，促进农业可持续发展。许玉韬等发现，数字化农业供应链金融通过电商平台、物联网、大数据和云计算等数字应用和技术，能够降低金融服务过程中的交易成本。因此，他提倡加快对传统农业的数字化改造，以提升农业供应链金融的效率和覆盖范围。

大数据在农业领域的应用非常广泛，农业供给侧结构性改革可以用大数据来解决，探索农业农村大数据发展的有效模式和实现路径，对我国农业结构性改革具有重大的理论价值和实践价值。

第三节 研究思路、内容及方法

一、研究思路

以大数据促进湖北农业供给侧结构性改革为研究对象，研究大数据与农业供给侧结构性改革关系和理论，通过大数据对农业全产业链供需结构性问题的分析，探讨大数据战略促进湖北省农业供给侧结构性改革的路径，探索在互联网、大数据、人工智能时代农业产业转型升级的发展路径及政策举措。研究技术路线如图 1-1 所示。

二、研究内容

本书以大数据促进湖北农业供给侧结构性改革为研究对象，对湖北省农业全产业链供给结构问题深入剖析，探讨大数据战略赋能湖北省农业供

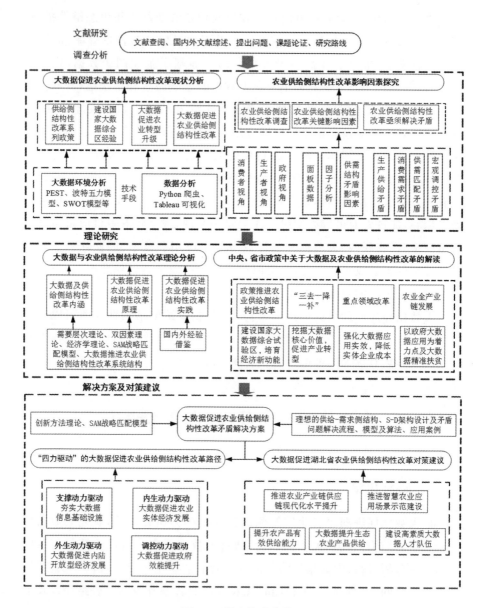

图 1-1 研究技术路线

给侧结构性改革的路径,为大数据推进湖北农业供给侧结构性改革提出有益的对策。

主要研究内容如下。

第一章为绪论。本章对国内外相关研究动态做梳理,提出研究思路、研究内容、研究方法和主要创新点等。

第二章为大数据与供给侧结构性改革理论基础。本章对大数据、供给侧结构性改革相关概念作了界定,分别从经济学理论、需求层次理论、SAM战略匹配模型的角度分析了供给侧结构性改革的理论,分析了大数据促进经济发展的原理,构建了大数据促进供给侧结构性改革模型。

第三章为农业大数据与农业供给侧结构性改革逻辑与架构。首先,对农业大数据的概念给予了界定,分析了农业大数据的内涵、类型、价值和应用场景。其次,分析了农业供给侧结构性改革的内涵,对农业供给侧结构性改革进行了逻辑解析,研究了农业供给侧结构性改革的动力机制。最后,分析了大数据在优化农业生产结构、农产品供给结构、农产品质量结构、农业技术结构调整、农业要素供给结构等方面的作用。

第四章为国内外大数据促进农业供给侧结构性改革实践。本章研究了美国、欧盟、英国、德国、日本等发达国家及地区大数据发展战略成功经验,分析了国内贵州、京津冀、珠三角、上海、重庆、河南、沈阳、内蒙古八大大数据综合试验区的成功建设经验及其对湖北农业供给侧结构性改革的借鉴与启示。

第五章为湖北省农业供给侧结构性分析。首先,对湖北省农业产业供给结构进行了分析,这些产业供给结构主要包括粮食与经济作物结构、林业结构、禽畜与渔业养殖结构和"三品一标结构"。其次,对湖北省农业现代化供给结构进行了分析,主要包括农业机械、农业用电量、农业水资源、农业化肥四个方面。最后,从湖北省数字乡村发展水平、农业生产信息化率、农产品电子商务发展水平、农村信息服务体系、农村信息化发展环境等六个方面分析了湖北省数字农业发展状况。

第六章为湖北省农业供给侧结构性改革实践。首先从政策指引、"三去一降一补"、农业重点领域三个方面分析了湖北省农业供给侧结构性改革实践,然后从建设农业大数据平台、挖掘大数据核心价值、数字化建设、大数据精准扶贫等方面归纳总结了大数据促进湖北农业供给侧结构性改革的经验和做法。

第七章为湖北省大数据促进农业供给侧结构性改革环境分析。本章主要分析了湖北省农业大数据的技术环境、政策环境、资源环境、产业环境、人才资源环境,并采用向量自回归模型对湖北省2000－2020年的时间序列数据进行定量研究,对湖北省农业供给侧结构进行了科学评价,并提出其所面临的挑战。

第八章为基于"四力驱动"探索大数据促进农业供给侧结构性改革路径。本章提出了基于"四力驱动"的大数据促进供给侧结构性改革的基本实现路径,即"支撑动力驱动——夯实大数据信息基础设施,内生动力驱动——大数据促进农业实体经济发展,外生动力驱动——大数据促进内陆开放型经济发展,调控动力驱动——大数据促进政府效能提升"。

第九章为大数据促进湖北农业供给侧结构性改革对策。本章基于湖北省关于数字农业建设的规划和定位,提出提升农产品有效供给能力、推进农业产业链供应链现代化水平提升、推进智慧农业应用场景示范建设、大数据提升生态产品供给、建设高素质大数据人才队伍几方面的大数据促进供给侧结构性改革对策建议。

三、研究方法

(1)实地调查分析法。对国内供给侧结构性改革取得显著成效的地区(如浙江、江苏、福建、山东等)进行实地调研,吸取先进经验和做法。采取抽样调查形式,主要对湖北(地级市和区县)地区做实地调研和深度访谈,调研大数据战略、政府治理及农业供给侧结构性改革状况,调查分析关于大数据促进农业供给侧结构性改革的现状等,分析湖北省农业大数据战略行动和供给侧结构性改革现状及存在的问题等。

(2)数据分析法。通过实地收集数据、爬虫收集数据等措施,应用数据分析,诊断湖北省农业供给侧结构性问题,应用大数据技术促进湖北农业供给侧结构性改革。

(3)实证及案例分析法。对大数据促进供给侧结构性改革的部分成功案例做了剖析,建立了相匹配的理想供给-需求结构模型及大数据促进供给侧结构性改革模型。

四、主要创新点及不足

1. 主要创新点

(1)理论研究的创新。相比较于其他研究,本书首次从经济学理论、需求层次理论、SAM战略匹配模型等角度分析了农业供给侧结构性改革的理论基础,分析阐述了国家大数据战略促进经济发展的原理、国民经济各个部门与农业供给侧结构性改革的关系,建立了大数据促进农业供给侧结构性改革的系统模型。

(2)解决方案及对策建议的创新。针对大数据促进湖北农业供给侧结构性改革存在的问题,笔者提出了基于"四力驱动"的大数据促进农业供给侧结构性改革路径,以8大对策建议措施,促进湖北省农业的高质量发展。

2. 存在的不足

(1)在本书中,从调查研究的角度看,受新冠肺炎疫情影响,访谈对象较少,实地调研仅对湖北省少量的市(州)、县、乡进行了访谈和调查,湖北省及省外较多地区主要通过电话访谈和互联网信息收集,导致研究问题不够深入。

(2)国内外大数据促进农业供给侧结构性改革的成功案例较多,但是在本书中仅仅是针对成功案例进行了归纳和总结,缺少一些成功案例的具体做法,在后续的研究中有待加强。

(3)大数据促进农业供给侧结构性改革是一个复杂的系统工程,研究方法仍需从不同视角展开,实施路径和对策建议也有待进一步完善和提高。

第二章 大数据与供给侧结构性改革理论基础

第一节　大数据与供给侧结构性改革内涵

一、大数据及其主要特征

1. 大数据概念

麦肯锡公司最初将大数据定义为一种广泛渗透于各个行业和业务领域的数据集合，通过深入挖掘和运用这些数据，能够促进生产率增长和增加消费者剩余。随后，麦肯锡全球研究所进一步详细阐释了大数据的概念，指出它是一种规模庞大到传统数据库工具难以处理的数据集合，具备海量规模、快速流转、多样类型和价值密度低四大突出特点。高德纳公司从技术特征、处理方法和应用价值三个维度对大数据进行了全面界定，强调了其在提升决策力、洞察力和流程优化方面的重要性。维基百科则简洁明了地指出，大数据是指庞大且复杂的数据集合，需要采用非传统的处理方法和工具来应对。IBM公司用四个关键特征——规模性、高速性、多样性和真实性——来描绘大数据的本质属性。美国国家科学基金会则更加注重大数据的来源多样性和技术特征的复杂性，强调了其在科学研究中的应用价值。百度百科定义大数据为传统软件工具难以处理的庞大数据集，对于企业经营决策具有至关重要的作用。维克托·迈尔-舍恩伯格在《大数据时代》一书中提出，大数据的价值在于全样本数据分析，而非仅仅依赖抽样调查。

尽管学术界和产业界对大数据的定义存在不同的视角和侧重点，但它们所传递的核心信息是一致的：大数据是一种海量、多样的数据集，其价值在于通过数据挖掘和分析提供科学决策支持，而非数据本身。大数据的应用旨在辅助决策、发现新知识，并推动在线闭环的业务流程优化。通过采用新型计算架构、智能算法等先进技术，如分布式计算、云计算、人工智能和机器学习，企业和组织能够深入挖掘隐藏在海量数据背后的规律，从而做出更明智、更准确的决策。

2. 大数据的内涵

（1）大数据的特征

一般而言，大数据的特征被学者们归纳为 5V＋C 特征：大量性

(volume)、高速性(velocity)、多样性(variety)、价值性(value)、真实性(veracity)以及复杂性(complexity)。

大量性是大数据最直观的特征,体现在数据的庞大规模上,其计量单位已经从 TB 级别跃升至 ZB 级别。这些海量数据主要来源于在线交易、社交媒体、传感设备等多个渠道。

高速性指的是数据传播和变化的速度非常快,这要求企业在处理数据时必须具备高效率,否则处理结果可能过时或无效。例如,股票数据分析对数据的实时性要求极高。

多样性体现了大数据的形态和类型的丰富性,包括文字、声音、图像、视频等多种形式,涵盖了结构化数据、非结构化数据和半结构化数据。

价值性是大数据的核心所在,尽管其中大部分数据可能无效,但隐藏在其中的10%以下的有效数据却具有极高的价值。因此,如何从海量信息中挖掘出这些数据的价值,是大数据时代的重要挑战。

真实性则强调了数据的准确性和可信赖度,数据必须经过清洗、集成和整合等处理才能用于分析。只有确保了数据的真实性,大数据的价值才能得到真正体现。

复杂性是大数据处理的难点所在,由于数据的多源异构性和海量性,如何有效地组织和分析这些数据,挖掘出其中的价值,是当前大数据领域需要解决的关键问题。

(2)大数据的价值增值

大数据的价值增值过程依赖于对海量结构化、半结构化及非结构化数据的挖掘和分析技术。单纯拥有庞大的大数据集并不足以体现其价值,只有当这些数据经过专业化的处理和分析后,才能转化为有价值的信息。因此,如何有效地应用大数据技术以提升数据采集、存储、分析和使用的能力,是实现数据价值增值的核心问题。技术上,大数据与云计算是数据处理的一体两面。处理大数据通常超越了单台计算机的处理能力,因此分布式架构成为处理大数据的关键。利用云计算的分布式数据库、云存储和虚拟化技术,以及分布式计算等手段,可以对海量数据进行高效处理,从而实现大数据的价值增值。通过这些先进技术,我们可以从数据中提取出有价值的信息,为决策提供有力支持,推动业务优化和创新发展。

(3) 大数据与云计算

云计算是一种通过互联网提供、使用和交付服务的模式，其核心在于通过网络汇聚和共享资源，实现动态扩展和虚拟化。这种"云"概念代表着计算机与互联网的集合，将无数电脑和服务器连接成一个庞大的群组，并通过云计算的超级运算能力来处理和获取信息。简而言之，云计算就是将资源与数据存储在云端，并通过其强大的计算能力进行运算。

随着云计算的兴起，大数据也逐渐崭露头角。由于大数据涉及海量的结构化、非结构化和半结构化数据，其处理远超过单台计算机的能力范围，因此必须依赖云计算的分布式架构技术。大数据专注于巨量数据的处理，而云计算则专注于计算问题的解决。巨量数据处理自然属于计算问题的范畴，因此大数据在处理海量数据时，必须依靠云计算的分布式处理、分布式数据库、云存储和虚拟化技术。

对于需要实时处理的大数据分析任务，MapReduce 等框架结构发挥着关键作用。这种结构能够将任务分配给数以千计的计算机进行处理，正是通过云计算的分布式处理技术，大数据才能实现其高效的存储、计算和分析。

3. 大数据发展历程

大数据是信息技术发展到一定阶段的产物。大数据的发展推动了数字经济的广泛应用，其发展历程可以从大数据发展阶段、大数据技术的应用、政府政策及推动三个方面来讲解。

(1) 大数据发展阶段

萌芽期(1980—2008年)：此阶段大数据的术语初次被提出，虽然相关的技术概念开始传播，但并未得到实质性的推进。然而，与此同时，数据挖掘理论和数据库技术逐渐成熟，为大数据的发展奠定了基础。商业智能工具和知识管理技术的出现，如数据仓库、专家系统、知识管理系统等，都预示着大数据时代的来临。托夫勒在其1980年的著作《第三次浪潮》中首次提及"大数据"，并高度赞扬其为新时代的象征。

成长期(2009—2012年)：这一时期，大数据市场迅速崛起，互联网数据呈现爆发式增长。大数据技术逐渐进入公众视野，并开始被广泛应用。2012年，牛津大学教授维克托·迈尔-舍恩伯格的《大数据时代》一书在国内引起巨大反响，极大地推动了大数据在国内的普及与发展。

爆发期(2013—2015年):大数据在这一阶段迎来了飞速的发展。全球各国,纷纷制定大数据战略。2013年,百度、阿里、腾讯等国内互联网巨头开始布局大数据,推出众多创新的大数据应用。2015年,我国国务院发布《促进大数据发展行动纲要》,全面推动大数据在国内的发展和应用。

大规模应用期(2016年至今):随着技术的不断成熟和应用领域的拓展,大数据已经深入各个行业,其价值日益凸显。数据驱动的决策和社会智能化程度大幅提升,大数据产业也迎来了快速发展的黄金时期。《2018全球大数据发展分析报告》显示,中国在大数据产业发展和技术创新能力方面取得了显著的进步。

(2)大数据技术及应用

表2-1所示为大数据技术及应用大事记。

表2-1 大数据技术及应用大事记

时间	事件	内容
2005年	Hadoop项目诞生	2005年Hadoop项目诞生,实现了功能全面和灵活的大数据分析
2008年	大数据概念提出	2008年末,美国业界组织计算社区联盟发表了白皮书《大数据计算:在商务、科学和社会领域创建革命性突破》,提出大数据真正最重要的事情不是数据本身,而是产生了新用途和新见解,该组织算得上是最早正式提出大数据概念的机构
2009年	提高网络获取科学数据便利性	欧洲一些条件较好的研究型图书馆与部分科技信息研究机构深入合作,建立了长期的合作机制,通过互联网提高相互间获取科学数据的便利性、可行性
2010年	新词汇"大数据"出现	在《经济学人》上,肯尼斯·库克尔(Kenneth Cukier)发表了专题报告《数据,无所不在的数据》,从而一个新词汇"大数据"正式由科学家和计算机工程师创造出来
2011年	实现大数据算法跨越	IBM公司的沃森超级计算机以每秒扫描并分析大约2亿页文字量约4TB数据量速度,在美国电视节目"Dangerous Edge""Jeopardy"夺冠,计算机第一次击败了两名人类选手,纽约时报认为是"大数据计算的胜利"时刻

续表

时间	事件	内容
2011年	专业机构介绍展望大数据	麦肯锡全球研究院作为专业机构第一次全方位介绍和展望了大数据,发布了《大数据:创新、竞争和生产力的下一个新领域》报告,大数据从此便开始备受关注。报告认为大数据已经渗透到了所有的行业和业务领域,是重要的生产因素,挖掘和利用大数据意味着将出现生产率增长和消费者剩余增加的新浪潮
2012年	数据成为新的经济资产	在瑞士达沃斯举行的世界经济论坛上,大数据成为最热门的主题之一,在本次会上发布的报告《大数据,大影响》(Big Data, Big Impact),将数据列为一种如货币或黄金一样具有价值的新的经济资产
2012年	作为大数据公司成功上市	美国软件公司Splunk在纳斯达克成功上市,成为全球首家上市的大数据处理公司,在美国经济低迷、股市持续震荡的情况下,Splunk首日就暴涨了一倍多
2012年	将大数据应用于企业运营	阿里巴巴设立了"首席数据官"一职,主要负责实施"数据分享平台"战略,通过"聚石塔"数据分享平台不断挖掘大数据价值,切实为淘宝、天猫平台上的电商、服务商等用户提供云数据服务。2012年网商大会,马云决定对阿里巴巴实施业务部分转型,2013年1月1日起将平台、金融和数据作为业务重塑的三大业务,通过分享和挖掘大数据,为国家和中小企业提供价值增值业务。阿里巴巴成为国内最先将大数据战略提升到企业管理高度的企业,也是最早通过大数据进行企业数据化经营的企业
2014年	重视大数据政策	以"大数据的回报与风险"为主题,世界经济论坛发布了《全球信息技术报告(第13版)》,认为未来世界大数据产业将日趋活跃,各国政府对大数据的认识也更加深入,各种与信息与通讯技术(information and communication technology, ICT)相关的政策对大数据信息产业的发展具有重要影响,大数据对促进全球经济发展、增进人民福祉、改进公共服务、保障国家安全具有重要意义

(3)政府政策及推动

表2-2为全球大数据政策。

表 2-2　全球大数据政策

政策	内容
政府数据共享	美国政府于 2009 年启动了政府数据发布与获取的网站：https://data.gov,美国政府率先开放了政府数据共享的大门,这个网站向公众提供各种各样的政府数据,被视为"美国政府的公开数据之家",通过该网站,公众可找到能用于研究、网站开发、移动端应用程序开发、可视化数据设计等应用的数据、工具及相关资源,截至 2018 年 5 月初,该网站已经可以搜索到 237528 个数据集
国家大数据战略	2010 年 11 月,德国联邦政府发布了"数字德国 2015"战略,成为首个制定实施国家大数据战略的国家,将此战略作为指导德国信息与通迅技术发展的纲领性文件,该战略也将物联网技术及应用引入制造业,创建智能工厂,各个智能工厂又通过信息物理系统(cyber-physical systems,CPS)实现全球的互联互通
区域大数据发展战略	2010 年 11 月,由欧盟通信委员会向欧洲议会提交了《开放数据:创新、增长和透明治理的引擎》报告,该报告以开放政府及各个行业数据为核心,结合欧盟大数据发展面临的挑战,制定了欧盟大数据发展战略
将信息处理技术作为技术创新工程	2011 年 11 月,《物联网"十二五"发展规划》由工信部发布,首次将大数据中的信息处理技术作为四大关键技术创新工程之一提出,其中图像视频智能分析、海量数据存储、数据挖掘等都是大数据的重要组成部分
大数据技术上升到国家战略	2012 年 3 月,《大数据研究和发展倡议》由美国发布,这标志着大数据在全球已成为时代主题,美国宣布将投资 2 亿美元用于大数据领域,由此大数据技术从一般的商业行为上升到了国家科技发展战略,美国政府也将大数据比作"未来的新石油",认为在大数据技术领域的竞争能力事关国家安全和未来发展,大数据将是国家层面竞争力的一部分,对数据的占有和控制是国家数字主权的主要体现,是大国博弈的空间
大数据政务的全球化	2012 年 7 月 11 日,在纽约联合国总部发布了关于大数据政务的白皮书《大数据促发展:挑战与机遇》,白皮书总结了世界各国政府利用大数据服务和保护各国国民的情况,也举例说明了如何在数据生态系统中,让个人、公共部门、私人部门的角色、动机和需求得到有效发挥

续表

政策	内容
英国将大数据列入高新技术	2013年1月,英国宣布将发展8类高新技术,总投资6亿英镑,其中大数据就达1.89亿英镑,占总投资的31.5%
大数据推动社会进步	2014年5月,《大数据:抓住机遇、保存价值》报告由美国白宫发布,本报告是2014年全球"大数据"白皮书的成果,白皮书鼓励利用大数据推动社会进步,认为在市场与现有机构中还很少有以大数据等方式来支持社会发展与进步的应用,来帮助美国居民实现个人隐私保护,防止歧视、确保公平

4. 我国大数据发展历程

我国大数据发展经历了酝酿阶段、落地阶段、深化阶段,如图2-1所示。

图2-1 我国大数据发展历程

酝酿阶段(2014年3月—2016年3月):2014年3月,中国《政府工作报告》(下简称《报告》)首次提及"大数据",凸显了中央对数据及其价值的重视。该《报告》强调,大数据是引领未来产业发展和赶超先进的关键领域,迅速使其成为政策焦点。2015年8月,国务院正式发布了《促进大数据发展行动纲要》(下简称《纲要》)。这一《纲要》不仅明确指出"数据已成为国家基础性战略资源",还为大数据发展制定了顶层设计和战略布局。通过设定未来5至10年的总体目标和三大主要任务,它提出了建设数据强国的宏伟目标,并致力于构建平稳、安全且高效的经济运行新机制。这一《纲要》的发布,标志着大数据已正式上升为中国的国家战略。

落地阶段(2016年3月—2019年10月):2016年3月,"十三五"规划将国家大数据战略纳入其中,标志着大数据与实体经济的融合成为政策的核心关注点。同年2月,贵州省作为首个省份获批建设国家大数据综合试验区,为大数据的落地实施提供了实践平台。随后,在2016年10月,京津冀、珠三角、上海、重庆、河南、沈阳、内蒙古等地也相继获批建设,形成了共计八个国家级大数据综合试验区,展示了中国大数据战略的广泛布局和快速推进。2016年12月,政府全面启动大数据产业发展规划,发布了《大数据产业发展规划(2016—2020年)》,明确了"十三五"时期大数据产业的发展方向,为构建数据强国、制造强国和网络强国提供了坚实的产业基础。党的十九大报告于2017年10月18日提出,要进一步推动大数据与实体经济的深度融合,强调深化供给侧结构性改革,加快先进制造业的发展,并与互联网、人工智能等技术紧密结合。这突显了大数据在促进实体经济高质量发展和供给侧结构性改革中的关键作用。2017年12月,中央政治局就实施国家大数据战略进行了深入研讨,国内大数据产业由此开始全面快速发展,中国的大数据战略进入了新的快速发展阶段。

深化阶段(2019年10月至今):随着大数据相关产业和支持产业的不断完善,大数据已经深度融入各行各业,成为推动经济发展的新动力。2020年3月,《中共中央、国务院关于构建更加完善的要素市场化配置体制机制的意见》中将数据列为与土地、劳动力、资本、技术并列的五大要素之一,并强调加快培育数据要素市场。同年5月,《中共中央、国务院关于新时代加快完善社会主义市场经济体制的意见》中进一步提出加快培育和发展数据要素市场,凸显了数据作为基础性、战略性新兴资源的重要性。这一阶段,数据不仅扮演着基础性战略资源的角色,还是关键性的生产要素。有价值的数据资源是推动数字经济新产业、新业态、新模式发展的基石。同时,数据对其他要素资源具有乘数效应,能够放大劳动力、资本等要素在产业价值链中的价值。在"十四五"规划中,数据在数字经济中的关键作用得到了进一步强调。规划提出要加强数据要素市场规则建设,重视大数据相关基础设施建设,将大数据作为数字经济的重要支撑,从而增强数据供给能力,为经济发展提供持续动力。

二、供给侧结构性改革

自2010年以来,我国经济增速逐渐放缓,经济运行呈现出不同于以往的特点。其中,供给和需求之间的不平衡、不匹配、不协调的矛盾日益凸显。这种矛盾主要表现为供给侧不能很好地适应需求侧的变化,导致供给老化、机制僵硬。为了应对这一挑战,党中央和国务院提出了供给侧结构性改革,旨在通过调整和优化供给结构,纠正供需结构错配和要素配置扭曲,提高供给质量和效率。

在供给侧结构性改革的过程中,需要关注供给的有效性和高质量性。这意味着要减少无效供给和中低端供给,扩大有效供给和中高端供给,以更好地满足消费者的需求。同时,还需要促进要素的合理化配置,提高资源配置效率,推动经济发展的质量和效益不断提升。

供给侧结构性改革的最终目标是不断满足日益增长的消费者需求。这意味着我们需要通过改革和创新,提高供给的质量和效率,以满足消费者对高品质、高效率、高附加值产品和服务的需求。在这个过程中,需要关注消费者的真实需求,积极倾听市场的声音,不断完善产品和服务,提升消费者体验和满意度。

供给侧结构性改革的方向是提供有效供给和高质量供给。这意味着我们需要通过技术创新、管理创新、制度创新等手段,提高供给的质量和效率,推动产业转型升级和高质量发展。在这个过程中,需要关注新兴产业的发展趋势和市场需求变化,积极培育新的增长点和发展动力。

供给侧结构性改革的路径是不断深化改革。这意味着我们需要通过深化改革来破解经济发展中的难题和挑战,推动经济发展方式的转变和经济结构的优化。在这个过程中,需要关注改革的系统性、整体性和协同性,加强政策协调和配合,确保改革落地生效。

1.供给侧结构性改革的历史演进

面对日益复杂的国际国内环境,习近平总书记在2015年末首次提出了供给侧结构性改革的思想。这一思想的核心在于解放生产力,通过改革调整结构,优化供给质量,以应对当前经济发展中的挑战。供给侧结构性改革旨在化解过剩产能,提供有效供给,并提升要素配置效率,以满足高质量的需求。这一改革不仅关注国内市场的供需平衡,还着眼于国内国际双循环相互促进的新发展格局。在实施这一战略的过程中,习近平总书记强调了扩大内需战略与供给侧结构性改革的有机结合的重要性。这意味着我们需要在扩大内需的同时,优化供给结构,提高供给质量,以满足人民日益增长的美好生活需要。为了实现这一目标,我们需要以创新驱动为核心,推动供给与需求的对接。这包括大力发展人工智能和数字经济等新产业,以推动经济的高质量发展。同时,我们还需要实现供给侧结构性改革与宏观经济政策之间的协调运作,以确保经济发展的稳定性和可持续性。

(1)经济发展进入新常态下的必然选择

随着我国经济的持续增长,居民消费结构不断升级,对高质量生活的追求日益明显。然而,从供给侧来看,我国面临着一系列挑战:人口红利优势逐渐减弱;传统发展动能难以为继;资源环境约束压力增大。在全球范围内,国际竞争日益激烈,我国的低成本优势正在向其他发展中国家转移,尽管与其他第三世界国家相比仍具竞争力,但在新兴科技领域仍面临许多亟待解决的问题。因此,加快转变发展方式、推动供给结构转型和实现新旧动能转换成为当务之急。世界经济格局正在发生深刻调整,全球经济贸易增长乏力,保护主义抬头,地缘政治关系复杂多变,传统和非传统安全威胁交织,不确定性因素增多。面对这样的国内外环境,只有通过供给侧结构性改革,提升经济发展质量,从供给和需求两端同时发力,才能推动我国经济向更高质量方向发展。这需要我们通过创新驱动、改革驱动、结构调整来提升要素供给质量和效率,纠正资源配置扭曲,以满足人民群众日益增长的物质文化需求和精神文化生活需求。

(2)新常态下经济发展宏观经济管理的战略思考

一般而言,宏观经济调控主要通过对供给侧和需求侧的调控来实现。制定经济政策时,需要依据当前的宏观经济形势做出明智的决策。当前,我国经济面临较大的下行压力,面临的问题既涉及供给侧也涉及需求侧,但主要矛盾集中在供给侧。虽然短期内通过传统的需求刺激政策,如积极的财政政策和稳健的货币政策,可能能够暂时缓解问题,但从长远来看,这些措施无法解决根本问题。事实上,过度依赖需求刺激政策可能会导致边际效应递减,反而加剧经济下行的压力。实践已经充分证明,我国经济当前的主要矛盾已经从过去的供给总量不足转变为结构性矛盾,即当前的供给结构无法满足和适应新的需求结构。因此,传统的以需求侧管理为主的宏观经济政策已无法适应现代经济发展的需要。为了推动新旧动能快速转换,必须不断深化供给侧结构性改革,进一步解放和发展生产力,重新调整经济结构,以建立协调发展的新平衡点。这是实现我国经济高质量发展的关键所在。

(3)贯彻落实新发展理念的必然要求

我国已迈入新的发展阶段,五大发展理念——创新、协调、绿色、开放、共享,为供给侧结构性改革提供了行动纲领。要深入贯彻这些理念,经济发展方式必须实现从要素驱动向创新驱动的根本性转变。这意味着要深化供给侧结构性改革,以提升发展质量和水平,增强国家的核心竞争力。创新是引领发展的第一动力。为此,我们必须推进科技体制改革,加快科技成果向现实生产力的转化,以提高劳动生产率和全要素生产率。这样,新的供给将催生新的需求,从而更好地满足消费者日益增长的高质量需求。协调是持续健康发展的内在要求。我们需优化产业布局,实现产业间、行业间以及区域间的协调发展,促进公平竞争。同时,要推动落后和欠发达地区的产业转型升级,以实现共同富裕。绿色是永续发展的必要条件。我们要坚持绿色发展,坚守发展和生态两条底线,大力发展绿色制造、绿色产业和绿色产品,走环境友好型、绿色低碳型的产业化发展之路,确保"绿水青山"转化为"金山银山"。开放是国家繁荣发展的必由之路。这意味着我们要不断提高对外开放水平,积极拓展国际发展空间,主动融入国际产业分工,培育我国在全球经济中的竞争优势,提升产业在全球价值链中的位置。共享是社会主义的本质要求。我们要确保改革成果惠及全体人民,深化收入分配体制改革,使居民收入增长与经济发展同步,提高公共服务产品的共建能力和共享水平,让人民群众有更多、更直接、更实在的获得感、幸福感、安全感。

2.供给侧结构性改革核心思想

(1)供给侧结构性改革的理论逻辑

供给侧结构性改革,其核心在于从提升供给质量的角度出发,运用改革的思路推动经济结构的优化调整。这意味着要纠正要素配置扭曲,扩大有效供给,使供给结构更加适应和灵活应对需求的变化,从而提高全要素生产率,更好地满足人民群众日益增长的高水平、高质量需求,为经济社会的持续健康发展注入新动力。在"供给侧结构性改革=供给侧+结构性+改革"的表述中,我们可以看到三个关键组成部分。

供给侧:涵盖了劳动力、土地、资本、技术等要素,这些要素共同构成了推动经济增长的供给体系。

结构性:强调的是生产要素在不同产业、行业和企业之间的配置方式。不同的资源配置结构会产生不同的经济增长质量和生产效率,进而影响供给与需求之间的平衡关系以及供给质量。

改革:指的是不断完善体制机制,运用宏观调控手段来调整供给侧和需求侧的关系,通过优化生产要素、企业和产业间的资源配比,扩大有效供给,提升供给质量。

图 2-2 所展示的供给侧结构性改革的理论逻辑,正是对这一过程的直观描绘。从图 2-2 中可看出,要素结构、企业结构、产业结构所构成的供给体系,在满足要素有效供给、产业协调通畅的情况下,能够满足需求侧的适应性和灵活性,从而推动经济可持续高质量发展。

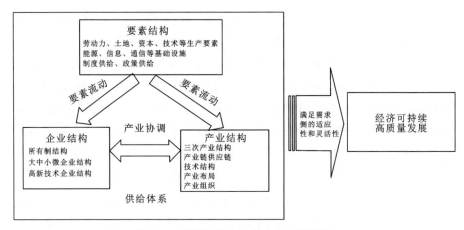

图 2-2 供给侧结构性改革的理论逻辑

(2)供给侧结构性改革的最终目的是满足高质量需求

供给与需求是经济学的两大支柱,彼此相互依存、相互促进。供给不仅是需求满足的先决条件,也是推动经济发展的基石。在缺乏供给的情况下,需求自然无从谈起;而如果没有需求,供给也就失去了存在的意义。供给侧结构性改革的核心在于针对供给不足、供给老化以及供给无法满足高质量需求的问题进行结构性调整。改革是实现这一目标的手段,而满足需求才是最终目的。为了更好地满足人民日益增长的美好生活需求,我们必须深刻洞察消费者的现实和潜在需求,通过改革调整资源配置结构,纠正资源错配和要素扭曲。只有通过这样的结构性改革,我们才能解放和发展生产力,为消费者提供更加符合其需求的高质量产品和服务。因此,供给侧结构性改革的最终目标是减少无效和过时的供给,扩大有效供给,以适应和满足消费者的高质量需求。如果产品老化过时,仅仅依靠宏观调控刺激消费需求是短暂的、不可持续的,最终可能导致产能过剩。这也是凯恩斯主义经济学派无法有效解决"滞胀"问题的根本原因。当前,我国供需结构失衡的问题已经凸显,从供给侧出发进行改革是党中央国务院做出的明智抉择。

(3)供给侧结构性改革的主要发展方向是提升供给质量和效率

供给体系是一个由要素结构、产业结构和企业结构相互交织而成的复杂系统。在这个系统中,劳动力、土地、资本、技术、信息等生产要素是投入的基础,企业则扮演着组织和执行这些要素的角色,而各种不同的产业则是这些要素的最终展现形式。当这些要素在不同企业、不同行业和不同产业之间流动时,就形成了要素资源的配置结构,这种配置结构决定了企业间和产业间的资源分配比例。要素在不同企业和产业间的配置,会对企业和产业产生深远的影响。如果要素配置出现扭曲或错配,就会导致无效供给和产能过剩的问题。相反,如果资源配置科学合理,就能够扩大有效供给,进而创造新的需求,形成需求拉动供给的正反馈循环,从而推动经济结构的持续稳定发展。回顾世界各国的历史发展经验,我们可以清晰地看到,经济的持续增长主要依赖于供给体系的质量和效率。当科学技术不断进步,劳动者的生产素质、组织管理水平得到提高,企业和产业实现转型升级,组织结构和产业结构得到优化时,供给体系的水平也会相应提升。因此,供给侧结构性改革的核心方向应该是提升供给的质量和效率,增强供给侧对需求侧的灵活性和适应性。只有这样,才能更好地满足人民群众日益增长的美好生活需求,推动经济实现高质量发展。

(4)供给侧结构性改革的根本途径是全面深化改革

供给侧结构性改革的核心在于解放和发展生产力,通过深化基础性和关键性改革,确保市场在资源配置中发挥决定性作用。这意味着,我们需要利用市场竞争机制和价格机制来引导资源实现优化配置,确保资源流向最有效率、最能满足需求的领域。在这个过程中,加强制度创新和政策创新至关重要。提高制度供给和政策供给的有效性,是推动有效供给增加的关键。这意味着,我们需要通过创新驱动,深化改革,打破那些抑制供给的体制机制障碍,为经济发展注入新的动力。同时,深化"放、管、服"改革,放松行政供给约束,也是提升全要素生产率的重要途径。这意味着,政府需要简政放权,为企业和市场创造更加宽松、公平的发展环境,激发市场主体的活力和创造力。此外,深化要素市场供给侧改革也是必不可少的。这包括优化劳动力、土地、资本等生产要素的配置,提高要素市场的效率和灵活性,确保要素能够流向最需要、最能产生效益的领域。通过这些措施,我们可以促进新旧动能转换,推动产业结构转型升级,不断满足人民日益增长的美好生活需要。

3.供给侧结构性改革的基本要求

在中国共产党第十九次全国代表大会上,习近平新时代中国特色社会主义思想得以确立。习近平主席在中共中央政治局第三十八次集体学习时明确指出,应将改善供给侧结构作为主攻方向,深入分析和解决供给侧结构性改革过程中遇到的重点和难点问题,以此推动我国经济朝着更高质量的方向迈进。综合分析当前的经济发展状况,我国面临的主要制约因素在于结构性问题,这些问题在供给和需求两侧均有体现。然而,矛盾的主要方面依然集中在供给侧。为了有效地推进供给侧改革,我们必须妥善处理好政府与市场、短期与长期、减法与加法、供给与需求这四对关系。这些关系共同构成了供给侧结构性改革的理论体系,如图2-3所示。

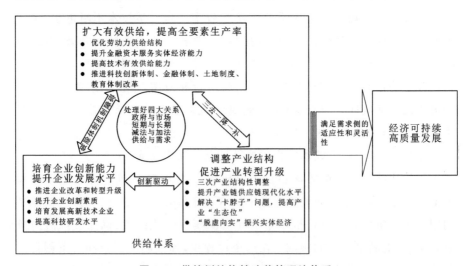

图 2-3 供给侧结构性改革的理论体系

(1) 处理好"四大"关系

推进供给侧结构性改革,首要任务便是妥善处理好政府与市场、短期与长期、减法与加法、供给与需求这四大核心关系。

首先,政府与市场的关系。我们必须充分尊重并遵循市场经济的发展规律,确保市场在资源配置中发挥决定性作用。同时,政府也需发挥其政策引导和宏观调控的职能,通过深化"放、管、服"改革,激发市场活力,增强企业的市场响应和调整能力。法制建设同样不可或缺,通过法律手段规范市场行为,为经济良性发展提供坚实保障。

其次,短期与长期的关系。我们必须立足当前,着眼长远,制定科学的长远发展规划,并设立短期、中期目标。短期内,我们要解决突出的矛盾和问题;长期内,则要保障经济稳定健康发展,降低风险,激发市场内生动力和活力,充分发挥社会生产力的整体功能。

再次,减法与加法的关系。我们需要明确供给侧的不足和短板,针对性地做减法,减少低端、老化和无效供给,降低供给成本,推动供给向高端转化。同时,在短板领域积极做加法,优化和调整结构,扩大有效和中高端供给,加快科技成果转化,为经济增长注入新动力。

最后,供给与需求的关系。供给侧改革并不意味着忽视需求侧。我们必须将供给侧和需求侧管理相结合,应用系统化管理思维,确保供给不断满足需求的灵活性和适应性。可通过创新驱动,将新技术、新模式和新产业融入经济发展各环节,引领新的消费需求,满足消费者日益增长的新需求。同时,政府也需通过宏观调控和有效政策供给,推动新兴产业创造新的需求。

(2) 提高要素质量和配置效率

推进供给侧结构性改革的核心目标在于提升要素质量和要素配置效率,以引导各类要素协同向先进生产力集聚,从而推动经济发展实现质量、效率和动力的三大变革。为实现这一目标,我们必须运用创新思维和改革手段,进一步优化和完善资源配置的体制机制。首要任务是充分发挥市场在资源配置中的决定性作用,通过破除阻碍要素向先进产业、高端产业和高新技术企业等更高效率、更好效益领域流动的体制机制障碍,促进资源的优化配置。这包括优化营商环境,为企业经营提供更为良好的体制机制环境,以激发市场主体的活力和创造力。在提高要素配置效率方面,我们需要特别关注劳动力、土地、资本、技术等要素的优化配置。这包括推动传统制造业向智能制造转型升级,推进传统农业向智慧农业转型,以及推动传统服务业向数字化转型。通过这些措施,我们可以提高全要素生产率,推动产业结构的优化升级。此外,纠正要素配置扭曲和资源错配也至关重要。这有利于鼓励各行各业的创新变革,促进整个行业提质增效。通过优化要素资源配置,我们可以创造更加公平的竞争环境,为中小企业提供更大的发展空间,激发市场活力。在推进科技创新方面,我们需要完善科技创新体制机制,促进科技成果的转化和应用。这将为企业提供有效的技术供给,推动技术进步和产业升级。同时,推进土地确权制度改革和教育体制改革也是关键之举,这有助于降低企业生产成本,为产业发展提供高端人才支持。

(3)提升企业发展水平和素质

企业作为经济的核心驱动力和市场的基石,其存在对于经济生产活动至关重要。它们不仅是生产要素的整合者,也是产品和服务的提供者,在经济运行体系中占据着举足轻重的地位。企业的生产水平和员工素质直接决定了其市场生存能力和为消费者创造价值的能力,进而影响到企业的盈利和国民经济的整体运行。为了提升企业的竞争力和经济效益,优化企业的组织结构是首要任务。一个合理的组织结构能够确保生产要素的高效配置,从而提高企业的生产效率和产品质量。这不仅有助于提升企业的市场适应性和敏感性,还能够增强企业对市场的把控能力,进而在激烈的市场竞争中脱颖而出。此外,企业家精神在企业的成长和发展中扮演着举足轻重的角色。具备高素质的企业家能够塑造出积极向上的企业文化,激发员工的创新精神和培养终身学习的习惯。这样的企业文化不仅能够提高员工的整体素质,还能够为企业注入源源不断的活力,推动企业不断迈向新的高度。最后,科技创新是推动企业整体素质和水平提升的关键动力。随着信息技术的迅猛发展,大数据、物联网、区块链、5G等先进技术的应用已成为企业提升竞争力的关键。通过引入这些先进技术,企业可以提高自身的数字化能力,实现生产效率和供给效率的大幅提升,从而在未来的市场竞争中占据有利地位。

(4)促进产业结构转型升级

当生产力的发展与旧的产业结构和生产关系不相适应时,这些结构和关系便需要通过变革进行调整。只有当产业结构与生产力发展水平相匹配时,才能推动经济增长;否则,它们将成为经济增长的障碍。因此,对旧的产业结构进行改革,实现传统产业的转型升级,使其适应新的生产关系和生产力,是确保经济社会持续稳定发展的关键。在我国,产业结构的转型升级显得尤为重要,这是因为国内外环境正在发生深刻变化。面对产业韧性不足和存在的安全风险,我们必须增强对产业链供应链的控制力。在新的发展格局下,以国内循环为主,国际国内双循环相互促进,产业内部资源错配和扭曲的问题日益突出,对产业发展形成了制约。为解决这些问题,我们必须提升产业素质,推动产业升级、置换和要素重组,以形成满足产业安全和可持续发展需要的新供给结构,进而转变生产方式和增长模式。历史和国际经验都表明,经济发展的每一个重要阶段都与产业结构的调整紧密相连。在每个经济周期中,当经济实现较高发展时,生产要素都会从效率较低的生产部门流向效率较高的生产部门。深化供给侧结构性改革,要求我们积极推动传统产业的技术改造和转型升级,从低附加值向高附加值转变,从高能耗、高污染向绿色低碳转型,从粗放型经济向集约型经济跃升。同时,我们还需培育并壮大新兴科技产业,促进三次产业的融合发展,实现产业间资源的开放共享。此外,淘汰低效的"僵尸企业",促进大中小企业之间的融合与协调发展,也是确保改革红利广泛共享的重要一环。

(5) 抓好"三去一降一补"

改革开放以来,我国经济经历了四十多年的高速增长,但这种粗放型的发展模式在新时代背景下逐渐暴露出诸多问题。从供给侧结构性矛盾来看,当前的主要挑战包括部分行业产能过剩、房地产库存过高、企业杠杆率较高、实体经济成本上升,以及经济社会发展在某些领域存在明显短板。为了应对这些挑战,推进供给侧结构性改革显得尤为重要。其核心任务可以概括为"三去一降一补":去产能、去库存、去杠杆、降成本、补短板。这意味着我们需要推动产能过剩的行业加快出清,淘汰那些低效的"僵尸企业";同时,通过户籍制度改革等措施,满足人们的住房需求,逐步消化房地产库存。此外,降低企业杠杆率也是关键之一,这可以通过推动企业兼并重组、盘活存量资产、创新融资方式等多种手段实现。为了切实减轻企业负担,我们还需要主动为企业服务,降低它们的税负和融资成本、交易成本、劳动力成本、用地成本等,为企业创造更好的发展环境。最后,加强软硬件基础设施建设,补齐经济社会发展中的短板,也是推进供给侧结构性改革不可或缺的一部分。只有这样,我们才能确保我国经济实现高质量发展,为全面建设社会主义现代化国家奠定坚实基础。

第二节 大数据促进供给侧结构性改革理论分析

一、基于经济学理论的供给侧结构性改革

1. 基于传统经济学的解释

经济学理论多从"供给"角度阐述经济增长,并据此提出政策主张。亚当·斯密在《国富论》中从劳动力的供给质量和数量方面探讨了制度和社会分工对生产力的促进作用。马克思在《资本论》中阐述了生产力和生产关系作为物资资料生产方式的基础,及其相互间的决定与反作用关系。库兹涅茨则从投入产出视角分析了人口增长和效率提升对经济增长的影响。萨伊的"萨伊定律"强调了供给因素在经济发展中的重要性。熊彼特则认为技术和制度的破坏性创新是推动经济增长的长期动力。对于经济发展,供给要素(如劳动力、土地、资本、技术、创新)与需求适配(如投资、出口、消费)是两种关键动力结构。它们之间的相互作用和适配会促进经济的发展。

在当前中国经济的新常态发展阶段,面对国内外环境的深刻变化,推进供给侧结构性改革显得尤为重要。这一改革可以促进新旧动能的转换,创造高质量的供给,从而更好地满足消费者需求。从供给学派的角度看,经济增长源于"供给侧"。在完全竞争的市场环境下,企业生产的产品应全部出清,供给和需求应达到平衡,从而避免产能过剩的问题。因此,深化供给侧结构性改革是推动中国经济持续健康发展的关键所在。

图2-4展示了供给侧与需求侧的经济学原理及其相互关系。从图中可以看出,在不同的供给点,供给与需求之间的关系会发生变化,进而影响到市场的均衡状态。当企业供给处于 A_1 点时,供给量 S_1 大于需求量 D_1,这意味着市场上供大于求,产品不能全部出清,导致产能过剩。在这种情况下,企业需要调整产品结构,减少无效供给、老化供给或过时供给,以提升供给质量。同时,在非完全竞争市场条件下,企业可能对市场变化不够敏感,此时政府可以通过宏观政策调控来刺激需求,达到短期的市场均衡。但从长期来看,企业应当依靠自身的创新能力和市场洞察力,提高产品质量,扩

大有效供给,以适应市场需求的变化。当企业供给处于 A_2 点时,供给量与需求量达到均衡状态,产品能够全部出清,这是市场最理想的状态。此时,产品符合消费者的需求,供给与需求达到平衡。企业应当保持这种均衡状态,继续提供高质量的产品和服务,以满足消费者的需求。当企业供给处于 A_3 点时,供给量 S_3 小于需求量 D_3,市场上出现供给短缺。这表明当前的供给不能满足消费者的需求。在这种情况下,企业需要调整供给结构,提高产品和服务的有效供给能力,以满足消费者的需求。同时,政府也可以通过相关政策来鼓励企业增加供给,缓解市场短缺压力。

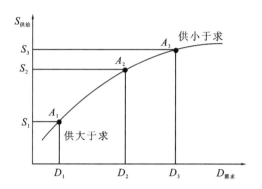

图 2-4 供给侧结构性改革的经济学理论解释

我国的供给侧结构性改革通过"三去一降一补"等措施来改善劳动力、土地、资本、技术、制度、创新等要素供给侧的结构和组成,通过宏观调控投资、消费、出口三驾马车需求侧,满足社会生产的总供给和总需求,使供求点从"A_1"向"A_2"和"A_3"移动,即从"供大于求"向"供求平衡"和"供小于求"的状态转移。

理想的状况是通过供给侧结构性改革,使市场上的供给数量与需求数量能够达到均衡,即供给等于需求,供给不会产生过剩,有效需求得到满足。如图 2-5 所示,供给和需求在点 E 处达到均衡,此时,市场生产的产品刚好可以出清。在实际情况中,市场一般是非均衡状态的,当市场价格为 P_1 时,价格较低,市场只提供 Q_2 的产量,而实际市场的需求量为 Q_3,此时产生了超额需求,超额需求量为 Q_3-Q_2,由于市场的调节作用,市场最终会达到 Q_0 的数量。当市场价格为 P_2 时,由于市场价格较高,实际市场的需求量较低,实际需求量为 Q_1,但相对于企业而言,较高的价格会带来更多的利润,于是企业的供给会增加,导致产生了超额供给,此时超额供给量为 Q_4-Q_1,随着市场的自我调节,最终市场的数量仍然会到达 E 这一平衡点。

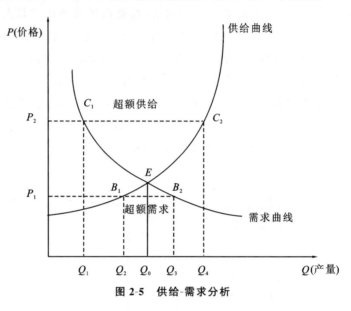

图 2-5 供给-需求分析

在我国当前经济新常态下,市场往往呈现出非均衡状态,供给过剩,有效需求不足,因此,供给侧结构性改革成为关键,需要采取必要的手段使供给与需求达到均衡状态。

如图 2-6 所示,我国的供给侧结构性改革是在适度扩大总需求的同时,进行的一种结构性改革,旨在实现供给侧与需求侧的动态协同。这一改革致力于解决我国经济发展中的长期主要矛盾和短期突出问题。随着我国改革开放四十多年来经济的高速发展,供需错配和资源配置扭曲所带来的结构性问题日益显现,已无法适应新常态下的经济发展需求。因此,深化供给侧结构性改革至关重要,其核心在于从供给侧出发,通过调整和优化土地、资本、劳动力、技术、创新、制度以及企业家精神等生产要素的配置,实现资源从低效率领域向高效率领域的转移。这种优化将显著提高要素生产率,吸引更多有效投资,进而创造价值、增加就业和家庭收入,促进消费增长。通过供给侧结构性改革拉动有效需求,我们能够不断满足消费者日益增长的需求,推动经济持续健康发展。

2.基于新供给主义经济学的解释

(1)新供给主义经济学的特征

新供给主义经济学以"新供给创造新需求"作为其微观理论基础,认为

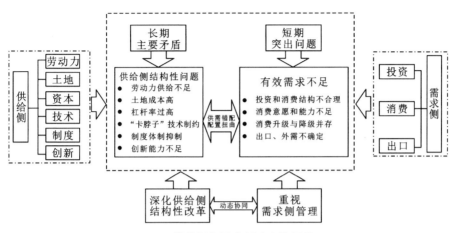

图 2-6　供给侧与需求侧动态协同管理

"供给自动创造自身等量需求"仅仅是一种理想化的状态。实际上,只有新供给的出现才能创造出真正的增量需求。"供给结构老化"被指出是我国经济连续下滑的核心原因。随着科技的进步,新的供给将不断涌现,这种"新供给"所对应的消费者的支付意愿才真正符合经济学所定义的"新需求"。从长期来看,供给确实是需求的创造者;但在短期内,需求也会对供给产生重要影响。新供给可以表现为新技术、新产品、新服务,或者是一种全新的商业模式和管理方式。由于新供给不断创造出新需求,新的市场也随之形成。新供给主义经济学进一步将经济周期细分为新供给形成、供给扩张、供给成熟和供给老化四个阶段。

新供给主义经济学用"供给的需求创造系数(N)"来描述供给创造需求的能力。当经济上行时,供给创造需求的能力增强,N 增大;当经济下行时,供给创造需求的能力减弱,N 减小。

$$N=\frac{\Delta D}{\Delta S}(N\geqslant 0)$$

其中:ΔS 表示新增供给量;ΔD 表示新增的有效需求量。

当一个经济周期中大部分都处于新供给形成和供给扩张阶段时,这个时期的经济就会充满活力,经济增速上升,整体趋势上行;如果一个经济周期中大部分处于供给成熟和供给老化阶段,这个时期的经济活力就会下降,经济增速降低,整体趋势下行。

整个经济周期呈现四个阶段的特征,如图 2-7 所示。

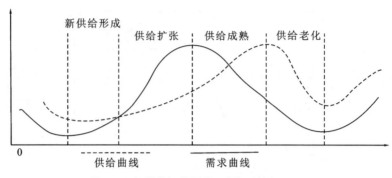

图 2-7 新供给经济周期(滕泰,刘哲,2018)

在供给老化阶段,供给增速超过需求增速,导致总供给显著超过总需求。这种失衡表现为 ΔD 小于 ΔS,意味着产能过剩,进而促使物价水平下降,经济面临通货紧缩的压力。此时,供给的需求创造系数低于 1,说明老化供给创造新需求的能力正逐渐减弱。这导致大量生产要素闲置,投资活动减少,资源配置效率降低,失业率上升,最终使得经济增速明显放缓,经济整体进入下行阶段。

在新供给形成阶段,新供给的涌现开始创造新需求。此阶段,新供给的增量超过了老化供给的减少量,总供给开始缓慢回升。此时,每个单位的有效供给能够创造出更多的有效需求,从而刺激消费增长和总需求的增加。尽管此阶段供给的创造需求系数仍小于 1,导致需求增速仍滞后于供给增速,物价水平仍面临下行压力,但值得注意的是,N 值正不断增大,逐渐趋近于 1。生产要素开始从供给老化的市场向新供给市场转移,从低效率领域向高效率领域流动,失业率开始下降,经济增长逐渐进入回升阶段。

在供给扩张阶段,新供给对新需求的拉动作用日益显著,供给与需求之间的差额逐渐缩小。库存产品逐步减少,总需求开始超过供给。在这一阶段,每个单位的供给能够产生 N(此时 N 大于 1)个单位的需求,市场呈现供不应求的局面,产品价格随之上升。投资大幅增加,生产要素迅速向新供给领域扩张和渗透,失业率持续下降,生产要素的产出效率得到提升。经济整体进入加速上升阶段,整体经济效率显著提升。

供给成熟阶段可分为两个阶段来解读。在成熟阶段初期,总需求开始下降,但仍高于总供给的增长。此时,尽管需求仍大于供给,但两者之间的差额正逐渐缩小。物价虽仍有上涨,但涨幅已趋于平缓。在这一阶段,供给创造需求的效率虽不如供给扩张阶段,但仍能创造出超过1个单位的有效需求,促使生产要素继续向供给扩张领域流动。然而,进入成熟阶段后期,总需求继续下降,而总供给仍处于上升阶段。最终,市场作用导致总供给超过总需求,出现供给过剩现象。库存开始积压,物价水平呈现下降趋势,要素资源配置效率降低,经济的潜在增长开始放缓。

(2)结构性改革推动供给侧升级

根据新供给经济学的理论,当老化供给的产业占据主导地位,或者当主导产业进入老化阶段而缺乏创新,没有新的产业来引领行业发展时,经济就会陷入供给结构老化的困境。这种情况下,经济的整体供给无法创造与自身等量的需求,导致整个经济体系缺乏内生的增长动力。尽管在短期内,通过财政和货币政策的刺激可以在一定程度上消化过剩产能,实现经济的短暂增长,但这种增长并不具备持续性。从中长期来看,这种刺激政策实际上可能鼓励过剩产能的进一步扩张,从而阻碍经济的健康发展。新供给经济学认为,供给老化导致经济下行的根本原因在于供给创造需求的系数 N 小于1,意味着每1个单位的供给无法创造出等量的需求。因此,只有通过供给侧结构性改革,才能引导生产要素从老化的领域向新供给的领域转移或扩张、渗透。这一过程将促使新供给创造新需求,进而引领消费升级,促进经济的重振。所以,供给升级对经济增长的本质在于生产要素从老化和过时的产业向新供给形成的新产业进行扩张或转移,从而提升供给创造需求的效率,如图 2-8 所示。

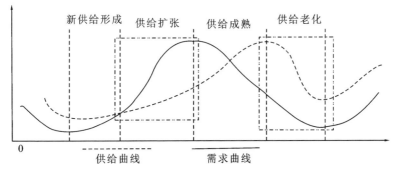

图 2-8　结构性改革推动供给侧结构转型升级(滕泰,刘哲 2018)

我国的供给侧结构性改革旨在通过一系列措施,如"三去一降一补",优化劳动力、土地、资本、技术、制度、创新以及企业家精神等生产要素的供给结构和组成。这些措施的实施,目的在于更好地满足社会生产的总供给和总需求,实现经济的平衡和健康发展。对于企业(供给方)而言,在市场价格和要素投入量的约束下,需要寻求投入成本的最小化,同时确保生产的产品数量达到一定的水平,以满足市场需求。

$$\min_{(x_1,x_2,\cdots,x_n)}: w_1 x_1 + w_2 x_2 + \cdots + w_n x_n \quad (2-1)$$
$$\text{s.t.}: f(x) = (x_1, x_2, \cdots, x_n) \geqslant y$$

其中:x_i 表示第 i 个生产要素(劳动力、土地、资本、技术、制度、创新等)的投入量;w_i 表示相对应的要素 i 的价格;f 为生产函数,y 为给定的产量水平。

在给定要素价格 $w=(w_1,w_2,\cdots,w_n)$ 和产量的条件下,企业寻求各个要素的最优投入量。此时的解函数 $x_i(w,y)$ 称为第 i 个生产要素的条件投入需求函数(这里的"条件"主要指产量的限制条件和要素价格的限制条件)。

对此问题,还可以进一步将最优目标值函数表述为:

$$C(w,y) = \min_{(x_1,x_2,\cdots,x_n)} \left\{ \sum_{i=1}^{n} w_i x_i \mid f(x_1,x_2,\cdots,x_n) \geqslant y \right\} \quad (2-2)$$

该最优目标值函数也就描述了投入成本的变化,称为成本函数,即在满足一定的需求产量下,要求成本最小。

如果同时考虑产出和投入,完全竞争的厂商(供给方)最优化问题可表示为以下利润最大化问题:

$$\max_{(x,y)}: py - \sum_{i=1}^{n} w_i x_i = py - w \cdot x \quad (2-3)$$
$$\text{s.t.}: f(x_1, x_2, \cdots, x_n) = f(x) \geqslant y$$

其中:p 为产品价格;$x=(x_1,x_2,\cdots,x_n)$;$w \cdot x$ 表示向量的内积。

在此问题中,厂商(供给方)将在市场给定的产品价格和要素价格下,同时选择最优的组合和产出。此时的最优解函数 $x_i = x_i(p,w)$,刻画了对生产要素的需求,称为投入需求函数;$y=y(p,w)$ 反映了此时厂商愿意提供的产出量,称为供给函数。

同样,此时也可以将最优目标值函数表述为:

$$\pi(p,w) = \max_{x,y} \{ py - w \cdot x \mid f(x) \geqslant y \} \quad (2-4)$$

很显然,此函数表示的就是厂商的利润,所以称为利润函数。

二、基于需求层次理论的供给侧结构性改革

从供给侧的角度来看,生产的本质目标确实是不断满足人民群众日益

增长的物质和文化生活需求。这意味着供给方需要紧密关注市场动态,了解消费者的真实需求,并通过创新和优化生产流程,提供符合市场需求的产品和服务。而从需求侧来看,消费者在社会生产活动中有着多层次的需求,包括生存、安全、社交、健康、自我发展、精神以及自我尊重等需求。这些需求是复杂且多变的,因此,供给方必须深入了解消费者的需求结构,并据此调整生产策略,确保所提供的产品和服务能够满足消费者的多元化和个性化需求。当前,我国供给侧结构性改革面临的一个重要问题是供给与需求之间的不匹配。很多时候,供给方提供的产品和服务并不能完全满足消费市场的现实需求,这导致了资源的浪费和市场的失衡。因此,只有那些真正满足消费者活动现实需求的供给才能被视为有效供给。需求理论,如马斯洛的需求层次理论和赫茨伯格的双因素理论,为我们从本质上分析供给侧结构性改革提供了有力的工具。这些理论帮助我们理解消费者的需求结构和动机,从而指导供给方如何更好地满足这些需求。通过结合需求理论来讨论供给侧结构性改革,我们可以更加准确地把握问题的关键所在,并制定出更加有效的政策措施。图2-9展示了需求理论与供给侧结构性改革的关系。

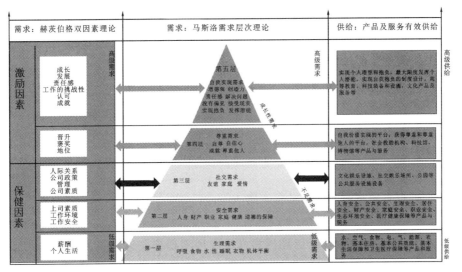

图2-9 需求理论与供给侧结构性改革的关系

1. 马斯洛需求层次理论

亚伯拉罕·马斯洛的需求层次理论是心理学领域中广为人知的激励理

论,它为我们理解人类行为动机提供了重要的框架。根据这一理论,人类的需求被划分为五个层次,这些层次构成了一个金字塔形的等级结构。从底层到顶层,这些需求分别是:生理需求、安全需求、社交需求、尊重需求以及自我实现需求。

生理需求位于金字塔的最底层,它是人类最基本的需求,包括食物、水、睡眠等。这些需求对于人类的生存至关重要,因此它们具有最强的驱动力。只有当这些基本需求得到满足时,人类才会转而追求更高层次的需求。

安全需求位于生理需求之上,它涉及个人的身体安全、经济安全以及心理安全等方面。这些需求是人类在满足了基本生存需求后追求的更高层次的需求,它们对于保障人类的生活质量和心理健康至关重要。

社交需求位于安全需求之上,它涉及人际交往、友谊、家庭关系等方面。这一层次的需求反映了人类对于社交互动和归属感的渴望,是人们在物质需求得到满足后追求的重要目标。

尊重需求位于社交需求之上,它涉及个人的自尊、他尊以及成就感等方面。这一层次的需求体现了人类对于自我价值和他人认可的追求,是推动个人不断进步和发展的重要动力。

自我实现需求位于金字塔的最顶层,它是人类追求的最高境界。在这一层次,人们追求的是个人潜能的充分发挥和自我价值的最大化,是实现个人梦想和抱负的过程。

马斯洛认为,这些需求层次之间存在一定的递进关系。只有当低层次的需求得到满足后,人们才会转而追求更高层次的需求。而且,随着需求层次的升高,需求的力量逐渐减弱。这意味着,在满足高层次需求之前,必须先满足低层次的需求。

2.赫茨伯格双因素理论

美国心理学家弗雷德里克·赫茨伯格在1959年提出了著名的双因素理论,该理论也被称为"激励-保健理论"。该理论将影响员工绩效的因素划分为两大类别:激励因素和保健因素。激励因素即那些能够激发员工满足感的因素;而保健因素,主要指的是那些可能引发员工不满和消极行为的因素。值得注意的是,保健因素的存在主要能够消除员工的不满情绪,维持他们的基础工作效率,但并不能激发他们追求更高绩效的积极性。相反,激励因素如果得到满足,能够极大地激发员工的积极性,即使这些因素未能完全满足,也不会引发员工的不满。赫茨伯格的双因素理论与马斯洛的需求层次理论在某种程度上是相互呼应的。保健因素大致对应于需求层次理论中的前三个层次,即生理需求、安全需求和社交需求,这些属于基础且较为低级的需求。而激励因素则与需求层次理论中的尊重需求和自我实现需求相对应,这些属于更高层次的需求。当基础需求得到满足后,人们往往会追求更高层次的需求满足,以实现自我价值和潜能的最大化。

3. 需求理论与供给侧结构性改革关系

根据马斯洛的需求层次理论,人类社会生产活动的需求可以被划分为五个层次,这些层次与马斯洛的五级需求层次相对应。从低级到高级,这五个层次的供给类型分别满足不同的需求。第一层供给满足的是基本的生理需求,包括水、食物、空气、能源、衣物、基本住房以及基本的生活保障和卫生医疗保障等产品和服务。这是人类生存的基础。第二层供给则关注安全需求,涵盖了人身安全、居住安全、财产安全、家庭安全、职业安全以及生态环境安全等产品和服务。这一层次的供给确保了人们的身心安全和生活稳定。第三层供给则转向社交需求,提供文化娱乐设施、社交娱乐场所、公园等公共服务设施设备。这些供给满足了人们社交互动和归属感的需求。第四层供给满足尊重需求,提供自我价值实现的平台、社会救助机构、科技馆、博物馆等产品与服务。这一层次的供给帮助人们获得自尊和尊重他人。第五层供给则是自我实现需求的满足,包括提供高等教育、科技装备和设施,以及文化产品和服务等。这一层次的供给旨在帮助人们实现个人理想和抱负,发挥最大潜能。

市场经济在本质上是一个为消费者提供多样化产品和服务的体系。这些产品和服务旨在满足消费者在不同境遇和需求层次下的愿望。消费者的需求受到市场价格的影响,他们愿意支付的价格反映了他们对产品和服务的价值及满足度的评估。马斯洛的需求层次理论和赫茨伯格的双因素理论为我们理解消费者需求提供了有力的框架。根据这些理论,消费者的需求是层次性的,从基本的生理需求到更高层次的安全、社交、尊重和自我实现需求。通常情况下,消费者会先追求满足低级需求,随着这些需求的满足,他们会转向追求更高层次的需求。市场和企业必须紧密关注消费者的需求变化,并根据这些需求调整其产品和服务的供给。在我国当前阶段,供给与需求之间的矛盾日益凸显,主要表现为现有的产品和服务供给已不能满足人们日益增长和多样化的需求。原有的供给结构已经过时,无法满足新发展阶段的需求,形成了所谓的"无效供给"。为了解决这一矛盾,供给侧结构性改革变得至关重要。这项改革的核心在于调整和优化供给结构,使其与消费者的需求结构相匹配。供给侧结构性改革可以改善供需失衡和资源错配的状况,将无效供给转变为有效供给,释放积压的库存,并补齐供给短板。这将有助于更好地满足消费者的需求,推动经济的持续健康发展。同时,供给侧结构性改革也需要关注创新和技术进步,以提供更多高质量、高附加值的产品和服务,满足消费者日益增长的高级需求。

三、基于SAM战略匹配模型的供给侧结构性改革

1. 战略匹配模型SAM

Venkatraman、Henderson 于 1993 年提出了战略匹配模型(strategy alignment model,简称 SAM),也被称为战略对应模型、战略策应模型或战略一致性模型。这一模型旨在帮助企业实现运营战略与信息化战略之间的有效匹配和协调。SAM 模型基于一个核心假设:企业战略与信息技术(information technology,IT)战略之间存在紧密的联系。然而,如果企业的运营战略与 IT 战略之间缺乏对应关系,或者两者之间的联系不够紧密,那么企业的信息化战略投入的价值就难以体现。为了解决这个问题,企业需要建立一个动态的操作流程,以确保运营战略与 IT 战略之间能够维持持久的对应关系。在 SAM 模型中,企业战略被划分为四个关键部分:A 为业务战略;B 为 IT/IS 战略;C 为组织基础设施与流程;D 为 IT/IS 基础设施与流程。其中,A 和 C 部分涉及企业战略的实施执行,而 B 和 D 部分则聚焦于企业的信息化战略执行。A 和 B 部分构成企业的外部环境,反映了企业的战略规划;而 C 和 D 部分则属于企业的内部领域,展示了战略的具体实施细节,如图 2-10 所示。

2. 供给侧结构性改革与大数据战略的 SAM 模型

在国家层面实施 SAM 战略匹配模型时,大数据战略应被视为组织信息化战略的重要组成部分,特别是作为供给侧的技术供给。国家宏观经济战略与各个经济发展单元的战略必须保持高度一致,确保经济发展单元的经济实施行动与国家的整体战略相契合。大数据作为关键技术供给,其战略行动需与国家的宏观经济战略紧密配合。这意味着,在国家大数据战略的

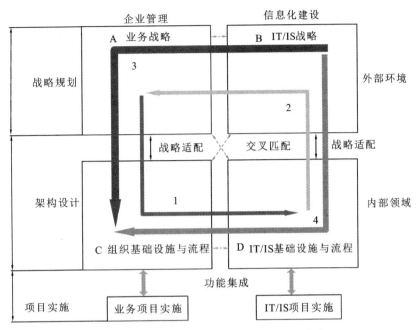

图 2-10　SAM 战略匹配模型的主要匹配方式

资料来源：根据 J.C. Henderson、N. Venkatraman(1993)的战略一致性模型改进

指导下，各个经济单元应实施与自身发展相适应的大数据项目，如工业大数据、农业大数据、服务业大数据、政府大数据，以及与基础设施建设相关的大数据项目等。通过确保大数据战略与国家整体经济战略的一致性，我们不仅能够推动经济的持续、健康和高效发展，还能够充分发挥大数据技术在国家宏观调控中的重要作用。如图 2-11 所示，这种匹配和协调关系得到了清晰的呈现，为国家层面的大数据战略行动提供了有力的指导和参考。

①外部环境。随着外部环境的日趋复杂，竞争加剧，我们需要根据外部环境因素，制定经济发展战略规划。因此外部环境部分涵盖了战略规划的内容，主要包括经济社会发展战略（A 区域）和大数据战略（B 区域）两个部分。A 区域包括了湖北省经济社会发展中各个行业与部门的发展职能，基于这些职能需要完成的供给侧结构性改革任务有现代农业高质量发展、现代工业高质量发展和现代服务业高质量发展的供给侧结构性改革，大数据战略行动和"三去一降一补"，绿色生态发展战略，提升国家治理水平，提高产业链供应链在全球的生态位，增加标准制定和话语权、关键技术自主控制

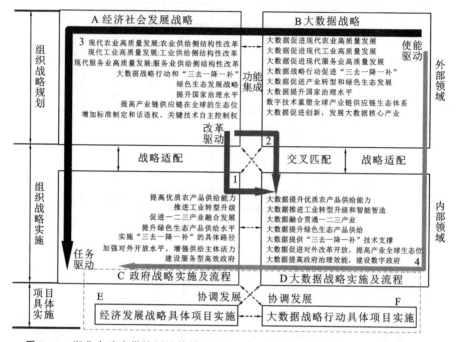

图 2-11 湖北省政府供给侧结构性改革与大数据战略行动的 SAM 战略匹配模型

权等。在 B 区域中,大数据战略主要是对应于 A 区域的发展战略,湖北省所采取的大数据战略包括大数据促进现代农业高质量发展、大数据促进现代工业高质量发展、大数据促进现代服务业高质量发展、大数据战略行动促进"三去一降一补"、大数据促进产业转型和绿色生态发展、大数据提升国家治理水平、数字技术重塑全球产业链供应链生态体系、大数据促进创新和发展大数据核心产业等内容。

②内部领域。内部领域是组织为了实现战略目标而采取的行动,主要包括 C 区域的湖北省政府战略实施及流程、D 区域的大数据战略实施及流程两个部分。在 C 区域中,政府战略实施及流程实际上是贯彻和落实 A 区域的战略目标,是对应于供给侧结构性改革战略的战术行动。政府战略实施及流程主要包括提高优质农产品供给能力;推进工业转型升级;促进一二三产业融合发展;提升绿色生态产品供给水平;实施"三去一降一补"的具体路径;加强对外开放水平,增强供给主体活力;建设服务型高效政府等。在 D 区域中,大数据战略实施及流程是对 B 区域大数据战略的具体落实和行动,

是湖北省供给侧结构性改革实施及流程对应的大数据战略实施及流程,主要包括大数据提升优质农产品供给能力;大数据推进工业转型升级和智能智造,大数据融合贯通一二三产业;大数据提升绿色生态产品供给;大数据提供"三去一降一补"技术支撑;大数据促进对外改革开放,提高产业全球生态位;大数据提高政府治理效能,建设数字政府等。

SAM 战略匹配模型中有以下几种匹配关系:A 与 C、B 与 D 之间的匹配关系称为战略适配关系;A 与 B、C 与 D 之间的匹配关系称为功能集成;C 与 B、A 与 D 之间的关系称为交叉匹配。根据这些不同形式的匹配组合,可以得到不同的 IT 战略规划路线。根据 N. Venkatraman、J. C. Henderson 的研究成果,分别根据起点和路径的不同,将供给侧结构性改革与大数据战略的 SAM 模型 A、B、C、D 之间的规划路线划分为四种。

①战略执行路线 1。以湖北省经济社会发展战略作为供给侧结构性改革的原始驱动力和经济发展规划实施的起点,根据战略总体规划,省内不同行业和产业部门来具体落实和细化战略,设计大数据战略行动、具体实施的路径和流程,经济发展战略将目标任务分解到政府相关职能部门或机构,政府机构在任务驱动下,将分解的任务通过大数据系统功能集成,由大数据与产业和行业实现融合贯通,其具体实施路径为 A→C→D。全省经济社会发展战略是经济系统实施的行动指南,政府管理的主要角色就是制定经济发展战略,大数据系统管理的角色就是具体贯彻执行战略。

②技术转换路线 2。以湖北省经济社会发展战略作为供给侧结构性改革实施的动力起点,通过大数据技术转换,实现大数据战略行动与经济发展战略匹配,并将这种匹配关系通过大数据与相关产业进行融合和具体落实。技术转换路径为 A→B→D。在政府的经济社会发展战略指引下,以供给侧结构性改革作为经济系统实施的驱动器,在大数据技术的支撑下,政府经济社会发展的战略通过大数据战略系统来实现。

③使能驱动路线 3。以大数据战略行动作为供给侧结构性改革和全省经济社会发展战略推进的使能器,将大数据功能与经济发展形成战略集成匹配,政府将大数据战略集融入经济发展规划,通过规划的制定,大数据战略由不同的产业和部门来具体落实,驱动路径为 B→A→C,通过政府相关职能部门实施大数据战略集,增强湖北省经济社会发展的核心竞争力。

④技术服务路线 4。以大数据战略行动作为全省经济社会发展的使能

器,通过大数据技术赋能经济社会发展,将大数据技术作为支撑服务于不同的行业和产业。技术服务路径为 B→D→C。大数据战略从技术层面来说,可以为全省经济社会发展战略实施提供技术支撑,是政府经济发展得以实现的技术基础,通过大数据战略行动,服务于全省的各个经济部门,促进不同行业和产业突破边界和壁垒,共享数据资源,使得经济社会协调发展,实现经济社会发展战略目标。

在 SAM 战略匹配模型中,E、F 分别是经济发展战略和大数据战略行动的具体项目实施阶段,区域 E 就是以供给侧结构性改革为出发点,从行业、产业和企业层面采取的具体措施、落实的具体行动和实施的具体项目;区域 F 就是针对经济发展的具体项目,即从产业、行业和企业在实施具体的项目中所对应采取的大数据具体行动,大数据的具体功能在具体项目实施中得以体现。这里值得注意的是,无论是经济发展战略的具体项目实施还是其所对应的大数据战略具体行动,都要遵循经济发展规划和大数据行动规划,在政府的任务驱动下协调发展。

在大数据战略设计中,需要解决的关键问题是经济社会发展如何通过大数据战略实施,从 SAM 战略匹配模型中可知:战略执行路线 1 和技术转换路线 2 将战略任务与大数据功能集成匹配,解决大数据战略实施和流程中的大数据系统架构问题,系统设计中的内容是根据经济社会发展战略和大数据战略要求对大数据系统进行选型,针对不同行业和产业部门的职能、业务流程等选择相匹配的大数据战略发展模块,包括数据收集、数据转存、ETL、数据仓库、元数据管理、作业管理与调度、资源分配与调度等,完成大数据系统的架构设计。

在 SAM 战略匹配模型中,存在的主要矛盾是经济社会发展战略、大数据战略、政府战略实施及流程、大数据战略实施及流程之间的有效匹配。其一是战略管理问题,构建经济社会发展战略与政府战略实施及流程的适配关系,将战略目标分解为不同的子目标并与政府相关职能部门进行有效匹配。其二是大数据系统战略匹配问题,建立大数据战略与大数据战略实施及流程间的战略适配关系,将大数据融入具体的行业与产业中,实现基于大数据战略下的智能化、精准化管理。其三是功能集成问题,建立经济社会发展战略与大数据战略之间的功能集成,通过改革驱动和使能驱动,形成大数据功能战略集,经济发展目标在大数据的支持下可以高效实现;建立政府战略实施及流程与大数据战略实施及流程间的战略功能集成,政府通过任务驱动,将产业发展战略与大数据行动对应起来,通过大数据赋能产业,实现经济社会发展目标。

四、大数据促进供给侧结构性改革系统结构

国民经济活动主要由宏观经济和微观经济构成。宏观经济在宏观层面揭示了国家经济的整体运行状态,其中总供给与总需求的变化将引导国家在经济政策上作出相应调整。相对而言,微观经济关注的是个体经济单位的经济活动,其运行主要依赖于市场竞争的自我调节。微观经济是宏观经济的基石,而宏观经济的稳健则为微观经济的顺畅运行提供了保障。当前,我国经济正处于新常态与转型的关键时期。"十四五"时期标志着我国经济已步入新时代,从粗放式高速增长转向高质量发展,产业结构亟待优化与升级。经济转型作为我国一项复杂的系统工程,具有鲜明的中国特色,涉及的经济关系不断演变。鉴于经济改革缺乏现成的经验借鉴,我国经济在运行过程中出现了许多新问题、新特征。因此,只有通过深化改革,不断应对和解决经济运行中出现的新挑战,我们才能稳健地推进经济社会的健康发展。

1.大数据战略行动促进经济发展机理

大数据对经济社会发展的促进作用显著,尤其是在其作为关键生产要素的角色上。在现代经济体系中,大数据已经成为一种至关重要的资产,为经济社会发展提供了强大的技术支撑和动能。传统的生产要素中,技术一直占据重要地位,而大数据本身就是一种高度技术化的资产,其对经济的推动作用不容忽视。

随着数据价值的日益凸显,无论是政府还是企业,都已经开始广泛应用数据于实际生产和业务中。政府利用大数据构建数字化政府,从而极大提升了治理效能。企业则借助大数据技术衍生新产业,优化管理和决策流程。大数据不仅以其本身的资源推动经济发展,还催生出了一系列与大数据紧密相关的产业,如大数据软硬件的开发与生产、"大数据+"与其他产业的融合发展和渗透效应等。这些新兴产业和模式不仅促进了其他产业的变革与转型,还提高了生产效率,为经济的高质量发展注入了新动力。图2-12显示了大数据促进经济发展的机理。

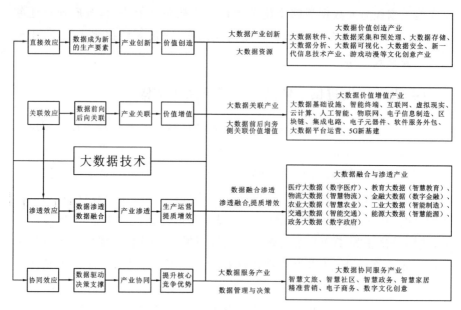

图 2-12　大数据促进经济发展的机理

（1）直接效应：大数据产业创新促进价值创造

大数据作为一种核心技术资源，不仅自身能产生直接效应，还能围绕其技术生态催生出众多创新产业。这些由大数据衍生出的创新产业，无疑为经济增长注入了新的活力。同时，大数据的核心地位使得一系列以大数据为核心业务的资源型数字经济得以蓬勃发展，如大数据软件、大数据采集和预处理、大数据存储、大数据分析、大数据可视化、大数据安全、新一代信息技术产业、游戏动漫等文化创意产业等。这些数字产业的崛起，不仅丰富了经济体系，更在推动经济增长方面发挥了重要作用。

（2）关联效应：大数据关联产业促进价值增值

以大数据作为核心节点，我们可以观察到大数据产业的前向关联、后向关联以及旁侧关联都在积极促进产业向以大数据为中心的转移。这些关联产业以大数据技术为支撑，形成了技术型数字经济，主要体现在大数据软硬件及其生产方面。这一转型涉及多个领域，包括但不限于大数据基础设施、智能终端、互联网、虚拟现实、云计算、人工智能、物联网、电子信息制造、区块链、集成电路、电子元器件、软件服务外包、大数据平台运营及5G新基建等。这些领域的融合发展不仅推动了经济的数字化转型，也为未来的可持续发展提供了强大的技术支持和产业基础。

(3)渗透效应:大数据融合渗透而衍生的新型产业提质增效

大数据核心技术对其他传统产业的融合和渗透形成新的业态,大数据技术不是替代原有产业,而是通过融合贯通和渗透效应,将原来生产效率较低的技术和设备等应用数字化技术进行改造和升级,利用行业所产生的大数据,通过数据挖掘和分析,提取有用的信息和知识并融入数字化技术和人工智能技术,使得生产变得更加智能或智慧,促进劳动生产率提高,降低生产运营和管理成本,降低产品价格,增强市场核心竞争力。例如基于医疗大数据所产生的数字医疗、基于教育大数据所产生的智慧教育、基于物流大数据所产生的智慧物流、基于金融大数据所产生的数字金融、基于农业大数据所产生的智慧农业、基于工业大数据所产生的智能制造、基于交通大数据所产生的智能交通、基于能源大数据所产生的智慧能源、基于政务大数据所产生的数字政府等。

(4)协同效应:大数据驱动管理,促进产业协同发展,提升核心竞争优势

大数据与其他产业的结合,将充分利用各产业产生的数据资源,通过深入的数据分析,为产业发展提供精准决策支撑服务。这种融合不仅增强了其他产业的核心竞争力,也提升了政府的治理效能。以智慧文旅、智慧社区、智慧政务、智慧家居、精准营销、电子商务和数字文化创意等领域为例,大数据的应用正在推动这些产业向更高层次、更智能化的方向发展。

2.国民经济部门间的关系

宏观经济由不同的产业构成,当产业结构不合理时,经济整体会发生波动,因此需要进行产业结构调整,从供给和需求的角度来看,就是要对供给结构和需求结构进行改革和调整,在经济调整的过程中,除了家庭(消费者)和企业(生产者)以外,政府的介入和国外贸易的参与,都会影响经济的发展。根据宏观经济学理论,这里基于四部门经济学来分析供给侧结构性改革原理。

三部门经济再加上一个国外部门就是四部门经济。在四部门经济中,本国居民通过进口与国外部门产生联系,本国企业则通过出口与国外部门产生联系,如图 2-13 所示。

相对于两部门和三部门经济来说,四部门经济发生了对外贸易,由于有对外贸易的发生,从支出角度看,整个国民经济收入的构成应该等于消费、

投资、政府购买和净出口的总和,即国民收入＝消费＋投资＋政府购买＋净出口,用公式表示如下:

$$Q=C+I+G+(X-M) \qquad (2-5)$$

式中:Q 表示国民收入;C 表示消费;I 表示投资;G 表示政府购买;X 表示出口;M 表示进口;$(X-M)$ 表示净出口,因为净出口表示从外国流入本国的收入,并用于购买本国产品的支出,所以净出口才应计入总支出。

从收入角度看,国民收入＝工资利息等生产要素收入＋非公司企业主收入＋公司税前利润＋企业转移支付及企业间接税＋资本折旧,则宏观经济的均衡条件为:

$$C+I+G+(X-M)=AD=Q=AS=C+S+T \qquad (2-6)$$

式中:AD 表示总需求;AS 表示总供给;Q 表示国民收入;C 表示消费;I 表示投资;G 表示政府购买;X 表示出口;M 表示进口;S 表示储蓄;T 表示税收。对式(2-6)进行化简可得:

$$I=S+(T-G)+(M-X) \qquad (2-7)$$

式中:等号左边表示投资;等号右边表示储蓄;S 表示私人储蓄;$(T-G)$ 表示政府储蓄;$(M-X)$ 表示国外储蓄。

从本国的立场看,M 表示进口,代表其他国家出口商品到本国,因而这些出口国家从本国获得了收入,X 表示出口,代表其他国家从本国进口商品和劳务,因而这些国家付出货币,相当于支付货币到本国。当 $M>X$ 时,外国相对于本国收入大于支出,于是外国就有了储蓄,反之,则有负储蓄。

从使宏观经济能够均衡的角度来看,应当满足总支出等于总收入这一条件,或者是总需求等于总供给,或者是投资等于储蓄。当这些条件不满足时,宏观经济运行就会出现波动现象。当投资大于储蓄时,表明经济中存在过度需求现象,即总需求大于总供给,将会引发资源短缺,发生通货膨胀现象。当投资小于储蓄时,表明经济中存在需求不足现象,即总需求小于总供给,此时会引发失业,发生通货紧缩现象。只有当投资等于储蓄或者总需求等于总供给,即满足条件 $I=S+(T-G)+(M-X)$ 时,宏观经济才能实现均衡。

在国民经济的实际运行中,投资等于储蓄,总需求等于总供给,一般很难实现,在市场经济中,投资与储蓄或者总需求与总供给一般是不平衡的,此时市场和政府会对经济进行调整。

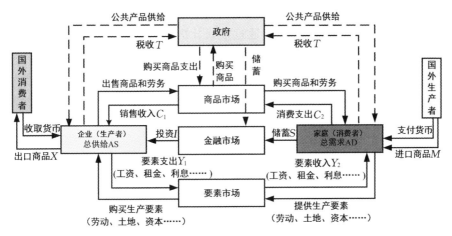

图 2-13 四部门经济的收入流量循环模型

市场竞争机制能够自动调节供需关系,实现经济的平衡发展。然而,当市场无法有效调节时,政府会通过宏观调控手段来实现供给与需求、投资与储蓄的平衡。

3. 大数据促进供给侧结构性改革模型

根据国民经济四部门经济的循环模型,国民经济运行的最优状态在于实现投资与储蓄的平衡,以及总需求与总供给的均衡。在这种状态下,市场能够达到自我均衡,资源配置最为高效。然而,在实际经济运行中,这种均衡状态往往只是一种理想或最优状态,即使短暂达到,也往往会因为各种内外部因素的变化而失去平衡。长期来看,国民经济更多地呈现出一种动态的不平衡状态。

目前,我国面临的经济矛盾主要集中在供给侧,具体表现为供需结构的失衡。供给无法完全满足人民群众日益增长的物质和文化生活需求。当这种供需失衡出现时,为了维持经济的平稳和良性运行,就需要对经济结构进行调整。这种调整通常有两种途径。一种是通过市场竞争的方式自动调整。在完全竞争的市场环境下,供需关系会在市场机制的作用下自动达到平衡。另一种是当市场无法有效调节时,政府介入,通过宏观调控手段来平衡供给与需求、投资与储蓄的关系。这可能包括资源的重新配置、价格管制、银行利息调节、汇率调节,以及出台相应的抑制或鼓励政策等。

大数据作为一种特殊的资源和技术创新,既可以在要素市场中作为资源进行交易,也可以作为技术创新产品进入商品市场进行买卖。当大数据与其他产业深度融合时,它能够通过数据分析为生产运营管理提供决策支持,从而提高生产运营效率。因此,大数据在国民经济不同行业和产业中的应用,对于解决投资与储蓄、总需求与总供给之间的不平衡问题具有重要意义,能够有效促进经济的高质量发展。这一点在四部门供给侧结构性改革的模型中得到了清晰的体现,如图 2-14 所示。

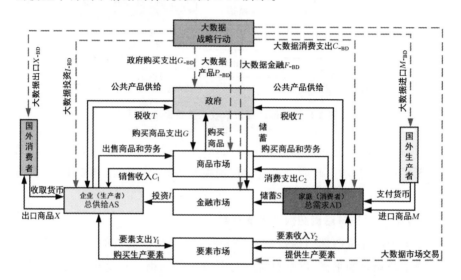

图 2-14 大数据促进四部门供给侧结构性改革系统模型

(1)大数据提升四部门的有效供给

在图 2-14 所展示的大数据促进四部门供给侧结构性改革的系统模型中,大数据的多重效应对于提升国民经济各部门的效率起到了关键作用。首先,从直接效应来看,大数据作为一种前沿的技术资源,为供给侧改革提供了强大的动力。大数据不仅满足了市场对高效率、高质量资源的需求,还从生产要素供给端出发,为各个产业提供了强大的数据支持,从而推动了生产运营效率的提升。其次,大数据的关联效应也不容忽视。通过与多个产业的紧密结合,大数据不仅延伸了自身的产业链条,还催生了以大数据为核心的新兴产业网络。这种关联效应不仅促进了大数据产业的价值增值,还带动了其他相关产业的协同发展。再者,大数据的渗透效应为其在国民经济中的应用提供了广阔的空间。通过渗透到其他产业并与这些产业进行融合创新,大数据不仅加速了传统产业的转型升级,还衍生出了许多新兴产业。这种渗透效应不仅降低了生产成本,还提高了产品和服务的质量。最后,大数据的协同效应更是将其优势发挥到了极致。通过实现跨区域、跨组织、跨部门的协作,大数据不仅提高了生产效率,还为其他产业提供了精准的服务和支持。这种协同效应不仅增强了大数据自身的价值,还提升了整个经济系统的运行效率。

在图 2-14 所示的大数据促进四部门供给侧结构性改革系统模型中,增加了大数据这一关键生产变量,由于大数据在市场中可进行交易,既可作为供给侧的供给量,也可作为需求方的需求量,因此在理想条件下,大数据的供给与需求应达到平稳,根据式(2-6)可得到:

$$C+I+G+(X-M)+AD_{-BD}=AD=Q=AS=C+S+T+AS_{-BD} \tag{2-8}$$

式中:AD_{-BD} 为大数据对总需求的贡献量;AS_{-BD} 为大数据对总供给的贡献量。

$$AD_{-BD}=C_{-BD}+I_{-BD}+G_{-BD}+X_{-BD} \tag{2-9}$$

式中:AD_{-BD} 为大数据对总需求的贡献量;C_{-BD} 为大数据对消费的贡献量;I_{-BD} 为大数据对投资的贡献量;G_{-BD} 为大数据对政府购买的贡献量;X_{-BD} 为大数据对国外消费者出口的贡献量。

$$AS_{-BD}=C_{-BD}+S_{-BD}+T_{-BD}+M_{-BD} \tag{2-10}$$

式中:AS_{-BD} 为大数据对总供给的贡献量;C_{-BD} 为大数据对消费的贡献量;S_{-BD} 为大数据对储蓄的贡献量;T_{-BD} 为大数据对政府税收的贡献量;M_{-BD} 为大数据对国外生产者进口的贡献量。

在大数据的作用下,四部门经济运行受到大数据的影响,根据宏观经济"总支出=总收入"或"总需求=总供给"的均衡条件,将式(2-9)和式(2-10)代入式(2-8)并进行整理,四部门经济新的均衡条件仍然可用"投资=储蓄"表达,即:

$$I+I_{-BD}=S+(T-G)+(M-X)+S_{-BD}+(T_{-BD}-G_{-BD})+(M_{-BD}-X_{-BD}) \tag{2-11}$$

式中:I 表示投资;S 表示储蓄;G 表示政府购买;X 表示出口;T 表示税收;M 表示进口;I_{-BD} 表示大数据对投资的贡献量;S_{-BD} 表示大数据对储蓄的贡献量;T_{-BD} 表示大数据对政府税收的贡献量;G_{-BD} 表示大数据对政府购

买的贡献量;M_{-BD}表示大数据对国外生产者进口的贡献量;X_{-BD}表示大数据对国外消费者出口的贡献量。

由式(2-11)与式(2-7)可得下式:

$$I_{-BD}=S_{-BD}+(T_{-BD}-G_{-BD})+(M_{-BD}-X_{-BD}) \qquad (2-12)$$

式中:等号左边表示基于大数据的投资;等号右边表示基于大数据的私人储蓄;S_{-BD}表示基于大数据的私人储蓄;$(T_{-BD}-G_{-BD})$表示基于大数据的政府储蓄;$(M_{-BD}-X_{-BD})$表示基于大数据的国外储蓄。

由式(2-12)可得,基于大数据的投资=基于大数据的储蓄。结合式(2-11)和式(2-12)可看出,国民经济运行中,由于大数据的参与,国民经济在数字经济上增加了投资,相应地也从大数据投资中获得了经济效益。大数据可全方位地参与四部门的经济运行,可以提高政府管理效率,降低供需成本,提高企业核心竞争优势,在产业链和供应链上整体提高经济收益。

(2)大数据提升了资源的正确配置

大数据的核心价值在于从大数据中可以提取有用的信息,并将这些信息转化为知识,将知识应用于经济生产过程中,在经济运行过程中所产生的数据通过信息反馈给大数据系统,大数据更新数据、信息和知识,用以调整资源,使资源得到合理正确的配置,如图 2-15 所示。

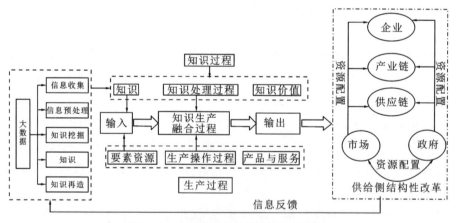

图 2-15 大数据提升资源正确配置模型

知识与要素资源(如人力、财力、物力等)作为生产资源输入生产的始端,此时,知识处理过程与生产操作过程发生融合并输出高质量的产品与服务,在这一过程中知识价值得到增值,产品或服务进入产业链、供应链网络循环,产品或服务作为终端产品或中间件在竞争市场中作为供应品满足消费者的各类需求。

当供给符合消费者的需求时,表明资源正确配置;当供给不符合市场的需求时,表明资源错配。此时市场将进行自动调节,使资源在企业、供应链、产业链网络达到均衡;当市场不能进行有效调节时,政府则介入市场,进行供给侧结构性改革,使错配的资源向正确的资源配置转换,从而促进资源的正确配置并形成新供给。当新供给按照形成、扩张、成熟、老化这一循环周期发展时,新的信息将会通过大数据信息反馈,从而进入大数据系统并进行信息提取和知识再造流程,将产生的新知识作为要素资源融入生产过程,从而形成正反馈循环,不断调整错配资源,提升资源的正确配置。

第三章 农业大数据与农业供给侧结构性改革逻辑与架构

第一节 农业大数据的概念与内涵

一、农业大数据的概念

农业大数据是指将大数据的理论、技术和方法应用于农业领域,通过运用大数据的理念、技术和手段,解决农业及其相关领域的数据采集、存储、分析与应用等问题。它的目的是指导农业生产和经营,提高农业的综合生产力,推动农业的结构性调整,提升经营管理的效率,并促进农业的高质量发展。

农业作为一个涉及众多复杂和多样环境的行业,其大数据的应用将涵盖从耕地、播种、施肥、杀虫、收割、存储、育种,到气候、水利、生产、加工、资源、环境,再到市场销售等各个环节。这意味着农业大数据不仅仅是单一类型的数据,而是包括了结构化、半结构化和非结构化的多维度、多粒度、多模态的海量数据。因此,农业大数据可以被视为一个基于农业全产业链和供应链的跨行业、跨专业、跨业务的大数据集成系统。它是从海量的数据中提取农业数据的价值,促进农业生产经营的转型升级,并提升农业产业链和供应链的现代化水平的重要工具。

二、农业大数据的内涵

农业大数据是一个集合,它汇集了通过现代科技装备收集的关于农业各个领域的多元化数据,包括生长周期、作物种类、市场信息、气候特征等。由于农业资源、环境、市场的复杂性和多变性,农业大数据蕴含了丰富的信息和内涵。这一大数据的来源十分广泛且结构多样。随着移动互联网技术的广泛应用,智能终端和传感器设备的普及,我们现在可以更加便捷地获取农业相关信息。通过移动终端、视频终端、音频终端等现代信息采集技术,我们可以实时收集农业生产、加工、流通、消费等各个环节的数据。这些数据不仅包括文本,还有图像、音频、视频等各种形式的结构化、半结构化和非结构化数据。此外,农业大数据的跨度极大,呈现出高度的复杂性。它是一个跨领域、跨行业、多学科、多结构交叉的综合性和关联性数据集成。随着农业的发展和物联网技术的深入应用,非结构化数据的增长速度尤为迅速,其数量预计将远超结构化数据。

农业大数据完美地体现了大数据的五大核心特性:一是数据量大;二是处理速度快;三是数据类型多;四是价值高;五是精确性高。除此以外,农业大数据还有其自身的特点,包括以下几种。

①从行业维度来看,农业大数据覆盖范围广泛,以农业为核心,涵盖种植业、林业、畜牧业等子行业。它不仅关注农业自身的数据,还逐步拓展到与农业紧密相关的上下游产业,如饲料生产、化肥生产、农机生产、屠宰业、肉类加工业等。此外,为了更全面地了解农业的发展状况,还需要整合宏观经济背景的数据,如统计数据、进出口数据、价格数据、生产数据,甚至包括气象数据等。这些数据的综合应用,为农业决策提供了全面而深入的支持。

②从地域维度来看,农业大数据的覆盖范围同样广泛。它以国内区域数据为核心,同时借鉴国际农业数据。这不仅包括全国层面的宏观数据,还细化到省市数据,甚至地市级数据。这种地域细分的数据为精准区域研究提供了坚实的基础,有助于针对不同地区的农业特点和发展需求制定更加精准的政策和措施。

③农业大数据的粒度极为细致,不仅包括传统的统计数据,还涵盖了涉农经济主体的各类信息。这包括经济主体的基本信息、投资信息、股东信息、专利信息、进出口信息、招聘信息、媒体信息,甚至还包括 GIS 坐标信息等。这些多维度的数据为农业研究提供了丰富的素材,有助于深入了解农业产业链的各个环节和细节。

④在专业性方面,农业大数据的建设应分步实施,逐步推进。首先,构建农业领域的专业数据资源,为农业研究和决策提供坚实的基础。随后,应有序规划专业的子领域数据资源,如针对畜品种如生猪、肉鸡、蛋鸡、肉牛、奶牛、肉羊等的专业监测数据。这种专业细分的数据资源有助于深入研究各子领域的特征和问题,为农业产业的精准管理和发展提供有力支持。

三、农业大数据的类型

农业作为一个综合性的产业,其大数据类型繁多、数量庞大且获取难度较高。这些数据由结构化数据和非结构化数据共同构成,为农业领域的决策和研究提供了丰富而宝贵的资源。从"涉农"的维度看,农业大数据全方位地涵盖了农业生产过程的全要素。这包括了种子选择、土壤耕作、作物生长、病虫害防治、农产品收获与储存等多个环节。每个环节都产生了大量的数据,为优化农业生产流程、提升农产品质量提供了数据支持。而从"涉业"的角度考虑,农业大数据则延伸到了农业全产业链的各个环节。这包括农业生产前的准备,如农资采购、农机调配;生产过程中的管理,如种植技术、养殖方法;以及生产后的销售与加工,如农产品流通、食品加工等。每一个环节的数据都为农业产业链的协同与优化提供了可能。基于农业的产业链条,我们可以将农业大数据细分为以下几个领域。

①农业资源环境大数据:这类数据主要源于农业传感器和遥感技术,涵盖了农业资源和环境的多个方面,具体包括气象资源数据、水资源数据、日照数据、生物资源数据、土地资源数据,以及温度、湿度、病虫害等自然灾害数据。这些数据对于农业生产的规划和决策至关重要,可以帮助农民更好地了解环境状况,优化资源配置,提高农业生产效率。

②农业生产大数据:这类数据是在农业生产过程中产生的,涵盖了种植业和养殖业两大领域。对于种植业而言,大数据包括了育种育苗、耕地、播种、施肥、农药使用、灌溉、农机作业、病虫害防治等各个环节的信息。而养殖业的大数据则涉及畜禽品种选择、养殖环境监测、育种繁育、疾病诊断与防控、养殖场管理、产品质量追溯,以及行业专家和人才信息等方面。这些数据有助于实现精准农业,提高农业生产效益和产品质量。

③农业市场大数据:这类数据主要来源于农产品在市场流通与交易过程中的记录和分析。具体包括了市场供需信息、价格动态、生产资料信息、农业服务信息、流通市场信息以及国际市场动态等。通过对这些数据的分析,农民和农业企业可以更加准确地把握市场动态,制定更加合理的销售策略,优化市场布局,提高市场竞争力。

④农业管理大数据:这类数据涵盖了农业产业链供应链中产生的各类数据,通过挖掘、分析和可视化等手段,提取出有用的信息和知识,为农业管理决策提供有力支撑。具体包括了农业供给侧结构性改革、种植养殖管理、农产品质量安全管理、农村政务服务管理等方面的数据。这些数据有助于政府和企业更好地了解农业发展现状和问题,制定更加科学合理的农业政策和管理措施,推动农业产业的持续健康发展。

四、农业大数据的价值

在当今时代,大数据已迅速崛起为一项国家基础性战略资源,其潜能正不断被发掘,助力新知识发现、价值创造、服务新业态的涌现,以及能力的全新提升。大数据已经成为我国经济转型发展的强大动力,是推动供给侧结构性改革、重塑国家竞争优势以及提升政府治理效能的关键路径。在这一背景下,农业大数据显得尤为重要,它是我国大数据领域不可或缺的一部分。农业农村大数据不仅代表了现代农业发展的新型生产要素,更在信息化基础设施日益完善的农村环境中,发挥着越来越重要的作用。随着智慧农业的深入发展,农业大数据与农业全产业链的深度融合已成为推动农业现代化的核心关键资源。农业大数据作为农业生产与管理的新型生产要素,在农业领域的作用日益凸显。它不仅为农业生产提供了精准决策支持,还帮助农民实现了科学种植和养殖,有效提高了农业生产效率。同时,农业大数据在农产品流通、市场营销等方面也发挥着重要作用,助力农产品实现更好的市场对接,提高了农产品的附加值。因此,农业大数据在赋能农业现代化中具有独特的价值。它是智慧农业的神经系统,为农业现代化提供了强大的数据支撑。未来,随着农业大数据技术的不断创新和应用,其在推动农业现代化、提升农业综合生产能力、保障国家粮食安全等方面的作用将更加凸显。

1. 赋能农业资源优化配置

从经济学的视角来看,人类社会在生产活动中依赖于各种资源的消耗来提供物质产品和服务。当总供给与总需求达到平衡状态时,经济社会将保持稳定。然而,在实际经济活动中,这种平衡状态往往是理想化的。由于信息不对称的存在,供给和需求往往会出现不平衡的情况,表现为产品过剩或供不应求,这两种情况都会阻碍资源的优化配置,无法使经济效益达到最大化。大数据的介入能够通过数据收集与分析,有效匹配需求和供给,减少不必要的资源浪费和闲置,优化生产要素的配置,实现帕累托改进。大数据不仅能降低交易成本,促进资源的流动与整合,还能提升全要素生产率,最终实现资源配置的帕累托最优状态。

2. 赋能农业生产提质增效

利用先进的 3S 技术——遥感(RS)、地理信息系统(GIS)和全球定位系统(GPS),农业大数据能够迅速、精确且客观地提供农业生产信息。根据作物的独特生长特性,大数据能够构建精准的成长模型,实现智能分析和科学决策,这不仅极大地节约了生产成本,还显著提高了生产效率。同时,通过对土壤数据的深入分析,农户可以更加科学地施肥和用药,有效避免农业面源污染,从而确保农业生态安全,为市场提供绿色、生态、无污染的高质量农产品。将数据要素融入农业生产过程,不仅提升了农业生产经营的智能化和数字化水平,还引导农户遵循大数据农业的规范范式,对农作物实施标准化、规范化的作业及病虫害防治。通过在智能化设施设备中嵌入大数据,传统的农业生产方式得以转变为精准农业的生产模式,推动粗放农业向高质量、高效益的现代化农业模式转变。这不仅提高了农业生产效率,还有力地促进了农业的可持续发展。

3. 赋能农业数字化治理

为了推动农业数字化转型并打造智慧农业,我们需要加快农业大数据、云计算、物联网(internet of things,IoT)和人工智能在农业生产经营中的应用。这要求我们在生产运营管理中实现农业设备设施的智能化、生产技术的标准化、流程管理的标准化、业务流程的标准化,以及品牌和营销的标准化。利用农业大数据对农业生产进行全程监控,能够充分挖掘作物的生长潜力,优化生产管理,防止农业面源污染,并控制农药的使用,从而保护生态环境。大数据技术可以促进农业的快速响应,将农业产供销数据集成在统一的农业大数据平台上。这个平台不仅提供数据分析功能,还能深化农业全产业链和供应链的数字化治理。此外,通过这一大数据平台,我们可以消除农业、工业和服务业之间的信息壁垒,构建数字化政府,对农业生产和农村进行数字化治理,实现"数据多跑路,农民少跑腿"的目标。这意味着农民和企业能够更便捷地获取和使用数据,从而提高决策效率和生产效益。农业大数据平台还能帮助农业企业拓宽市场,促进线上线下全渠道的发展。通过该平台,企业可以获取更多关于市场需求、消费者偏好和竞争对手的信息,从而制定更精准的市场策略,提高市场竞争力。

第二节 大数据在农业中的应用

1. 农业生产智能化

随着大数据、云计算、物联网、区块链、人工智能等信息与通迅技术

(information and communication technology,ICT)的广泛应用,大数据技术在农业生产智能化中的应用逐渐深入。通过运用3S技术(遥感技术、地理信息系统、全球定位系统)对农业生产环境、生产设备设施及动植物生活生长等动态数据进行采集、存储和关联分析,我们可以实现对农业生产全过程的智能监控和分析。这些数据包括土壤数据、种子数据、水资源数据、肥力数据、饲料数据、养分数据、农机作业数据等,通过大数据生长建模,我们可以优化生长环境,提高农业生产效率。此外,将这些丰富的种植和养殖经验数字化和标准化,能够为科学种植和养殖提供数据决策支持。这不仅可以使农业生产资源配置实现帕累托改进,还能够显著提升农业生产的数字化和智能化管理水平。

2. 农业资源环境精准监测

在农业生产场景中,通过应用传感器和物联网技术,我们可以对田间地头的环境进行实时监测,包括空气温度、空气湿度、光照度、二氧化碳浓度、农田土壤状况、圈舍空气质量以及饲料配比和营养等因素。这些监测数据构成了农业资源环境数据库,为生产管理者、农业专家和农业科技人员提供了宝贵的参考。通过随时查看这些数据,相关人员可以及时了解植物生长所需的环境条件,并根据这些数据动态调整作物和动物的生长环境。这种精准调控不仅有助于改善作物的生长状况和产品质量,还能显著提高产量,从而带来更高的经济效益。

3. 农业灾害预报预测

大数据技术在灾害预警预测中发挥着重要作用,有助于降低灾害损失。收集区域内的农业重大自然灾害数据,如干旱、洪涝、冷害、台风以及草原火灾等,可以构建全面的农业灾害数据库。这一数据库不仅提高了应对农业自然灾害的能力,还为后续的数据分析提供了坚实的基础。利用大数据的挖掘分析能力,结合历史自然灾害数据与农业生产数据,可以构建精准的预测模型。通过对这些数据的关联分析,我们能够深入掌握自然灾害发生的演变趋势和规律。这为我们提供了宝贵的信息,使我们能够做出正确的预警和快速响应。在掌握了自然灾害的演变趋势和规律后,关键在于如何把握最佳的防控时机。大数据技术可以帮助我们实时监测灾害的发展趋势,及时发出预警,为农业生产者提供宝贵的时间窗口,从而有效预防和最大限度降低自然灾害带来的损失。

4.动植物病虫害监测预警

大数据技术在动植物病虫害监测和预警方面具有巨大潜力。通过构建动物疫病和植物病虫害数据库,我们能够整合并分析不同来源的数据,从而提升监测预警、预防控制、应急处理和决策指挥的数据治理能力。在动植物生活和生长的关键监测点,如农作物病虫疫情田间地头、农药安全风险点、动物疫病风险点、屠宰质量安全点以及草原牧区鼠虫害点等,部署传感器和物联网设备是至关重要的。这些设备能够实时收集关于环境条件、动植物健康状况以及病原体活动情况的数据。当这些数据被收集后,通过系统化分析,我们可以对病虫害的发生进行科学准确的研判。这不仅包括识别病虫害的早期迹象,还包括预测其发展趋势和影响范围。这种分析能够提供关于最佳防控措施和应对策略的洞见,从而提高动物疫病和农作物病虫害预报预警的准确性和科学性。

5.农产品安全追踪溯源

为了确保农产品的质量安全,构建农产品安全溯源管理信息平台是至关重要的。该平台应基于农业全产业链和供应链的各个环节信息,通过溯源追踪实现对农产品的全过程管理。这意味着从品种选育开始,到农产品的生产、采摘、收购、贮藏、运输等各个环节,都需要纳入追溯管理体系中。首先,必须打破信息孤岛和信息壁垒,确保各环节的信息流通与共享。这可以通过建立统一的数据标准和信息共享机制来实现,确保各环节的信息能够无缝对接。同时,还需要建立质量追溯和检验检测共享机制,确保产品追溯信息可查询、来源可追溯、去向可追踪、责任可追究。其次,为了实现精准溯源,平台需要记录农作物生产过程中的农药使用、施肥情况,以及养殖过程中的饲料和饲料添加剂等信息。这些信息对于评估农产品的安全性和追溯问题源头至关重要。此外,市场流通环节的每个节点企业、农产品检验检测机构也应纳入溯源管理体系中。这意味着从生产到销售的每一个环节,都需要有明确的责任主体和追溯信息。这样可以确保农产品在流通过程中不出现纰漏,保障消费者的权益。最后,为了确保溯源管理信息平台的有效性,还需要加强监管和执法力度。对于违反溯源管理规定的生产经营主体和责任主体,应依法追究其责任,确保溯源管理的严肃性和权威性。

6.农产品市场信息支持

在我国当前的农村生产与经营中,一个突出的矛盾在于市场的不畅通,导致产销之间存在严重的不匹配,许多优质的农产品无法有效进入消费市场,从而引发产品滞销的问题。为了解决这一难题,建立农业信息供需数据库显得尤为重要。通过对不同区域的人口分布与结构、居民收入水平和消费水平、农产品种类及特征,以及农产品批发零售数据等关键信息进行深入分析,企业可以更加精准地把握市场需求,提高市场营销的针对性和准确性。

  这样的数据库不仅有助于企业为客户提供所需的商品,还能助力企业实现精准营销,降低营销成本,提高营销效率。同时,基于大数据的分析,企业可以为消费者提供订单式种植养殖、农产品众包众筹等创新服务,满足消费者日益多样化的需求。当大数据与互联网、电子商务等现代科技手段相结合时,其潜力将得到进一步释放。通过对消费者数据的精准分析,结合协同推荐技术等先进手段,企业可以为消费者提供更加个性化的产品与服务,从而增强消费者的忠诚度和黏性。

7. 服务农业体制机制创新

  为了推进农业农村的现代化和数字化进程,构建一个综合的农业农村信息化服务平台是至关重要的。这个平台将充分利用大数据技术的优势,建立起农村基层数据的上行和下行机制,确保数据能够顺畅地在不同区域、部门和平台之间进行交互。首先,我们需要打通农业数据与其他数据的共享和交换通道,这将有助于构建一个以大数据思维为引领的基层共享共治体系。这一体系将提高农村基层的数字化治理能力,使农村地区能够更好地适应和应对现代化发展的挑战。通过数据共享,我们可以在农村地区逐渐普及"用数据说话、用数据管理、用数据决策"的管理模式。这种模式将帮助政府相关职能部门更加精准地进行决策、执法和管理,为农村公众提供更高效、更便捷的公共服务。同时,农业农村大数据也可以应用于农村公共服务资源的优化配置。通过利用网络平台采集数据、审批颁证、精准管理,我们可以简化确权、登记和颁证等程序,优化农户在注册、登记、颁证时的数字体验。这不仅可以提高政府服务效率,还可以为农户带来更加便捷的服务体验。更重要的是,通过数字赋能和激活农村资源、资产要素的量化、交易,我们可以进一步推动农村经济的发展。这将有助于实现农村资源的优化配置,提高农村经济的整体效益和竞争力。

8. 促进农业科技信息资源共享

  构建以大数据为中心的农业科技信息服务系统对于推动农业科技创新

和现代化发展具有重要意义。该系统通过集成农业科技成果数据库、农业教育数据库、企业数据库、成果转移数据库等多元化数据,将极大促进农业科研数据的共享与利用。首先,通过这一系统,我们可以实现跨区域、跨行业、跨部门的互联互通与协作协同,打破数据孤岛,提高数据资源的使用效率。这将有助于形成全国范围内的农业科技创新网络,推动科研资源的优化配置和高效利用。其次,该系统能够为企业、农业科研机构和高校提供一个协同开展科技资源共建共享的平台。企业可以通过与科研机构和高校的合作,获取先进的科研成果和技术支持,加快产品研发和产业升级。同时,科研机构和高校也可以从企业中获得实践经验和市场需求反馈,更好地指导科研工作。此外,该系统还能形成农业科技创新、科研成果转化、农业技术推广、新型职业农民培育等领域的数据合作共享机制。

9. 促进农业数字化治理

在农业供给侧结构性改革的大背景下,政府引导、市场主导和企业参与是调整和优化农业产业结构的关键。这种结构性改革旨在提高农业生产效率、优化资源配置、促进农业可持续发展,以满足市场需求和提升国际竞争力。在这一进程中,大数据应用正发挥着巨大的引领作用,特别是在政府治理模式上。我国正在逐步形成"用数据说话、用数据管理、用数据决策、用数据服务"的数字政府治理模式。这种模式强调数据的核心地位,以数据为基础进行政策制定、资源配置和公共服务。农业农村大数据综合信息服务平台在这一过程中发挥着至关重要的作用。该平台能够实现对农产品生产、加工、流通、贸易、消费等各个环节数据的全面收集、深度挖掘和精确分析。通过这一平台,政府可以更加准确地了解农业产业的运行状况、市场需求变化以及潜在问题,从而及时发现问题,快速作出响应。此外,该平台还能够提取有价值的信息和知识,为政府对农业农村进行治理提供数据决策支撑。

第三节 农业供给侧结构性改革

一、农业供给侧结构性改革背景

1. 供给侧结构性改革背景

经过 40 多年的经济高速增长,我国经济总量持续扩大,但与此同时,粗放式发展所依赖的人口红利和环境资源消耗所引发的结构性矛盾日益凸显。面临"中等收入陷阱"风险增加、国际经济结构深刻调整的双重挑战,我国经济进入了"新常态",发展速度放缓。在这一背景下,旧的产业结构已无法适应新经济的发展需求,导致消费需求得不到有效满足、经济增长持续下行、低端产能过剩、中高端供给不足等问题。为应对这些挑战,2015年11月,供给侧结构性改革被首次提出,旨在解决发展不平衡不充分的问题,推动经济高质量发展。

从供给侧结构性改革的本质来看,它是以改革为手段,对供需结构进行调整,矫正要素配置扭曲,减少无效和低端供给,扩大和增加有效供给和中高端供给。这一改革要求按照市场规律进行资源配置,提高全要素生产率,使供给体系更加适应需求结构的变化。当前,我国面临的结构性问题包括产业结构、要素资源结构、劳动力结构、经济增长动力结构和体制机制等多个方面的改革需求。

从制度层面来看,供给侧结构性改革需要推动制度改革。新制度经济学认为,制度是与土地、劳动力、资金、技术、数据、企业家才能等同等重要的生产要素,对经济发展具有关键作用。我国当前的制度结构已不能满足生产力发展的需要,体制机制严重滞后,因此,迫切需要通过创新制度供给和制度变革来发挥制度在资源配置中的决定性作用,推动经济持续健康发展。

2. 农业供给侧结构性改革背景

2015年12月,中央农村工作会议首次提出农业供给侧结构性改革,旨在优化农业供给体系和效率,确保农产品供给在质量和数量上均能满足消费者需求,从而构建一个结构合理、保障有力的农产品供给体系。随后的2016年至2018年,中央一号文件连续强调并深化了这一改革,要求在保障国家粮食安全的基础上,改善供给结构,使农产品更好地适应市场的高品质需求。

推进农业供给侧结构性改革,必须强化创新驱动,促进绿色发展,以及深化农村改革。改革的核心是增加绿色、有机、天然且无公害的优质农产品供给,以提升农业供给体系的质量和效率,进而实现农民的增收增富。为实现这一目标,我们需要创新体制和机制,从生产和供给两端发力,优化土地、劳动力、技术、资本、企业家才能和制度等生产要素的配置。这样,农业的全产业链和供应链结构将得到全面优化,从而建立起适应经济"新常态"的现代农业产业体系、生产体系和经营体系。这将使农业供需关系在更高层次上达到新的平衡,为农业的持续健康发展奠定坚实基础。

(1) 稳定粮食生产,巩固提升粮食产能

为了确保粮食的稳定供应和保障国家粮食安全,我们需要采取一系列综合措施。首先,合理布局粮食生产功能区和重要农产品生产保护区是至关重要的。这需要我们根据各地的自然条件和资源禀赋,明确各地的粮食生产优势和比较优势,优化粮食生产的空间布局,以确保粮食生产的稳定性和可持续性。同时,加强耕地保护和质量提升也是必不可少的。我们需要保护和利用好每一寸耕地,特别是高标准农田的建设,对于提升粮食产能具有重要意义。此外,对中低端农田进行改良和修复,对污染土壤进行治理,也是保护农业生产环境、提升耕地质量的关键举措。在农业生产的种业供给方面,我们要从源头抓起,加强良种育种繁育基地的建设,通过科研攻关,培育出适合机械化生产、轻简化栽培、优质高产、多抗广适的新品种,为粮食生产的稳定提供坚实的种业支撑。此外,推进畜牧业和渔业的能繁育种创新基地建设也是关键。通过基因选组育种和加大珍稀动植物资源保护力度,我们可以创造优质的养殖生态环境,为粮食生产的稳定提供有力的支撑。最后,推进农业生产全程机械化应用也是至关重要的。通过提高大规模农作物全机械自动化应用水平,研发高效智能适用于山区丘陵的养殖业、种植业农林机械,并将信息与通讯技术、人工智能技术装备在农机设备上,我们可以实现实时监控和精细化耕作,推动农业生产向现代化、智慧化方向发展。

(2) 推进结构调整,提高农业供给体系质量和效率

为推进粮食作物种植的结构性改革,我们必须遵循市场规律,确保市场在资源配置中发挥决定性作用。这一改革旨在有效解决农业中的结构性过剩和短缺问题,保障粮食生产的总体稳定与口粮的绝对安全。在此基础上,我们将动态优化粮食种植结构,尤其重视优质稻谷和小麦的发展,并增加优质食用大豆、薯类、杂粮杂豆等作物的种植。同时,巩固棉花、油料、糖料作物的生产,并适度减少玉米种植。通过这些举措,我们将构建一个更加符合市场需求的粮食作物供给体系,提高供给效率。此外,畜牧业和渔业的发展质量也需得到进一步提升。我们将调整养殖品种和模式,优化饲草料产业体系,推动养殖结构的转型升级,发展现代、高效、立体的林业和养殖业。这

些努力将为我们提供绿色、有机、优质、安全的农产品,满足消费者日益多元化、高端化和个性化的需求。

为加速现代农业的发展,我们还将建设现代农业产业园和田园综合体,融合设施农业、精准农业和精深加工等产业。同时,结合乡村旅游、文化旅游、休闲旅游、健康养生和体验训练等元素,发展观光农业、体验农业和创意农业等新兴业态,充分发挥旅游业的综合效应。为进一步提升农业优势特色产业,我们将实施提质增效行动,并融入大数据、传感器、区块链、物联网和人工智能等先进信息技术,提高农产品的供给效率。同时,我们还将深入开展质量品牌提升行动,培育和塑造具有影响力的农业品牌,增强品牌辨识度,扩大品牌效应,为农业的持续发展和乡村振兴注入新的活力。

(3)推进绿色农业发展,增强农业可持续发展能力

为推进农业供给侧结构性改革,我们将从供给端发力,致力于向市场提供绿色有机、无公害、无污染的优质安全农产品。为实现这一目标,我们将开展"三品一标"(无公害农产品、绿色食品、有机农产品和农产品地理标志)认证建设,确保农产品的品质与标准达到国际先进水平。同时,我们还将推进绿色优质粮食产业体系建设,健全农产品安全质量体系,并构建农产品质量安全溯源平台。通过应用大数据和区块链技术,我们将实现农产品全链条的追踪,确保从田间到餐桌的每一个环节都透明、可追溯。在农业生产过程中,我们将减少化肥和农药的使用量,以有机肥替代化肥,减少对环境的污染。同时,我们将应用现代电子通信技术,提取天然植物成分进行杀虫灭害,使用高效、低毒、低残留的农药,保护生态环境。此外,我们还将推进农业废弃物资源化利用,采用循环利用技术开展清洁生产,降本增效。通过立体养殖和种植相结合的种养一体化模式,我们将对农业生产环境进行治理,实现农业废弃物的最大化回收和利用,保护生态环境。通过这些措施,我们将真正实现"绿水青山就是金山银山"的绿色农业,增强农业可持续发展能力,为消费者提供更加健康、安全的农产品,为农业的长期稳定发展奠定坚实基础。

(4)推进创新驱动,增强农业科技支撑能力

推进农业供给侧结构性改革,必须以创新为核心驱动力。我们将鼓励农业企业与科研院所、高等院校紧密合作,共同开展科研攻关和技术创新,以实现粮食的丰产增效,提升畜牧、禽、渔业养殖的品质与效益,推动农产品

精深加工和药食同源多元供给,探索化肥农药的有机替代方式,并对农业面源污染进行有效治理和控制。为了构建现代农业科技创新体系和现代农业技术体系,我们将以节本增效、生态环境和质量安全为重点,增强科技韧性,突破重大技术瓶颈,并加速科研成果的转化应用。同时,我们将激励科研人员深入基层,为农业提供直接的技术支持和服务。为了培养新型职业农民,我们将优化其知识结构,实施培育工程,打造一支既懂经营又懂农业的知识和技能复合型人才队伍。这些现代职业农民将成为乡村振兴和农业现代化的重要力量。此外,我们将推进农业信息化基础设施建设,将信息与通迅技术深度融入农业产业链的全过程。通过发展"互联网+农业"、数字农业、智慧农业、订单农业、社区农业和农村电子商务等新型业态,我们将促进传统农业向现代化、智能化方向转型升级,并进一步增强农业的科技支撑能力,为农业的长远发展和乡村振兴注入新活力。

(5)推进农村改革,激发农业农村发展活力

为深化农业供给侧结构性改革,我们将坚定不移地落实农村集体产权制度改革意见。通过实施"资源变资产、资产变资本、资本变股本、农民变股民"的改革路径,我们将确保农民的权益得到充分保障,同时激发农村经济的内在活力。在此基础上,我们将积极推进美丽乡村和现代农业示范区的建设,努力保护农村的生活环境,打造宜居宜业的乡村新貌。为了维护农业生产的法治环境,我们将加强农村农业法律法规建设。这包括制定和完善基于耕地质量保护、农产品质量安全等方面的法律制度,并加强农业综合执法力度,确保各项法规落到实处。同时,我们将积极推进和提升农村农业的对外开放合作水平。通过与国际社会共建农业合作示范区、农业对外开放合作试验区、境外生产基地、加工仓储物流基地等,我们将进一步扩大农产品出口贸易,积极参与国际贸易规则的制定和修订。此外,我们还将推动农产品质量认证结果的互认,提高我国农产品在全球市场的生态位和竞争力。

(6)完善农业支持政策,拓宽农民增收渠道

为深入推进农业供给侧结构性改革,我们将进一步完善农业支持政策体系。在农业补贴政策方面,我们将落实和完善相关粮食作物的利益补偿机制,以及农机具购置补贴政策,确保农民得到实实在在的利益。同时,我们将完善最低价格收购制度,稳定农产品市场价格,保障农民的收入。在金融服务方面,我们将创新农村金融服务模式,利用"大数据+金融"技术,对

农民进行征信和精准画像,研发更多符合农村现状的金融衍生品。此外,我们还将健全信贷担保体系,并出台中央财政和地方财政相结合的财税补贴政策,为农民提供更加便捷、高效的金融服务。为了激发农村创新创业活力,我们将出台支持农民工、退役军人、大中专毕业生、科技人员返乡创业的政策。在市场准入、财税减免、金融服务、用地用电、创业培训、社会保障等方面,我们将先行先试,创造更加适宜创新创业的营商环境。在推动农民增收致富方面,我们将发挥政府引导和农民经营主体的作用,依托区域优势产业,探索产业致富、智力致富、勤劳致富的路径。通过这些措施,我们将帮助农民拓宽增收致富渠道,为巩固脱贫攻坚成果和有效衔接全面乡村振兴奠定坚实基础。

二、农业供给侧结构性改革的理论基础

1. 萨伊定律、凯恩斯主义、供给学派理论

供给理论起源于19世纪初,当时法国经济学家让·巴蒂斯特·萨伊受到《国富论》的启发,于1803年提出了著名的"萨伊定律"。尽管这一定律后来受到许多质疑和批判,但萨伊基于生产和消费行为的深入分析,强调在经济长期发展中供给因素的重要性。因此,从长远的经济发展视角来看,"萨伊定律"仍具有一定的合理性。

根据"萨伊定律",在完全自由的市场经济中,产能过剩被认为是不可能的现象。然而,1929年至1933年的经济"大萧条"危机却使这一定律失效,进而催生了凯恩斯革命。英国经济学家约翰·梅纳德·凯恩斯在1936年出版的《就业、利息和货币通论》中,提出了有效需求不足的理论。他认为,在自由竞争的市场环境下,就业和生产并不会自动达到平衡状态。为了解决这个问题,凯恩斯主张政府应当干预经济,刺激有效需求。在这一时期,西方各国政府纷纷采纳了凯恩斯的需求管理政策,并以此为制定经济政策的依据。当总需求小于总供给时,由于需求不足,可能导致失业问题和经济萧条,因此需要刺激和扩大总需求;相反,当总需求大于总供给时,则可能出现通货膨胀,此时需要抑制和减少总需求。尽管凯恩斯的理论并未忽视供给因素,但其主要目标是在经济失衡时通过刺激需求来扩大供给。因此,凯恩斯经济革命主要是为了解决短期内的有效需求不足问题,而非长期的经济问题。

实践证明，短期内凯恩斯的需求管理理论在解决有效需求不足方面确实有效。然而，长期持续的需求扩张政策导致了通货膨胀和滞胀问题的出现。到了20世纪70年代初期，以美国为代表的西方资本主义国家普遍遭遇了"滞胀"困境，即失业和通货膨胀并存，这使得凯恩斯的需求管理理论显得捉襟见肘。在此背景下，供给理论重新受到关注，供给学派也应运而生。供给学派重新强调了"萨伊定律"的观点，并对凯恩斯主义提出了质疑。他们坚信市场机制的力量，并反对政府的过度干预。他们认为需求会自动适应市场的供给变化，因此主张政府通过减税来刺激投资、增加供给。然而，供给学派过于侧重供给而忽视需求管理，认为供给是经济增长的唯一动力。在20世纪80年代，美国总统里根采纳了供给学派的理念，并在其执政期间实现了经济复兴。这在一定程度上抑制了经济通胀，但也引发了一系列负面效应，从而对美国经济的持续发展造成了影响。

供给学派的政策实践在美国引发了一系列问题后，可信度逐渐降低。到了20世纪80年代末期，新凯恩斯主义应运而生。相较于旧凯恩斯主义，新凯恩斯主义在坚持政府干预经济的同时，吸收了新古典主义宏观经济学的宏观理论和政策主张。然而，进入20世纪90年代，"反对政府干预经济，赞成市场自动调节"的新自由主义理论开始占据主流地位。然而，2008年美国次贷危机的爆发使新自由主义理论遭受了严重打击。面对危机，各国政府纷纷遵循凯恩斯主义进行救市，凯恩斯主义因此再次成为主流经济理论。

2. 马克思主义经济增长理论

马克思坚信，生产力——包括劳动力、科学技术、生产对象和社会组织等关键要素——是经济增长的最根本且最直接的决定力量。依据马克思的经济增长理论，这些因素可归纳为生产要素的投入及其生产效率，这两者共同构成了经济增长的基石。

(1) 劳动是经济增长的根本来源

马克思不仅继承了"劳动价值理论"，还对其进行了深入的发展。根据他的经济增长理论，经济的增长在根本上取决于劳动生产率的提升。资本要素，如资金、机器和厂房等，虽然在生产过程中扮演着不可或缺的角色，但它们并不直接创造价值，更不会产生剩余价值。价值的增值源于工人的剩余劳动，即超出必要劳动时间以外的劳动。在劳动量保持恒定的情况下，经济增长的关键在于劳动生产率的提高。这意味着在必要劳动时间内，通过提高生产效率,可以用较少的劳动量创造出更大的生产价值。劳动生产率的提升受多种因素影响,包括劳动者的素质和技术熟练水平、科技在生产工艺中的应用程度、生产资料的利用率,以及劳动力再生产过程中的社会结合方式。这些因素共同构成了经济增长的动力和源泉。

(2)资本是经济增长的重要源泉

马克思认为,资本作为一种能够带来剩余价值的价值,其本质体现了人与人之间的生产关系,特别是资本家对工人的剥削关系。在商品经济的框架下,资本不仅是从事生产经营活动的前提条件,也是推动经济增长的重要动力。缺乏资本,生产活动将无法进行。马克思在分析资本积累和扩大再生产时指出,生产规模的扩大依赖于剩余价值转化为追加资本,这进一步依赖于作为生产基础的资本的扩张。剩余价值的持续积累构成了资本积累的源泉,而资本积累则是实现扩大再生产的基石。因此,资本在促进经济增长方面发挥着至关重要的作用。资本主义的扩大再生产必须以资本积累为基础,而经济的持续稳定增长则必须以充足的资本为前提。

(3)科学技术是促进经济增长的重要推动力

在马克思的经济增长理论中,科学技术被赋予了至关重要的地位。马克思坚信科学技术是推动生产力发展和经济增长的强大动力。劳动生产率的提升必须以科技力量为前提和支撑,这是因为科学技术本身作为一种知识形态的生产力,具有改进和改造传统生产力的潜力。科学技术不仅能更有效地利用生产资料,还能显著提高劳动者的素质。这种推动力使得生产效率得到大幅提升,从而促进了经济的增长。当科学技术应用于自然界时,它能够将原本的自然生产力转化为资本和社会生产力。特别是当机器逐渐取代人力进行生产时,生产力得到了极大的释放和提升,有力地推动了经济的增长。

(4)制度促进经济的增长

马克思将生产关系的总和定义为经济制度,并指出经济增长必须建立在与之相适应的社会经济结构之上。在他的生产力、生产关系和上层建筑的理论体系中,生产力被视为生产关系和上层建筑变化的根本原因。然而,生产关系和上层建筑也会对生产力产生反作用。马克思认为,当生产关系适合生产力的发展时,它们会相互促进,推动科学技术的进步,提高经济效率,从而刺激经济增长。这种符合生产力发展的制度变迁能够使生产关系更加适应生产力的需求,进一步释放生产潜力。相反,如果制度变迁不合理,与生产力的发展不相适应,那么它可能会降低生产效率,抑制经济的增长。这种情况下,生产关系和上层建筑会成为生产力发展的障碍,阻碍经济的持续稳定发展。因此,在马克思的经济增长理论中,制度的变迁和调整是至关重要的。合理的制度安排能够促进生产力的发展,推动经济的增长;而不合理的制度则会阻碍生产力的发展,抑制经济的增长。

3. 新供给经济增长理论

我国当前阶段在"土地与资源、人口与劳动力、技术与创新、制度与管理、资本与金融"等多方面面临着约束,这使得现有的供给并不总是能够有效地满足需求。从新供给主义经济学的角度来看,经济周期被重新定义,包含了新供给形成、供给扩张、供给成熟和供给老化四个阶段。在新供给形成阶段,由于技术进步的推动,新的供给逐渐产生。虽然此时社会旧的供给和需求结构仍在持续,但经济已经悄然进入了一个新的周期,潜在增长率开始逐渐回升。进入供给扩张阶段,新供给逐渐被社会广泛接受,并激发出新的需求。新供给与新需求之间形成了良性的互动关系,推动了经济快速增长,经济增速不断提升。随后是供给成熟阶段,此时的生产技术已经得到了广泛普及,大量的社会资源涌入新供给领域,导致供给数量迅速增加。需求逐渐趋于稳定,供给自动创造需求的能力降低。尽管如此,供给依然保持了惯性增长,但由于社会资源配置效率的下降,经济增速开始逐渐放缓。最后进入供给老化阶段,过剩的供给在短期内难以消化,导致产业资本沉淀无法退出。老化的供给无法再创造新的需求,导致总需求持续下降。同时,新的供给力量尚未形成,这使得经济整体陷入萧条期。

新供给主义认为经济衰退的根源在于经济周期中的供给结构老化。为了应对这一问题,新供给主义主张通过"刺激新供给,创造新需求"的方式来调整供需结构,从而振兴经济。除了"供给老化"这一因素,新供给主义还指出供给受到多种约束,包括直接供给约束(如管制和垄断)和间接供给约束(如高税负和高融资成本)等。尽管新供给主义经济学高度重视供给的作用,但它认为萨伊定律中的"供给自动创造需求"只是一种理想状态,在现实中往往难以实现。因此,新供给主义强调"新供给创造新需求"的重要性,并主张解除供给约束和抑制,以确保经济的持续增长。

新供给经济增长理论强调,要实现经济的持续增长,必须放松供给约束,具体表现在以下两个方面。一方面,放松直接供给约束是关键。这意味着要减少行政管制和打破行政垄断,通过简政放权,打造一个务实且服务型的政府。当行政管制得到放松时,行政壁垒被打破,企业将获得更大的自主决策权,能够更好地捕捉市场机遇,从而提供更多的服务和产品,扩大供给规模。同时,市场的竞争也将促进供给质量的提升,推动有效供给和高质量发展。另一方面,解除间接供给约束同样重要。这主要涉及降低企业的税负和融资成本。当企业的综合成本降低时,企业将能够释放更多的生产力,维持生存并实现盈利。这种盈利能力的提升将为企业创造新供给、满足新需求提供有利条件。

新供给主义在解决供给抑制问题时,主要着眼于五大财富源泉。第一,解除人口和劳动力资源的供给抑制是关键。促进人口的自由流动,可以释放人口红利,充分发挥劳动力的潜力。这要求我们改革户籍、教育、社保等制度,降低劳动力流动的壁垒,使劳动力资源能够在全国范围内更加自由地配置。第二,土地资源及其附着品的供给抑制也需要得到解除。当土地资源及其附着品的供给约束被打破时,资源的利用效率和有效配置将得到提升,实现规模经营,释放土地致富的潜能。这需要我们推进土地制度改革,完善土地流转市场,使土地资源能够更加高效、公平地利用。第三,资本抑制的解除同样重要。打破银行垄断,降低间接融资成本,创新金融产品及其衍生品,可以为中小企业提供多元化、多层次的资本市场。这将使中小企业的融资渠道更多,融资成本更低,从而释放出经济活力。第四,技术与创新供给抑制的解除是推动经济高质量发展的重要手段。我们需要通过教育体制机制改革,培养创新性人才,增加研发投入,推动供给结构由低价值和低端的复制性供给向高价值和高端的创造性供给转变。同时,加强政府、科研院所、高校、企业之间的联合攻关,破除"卡脖子"关键技术难题,加强科研成果转化,释放科技动力。第五,制度供给约束的释放也是至关重要的。制度的供给与变迁应当遵循市场规律,政府机构应当创新政府服务方式,由管理型政府向服务型政府转变。政府不宜过多干涉市场,应理顺政府和市场的关系,提升土地、劳动力、资本、技术等生产要素的流动性,合理分配要素资源,释放制度效能。

4. 新结构经济学理论

经济发展本质上是一个不断推动技术和产业创新、实现经济结构持续变革的过程。新结构经济学作为一种理论框架,运用新古典经济学的研究方法,深入探究经济结构的决定性因素及其制度变迁的内在逻辑。该理论强调,经济结构是由一国的要素禀赋结构内在决定的,这要求我们在经济发展过程中,必须充分发挥有效市场的资源配置作用和有为政府的引导作用。政府的政策和制度安排应紧密结合不同发展阶段的结构性特征,而这些特征又是由国家的要素禀赋结构及其市场力量共同塑造的。

新结构经济学认为,每个经济体在其特定的发展阶段都拥有独特的禀赋和结构,这些特征随着发展水平的提高而不断变化。因此,经济体的最优产业结构也会随着发展阶段的演进而调整。不同的产业结构对应着不同的最优企业规模、生产规模、市场范围和交易复杂程度,这要求相应的基础设施与之匹配,以推动经济运行和交易的顺利进行。经济发展水平并非仅限于"贫穷与富裕"或"发展中与发达"的简单二分,而是一个从低收入农业经济到工业化经济的连续谱系。在这个谱系上的每一个阶段,资源都应得到最有效的配置。由于经济是不断动态发展的,产业升级和基础设施的改善成为必然的结构性调整。这要求政府在结构调整中发挥积极作用,提供必要的基础设施改进和补偿外部性,制定合适的制度安排,以促进产业的多样化和升级。

在经济发展的连续变化过程中,产业多样化、产业升级和基础设施的调整与改进是相互关联的。产业转型升级和多样化的本质是创新过程,需要引入新技术,推动劳动密集型产业向资本密集型产业转变。这一转变要求先升级要素禀赋结构,确保资本积累速度超过劳动力增长速度。随着产业的升级,企业规模扩大,走向世界产业前沿,对更大市场的需求也相应增加。这反过来又促进了基础设施的变革,无论是硬性的基础设施还是软性的基础设施(如教育、法律、金融等)都需要适应经济体的新变化。当产业结构、技术、金融、法律等要素禀赋与比较优势相符时,经济将更具竞争力。这将促进企业和产业持续成长、市场份额扩大、投资的回报更高,并增强企业在资本、人力资本和技术密集型产业中的竞争力。

三、农业供给侧结构性改革的内涵

深化理解我国农业供给侧结构性改革,需从"供给侧＋结构性＋改革"的三维视角来全面把握。

首先,农业供给侧与需求侧是相互作用的。在经济发展新常态下,农业供给侧结构性改革的核心在于优化供给结构,以更好地满足不断变化的消费者需求。这意味着我们需要从改革和完善农业供给侧的体制机制入手,以应对当前农业经济发展面临的挑战。

其次,结构性调整是推进农业供给侧结构性改革的关键。这包括优化农产品结构,使供给更好地与市场需求对接;优化农业生产结构,充分利用国内外资源和市场,打造具有地理标志的农产品品牌,提供优质、安全、绿色的农产品;以及优化农业产业结构,促进农业全产业链和供应链的融合发展,增强农业产业链供应链的稳定性和韧性。

最后,改革是推动农业供给侧结构性改革的重要手段。我们需要通过创新来驱动改革,解放和发展农业生产力,破除束缚农村经济发展的体制机制障碍。这包括推进农村土地制度、经营制度、体制机制和政策改革,释放制度红利;促进农产品价格形成机制和农业补贴政策的转型;以及推动农业生产性服务市场化、产业化、社会化、规模化、专业化、品牌化发展,从而提高农业供给体系的质量和效率。

综上所述,农业供给侧结构性改革的本质在于以市场需求为引领,以农业供给侧和生产端为出发点,运用改革手段调整和优化农业供需结构。这一改革的核心在于重新配置和优化农业生产要素资源,以提高农产品供给结构对市场需求变化的响应速度和适应能力。通过不断提升农业供给的质量和效率,我们能够促进传统农业向现代农业的转型升级,进一步增强农业产业链和供应链的稳定性与韧性。

深刻理解和把握农业供给侧结构性改革的内涵,需要从以下三个方面来综合考量。第一,农业供给侧结构性改革的核心在于从供给侧进行推动,这主要涉及农产品的生产和服务供给。这意味着,改革不仅仅关注需求侧的变化,更强调通过优化和调整农业生产的供给侧,来提高农产品的质量和效率,满足市场的需求。第二,改革的重点是结构性的调整。结构性改革主要针对供需之间的结构性矛盾,包括调优产品结构、调整生产方式、优化产业体系等。这样做的目的是解决资源错配、供需失衡、市场扭曲等问题,从而激活农业生产的各个主体和要素,促进市场的有效运行。值得注意的是,农业生产过剩、成本上升、生产效益低下等问题只是表面现象,其深层次的根源在于资源配置的扭曲和要素生产率的不足。因此,农业供给侧结构性改革需要从根本上解决这些问题,实现资源的优化配置,提高全要素生产率,加强科技成果的转化和应用,释放制度机制的红利,推动农业生产从旧有的发展动能转向新的发展动能。第三,农业供给侧结构性改革的目标是提高农民的收入和保障有效的农产品供给。要实现这一目标,就必须提高农业供给体系的质量和效益,培育新兴业态,推动农业与第二、第三产业的深度融合发展。这不仅能确保农产品的数量充足、品种丰富和质量安全,更能实现供给与消费者需求的精准对接,提供真正有效的供给。

四、农业供给侧结构性改革的逻辑解析

1.农业供给侧结构性改革的历史逻辑

自 1978 年改革开放以来,我国农业领域取得了举世瞩目的辉煌成就,人均粮食产量大幅提升,农民人均可支配收入持续增长,农村恩格尔系数稳步下降,贫困地区农民收入不断增加,贫困人口显著减少,农业机械化水平快速提升,农业生产力显著提高。

四十多年来,我国农业改革的伟大成就,源自坚定不移地推进改革和持续创新制度。回溯到 20 世纪 70 年代末,面对农业供给严重不足的困境,十一届四中全会果断通过了《关于加快农业发展若干问题的决定》,开启了农村改革的新篇章。家庭联产承包责任制的实施,不仅激发了农民的生产积极性,也极大地推动了农业经营机制和农产品价格制度的改革。这一重要举措,不仅促使农村人均收入大幅增长,贫困人口大幅减少,还激发了农民的创业热情,为农业经济发展注入了强大的动力。进入 20 世纪 80 年代中期,面对农业结构单一的挑战,十二届三中全会作出了《关于经济体制改革的决定》,首次提出了发展社会主义商品经济,旨在解决"激励不足"的问题。政府逐步放开农产品价格,取消统派统购制度,进一步放宽农业劳动力人口的流动,这一系列举措标志着农业供给侧结构性改革在制度层面实现了由计划经济向市场经济的深刻转变。然而,到了 20 世纪 90 年代中后期,尽管农产品出现过剩、竞争力下滑,我国对农业进行了战略性结构调整,但由于制度性改革与农业战略性结构调整之间存在不匹配,改革并未取得预期的成效。这提醒我们,在深化农业改革的过程中,不仅要注重结构调整,更要确保制度性改革与结构调整的协同性和匹配性,以确保改革的顺利进行和成效的持久性。

随着经济社会的持续繁荣,我国已经走过了四十多年的改革开放历程,人民的生活需求从解决温饱问题转变为追求更高品质的生活。这一转变使

得消费者对农产品品质的要求不断攀升,而农产品供给结构的调整却未能及时满足这一需求,导致中高端农产品供给不足与低端农产品相对过剩的结构性失衡。这种失衡造成了农产品的严重积压和滞销问题,凸显了调整农业产业结构、优化农产品供需结构的紧迫性。面对当前的市场环境,我国农产品在国际市场上的竞争力尚显不足。与此同时,国内市场也面临着同质化农产品泛滥、竞争压力增大的挑战。这要求我们从农业产业结构和农产品结构两方面入手,形成区域性的农产品核心竞争优势,实现差异化竞争,引导生产要素向优势农业和差异化农业集中。在制度层面,尽管我国农业改革取得了显著成就,但仍存在体制机制性障碍,这些障碍制约了农业产业结构和产品结构的调整步伐。因此,我们亟须通过制度变革来推动农业供给侧结构性改革,从生产端和供给端进行深化改革,优化生产要素配置和生产结构,提升农业供给体系的质量。只有这样,我们才能更好地适应消费者对高质量农产品的需求变化,实现从低水平供需结构向高水平供需结构的跃迁,为农业经济的持续健康发展注入新的活力。表 3-1 为我国农业结构改革的三个历史阶段。

表 3-1　我国农业结构改革的三个历史阶段

阶段	改革背景	改革方略	改革内容	改革结果
20世纪80年代中期	农户为生产经营主体,农业生产结构以粮食为主,1984年粮食产量达历史最高水平,卖粮难现象出现	调整农业内部生产结构的比例	调整粮食种植结构,发展畜牧业、渔业和蔬菜业,以高产和优质农业为发展方向	农业生产结构多元化,农产品供给结构种类多元化,规模化和产业化快速发展
20世纪90年代中后期	农产品价格下降,农业收益下降,农民收入增长乏力,农业生产受到资源与市场双重约束	强调粮食安全和生态安全,由单纯重产量调整为产量和质量并重	确保粮食安全和总量增长,发展高效、优质、高产的现代化农业,产业链条向二、三产业延伸	粮食主产区供给突出,农产品市场竞争激烈,农产品质量与安全问题突显,开始出现农业结构性过剩问题

续表

阶段	改革背景	改革方略	改革内容	改革结果
21世纪20年代	环境、资源、市场多重约束趋紧,粮食刚性需求增长,消费结构升级,市场全球化	破解体制机制障碍,响应市场需求,从供给端入手,提高全要素生产率,产业链协调发展	优化农业生产结构,"三去一降一补",农业全要素正配,破除体制机制障碍,提高品质和培育品牌	农业经济效率明显提升,"三去一降一补"效果明显,产品质量提高,有效需求不断得到满足,农业现代化全面发展

从20世纪70年代末开始,我国的农业改革以供给侧为切入点,通过对劳动力、资本、技术、知识、信息等供给要素进行结构性调整和优化制度供给,取得了农村经济社会的重大改革成果。随着制度性改革的持续深化和"三农"领域的结构性重大调整,农村的产业机构、就业结构、市场结构、人口结构、消费结构以及城乡结构都发生了显著变化。这些变化进一步推动了要素资源配置结构的优化,促进了农村产权制度的改革,壮大了新型农业经营主体,并完善了农业产业服务体系。这些改革举措共同提高了全要素生产率,形成了农业增效和农民增收的良好局面,为农村经济社会的可持续发展奠定了坚实基础。

我国过去40多年的农业改革,取得了令人瞩目的巨大成就,这些经验为当前的农业供给侧结构性改革提供了宝贵的经验。一方面,随着我国全面建成小康社会,消费者对农产品质量和安全的要求日益提高。人们更加青睐绿色、健康、天然无公害、有机无污染的农产品。生活水平的提升导致需求结构发生变化,从而要求供给结构作出相应调整。农产品消费结构的高质量需求成为推动农业供给侧结构性改革的重要动力。消费形式的多样化、个性化消费、体验消费和品牌消费的普及,以及农耕文化、生态旅游等新型业态的兴起,都使得农业供给侧结构性改革势在必行,以满足人们日益增长的个性化、多样化和品质化消费需求。另一方面,科学技术的进步显著提高了农业生产率,推动我国农业向现代化迈进。农业机械化、生产技术科学化、农业产业化、农业信息化和农业智能化的普及和应用,使得农业综合生产力和经营管理效率得到显著提升。农业产业化规模化体系逐渐形成,农产品质量不断提高,生产成本明显降低,农产品综合竞争力持续增强。与传统农业相比,现代化农业展现出明显的优势,适应了现代农业生产的科学技术要求。从生产科学技术化和经营管理的角度看,这些都为农业供给侧结构性改革提供了强大的内生驱动力。

2.农业供给侧结构性改革的现实逻辑

从全球化视角来看,我国经济社会发展与全球经济已紧密相连。在此背景下,我国农产品不仅要满足国内市场需求,还需应对国际市场的竞争。然而,我国农产品在国际市场竞争中仍存在短板。首先,农业科技水平不高,部分产品在育种、栽培技术等环节缺乏创新,导致单产较低,经济效益不佳。这不仅影响了农民的生产积极性,也限制了国内产量的提升,使得部分农产品大量依赖进口,国内市场被国外产品占据。其次,尽管一些农产品单产有所提高,但生产成本的上涨使得其在国际市场上价格不具有竞争力。国外农产品价格相对较低,导致国内消费者更倾向于购买进口产品,甚至到国外直接购买,进一步削弱了国内市场的竞争力。此外,国内农产品因大量使用化肥和农药,在产品质量和安全认证方面难以达到国际市场的标准。这不仅影响了我国农产品在国际市场的声誉,也让国外产品占据了这一市场份额。因此,我们需要在经济全球化的背景下,从国内国际双循环的全球化市场出发,对农产品结构进行全面调整。这不仅要考虑国内市场的需求,还需提高我国农业的科技含量,降低生产成本,提升农产品质量和安全水平,以增强我国农业的综合效益和国际竞争力。

从经济发展阶段上看,改革开放初期,政府推出了一系列强农、惠农、富农政策,不仅解决了农民的温饱问题,还释放了大量农业劳动力,推动了农村劳动力的城镇化转移,农业在国民经济中的比重逐渐下降,农民收入实现稳步增长。然而,随着我国逐步迈入中高等收入阶段,农业问题也逐渐从温饱问题和贫困问题转变为结构调整问题和现代化农业建设问题。当前,农业领域面临着多重挑战。首先,"人口红利"逐渐消失,劳动力成本持续上升,这主要归因于经济社会的高速发展以及人口结构的深刻变化。随着生育率的持续走低,农村和城市一样提前进入了老龄化和"未富先老"的社会阶段。农村劳动人口的老龄化和女性化趋势加剧,导致当前农村缺乏大量劳动力,进而显著推高了农业劳动力成本。其次,农产品价格受到国内外市场的双重制约,导致农业竞争力下降。随着土地、劳动力、资本等生产要素价格的上涨,农业生产成本不断增加,进而推高了农产品价格。这使得国内农产品在国际市场上缺乏竞争力,进一步压缩了农民的盈利空间。最后,随着消费结构的不断升级,农产品供需结构失衡问题日益凸显。随着城乡居民收入水平和人均可支配收入的显著提高,居民消费水平和消费结构不断升级。然而,当前的农产品供给结构却未能及时适应这种消费升级的需求,无法满足消费者对高质量、安全化、品牌化、生态化农产品的需求。这导致部分农产品出现供给过剩和积压滞销的现象,使得农产品供需结构严重失衡和错位。

从生态层面上看,改革开放初期,为解决温饱问题,农业生产采取了扩大耕种土地、大量使用化肥和农药等增产措施,短期内效果显著。尽管我国耕地面积世界第三,但化肥和农药的使用量却高居全球榜首,分别占到全球使用量的35%和远超其他国家的水平,凸显了化肥和农药利用效率的低下。同时,我国人均淡水资源仅占世界平均水平的28%,且分布不均、水土不匹配,水资源浪费问题严重。随着时间的推移,这种以增加土地、化肥、农药等生产要素简单投入为主的粗放型生产方式对农业生态环境造成了严重冲击。土地过度使用、水源和大气污染等问题日益凸显,生态环境难以为继,无法持续承载环境恶化的压力。这种生态环境恶化的影响已经开始反噬农业生产,导致农产品产出效率下降,质量下降,甚至引发农产品质量安全问题,使农业生产陷入恶性循环。因此,推进农业供给侧结构性改革,转变农业生产方式向生态化和绿色化方向发展,已成为当务之急。这不仅有助于保障农产品安全,促进农业提质增效,农民增收致富,还能提高农业综合效益,为农业可持续稳定发展奠定坚实基础,并为农业可持续发展提供重要保障。

3. 农业供给侧结构性改革的理论逻辑

根据经济学理论,农业经济增长的方式应兼顾需求侧刺激与供给侧改革。需求侧通过投资、消费、出口和政府购买驱动短期经济增长,而供给侧则依赖于劳动力、土地、资本、创新、信息、制度以及科学技术等要素,在优化资源配置的条件下,驱动长期经济增长。要实现农业经济的持续稳定发展,除了需求侧的刺激外,供给侧的结构性改革尤为关键。在新的发展阶段,消费需求的变化通过市场信息迅速反映到供给端,促使供给侧进行及时的结构性改革或调整。这种改革旨在优化要素资源配置,更好地满足市场需求,形成需求与供给之间的反馈循环。这种需求侧刺激与供给侧的结构性调控相结合,可以有效激发农业经济活力,释放增长潜力,进而实现经济的高质量发展。图3-1为农业供给侧与需求侧关系。

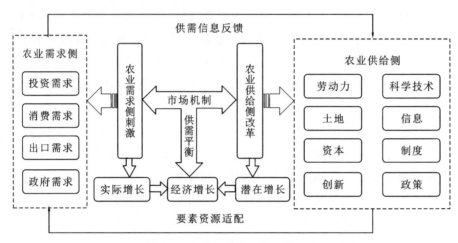

图3-1 农业供给侧与需求侧关系

农业供给侧改革是我国农业发展的时代要求,它源于农业生产结构的深刻变革,以及资源环境、要素价格、国际竞争等多重挑战和经济阶段性发展的现实需要。随着农业进入新的发展阶段,当前的市场需求和供给条件已发生显著变化。在市场需求方面,农产品正经历从同质化、数量型低端结构向差异化、品质化、绿色化、安全性高端结构的华丽转身。这一转变凸显了消费者对农产品品质和安全性的日益关注,以及对农产品个性化和多样化需求的日益增长。在要素投入方面,农业生产正逐步从劳动密集型向机械化、智能化、数字化的劳动节约型、集约型、科技型转变。这一转变要求农业生产不断提升技术水平和生产效率,推动农业现代化迈上新台阶。当前,农业供给侧结构性改革的核心任务是提高农业全要素生产率(total factor productivity,TFP),以应对要素供给约束和边际报酬递减的挑战。实现这一目标的关键在于优化资源配置,提升要素使用效率,并推动农业生产向高质量、高效益、高竞争力方向发展。为此,我们必须关注全要素生产率的提升,它不仅是衡量要素配置效率的重要指标,更是反映供给结构与需求结构匹配程度的关键参数。同时,我们还要充分发挥产品、科技、制度、创新、企业家精神等因素的推动作用,为农业发展注入新的活力,提升其发展质量和效益。图3-2为农业供给侧结构性改革的理论逻辑。

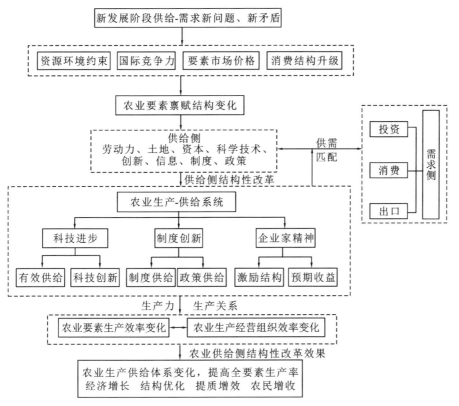

图 3-2 农业供给侧结构性改革的理论逻辑

五、农业供给侧结构性改革的动力机制

自改革开放以来，我国经济社会经历了翻天覆地的变革，落后的生产力已无法适应新的发展需求，迫切需要通过改革来破解经济发展中的瓶颈。从经济层面看，随着我国经济实力的增强，我国正逐步从发展中国家迈向发达国家行列。人们收入的增加推动了消费结构的巨大转变，从简单的温饱需求转向更高层次的物质和文化消费。传统的产品和服务供给已难以满足消费者日益增长的升级需求。在粗放发展阶段生产的初级农产品受到化肥、农药、添加剂等多重威胁，消费者对农产品质量安全的关注超过价格，追求更高品质、更安全、绿色有机的农产品。这导致低端农产品和服务供给过剩，而中高端市场供给不足，供给与需求之间出现严重错配，农产品供需矛盾日益凸显。从社会层面看，经过 40 多年的改革开放，我国社会结构发生了

深刻变化。中高等收入阶层不断壮大,贫困人口大幅减少,2020年已全面建成小康社会。然而,随着城镇化的推进和老龄化的到来,劳动适龄人口锐减,劳动力从过剩转向短缺,导致农业劳动成本上升,农产品在国际市场上的价格升高,国际竞争力下降。从生态层面看,传统的依靠土地、化肥等要素投入的粗放生产方式已难以适应现代生产力的发展。我国化肥和农药使用量位居全球首位,生态环境承受巨大压力,难以为农业生产提供持续支撑。农产品生产效率和品质不断下降,陷入恶性循环,亟须转变农业发展方式。

当前,我国经济社会结构和资源环境条件已发生深刻变化,经济要素供给条件也在转变。全要素生产率出现下降,长期支撑我国经济高速发展的基础条件逐渐减弱。在农业领域,农业供应链和产业链安全面临威胁,现代化农业建设缺乏新动力。因此,改革成为重构农村经济增长的必由之路,特别是在供需结构失衡的背景下,从农业供给侧发力进行改革显得尤为迫切。

1. 农业增效农民增收的动力

农业综合生产能力的增强以及国家粮食安全和农产品供给的有效保障,构成了我国农村改革的基石。其中,促进农业效益的提升和农民收入的增长,确保农民享有持续稳定的收入,是我国农业农村发展的核心议题。尽管城市化进程迅速,我国仍有半数人口居住在农村,这意味着只有实现农村的全面脱贫,与全国人民共同迈向富裕,我国才能真正完成建设小康社会的使命。农民的富裕直接关系到国家的经济繁荣,因此,农民的收入增长对于我国经济的持续、健康和稳定发展至关重要。我国改革开放的序幕是从农村拉开的,四十多年的实践证明了农村改革开放的战略意义。这段时期,农村人均收入实现了前所未有的增长,贫困人口大幅减少,与农业相关的生产经营服务企业为农业经济的腾飞创造了大量就业机会,为农业的持续发展奠定了坚实的基础。

我国的农村改革开放鲜明地体现了供给侧结构性改革的特征。通过改革,我们增加了劳动力、资本、技术、知识、信息、企业家才能等供给要素,推动了产业、收入、人口、就业、消费、投资、所有制及城乡结构的深刻变革,优化了要素资源的配置,进而提升了全要素生产率。四十多年的改革开放成果不仅为当前的农业供给侧结构性改革提供了坚实的基础,还为其注入了强大的动力。

2. 破解供需结构失衡的动力

随着我国经济社会的持续高速发展,消费者对优质、安全、绿色的农产品需求日益增长。然而,受我国农业政策的影响,农产品供给结构未能与消费者的高品质需求相匹配,导致供给侧与需求侧之间存在结构性的错位失衡。农业供给侧结构性改革相对滞后,造成中高端农产品供不应求,低端农产品相对过剩。同时,供给信息与需求信息的不对称使得农产品积压滞销,甚至直接在田地销毁,导致农民增产不增收,出现"谷贱伤农"的现象,严重影响了农民的收益和农业的发展。

农业结构性失衡问题的根源在于结构问题。为了解决这一问题并促进农业经济的持续增长,我们必须加快推进农业供给侧结构性改革。这要求我们从农业生产端和供给端入手,优化农业要素资源的配置和生产结构,提高农业供给体系的质量和效率,以市场为导向,调整农业经营体系,使其更好地适应市场供需结构的变化。同时,我们还需要畅通农业产业链供应链,改善供给体制机制和供给侧环境,扩大有效供给,提高供给质量。这样,我们才能实现从低端水平的供需平衡向高水平供需平衡的跃迁,推动农业持续健康发展,为农民创造更多增收增效的机会。

3. 参与国内国际双循环市场竞争的动力

2004年至2021年,我国已经连续发布了18个以"三农"为主题的"中央1号文件",旨在推动农村、农业和农民的全面发展。这些政策文件不仅关注提升农业发展潜能和扩大农村市场,还致力于深化"内循环"改革,同时积极融入国际市场,参与全球农业的竞争与合作。这种"国内国际"双循环的发展模式,旨在确保我国农业在全球化背景下能够持续、稳定地发展。从发达国家的经验来看,积极参与以国内循环为主、国内国际双循环相互促进的全球化市场,是应对全球市场变化的关键。通过主动参与全球化产业分工体系并掌握话语权,我们可以提升我国农业在全球竞争中的地位。因此,主动融入全球化分工不仅对我国农业的发展至关重要,也是我国经济持续发展的根本动力。为了保障粮食的稳定高产和农产品的供需平衡,我们需要充分发挥市场的调节作用。这意味着我国农业必须打通国内农业的各个环节,以更加开放的姿态主动参与国际合作与竞争。只有这样,我们才能实现国内国际双循环,确保我国农业在全球化背景下保持领先地位。

4. 提高农业比较效益的动力

我国农业长期以来面临比较效益较低的问题,这主要归因于多个方面。首先,农业劳动生产率长期处于较低水平,传统的原始劳作方式仍被广泛采用,导致生产效率低下。其次,农业大规模机械化生产尚未普及,尤其是在山川丘陵等复杂地形条件下,缺乏合适的农机设备,进一步制约了农业生产效率的提升。最后,信息与通迅技术在农业生产中的应用相对较少,使得农业生产与现代化科技脱节。在这种背景下,传统农业的效率仅为工业效率的22.5%和第三产业的26.5%,显示出农业与其他产业的明显差距。原始农产品的附加价值也相对较低,没有形成一二三产业融合的现代农业生产经营体系,从而限制了农业在价值链上的增值潜力。为了应对这些挑战,我国必须转变传统的农业发展模式,推进农业供给侧结构性改革。这包括将传统农业生产与现代多元化食品加工、乡村农耕文化旅游、农业体验、森林康养等相结合,构建乡村田园综合体。这种综合发展方式可以发挥农业的多重效益,提高农业的比较效益,实现一二三产业的融合发展。同时,这也有助于打造稳定高效的农业产业链供应链现代化体系,提升我国农业在全球竞争中的地位和可持续发展能力。

5. 缓解资源环境压力和绿色发展的动力

长期以来,我国农业增长主要依赖于增加农业生产要素的投入,如农药和化肥的大量使用。这种增长方式导致了水土资源的污染和过度利用,进一步恶化了农业生产资源环境,并威胁到农产品的质量安全。这种不可持续的做法使得农业生产陷入了一个恶性循环,资源环境的承载力已经难以支撑农业的长期发展。为了转变这一局面,推进农业供给侧结构性改革显得尤为关键。这不仅涉及农业生产方式的转变,更需要我们坚持"绿水青山就是金山银山"的绿色生态发展理念。通过实施环境友好型农业技术,我们可以减少化肥和农药的使用量,转而采用高效、低毒、低残留的农药,从而有效防治农业面源污染。此外,采用循环利用技术开展清洁生产也是解决这一问题的有效途径。这种方法不仅可以节本增效,还可以对农业生产环境污染进行治理,保护生态环境,提升生态价值。这是保障农业可持续发展的重要基础,也是我们实现农业现代化、建设美丽中国的必由之路。

第四节 大数据在农业供给侧结构性改革中的作用

一、大数据在优化农业生产结构方面的作用

1. 大数据赋能农业决策支持

大数据在农业决策中扮演着至关重要的角色。通过综合运用数据采集与监测、预测与模拟、精准施策、市场分析、资源优化、风险评估和决策评估等手段,大数据为决策者提供了全面、准确的信息支持,推动了农业生产的智能化、高效化和可持续发展。政府部门、农业专业人员以及农户等,都积极利用大数据采集技术,结合传感器、遥感技术和农业物联网等先进工具,对农田、作物、天气和土壤等关键要素进行实时数据采集和监测。这些数据涵盖了土壤湿度、温度、气候变化以及病虫害发生情况等,为农业决策提供了坚实的数据基础,进一步凸显了大数据在农业决策中的重要作用。

基于深入的农业大数据分析,我们能够构建精准的农业模型和预测模型,这些模型能够为我们提供对未来农作物产量、市场需求以及气候变化的深入洞察。通过综合考量土壤质量、气象条件、历史产量数据以及市场需求等多元信息,我们能够更加准确地把握农业生产的动态变化,并为决策者提供有力的数据支持。这些模型不仅有助于优化作物种植决策,例如调整种植品种、合理规划生产计划,以适应市场需求和气候变化的挑战,还能够促进农业生产的智能化、高效化和可持续发展。同时,通过应用先进的无人机、遥感和传感器等技术设备,我们能够实时监测农田中的作物生长数据,了解作物生长状况,并及时发现植物病虫害等问题。这为涉农企业和农户提供了实现精准施策的可能性,使他们能够根据不同农田和作物的特点,实施精准施肥、精准灌溉、病虫害防治等精细化管理措施。这不仅保障了作物的健康生长,提高了生产效率和农产品质量,还降低了生产成本,增加了农民收入。此外,大数据技术还能够帮助我们深入了解市场需求和供应情况,预测市场行情,为农业企业和农民制定合理的农产品价格策略提供科学依据。通过优化土地、水资源、劳动力等资源的配置,我们能够提高资源利用效率,降低成本,实现农业的可持续发展。在风险管理方面,大数据技术可

以整合多源气象数据,提供准确的气象预测,并帮助我们分析气象趋势。通过实时监测气象数据,我们能够及时发现潜在的灾害风险,并制定相应的农事安排和灾害应对措施。这有助于减少因自然灾害造成的农作物损失,确保农业生产的稳定和安全。最后,通过实时监测和评估农业决策的执行情况,我们能够及时了解决策的效果和影响,并根据实际情况调整决策方案。这不仅提高了决策的准确性和有效性,还推动了农业生产的智能化、高效化和可持续发展。

2. 大数据赋能精准农业管理

大数据在农业精准管理中发挥着不可或缺的作用。通过与现代农业设备(如传感器、卫星遥感、无人机等)的结合,大数据能够实时采集并分析农田环境、作物生长、畜牧渔业养殖、气象环境等关键数据。这些数据为涉农企业和农户深入了解农田状况提供了渠道,为精准农业管理奠定了坚实的数据基础。

利用大数据可以实现精准施肥、精准灌溉、精准植保、精准种植、精准养殖等,推动农业向高效、环保、智能化的方向发展。通过对种植数据和气候条件的深入分析,农业企业和农户可以更加精准地选择作物品种、确定种植时间和种植密度,从而优化利用农田资源,提升农作物的产量和品质。

在畜牧渔业养殖方面,大数据能够监测养殖场的环境条件、动物健康状况以及饲料供给情况,为养殖者提供科学的养殖对策。这不仅有助于提高养殖效率、降低饲养成本,还能减少养殖活动对环境的影响,实现绿色可持续的养殖模式。

此外,运用大数据技术,农业从业者可以更准确地掌握农产品的生产周期、生长阶段和成熟期等信息。这有助于合理安排采摘和销售时机,减少因过度采摘或过度储存而导致的农产品损失和浪费,提高农产品的市场竞争力。

在精准施肥和灌溉方面,大数据技术通过分析土壤养分含量、作物营养需求和生长状态等数据,能够实时调整施肥和灌溉方案,实现精准管理。这不仅可以避免资源浪费和环境污染,还能提高肥料和水资源的利用效率,促进农作物的健康生长。

同时,大数据还能帮助监测和分析农田中的病虫害情况,预测其传播趋势,从而有针对性地进行农药喷洒。这种精准防控的方式可以减少农药使用量,减少对环境的破坏,有效保障作物的生长安全。

在农业机械智能化方面,大数据与传感器、北斗卫星导航系统、3S技术、无人机等先进技术的结合,使得农业机械能够实现智能化操作和自动化控制。通过实时数据分析,农业机械可以精准调整工作轨迹和操作参数,提高生产效率。

最后,基于多源数据的整合与共享,我们可以建立农业决策模型,为农业生产运营管理提供智能决策支持。决策者通过分析历史数据、实时监测数据和市场信息,可以做出更加科学、准确的决策,推动农业生产的可持续发展。

3. 大数据赋能农产品质量控制

大数据技术在农产品质量控制中发挥着至关重要的作用。通过广泛运用传感器和监测设备,我们能够实时采集并分析农产品从生产前、生产中到生产后的全过程数据,进而全面提升农产品的质量管理水平,使农业生产过程更加智能化、高效化,并增加透明度和可追溯性。借助智慧农业系统对农产品生产链中的数据进行精准监测,我们能够迅速识别异常情况,如病虫害的发生、温度或湿度的异常波动等。一旦发现潜在问题,系统能够立即触发警报,促使相关人员迅速采取应对措施。这种及时的干预机制不仅有助于防止质量问题的扩散和减少潜在损失,还能够确保农产品在整个生产过程中保持一致的高品质。

在现代农业中,传感器和监测设备的广泛应用已成为推动农业现代化的重要手段。这些设备能够实时采集和监测土壤条件、气象信息、作物生长情况,以及采摘和储存过程中的关键数据,如温度、湿度、肥力等。通过这些数据,我们能够实时监控农产品生产链条的各个环节,精确掌握农产品的生长和处理情况。智能决策支持系统则能够基于这些数据,快速识别潜在问题,并及时采取措施,确保农产品的质量。例如,在大棚种植中,通过安装土壤温湿度传感器、二氧化碳传感器、pH传感器、降水量传感器、空气温湿度传感器、气压传感器、光照强度传感器、水肥浓度传感器等,我们能够全面监测种植环境。一旦土壤湿度低于理想水平,系统可以自动触发灌溉设备;当储存温度升高到危险水平时,系统能够发出警报,提醒管理者及时采取措施;当二氧化碳浓度过高、光照强度不足或肥料浓度不当时,系统会自动调整通风速度和频率,确保空气流通和适宜的二氧化碳浓度,同时控制遮阳系统和灯光,以满足作物的光照需求,并根据作物的水肥需求自动调节供给,实现精准灌溉和施肥。这种智能化的管理方式,不仅提高了农产品的生产效率,还确保了同一批次、同一产地农产品质量的均匀性和一致性,为消费者提供了更加安全、可靠的农产品。

大数据技术并非局限于监测农产品的生产流程,还可在记录和存储生产过程中的详细数据方面发挥关键作用。这使得农产品的来源和生产流程变得透明可见,为消费者提供了更全面的了解。借助区块链技术的支持,农产品的信息得以被安全、可靠地记录和分享。这一技术的应用确保了数据的不可篡改性,为消费者提供了真实、可信的产品信息。消费者可以追溯产品的源头,了解农产品的生长和加工过程,从而更加放心地选择购买。此外,大数据还通过标识标记等手段,实现了对农产品的跟踪和追溯。这一过程涉及采集生产经营者在各个阶段的关键质量安全信息,并将这些信息存储在信息系统中,供各利益相关方查询和使用。基于这些标识标记,从生产到销售每一个环节的数据,如生产者、产地、营养成分、包装材料、质量安全有效期等,都被紧密关联起来,形成了一条完整的信息链。这条信息链为消费者提供了强大的质量安全保障。一旦出现问题,通过信息链可以追溯到具体环节,从而迅速采取措施解决问题。这不仅增强了消费者对农产品质量和安全的信心,也为农产品品牌的塑造提供了有力支持。

政府职能部门在监管农产品质量和安全方面,大数据技术发挥了至关重要的作用。借助大数据技术,政府能够全面监测市场动态,及时检测和处理农产品质量问题,从而提高食品安全标准,确保农产品符合国家和国际的质量要求。政府通过深入分析农产品市场的价格、销售量、供应链信息和消费者反馈等数据,可精准识别潜在问题,如价格操纵、假冒伪劣产品或质量问题。一旦发现这些问题,政府能够迅速采取必要的行动,确保市场的稳定和消费者的权益。此外,政府还借助大数据技术对农产品的生产过程进行全面监控。通过传感器、物联网设备和数据分析,政府能够精确追踪农产品的生长条件、采摘和加工方式,确保这些过程符合严格的卫生和质量标准。这不仅有助于减少食品污染和安全问题,还为消费者提供了更加健康、安全的农产品。大数据技术还助力政府优化农产品质量检测过程,快速准确地检测农产品中的有害物质、微生物污染等质量问题。这使得政府能够及时采取措施,防止问题产品流入市场,确保消费者的健康安全。同时,政府还借助大数据技术对农产品市场进行执法和监管。通过大数据分析,政府能够迅速确定存在问题的生产者或供应商,并采取法律手段来惩治违规行为,确保市场的公平竞争和消费者的权益。

4. 大数据赋能农业保险

大数据技术在农业保险领域的应用日益凸显,通过深入挖掘历史农作物产量数据、气象数据、土壤质量以及病虫害发生情况等多维度信息,保险公司能够更精确地评估特定农地和作物的风险状况,进而制定出更符合实际需求的保险方案。这不仅有助于提升农业保险的普及率和覆盖率,使更多农民能够从中受益,减轻因自然灾害或市场风险所带来的经济损失,还增强了农民抵御风险的能力,为农业可持续发展提供了有力保障。通过这种个性化的保险策略,不同地区、种植不同农作物以及面临不同风险水平的企业和农民都能找到适合自己的保险政策,进一步提升了农业保险的整体效果和实用性。

大数据技术在农业风险管理和预警中发挥着重要作用。通过对天气、土壤和作物生长数据的细致监测,保险公司能够精准预测潜在风险,及时向农民提供针对性的建议,如灌溉和施肥的最佳时机,从而有效减轻干旱、虫害等灾害带来的影响,最大限度地降低损失。在遭遇自然灾害或其他不可抗力导致的农作物或畜牧渔业受损时,大数据技术使得保险公司能够迅速响应,准确评估损失,并快速完成理赔处理。这种实时监测和快速响应机制,不仅有助于保险公司高效处理理赔事宜,更能够帮助涉农企业迅速恢复经济稳定,降低经济损失。

针对农田水利和畜牧渔业养殖的实际情况,大数据技术可为农民提供更加精准、个性化的农业保险服务,这不仅提升了农民的风险承受能力,还降低了农业的整体风险,增强了农民的抗风险能力。同时,金融机构与保险公司之间的紧密合作,实现了融资与保险的有效结合,通过共享生产管理数据信息,保险公司为农业企业提供了全面的风险保障。这些包括种植、养殖、供应链和销售等方面的信息,为金融机构提供了决策依据,减少了信息不对称现象,提高了涉农企业或农户融资的可信度。这种合作不仅降低了金融机构的信用风险,还增加了涉农企业或农户获得融资贷款的概率,从而推动了农业生产的可持续发展。

综上所述,大数据在优化农业生产结构方面具有巨大的应用潜力。通过为农业产业链各环节提供高效决策支持、精准农业生产、精确市场预测、优质农产品质量控制以及可持续农业保险等价值,大数据不仅能够提升农业生产的效率,还能助力农业行业的可持续发展。

二、大数据在优化农产品供给结构方面的作用

大数据在改善农产品供给结构方面具有重要价值。通过对大规模农业数据的深入分析和有效利用,我们可以精确把握农产品的供应与市场需求之间的平衡,从而优化供给结构,提高农产品的适应性和灵活性。

1. 优化市场供需配置

大数据在农业供需配置中扮演着至关重要的角色,它通过深入分析市场趋势、消费者行为偏好以及历史销售数据等信息,为农业从业者提供了宝贵的资料。这些资料不仅有助于他们更精准地理解市场需求,还能够指导农业生产者合理规划种植和养殖的规模和品种,从而优化生产流程、改善供应链结构,实现资源的高效利用。通过这些努力,我们可以确保农产品的高质量和精准供给,满足消费者的多样化需求,同时提升农业生产的灵活性和稳定性。

通过对消费者购买习惯、食品偏好以及季节性需求变化等大数据进行深入分析,企业和农民能够更科学、更合理地规划农产品的生产计划。这包括调整作物的种植结构以及畜牧渔业的养殖结构,确保生产与市场需求紧密对接,避免库存积压或供应短缺的问题。同时,通过收集和分析农产品市场中的生产成本、价格走势、消费者需求以及竞争对手等相关数据和信息,涉农企业和农户能够更准确地预测市场趋势,并据此制定出更具竞争力的农产品定价策略。这不仅有助于提高农产品的市场竞争力,还能够增加农业的收益。此外,政府职能管理部门也可以利用这些大数据为农产品定价提供重要参考,制定更为有效的价格监管政策,确保市场的稳定与秩序,进而保护农民的利益。

运用大数据技术,农业经营者能够洞察国际市场的需求和贸易政策。深入分析这些数据,农产品出口商能够精准地识别更具竞争力的农产品种类以及更具潜力的目标市场,从而制定出更契合市场需求的出口策略。这将有效推动农产品的出口业务,提升农民的经济收入,进而促进整个农村经济的繁荣发展。

政府职能部门依托市场预测信息,对全国重点农产品的供需状况和价格走势进行预警分析,科学调控农产品的生产布局与流通渠道,以防止生产过剩或市场短缺,确保市场供应的平稳运行。同时,借助在线数据挖掘和产业研究,积极推动农产品批发市场数据的开放与共享,增强农产品流通信息服务的功能,进一步挖掘批发市场大数据在农业生产、经营、管理和服务等方面的潜力,为科学制定农产品价格、优化市场营销策略提供决策依据,促进农产品产销的无缝对接,有效维护农产品的供需平衡。

2. 优化农产品种源

大数据在优化农产品品种和选种方面扮演着至关重要的角色。借助农作物和畜牧渔业领域的大数据资源,农业科研机构和种植者能够筛选出更符合市场需求和环境条件的优质品种,进而调整和优化农产品的品种结构。这不仅有助于提升农产品的产量,更能确保其品质上乘,从而满足消费者对多样化农产品的期待。

利用大数据技术,农业科研机构和农业生产经营者可以深入了解不同作物和畜牧产品的生长周期、速度、适应性、产量、抗病性、抗虫性以及品质特性,为选择适合当地气候和土壤条件的种源提供了有力的数据支持。同时,通过实时监测气象数据、土壤质地、温度、降雨量等关键因素,我们可以精准确定哪些品种在特定地区的生长环境下表现最优,从而最大限度地发挥农地资源的潜力,实现产量和质量的双重提升。

大数据技术为多样性种植提供了强有力的技术支撑,有效促进了农业生态系统的完善与发展。通过减少对单一品种的过度依赖,大数据技术不仅降低了疫病和害虫传播的风险,而且通过深入剖析不同品种的性能,为农民提供了更加精准的种植选择建议。基于这些分析结果,农业科研机构得以针对性地开展品种改良和育种工作,从而培育出更符合现代农业需求和环境条件的新品种。这些新品种往往具备更高的产量、更强的抗病虫能力以及更长的保质期等优越特性,从而极大提升了农产品的整体质量。

优化畜牧渔业种源的选择对于提升生产效率和产品质量至关重要。借助大数据技术,我们能够收集、存储并分析各类畜牧渔业种源的遗传信息,包括基因组数据、遗传标记、基因型和表型数据等。对不同种源遗传信息进行对比分析,筛选出具有优异遗传特性的种源,并针对不良表型数据进行科学研究和遗传改良,这有助于培育出更符合现代畜牧渔业需求,具备高产、抗病、优质等特点的新种源。农业经营者通过采用这些新种源,能够进一步提高生产效率和产品质量,增强市场竞争力,从而推动农业的可持续发展。

3. 优化农产品供应链结构

大数据在供应链管理中具有举足轻重的地位,尤其对于农产品的供应链而言。作为一种新型的生产要素,大数据在推动农产品供应链模式的创新与运作的优化中扮演着越来越重要的角色。为了建立健全的农业供应链体系,我们需要积极推进数字化和智能化的供应链建设,充分利用大数据、区块链等现代供应链管理技术和模式。这不仅有助于促进企业的数字化转型,还能够实现供应链的即时性、可视化和可感知性,从而提高整个供应链的应变能力和协同效率。

构建一个基于大数据的农产品供应链协同平台,该平台集生产、采购、仓储、配送、销售等各环节于一体,能够整合并打通农产品从田间到餐桌的全流程数据。此举旨在促进农产品的供应、物流配送和终端销售等环节的紧密衔接与高效配合,实现对整个供应链管理流程的持续优化。通过此平台,商家可以享受到标准、规范且透明的供应链服务,从而优化资源配置,构建高效运营的农产品供应链体系。最终,这将推动农产品供应链向更高标准的规范化、标准化发展,为整个行业带来更加可持续和高效的运营模式。

我们运用大数据技术,全面评估供应商的服务能力、农产品的匹配度、仓储库存状况、物流配送规划以及消费者特征等关键维度。基于这些深入洞察,我们为供应链主体提供市场预测、效果评估和风险预警等服务,助力其精准筛选合格供应商、优化仓储结构和产品配送路线、完善采购计划等。我们的解决方案旨在为供应链相关主体提供决策支持,实现全产业链条的科学调配、实时跟踪和及时预警。通过我们的服务,农产品供应全链路的反应时间得以大幅缩短,确保农产品能够快速、高效地送达市场,减少产品滞留和在途损失。同时,我们利用大数据监测农产品的质量和安全性,实时监测和分析物流运输中可能存在的质量问题,从而降低产品召回和损失的风险。这不仅有助于降低供应链运营风险和成本,更能推动农产品供应链的高效运行,实现行业的可持续发展。

在农产品供应链管理中,运用大数据技术,企业能够更深入地理解客户需求和市场动态。通过对订单数据的细致分析,企业可以精准把握客户的消费偏好和需求变化,从而灵活调整产品策略,提升销售效率和利润率。同时,大数据技术还能够提供销售状况的深度洞察,预测未来产品销量,为企业制定合理的库存计划提供有力支持,加快供应链的响应速度并提升服务质量。不仅如此,大数据技术在优化运输方面也发挥着重要作用。企业可以借助这一技术精准规划运输路线,提高运输效率,从而有效降低物流成本。此外,通过对供应商数据的分析,企业能够更全面地了解供应商的生产能力和供应质量,进而选择更为优质的合作伙伴,进一步提升供应链的效率和稳定性。更值得一提的是,大数据技术能够实现供应链各环节的协同优化。通过整合订单数据、供应商信息和物流数据等多维度信息,企业能够清晰地洞察各环节间的关联,推动各环节协同工作,共同提升供应链的整体效率和稳定性。

综上所述,大数据在优化农产品供给结构方面扮演了至关重要的角色。大数据技术在精准匹配市场供需、改良农产品种源、优化农产品供应链结构、推动农产品出口以及科学制定农产品定价策略等多方面的应用,为农业产业链的各个环节注入了高效与智能的发展动力。

三、大数据在提升农产品质量结构方面的作用

1. 优化加工和储存

大数据技术能够助力农业企业在农产品的加工和储存环节实现优化,从而提升农产品的整体质量。通过将大数据技术与物联网技术相结合,农产品加工企业可以减少对人工的依赖,实现设备的自动化管理,实时监控生产流程,并有效采集和分析数据。同时,大数据技术与人工智能技术相结合,可帮助企业进一步实现数据分析、预测分析及智能决策等功能,为企业的决策提供更加准确和科学的依据。

数字化与农产品加工的深度融合,引领着农产品加工产业迈向自动化和智能化的新纪元。借助物联网设备、传感器等尖端数字技术,我们能够实时监控生产过程中的关键参数,如温度、湿度和 pH 值,确保生产流程得到精准控制。生产线上的智能机器人和自动化设备无缝衔接,高效执行加工、包装、打码、传输和分拣等任务,实现生产过程的无人值守,大幅提升生产效率和成本控制。此外,数字化技术的运用对于提升产品质量和安全性同样具有重要意义。通过智能检测监测系统,我们能够实时分析产品的关键质量指标,例如添加剂、防腐剂和化肥农药残留量,确保产品符合安全标准。一

且发现异常情况,系统能够迅速发出预警并自动采取应对措施,从而显著降低次品率,增强产品的规范性和安全性。

数字化技术在农产品深加工领域的运用,极大地促进了产品溯源体系的完善。每一件农产品都被赋予了一个独一无二的标识码,消费者只需通过简单的扫描或查询,便能轻松追溯产品的生产工号、加工车间、加工批次等详尽信息。这种高度的信息透明度不仅提升了产品的可信度,更在无形之中增强了消费者对产品质量和安全的信心。

通过运用大数据技术,我们能够有效地监测农产品的质量和新鲜度,并实现库存的智能化管理。传感器和监测设备实时收集并分析冷库、储存及运输车辆中的温度、湿度和气体浓度等数据。一旦监测到数据异常,如超出安全范围的温度、湿度等关键指标,系统将立即发出警报,以便我们及时采取应对措施,从而确保农产品的质量始终保持在合格范围内,避免任何可能的产品质量问题。此外,大数据还能协助我们根据市场需求、产品寿命和销售速度等因素,确定哪些产品应优先处理,从而优化库存管理。这样不仅能预防库存不足或产品腐败的情况,还能确保存储的农产品始终保持最佳新鲜度,以满足市场需求。

2. 营养价值分析

大数据技术能够实现对农产品营养价值的深度剖析。借助对农产品成分及营养价值的精准检测与统计,我们能够为消费者提供更为详尽、准确的营养信息,从而指导他们选择更加健康、营养更为丰富的农产品。此外,这种营养价值分析还有助于农业企业或农民深入了解自家农产品的独特优势与特点,从而更精准地定位市场,推动产品的开发与推广。

通过大数据技术,我们能够全面收集和分析农田土壤中的各种关键化学元素,包括氮(N)、磷(P)、钾(K)、钙(Ca)、镁(Mg)、硫(S)、铁(Fe)、铜(Cu)、硼(B)、锌(Zn)、钼(Mo)、硒(Se)、锰(Mn)、碘(I)、氯(Cl)、钠(Na)、硅(Si)、钴(Co)以及钛(Ti)等,这些都是农作物生长发育所必需的元素。此外,我们还能监测土壤的酸碱度(pH 值)和微生物群落数据。这些信息为农业企业和农户提供了宝贵的参考,使他们能够深入了解土壤的营养状况。对于那些不利于农作物生长的土地,农户可以据此采取针对性的措施来改良土壤或精准补充有机养分。这样做不仅能确保农作物获得充足的养分,还能显著提高农作物的营养价值。此外,大数据技术还能帮助我们分析不同农产品品种的营养成分,从而为选育更高营养价值的品种提供数据支持。例如,我们可以利用这些数据来选育富含营养成分的小麦、玉米、稻谷、土豆和各类水果等,为消费者提供更健康、更有营养的农产品。

运用大数据技术,我们能够通过传感器、监控设备和自动化系统实时采集农作物加工过程中的原材料成分、温度、湿度、时间等关键数据,构建起一个详尽的农产品加工数据库。在此基础上,我们应用统计分析模型、机器学习模型和先进的人工智能算法,精准识别潜在的营养成分流失风险因素。一旦系统检测到这些风险,它会立即发出警报,并自动调整加工参数,如温度、湿度、加工时间等,以最大限度地减少营养成分的流失,确保农产品的品质与营养价值。

运用先进的大数据技术,结合生物传感器与物联网设备,我们能够全面评估食物的营养价值。通过对不同消费者饮食习惯和营养需求的深入分析和评估,我们实时提供食品质量和营养信息的反馈。这不仅为消费者提供有价值的膳食建议,还为他们量身定制营养解决方案,如推荐食物组合搭配的比例。特别地,对于有特殊营养需求的群体,我们能够提供个性化的定量营养规划,帮助他们精准控制食品的热量、营养含量和摄入量。通过这些举措,我们致力于为消费者提供更高品质的农产品供给,满足他们日益增长的健康饮食需求。

3. 农产品质量标准制定

农业标准化对推动现代农业的进步、提升农民收入、培育和发展农产品品牌、促进农业产业规模化发展以及保障农产品食品安全等方面具有不可或缺的重要性,是实现农业可持续发展的关键所在。而大数据技术为制定农产品质量标准提供了强有力的支撑。通过深度分析海量的农产品质量数据和市场需求,我们能够科学地确定合理的质量标准,并据此制定出精准的检测方法和评价体系。这不仅有助于提高农产品的质量和标准化水平,还能有效增强农产品的市场竞争力,推动整个农业产业的健康与可持续发展。

实时采集和监测农田及养殖场的气象数据、土壤质量、水质及病虫害情况等多维度信息,可为制定和完善农作物及畜牧渔业生产的标准化体系提供坚实基础。依托海量数据支持,我们能准确分析并确定各类农作物生长及畜牧渔业养殖标准的合理参数范围,进而确保农产品和畜牧产品的安全性和品质。

基于一套完善的标准化体系,我们致力于向农业生产者、销售者和消费者广泛传播和深入普及标准化知识。这样做的目的是推动农业生产的标准化进程,确保农产品的食品安全和质量达到统一且高标准的要求。举例来说,我们必须严格限制农药和化肥的使用量,在合理范围内进行施用,以保护农产品和环境免受潜在危害。同时,我们还将详细记录和分析农产品的生长周期,包括播种、生长、收获等各个环节,以便制定科学合理的收获时间和方法。通过这些措施,我们可以确保农产品的质量稳定可靠,满足广大消费者的需求。

我们运用大数据技术来加强对农产品生产标准化信息的采集工作。运用该技术,我们能够系统地收集农产品生产和加工过程中的详细信息,进而对农产品是否达到标准化生产进行精确判定和检验。一旦识别出质量问题,我们能够迅速制定针对性的标准和控制措施。对于任何不符合标准化要求的农产品生产和加工方法,我们将及时采取措施或优化方法,确保所有产品都能达到既定的农产品标准。鉴于农业标准化体系需要随着时间和环境的变化而不断调整,大数据技术还能助我们密切监测农业生产的动态变化,确保标准体系能够及时更新,从而满足市场的新需求。

4. 提高食品安全

大数据技术在提升食品安全水平方面扮演着举足轻重的角色。借助对农产品生产全过程的严密监控与追溯,我们能够确保产品从田间到餐桌的每一环节都严格遵循食品安全标准。这种做法不仅有利于维护消费者的健康权益,更能增强公众对农产品质量的信任感,从而推动整个农产品市场朝着更加健康、可持续的方向发展。

在农产品加工领域,大数据技术的应用实现了农产品加工过程的实时监控,从而确保食品安全和产品质量。通过对加工数据的监测和分析,一旦发现加工过程中出现异常情况,系统可以自动停机或发出警报,以便及时采取应对措施,防止不符合质量标准的产品流入市场,从而保障消费者的权益。

在食品安全与质量检测领域,通过收集和分析食品样本的检测数据,我们可以构建精准的食品安全质量模型,进而预测食品中可能存在的污染物或有害微生物。这种模型的建立有助于我们快速识别潜在风险,并及时采取有效措施,防止问题食品进入市场,从而保护社会公共安全和广大消费者的身心健康,避免造成重大的身体和财产损失。

综上所述,大数据在提升农产品质量结构方面扮演着举足轻重的角色。基于在优化加工与储存流程、营养价值深入分析、产品质量标准制定以及提高食品安全等方面的广泛应用,大数据不仅能够显著提升农产品的质量水平,更能满足消费者对高品质和安全农产品的迫切需求,从而推动农业产业朝着更高质量、更高附加值的方向稳步前进。

四、大数据在促进农业技术结构调整方面的潜力

大数据在推动农业技术结构调整上具备巨大的潜力。借助海量的农业数据,结合尖端的信息技术和人工智能算法,我们可以加速农业技术的创新和应用步伐,进而推动农业实现智能化、数字化和可持续发展的转型。

1. 农业物联网和传感器技术

大数据为农业物联网和传感器技术的发展注入了强大动力。大数据、农业物联网和传感器技术在农业领域的广泛应用,极大地提升了信息收集和分析的能力,为农业生产和管理提供了有力的支持。通过物联网技术,传感器、设备和农业机械得以紧密相连,企业和农户可以凭借智能终端或电脑进行远程监控和管理,实现对农田、养殖场、大棚设施等农业场所的实时监控与精确调控。

农业物联网与传感器系统以及自动化控制系统的融合,实现了对土壤湿度、温度、pH值、电导率等关键参数的实时监控,以及气象条件的全面感知。这一智能化技术能够自动调控灌溉系统,有效防止过度灌溉,不仅节约了宝贵的水资源,还提升了灌溉效率。此外,传感器和物联网技术的运用,使农民能够精准施肥。自动化机器人依据土壤传感器的数据,智能采集土壤样本,进行深度分析。系统通过监测土壤质量、营养成分含量及作物生长状况,能够精准调整施肥量和时机,既避免了资源的浪费,又防止了土壤盐碱化,从而显著提高了作物产量和质量。气象传感器则实时监测气温、湿度、风速、降雨量等关键气象指标,为农民提供了准确的天气信息,帮助他们优化农田管理计划,有效应对各种天气变化。同时,病虫害传感器的应用能够及时检测病虫害的发生和危害程度,结合大数据技术,建立病虫害预测模型,使农民能够迅速采取应对措施,降低损失。植物生长传感器则持续监测植物的生长状态,如农作物的高度、叶片颜色及光合作用水平等,为农民提

供了农作物生长情况的实时反馈,有助于及时发现并解决生长中的问题。光照传感器则负责监测光照强度,为农民提供了种植位置选择和遮阳措施调整的重要参考。所有传感器采集的数据都通过无线传输技术实时传输到云端或农场管理系统中。大数据技术则对这些数据进行整合和分析,帮助农民预测农作物产量、优化农田管理决策,推动农业生产的智能化和精细化。

物联网和传感器技术在畜牧养殖和水产养殖领域扮演了举足轻重的角色。通过构建一体化的综合监测平台,我们不仅能够实时追踪牲畜的生长状态、运动轨迹及饮食习惯,还能深入评估圈舍和水质环境。此外,这一平台还实现了关键成长数据的可追溯性,为养殖业的高效发展提供了有力支撑。

在畜牧养殖产业中,体温传感器和生物传感器发挥着重要作用。它们能够实时监控牲畜的体温、呼吸频率、心率等关键生理指标,一旦发现异常数据,便能提前预警动物的健康问题,为企业及时采取应对措施提供宝贵的时间。此外,行为传感器则通过监测动物的进食、活动、休息等行为模式,进一步揭示潜在的健康问题,从而确保动物的健康成长。物联网技术的应用,使得饲料分配更加智能化和精准化。系统能够根据动物的需求和生长情况,自动调节饲料的分配量,既减少了饲料的浪费,又提高了饲料的利用率。同时,传感器还能够监测饮水设备的水位和水质,确保动物能够随时获取到足够且清洁的饮用水,有效预防水源污染带来的健康风险。物联网技术与 GPS 技术的结合,不仅为牲畜的追踪提供了便利,有效防止了丢失和盗窃事件的发生,还能够实时监测动物的活动范围,为优化放牧管理提供了有力支持。而虚拟围栏技术的运用,通过 GPS 和电子设备的辅助,将牲畜限制在特定区域内,既有助于减少草场的过度损耗,又能够合理管理牲畜的活动空间。此外,智能耳标和 RFID 标签的引入,使得每只牲畜都能够被准确标识和跟踪。这些标签不仅能够记录牲畜的生长数据、疫苗接种情况等重要信息,还为生产记录和绩效评估提供了便捷的数据支持。

在渔业水产养殖领域,水质传感器发挥着至关重要的作用。这些传感器能够精确监测水体的温度、pH 值、氧气含量和浊度等关键参数,为养殖户提供宝贵的数据支持。基于这些参数,养殖户可以精准调节和维持水体的质量,从而确保养殖物的健康生长。为了全面掌握不同水层的水质状况,养殖户可以利用浮标和自动潜水器在不同深度的水域中部署传感器。这些设备不仅能够帮助养殖户及时发现水质问题,还能为他们提供决策依据,确保养殖环境的稳定。此外,智能水泵和氧气供应系统通过运用物联网技术,实现了对养殖水池中氧气水平的自动监测和调节。当氧气水平低于设定值时,系统会自动启动氧气供应装置,确保鱼类拥有充足的氧气,从而提高其生长效率。温度控制同样重要。通过监测水温并控制加热或冷却系统,养殖户可以确保水温始终处于适宜范围,这对于提高鱼类的健康水平和生长速度至关重要。值得一提的是,物联网技术还广泛应用于渔业养殖的饲料分配和监控环节。通过自动化饲料分配系统,养殖户可以根据养殖物的实际需求提供精确的饲料量,避免浪费和过度投喂。同时,视频监控系统的应用使得养殖户能够实时观察鱼群的行为,及时发现异常情况并采取相应措施,确保养殖安全。

2. 农业无人机和 3S 技术

大数据技术的快速发展为农业无人机和遥感技术的应用开辟了更为广阔的前景。无人机可以高效便捷地巡查农田和监测作物生长,收集大量的高分辨率影像和数据。结合大数据技术,我们可以实现对农田土壤质量、植被生长状况以及病虫害发生情况的精准监测和分析。这为农业从业者提供了宝贵的农业信息,有助于他们做出更为科学、合理的决策,从而优化农业生产结构,提高农业生产效率。

通过装配多光谱红外相机,无人机能够捕捉到农田的高清图像,这些图像对于监测农作物的生长状态具有极其重要的价值。这些图像数据可以通过特定的传输方式被快速地发送到计算机或云端进行处理。利用先进的图像处理技术和算法,我们可以精准地识别出农田中可能存在的病虫害、水分不足等问题,从而及时发出预警。此外,基于对土壤和植被指数的深度分析,我们可以判断农田是否需要增加灌溉或施肥,以确保农作物的健康生长。更进一步,通过收集农田地形、土壤类型、植被覆盖等大量数据,政府和企业能够制定出更为科学合理的土地利用规划,选择最适合的农作物种植和耕作方案,从而提高农业生产效率和质量。

无人机利用先进的 GPS 和自动驾驶系统,能够精准地执行播种任务。农业工作者可预先设定农作物的种植布局和密度,无人机则搭载种子容器,依据预设方案进行程序化操作,确保每一颗种子或植株都能精准地落在预定位置。这种播种方式不仅促进了作物生长的均匀性,还显著提升了产量。特别是在地形复杂多变的山区农田,无人机播种无须依赖传统的拖拉机和播种机械,极大地提高了播种效率。此外,无人机还能根据农田的具体需求和农作物套种模式,灵活定制播种方案,实现在同一块土地上混合种植多种农作物,最大化地提升了土地利用效率。

大数据与3S技术的融合应用,对于提升农业生产效率、优化农田监测以及增强决策支持能力具有显著作用。通过遥感、GIS和GPS技术,我们能够获取到高精度的地理和环境数据。结合大数据技术,这些数据能够整合并深入分析气象、土壤以及农作物生长等关键信息,从而为农民提供精准的农田管理策略,包括施肥、灌溉和土地利用规划等。GIS的空间分析能力能够将遥感数据转化为农田图层,实现空间数据的可视化,帮助农业企业在地图上远程分析农田状况,如土壤质量、排水系统和土地利用情况等。GPS技术的精确测量和定位功能确保了资源的有效利用。同时,卫星遥感数据和GIS技术还能有效评估洪水、干旱、病虫害等风险的影响,使政府和企业能够提前采取风险管理措施,积极应对各种自然灾害。此外,无人机技术与3S技术、物联网技术的结合,为我们提供了收集高分辨率图像和激光扫描数据的能力。这些数据可以用于监测森林病虫灾害、火灾风险因素和清查森林资源,实时监测温度、湿度、风速等环境参数,实现早期预警和快速响应。遥感和卫星图像还能助力土地覆盖和土地利用分析,为农业规划和农田资源管理提供有力支持,从而提高效率、降低成本、减少环境影响,并加强对自然资源和生态系统的有效管理和保护。

3.智能农机与自动化

在信息技术和数字技术的驱动下,农业机械化正迅速向智能化转变,特别是大数据的广泛应用,为智能农机和自动化技术的发展注入了强大动力。借助3S系统(遥感系统、地理信息系统、全球定位系统),智能农机不仅显著提高了农业生产的智能化和自动化水平,还增强了农机作业的稳定性,成为农业生产和管理中不可或缺的重要力量。这些智能农机不仅极大地提升了农业生产效率,还为农民增加了经营性收入。通过结合北斗定位系统与地理信息技术,智能农机能够独立完成精准、高效的自动化作业,从而有效降低了人工成本,进一步提高了生产效率。同时,这些智能农机还能够实时采集工作图像、位置信息、工作状态和运动轨迹等数据,实现了对农业基础大数据的深度挖掘和高效整合,进而提升了农业装备的利用效率。

当人工智能技术被整合到农业机械自动化中时,它能够有效地监控和管理农场的运营,从而实现智能农场管理。借助物联网、传感器和无人机等先进技术,智能机械能够收集并分析大量的农田数据,如土壤湿度、温度、光照等。这种数据分析使得智能机械能够对农作物进行自动化监测和控制,为农场管理者提供实时的管理建议。这不仅有助于优化农作物的生长和产量,还能显著提高生产效率,推动农业的可持续发展。

当AI技术应用于智能农机和自动化系统中时,自动驾驶农机能够利用AI算法和分析传感器数据,自主完成精准播种、施肥、锄草、收割等田间作业。同时,自动化技术可以精确监测土壤的温度、水分和营养成分,并通过水肥一体化设备实现节水灌溉和精准施肥,有效控制农业用水和节肥。通过分析农作物、气象和土壤大数据,AI技术为农业企业或农户提供最优的农作物品种选择、播种时间和施肥计划,优化种植结构,提高产量和质量。此外,地理信息系统和遥感技术为农业生产提供灾害预测和环境动态监测。嵌入机器视觉技术的智能农机能够实现对图像的识别和处理,监测病虫害和草木杂质,提前预警并采取防治措施。自动化技术还应用于产品的自动识别、分选、包装,以及对农产品的质量评估和分级。

在农业养殖领域,借助智能机械和自动化技术,我们能够实现畜牧养殖与渔业养殖的自动投食喂养和清洁维护。这不仅能够自动监测家禽、牲畜等的生长状况,观察它们的健康状况和行为模式,而且能够优化圈栏的卫生环境,提高养殖场的生活质量,从而显著减少对环境的污染。例如,智能传感器与智能化系统相结合,可以根据动物的种类和数量,定制个性化的饲养策略。这些策略能够根据动物的进食量和体重变化等数据进行实时优化和调整。此外,配备摄像头的饲喂系统能够实时监控动物的进食情况,一旦检测到任何异常,系统会立即发出警报,确保动物的饲养质量。同时,智能化的疾病监测与管理系统可以持续追踪动物的健康状况。通过智能传感器收集体温、呼吸频率、行为状态等参数,并将其传输到中央控制系统,系统能够分析这些数据,自动发出预警并采取相应的预防和控制措施,以使疾病的发生概率降到最低,避免重大损失。更进一步,智能传感器和中央控制系统能够识别粪便的种类和含量,自动将固态和液态废弃物分离并处理,转化为农作物生长所需的有机肥料。这种方法不仅减少了对环境的污染,而且大大提高了资源的利用效率。

综上所述,大数据在推动农业技术结构调整方面发挥着举足轻重的作用。基于大数据的推动,农业物联网与传感器技术、无人机与遥感技术、智能农机与自动化技术得以迅猛发展,从而促使传统农业向智慧化农业转型升级。这一转型不仅拓宽了现代农业产业的发展路径,还实现了农业生产的智能化与高效化。

五、大数据在优化农业要素供给结构方面的作用

大数据在优化农业要素供给结构方面扮演着举足轻重的角色。通过对土地、资本、技术、劳动力、政策以及制度等关键要素进行数据采集、深度分析和精准优化,我们能够实现农业生产的高效化、智能化和可持续化,从而推动农业产业的持续繁荣与发展。

1. 土地资源供给管理

大数据技术可以广泛应用于土壤质量评估。通过深度分析卫星图像和地理信息系统数据,我们能够精准掌握土地类型、坡度、水资源分布等关键信息,为决策者提供全面且细致的土地资源分布图。这不仅为土地管理和规划提供了有力支持,还帮助决策者科学合理地确定土地用途,如农田、林地、城市建设规划等。此外,大数据技术还能通过综合分析土地特征、降雨分布、气候数据以及土壤中的养分含量、酸碱度、微生物群落等因素,为农业生产提供决策依据。通过这样的分析,我们可以确定最适宜种植的农作物或养殖的动物种类,从而实现农业产出的最大化。基于丰富的土壤样本数据、卫星遥感图像和气象数据,我们可以建立高精度的土壤质量模型。这一模型有助于政府、农业企业和农民深入了解不同区域土地的土壤特性。对于贫瘠的土壤,我们可以根据养分含量和作物养分需求进行数据分析,从而提出科学合理的土壤改良措施。这不仅能够提高土壤质量,还能帮助农民科学地确定肥料的类型和用量,实现精准施肥,进一步提高农业生产效益。

大数据技术广泛应用于监测不同土地区域的生长状况和植被覆盖度,极大地促进了精准农业管理的实施。举例来说,借助传感器和监测设备,我们能够实时获取农田的水分含量和土壤湿度信息。通过大数据技术,我们可以构建智能灌溉系统,根据土壤的水分状况和作物的具体需水要求,精准控制灌溉的水量和时间,从而有效避免水资源的浪费。同时,大数据技术还

能结合气象和水文数据,预测未来的降水量和径流情况,为农业生产提供精确的气象和水文预测信息,帮助农业生产者提前制定应对措施,确保农业生产的顺利进行。

大数据技术在生态环境监测中发挥着重要作用,能够全面监控土地生态系统的变化,包括土地退化、水土流失和生态系统状况。政府依据大数据分析的结果,积极采取保护和恢复措施,以提高土地的承载能力和可持续利用性。利用传感器、卫星遥感和地理信息系统等工具,大数据技术实时采集、存储和分析各种生态环境数据,如空气质量、水质、土壤质量、植被覆盖度以及野生动植物的迁徙情况等。基于这些生态数据,建立生态系统模型,模拟并解析生态系统内部的复杂关系,为决策者深刻理解生态系统功能提供帮助,并预测不同干预措施对生态系统可能产生的影响。此外,大数据技术还通过监测自然生态系统,帮助决策者了解受损生态系统的现状,明确恢复目标,并持续监测恢复进程,为生态恢复项目的规划和实施提供有力支持。同时,大数据还被用于监测河流和湖泊的水位、水质和流速,确保水资源的供应和质量,从而及时应对水资源短缺和污染问题。利用大数据追踪野生动植物的位置、迁徙情况和栖息地环境,还能有效帮助野生动植物保护人员采取行动,减少非法捕猎、栖息地破坏和物种灭绝的风险,从而有力保护濒危动植物物种。

2.劳动力和人力资源供给管理

信息技术和数字经济在农业领域的持续渗透和广泛拓展,大数据技术与人工智能、智能农机等先进技术的融合应用,极大地释放了农村农业劳动力,显著提升了生产效率,并有效降低了人力成本,为农业现代化建设注入了新的活力。

大数据与物联网、传感器技术的融合,实现了农业机械的智能化操作。智能农机极大地替代了传统的人力劳动,它对采集的数据进行精准分析,进而执行自动化播种、自动锄草、自动收割等作业,显著降低了对劳动力的需求。当智能化设备应用于农机装备时,农机的自动化操作和精确作业不仅大幅提升了农业生产的效率和精度,还极大地降低了劳动强度。例如,无人机在农田巡查、农作物监测和植保施药等任务中的应用,不仅提高了农田管理的效率和精度,还极大地减轻了农民的劳动压力,使得人力资源得以释放并转移到其他更有价值的岗位。

大数据在农业农村劳动力调节和规划中扮演着至关重要的角色。借助先进的大数据技术，农业企业能够更精确地规划和调配劳动力资源。通过对农村劳动力季节性需求和地理位置差异的深入了解，农业经营者可以科学统筹安排技术劳动力和非技术劳动力的数量，从而确保满足季节性生产需求。以种植和收获季节为例，在农忙高峰时期，大数据能够精准预测劳动力需求的峰值，为农业企业提供宝贵的时间窗口，以便提前规划和招聘临时工和季节性工人。这样的做法不仅能确保农业生产的连续性和稳定性，避免错过农时，还能有效减少农业生产损失，提高整体效益。在农闲时期，大数据同样发挥着不可或缺的作用。通过对农村剩余劳动力迁移模式的跟踪和分析，政府和相关组织能够更准确地了解剩余劳动力流动的原因、迁移地址以及就业岗位。这为政府提供了有力的决策支持，使其能够更有针对性地引导和支持农村劳动力在不同地区就业，进而提升农村打工者的经济收入，促进农村经济的持续发展。

经过大数据分析，我们可以精确地匹配劳动力的供需关系。在深入剖析农村劳动力的需求和供给情况后，农业企业得以明确农业大数据人才所需的核心技能，从而科学规划培训计划，提升农民和农业工作者的专业技能，满足现代智慧农业的发展需求。对于剩余的农村劳动力，政府则可以根据市场预测的职业需求，提供针对性的技能培训，为农民的就业之路提供坚实的技能支撑。同时，通过大数据技术与区块链技术的融合，我们可以构建和管理农村劳动力的数字身份档案，这包括个人信息、身份证明、工作记录、技能证书等。区块链的不可篡改性确保了农民工作信息的完整性和可信度，有效避免了数据被恶意篡改或伪造的风险，为农民争取到合理的薪资和权益提供了强有力的证据支持。而智能合约的应用，则意味着一旦农民完成了工作，系统能够自动执行工资支付，确保了薪酬发放的及时性和公平性。此外，区块链的可追溯性还能够帮助我们追踪劳动者的工作记录、薪资历史和其他相关信息，保证历史数据的透明性和溯源性。

3. 资金和财务管理

大数据在资金和财务管理领域，对政府、农业企业和农户而言，具有重大的意义。借助大数据技术，我们可以精准地进行成本控制，制定出更加明智的管理决策。特别是在信贷风险评估、农业投资决策、成本管理、财务预测与规划，以及农业保险和风险管理等方面，大数据都发挥着不可或缺的作用,并提供了丰富的应用场景。

　　大数据技术在农业领域具有广泛的应用前景,它可以通过对农业生产经营的历史财务数据、土地用途以及农作物生产情况的深度挖掘,来精准评估企业或农户的信用风险。这种评估不仅为金融机构提供了决策依据,降低了财务风险,同时也为农业企业和农户提供了更加精准的资金信贷支持。例如,金融机构可以通过大数据分析,详细掌握农业企业或农户的历史信贷数据,从而准确判断其征信状况,进一步评估信用风险并进行分类管理。在此基础上,结合企业的盈利能力、债务水平、还款历史,以及田地产出、养殖产出和市场价格波动等多维度数据,金融机构能够制定出更加合理和科学的贷款条件和利率。这不仅为农业企业和农民提供了强有力的资金支持,而且确保了贷款能够安全收回,有效降低了坏账率,实现了金融机构和农业经营者的双赢。

　　大数据能够为投资机构、保险公司等提供详尽的农业项目信息,涵盖市场趋势、潜在风险及预期收益等关键要素。投资者依托这些数据分析结果,比较不同项目的收益预期、风险水平及发展潜力,从而评估项目投资的可行性。例如,通过深入分析不同地区的土壤质量、气候条件及市场需求,投资者能够确定最具前景和利益最大的农业投资领域,为投资决策提供有力支持。

　　大数据的运用对农业从业者具有深远影响,它不仅能够助力识别降低生产成本和提升效率的机会,还能为涉农企业和农户提供有效的成本管理手段,进而实现效率优化。通过详尽分析农业生产资源利用、劳动力成本、灌溉方式、化肥和农药使用等数据,我们能够精准监测农业资源的利用效率,深入剖析生产过程中的瓶颈和不必要的开支。基于这些分析结果,农业从业者可以采取针对性的改进措施,有效降低生产成本,优化资源分配,减少浪费现象,实现精准生产管理。这不仅有助于提升农业产业的盈利能力,还能为农业可持续发展奠定坚实基础。

　　大数据技术结合历史数据、市场趋势和生产指标的应用,为企业和农民提供了有力的财务预测和规划支持。通过构建精准的财务模型,我们能够基于市场需求和成本结构来预测未来的收入和支出,深入分析潜在的财务风险和发展机会,从而为企业和农民制定明确的财务目标和切实可行的计划。

大数据技术为农业保险和风险管理提供了强大的支持。保险公司通过深入分析气象数据、土壤条件以及历史产量数据,能够精准识别潜在的农业风险。这种精准的风险评估使得保险公司能够更准确地厘定保险费用,为农民提供更加个性化的保险产品。同时,农民也能根据这些分析结果,及时采取应对措施以降低风险,并购买合适的农业保险产品。一旦发生灾害,他们可以迅速获得保险公司的赔付,从而有效减轻经济损失。

4.政策与制度供给

大数据在农业政策制定和制度供给中发挥着至关重要的作用。通过对海量农业数据的深入分析,政府能够全面掌握农业生产的实际情况和潜在问题,进而为制定精准有效的农业政策和制度措施提供坚实的信息基础和分析支撑。此外,大数据还为政府提供了决策支持和评估机制,助力政府和相关部门制定出更为科学、合理的农业发展战略,推动农业产业的持续健康发展。

政府积极运用大数据进行市场监测与调节,深入洞察农产品市场的供需动态、价格波动及销售趋势。基于这些数据,政府能够制定出更为精准的农产品价格政策、补贴政策以及市场干预措施。以农业补贴为例,政府通过大数据分析,优化了补贴的分配制度,确保资金能够精准流向需要支持的农业部门或产品,进而提升财政资金的使用效率,减少滥用与浪费。以印度为例,其政府通过 eNAM 平台,汇聚了丰富的市场数据,包括地区间的价格差异、季节性价格波动以及供需趋势等。这些数据为政府制定农产品价格政策和市场干预策略提供了坚实的决策基础。农民在这样的市场环境下,能够享受到更为公平、透明的交易条件,从而做出更加明智的销售决策。例如,通过 eNAM 平台,农民可以实时查看各市场的价格信息,甚至通过线上拍卖方式销售农产品,极大地提升了交易的便捷性和效率。

政府运用大数据技术来制定农业保险政策并有效管理风险。通过实时追踪和监测气象数据,如降雨量、洪水情况、干旱指数等,政府得以全面评估农业领域面临的风险并进行精准预测。这使得政府能够迅速制定应急预案,并通过手机应用程序或短信向农民发送风险预警,帮助他们提前做好抗灾准备。同时,政府还为农民提供保险和风险管理支持,确保他们在面临自然灾害时能够得到必要的保障。一旦发生灾害,农民可以通过手机应用程序或短信提交受灾数据,如损失照片和农作物产量数据,以便政府和保险公司迅速核实损失情况并处理索赔。以美国农业部（United States Department of Agriculture,USDA）为例,他们利用卫星遥感数据和气象数据进行农作物健康状况的评估,并据此提供灾害援助和农业保险服务,展现了大数据在农业风险管理中的巨大潜力。

大数据在农村土地资源管理和规划领域的应用,具有举足轻重的地位。通过提供详尽的土地信息,大数据不仅助力政府和农村地区在土地资源管理方面取得显著成效,还为实现可持续发展和改善农村生活质量提供了有力支撑。为了建立健全的土地权益登记系统,政府及相关职能部门充分利用卫星遥感图像、地理信息系统以及实地调查数据,确保农村居民的土地权益得到合法认证与全面保护。大数据的广泛应用,提供了关于农田、森林、湿地以及建设用地等方面的详细信息,为政府制定农田保护政策、生态保护政策以及城乡一体化规划提供了坚实的数据基础。通过对土壤质量、水资源可用性、土地坡度等关键要素的深入分析,以及对土地适用于农业、林业和畜牧业等不同行业的细致研究,大数据帮助政府优化农业规划和土地分配策略,为农村地区的可持续发展注入了新的活力。

第五节 大数据促进农业供给侧结构性改革的系统架构

随着信息技术的深入渗透和广泛应用,传统农业正逐步向现代化农业转型。通过充分应用信息技术手段,传统农业在生产经营过程中显著提升了生产效率。大数据农业,以信息科学理论为基石,运用信息技术手段,收集、存储、分析和利用农业信息,旨在指导农业生产和经营,进而提升农业综合生产力,推动农业实现高质量发展。然而,传统农业面临诸多挑战,如土地瓶颈、环境制约、信息不对称以及人工成本高昂等,这些因素使农产品和农业在竞争中处于不利地位。如果农业产业或企业能够有效运用数字化技术,提升农业生产效率,推动传统农业向智慧农业迈进,实现农业的标准化、规模化和现代化,那么由此产生的农业大数据将凸显其巨大的经济价值。

在数字化浪潮下,对农业供给侧进行结构性改革,推动传统农业向现代化农业转变,是确保我国农业产业链供应链安全、将饭碗牢牢端在自己手中的关键。农业现代化不仅是提高国际竞争力和实现可持续发展的重要基石,更是一场涉及种子育种、生产经营、流通消费等全产业链和供应链的信息化革命。借助大数据的力量,我们可以更有效地收集和存储农业信息,通过数据挖掘、分析和预测,为农业生产与经营提供精准指导,实现成本节约和效率提升。随着互联网、人工智能、云计算、物联网、传感器、区块链、5G设备、智能终端等软硬件信息技术的飞速发展,大数据分析在农业领域的应用日益广泛。数据,作为新的生产要素,正深度参与农业生产经济活动,其作用和价值日益显现。农业大数据不仅为农业产业链供应链安全提供了强大的技术支撑,更是保障农业持续健康发展的关键所在。

一、农业产业数字化与数字产业化

由于农业产业面临自然环境复杂性、生产方式多样性、消费需求多样性以及产品类型多样性等多重不确定因素的挑战,因此具有固有的弱质性特点。这种弱质性导致了农业产业收益的不稳定性以及高机会成本等特征。鉴于我国地域辽阔,区位生产差异显著,人口众多,人文环境多样,农业在我国经济中处于相对弱势地位。这使得农业企业的收益往往不如工业产业和服务业稳定,且缺乏较强的稳定性。

在数字技术的推动下,我们对农业供给侧进行了结构性改革。数字技术不仅能够改造和提升农业供给侧的弱质性特征,而且数据作为一种新兴的生产要素,正在深刻改变农业产业的生产方式。这种变革正引导农业企业采取更加高效的经营策略,从而逐步实现农业产业由弱势向强势的转变。

1. 农业产业数字化

在农业生产的各个环节,包括生产、管理和销售等,通过运用数字技术和信息化手段,我们能够实现农业生产的数字化、网络化和智能化。这一过程被称为农业产业数字化。它旨在提高生产效率、资源利用效率以及农产品质量,进而推动农业的可持续发展。在大数据时代的背景下,为了深化农业供给侧结构性改革,我们必须实施农业产业数字化战略。这包括实现农业机械和设备的智能化,通过数字化嵌入和改造,推动农业生产技术、业务流程、市场营销、产品质量、产品流通以及产地溯源的全面数字化。

依托先进的3S技术——遥感技术(RS)、地理信息系统(GIS)以及全球定位系统(GPS),我们构建了农业大数据平台。通过计算机终端和智能终端设备,我们能够高效地收集、存储、分析和预测涉农数据,使农业生产逐渐摆脱自然条件的束缚,实现更为精准的技术控制。基于大数据的分析与预测,我们能够提前预测并应对生产管理中的各种挑战,迅速响应环境条件的变化,推动农业生产向更加敏捷、灵活的方向发展。此外,我们将农业生产加工、供应链物流、市场营销等核心业务流程的数据整合到农业大数据平台中,通过深入的数据挖掘和分析,为企业的战略决策和政府的治理活动提供有力的数据支持。

(1)数字化转型

通过整合传感器、物联网设备、云计算、区块链以及大数据分析等前沿科技,我们可以将农业生产管理引领至一个全新的数字化时代。这些技术不仅能够帮助农业摆脱对传统经验和方法的过度依赖,还可以推动农业生产方式向数据驱动和科技支撑的方向转变。特别是,利用大数据技术,我们可以深入分析农业生产的各个环节,包括生产、经营和管理等,从而优化农业全产业链结构,实现生产和管理效率的大幅提升。

(2)生产数字化

在农业生产的全过程中,数字化技术被广泛应用,用以监测土壤质量、气象信息、水资源利用、作物生长状况以及禽畜和渔业的养殖情况。例如,智能化的播种机、喷洒机和收割机能够根据实时的土壤状况、作物需求和气象条件自动调整工作参数,从而显著提高作业效率。此外,数字化技术还用于监测禽畜和渔业饲料的摄入量、生长状态以及健康状况等,智能养殖系统通过实时提供养殖环境的数据,实现了禽畜与渔业的科学化管理,有效预防了疾病的发生。同时,农业机器人也被用于自动化除草、采摘等作业,进一步提高了农业生产的自动化水平。在智能温室中,传感器被用来监测温度、湿度、光照等参数,并自动调节温室内的环境,以创造最适宜植物生长的条件,从而提高蔬菜等高价值农产品的生产效率和生产质量。

(3)管理决策数字化

数字化技术为农业管理者提供了强大的支持,使他们能够进行更为高效的农田规划、资源配置、生产计划以及市场销售策略。通过运用先进的数据分析工具,管理者能够从海量的数据中提炼出有价值的信息,为决策制定提供科学依据。例如,通过深入分析农业生产和市场数据,政府和农业管理部门得以更精准地制定农业政策和规划,从而促进农业产业的可持续发展。同时,企业也可以利用大数据分析市场需求、价格趋势等信息,准确预测市场变化,为营销策略的制定提供有力支持,进而提升销售收入。此外,结合传感器和土壤检测技术,农业管理者能够实时监测土壤的养分含量、酸碱度、湿度等关键指标,为土壤改良和施肥提供科学依据。这不仅有助于实现精准施肥、灌溉和病虫害防治,还能显著减少农药和化肥的使用,提高资源利用效率,为农业的绿色、可持续发展贡献力量。

(4)供应链数字化

数字化技术的运用能够极大促进供应链各环节(如农民、生产商、加工商、物流公司与零售商等)之间的信息共享与协同作业,进而显著提升供应链的协同效率,并达成整体利益的最大化。借助大数据分析与人工智能技术,我们能够深入洞察市场需求、价格波动及消费者偏好,从而为农产品的产销决策提供有力支持。此外,数字化供应链管理还允许我们实时监控和管理农产品库存与仓储,确保根据市场需求灵活调配资源,优化运输路径、方式与时间,从而大幅提升运输效率并降低成本。最后,通过数字化技术,我们可以构建从农田到餐桌的全程农产品溯源体系,精确追踪农产品的生产、加工与运输等各环节信息,从而确保产品的质量与安全。

(5)农村金融数字化

在农村地区积极推广先进的信息技术和数字化手段,以优化和提升农户及企业的金融服务体验。通过设立便捷的数字化金融账户,为农村居民提供存款、取款、转账等日常金融服务,不仅使金融服务更加普及,同时也满足了农户和涉农企业在农业信贷、保险、融资租赁等方面的需求。当面临农业生产风险或自然灾害时,数字化技术能够快速为农户提供保险理赔服务,保障其生产利益。此外,应用数字化手段建立农田、作物、投保金额等详细档案,并通过图像识别技术准确评估受灾程度,为农业灾害理赔提供科学依据。

2. 农业数字产业化

为了推进农业供给侧结构性改革,我们必须实现农业数字产业化。这包括推动农业信息化平台、农业互联网、农业大数据、农业云计算、农业物联网、农业区块链、农业智慧化、农业虚拟现实、农业数字化设备设施以及农业智能终端等各个领域的产业化进程。通过这些数字技术的产业化应用,为农业产业的数字化提供必要的硬件和软件服务,确保农业产业数字化能够真正落地实施。

(1)农业大数据产业化

农业大数据产业化涉及对涉农数据的全面采集、高效存储、深入挖掘、精准分析、可视化展示以及科学预测等过程。作为新兴的生产要素,大数据在市场中具有交易价值。例如,农业气象环境与自然资源大数据、农牧渔业种业大数据、农业生产大数据、农业经营大数据以及农业服务大数据等,均可在市场上实现有效交易,推动农业行业的数字化转型和产业升级。

(2)农业物联网产业化

为了推动农业物联网的广泛应用,我们需要实现其产业化发展,将物联网相关设备引入涉农数据的采集过程中。这些设备通过部署的各种传感器,能够感知农业生产经营过程中的各种信息,包括环境数据、气象数据和生产数据等。我们将这些数据以数字化形式进行收集和分析,以便更好地指导和控制农业生产。举例来说,我们可以将传感器终端作为物联网的监测部分,并结合"3S"技术和云计算技术等先进技术,通过计算机和智能终端实现环境监测、墒情监测以及可视化监控等智慧农业管理功能。

(3)农业云计算产业化

通过实施农业云计算产业化,我们采纳了分布式技术,有效处理大规模且空间分布广泛的数据。这一做法不仅打通了农业各组织和产业间的壁垒,更促进了跨地域、跨部门的协同合作,使得服务形式更加多元化,信息处理更加量化。在云计算的框架下,无论是网络、设备、软件提供商,还是技术服务商、信息资源运营商,都被紧密地联系起来。这种联系不仅促进了农业信息资源的开放共享和相互补充,还为用户提供了更加精准的数据共享和交换服务。最终,这种协同合作将助力各方实现共赢,推动农业领域的持续发展和创新。

(4)农业区块链产业化

推动农业区块链产业化,旨在深化区块链技术在农业领域的应用,充分发挥其去中心化、不可篡改、可追溯等核心优势,广泛应用于农产品质量安全溯源、农业大数据金融、农业保险等关键场景。同时,推动农业虚拟现实和增强现实的产业化,可以实现农作物的远程监控与管理,为农业生产的智能化和精细化提供有力支持。

(5)农业虚拟现实和增强现实产业化

农业虚拟现实(VR)和增强现实(AR)技术通过实时动态捕捉、动态环境建模和快速渲染等技术手段,实现了农业生产、动植物生长等过程的可视化,推动了农业智能化管理的发展。同时,利用VR或AR系统,消费者可以享受到沉浸式的购物体验,例如通过可穿戴设备全方位感知农产品的真实感,从而顺利完成购买程序。

二、农业大数据平台架构

为了优化农业产业结构,促进农业供给与需求的精准对接,我们必须加快数字农业和农业大数据的建设步伐。这要求我们全面把握农业产业链和供应链的发展动态,而这离不开农业数据资源的深度应用。通过数据资源,我们可以进行精准分析、高效管理、科学决策、精准预测以及智能控制。因此,构建一个高效的农业大数据平台,是数字农业和大数据农业发展的核心技术支撑,对于推动农业现代化进程具有重要意义。

农业大数据平台是一个综合性的信息枢纽,它汇集了农业生产经营、生产资料、气象服务、环境资源、市场营销和流通等多元数据。通过高效的数据收集、存储和分析机制,该平台为各类服务用户提供了丰富、多维度的农业数据分析功能。借助大数据可视化技术,用户能更直观地理解数据内涵。此外,平台的跨平台、跨部门、跨领域开放共享功能,打破了信息孤岛,实现了数据资源的互联互通,为政府、企业、农户和科研机构等提供了交流与合作的桥梁。由此,大数据平台不仅成了知识共享和交流传播的平台,更是一个数据交易的重要场所。农业大数据平台的架构如图3-3所示。

1. **农用物资大数据**

农用物质大数据是指农业生产过程中所涉及的各种物质资料和物质条件所生成的大数据,这些物质资料和物质条件能够改变和影响农业生产对象。这些数据包括但不限于农业机械、加工设备、农业设施、种子、农药、化肥、农膜等的使用情况、性能参数,以及相关的监测和统计数据。

2. **农业生产大数据**

农业生产大数据涵盖了农业生产全过程中产生的丰富多样的数据,这些数据主要分为种植业和养殖业两大类。在种植业方面,大数据囊括了从育种育苗到收获全程的多个环节,如耕地状况、播种进度、施肥方案、农药使

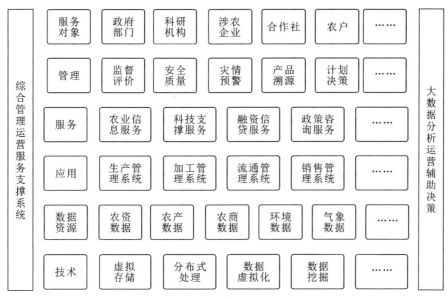

图 3-3 农业大数据平台框架

用、灌溉管理、农机作业以及病虫害防治等信息。而在养殖业方面,大数据则包含了畜禽品种特性、养殖环境监控、育种繁殖技术、疾病诊断与防控策略、养殖场管理、产品质量追溯以及行业专家与人才资源等多方面的信息。

3. 农业商业市场大数据

农业商业市场大数据涵盖了农产品在市场流通与交易过程中生成的一系列数据,这些数据主要包括市场供需信息、价格动态、生产资料详情、农业服务资讯、流通市场状况以及国际市场信息等。

4. 农业资源环境大数据

农业资源环境大数据,指的是通过运用农业传感器技术和农业遥感技术等手段,所采集的一系列关于农业资源和环境的数据,这些数据涵盖了资源数据、水资源数据、日照数据、生物资源数据、土地资源、温度湿度以及病虫害等自然灾害信息

5. 农业气象大数据

农业气象大数据是指通过气象站等设备收集的一系列关于农业生产环境的气候数据,这些数据涵盖了天气状况(如阴晴、雨雪)、温度、湿度、风速、风向、旱涝情况、日照强度以及大气压强等关键要素,这些要素均对农业生产的种植和管理产生深远影响。

6.农业管理大数据

农业管理大数据是指通过数据挖掘、分析和可视化等手段,充分利用农业产业链供应链中产生的数据,以提取有用的信息和知识,为农业管理决策提供科学的服务和支撑。其涵盖范围广泛,包括农业供给侧结构性改革管理、农业种植养殖过程管理、农产品质量安全监控管理,以及农村政务服务等各方面的管理工作。

三、大数据促进农业供给侧结构性改革系统

大数据作为一种新兴的生产要素,正在推动传统农业向数字化农业转型,从而实现农业经济体系的现代化。在推动农业供给侧结构性改革的过程中,大数据的作用不可忽视。根据农业生产经营体系的不同环节,大数据促进农业供给侧结构性改革的系统可分为八大子系统,包括农业生产体系、农产品加工体系、仓储物流体系、市场交易体系、气象与病虫害防治体系、环境资源保护体系、农业标准体系以及政府治理体系。这些子系统共同构成了大数据促进农业供给侧结构性改革的完整系统模型,如图3-4所示。

通过运用大数据技术对传统农业的八大子系统进行改造,我们可以推动传统农业经济体系向现代农业经济体系迈进。在改造过程中,每个子系统都将融入先进的大数据技术和方法,实现数字化改革或升级。这将有助于促进农业供给侧结构的转型升级,提高农业生产的质量和效率,进一步完善和提升农业产业,实现创新优化。我们将构建现代化、高效化的农业生产体系,以优化产业结构,使农业产业更加强大。对于那些无法通过大数据改造或提升的农业经济子系统,我们需要果断地进行调整,要么淘汰放弃,要么通过其他创新手段寻找新的发展机遇,以适应现代农业产业的发展需求。

1.推进传统农业生产体系向现代农业生产体系转变

传统农业主要依赖人力、畜力、手工工具和传统经验,涵盖种业、种植业、畜牧养殖业、水产养殖业、林业和休闲农业等领域。然而,它受到自然条件的较大影响,生产水平低下,效率不高,农产品有限,主要依赖家庭成员参与生产劳动,难以实现大规模生产。相比之下,现代农业通过引入科学技术,特别是现代农业机械的广泛应用,取代了传统的人力和畜力。电子、遥感技术和人造卫星等数字技术的融合,极大地推动了农业的高效发展,显著提高了农业劳动生产率和土地生产率,管理效率也得到了极大提升。当大

第三章 农业大数据与农业供给侧结构性改革逻辑与架构

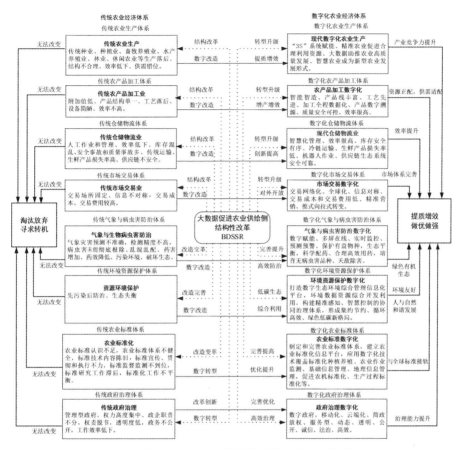

图 3-4 大数据促进农业供给侧结构性改革系统模型

数据与现代农业生产相结合时,通过数据挖掘和分析,我们能够调整和优化不合理的产业结构,满足现代社会的需求。这促使农业生产从传统的模式向新兴的现代数字农业体系转型升级。对于无法调整的部分,我们选择淘汰和放弃;而对于能够通过结构调整、优化和改造的部分,我们将其转化为智慧农业和精准农业,进一步提高产业竞争力和效率。

2. 推进传统农产品加工体系向现代农产品加工体系转化

传统农产品加工产业面临一系列问题,包括产品结构单调、加工技术陈旧、附加值低下,设备老化,自动化水平不足以及效率低下等。相较之下,现代农产品加工体系则更加注重利用当地的特色优势资源,以供给侧结构性改革为驱动力,从产业结构、产业布局、市场空间和对外开放等多个维度进行深度调整。它致力于生产满足市场需求的高附加值、绿色生态有机的优质农产品,推动农产品加工向智能制造转型。通过构建技术先进、产品线丰富、加工全程数据化、产品可溯源追踪、质量安全可靠的现代农产品加工业体系,实现产业的全面升级和可持续发展。

3. 推进传统仓储物流体系向现代仓储物流体系转变

传统仓储物流主要依赖人工作业和管理,这导致了仓储物流效率低下、库存混乱、生鲜农产品损失率高等问题。然而,当大数据技术被应用于传统仓储物流领域时,可以建立高效的信息系统,推动传统仓储物流业向现代仓储管理系统(WMS)、运输管理系统(TMS)、供应链管理系统(SCM)等转型。这不仅能实现订单处理、库存追踪、运输监控等业务的数字化和信息化管理,提高整体效率,还能显著降低运营成本。通过大数据分析,可以优化仓库和货架布局以及存储方式,提高仓库空间的利用效率,同时实时监测货物状态,确保货物的安全和质量。此外,基于大数据分析技术,可以实现订单处理的自动化、库存分配的智能化、配货单的快速生成,从而加快订单处理速度,提高准确性,迅速响应市场变化,并提供个性化的服务。最终,利用大数据分析和人工智能技术,可以将传统的人工管理方式转变为现代智能化决策,推动传统的人工搬运货物向自动化设备分拣、搬运、存储等操作转变。

4. 推进传统市场交易体系向数字化市场交易体系转变

由于传统市场交易场所固定、时间有限,以及存在信息不对称的问题,导致交易成本和费用相对较高。然而,当传统市场交易体系向数字化市场交易体系转变时,交易不再受时空限制,可以实现全球范围内24/7的交易,从而显著提高了交易效率。数字化市场交易平台通过利用大数据技术,能够根据用户的行为偏好提供个性化的商品推荐服务,这不仅提升了用户体验,还增强了用户的忠诚度。此外,交易平台所提供的商品信息、用户评价等,极大地增加了市场的透明度,为消费者提供了宝贵的决策支持。同时,大数据技术还可以帮助企业预测产品需求、热门商品以及销售趋势,使企业能够提前调整生产和库存,从而更好地满足市场需求。

5. 推进传统气象环境与病虫害防治体系向数字化气象环境与病虫害防治体系转变

传统农业气象预测大多依赖于前人的经验和直觉,因此其精准度常常不尽如人意。然而,随着科技的进步,现代气象预测已经实现了数字化革新,借助云计算、大数据等新技术,我们可以更精确地预测气候变化。通过农业气象观测站、田间自动气象站、气象遥感卫星和农业环境气象监测系统等先进设备,我们可以实时收集温度、湿度、风速、降水等关键气象数据。再结合大数据分析和机器学习算法,我们可以对田间地头的气候环境进行精准预测,从而为农业决策提供科学依据。在传统农业中,病虫害治理主要依赖农药灭杀,这不仅对环境造成污染,还可能破坏生态平衡。然而,随着数字技术的应用,我们可以实时监控和预警病虫害的发生,从而采取更加环保和高效的防治措施。例如,采用绿色防治虫技术,我们可以保护有益物种,同时有效地灭杀害虫。此外,通过科学配药、合理高效用药以及培育无病虫害品种、天敌除害等手段,我们可以在保护生态平衡的同时,确保农作物的健康生长。

6. 推进传统环境资源保护体系向数字化环境资源保护体系转变

传统环境资源保护模式往往是先污染后治理,通过排污收费、禁止乱砍滥伐、预防水土流失、保护植被等手段来维护环境资源。然而,这种模式的挑战在于,一旦环境遭受污染和破坏,治理的难度较大,且需要较长的时间周期来恢复。为了更有效地保护环境,我们应将焦点转向数字化环境资源保护体系。通过构建数字生态环境综合管理信息化平台,我们可以建立环境资源数据库和智能监控系统,实现远程监控和管理污染源。当监测数据出现异常时,系统会自动发出预警,促使相关部门迅速响应并采取适当的应急措施。利用遥感卫星和空中无人机技术,我们可以收集关于空气质量、水质、土壤质量和植被覆盖等关键环境数据,实时监测环境资源的变化。这些数据不仅有助于制定更为精准的环境保护政策,还能鼓励公众通过在线平台参与环境保护监督,从而加强社会监督力度。这种转变将使我们能够摆脱传统的先污染后治理模式,实现更为可持续和高效的环境保护。

7. 推进传统农业标准体系向数字化农业标准体系转变

传统农业标准体系存在多方面的问题,包括体系不完整、技术标准内容过时、标准宣传和实施力度不够、监督监测不到位,以及标准研究工作滞后等。然而,随着数字农业的快速发展,农业生产正在向智慧农业转型。为了适应这一变革,我们需要对传统农业标准体系进行改进,使其更加适应现代数字农业的发展需求。具体来说,我们需要推进农业生产信息化标准的制定,包括育种信息化、农业行业生产信息化、农业绿色生产信息化和农机信息化等方面。同时,农业经营信息化标准也需要得到重视,如农产品加工信息化、农产品市场信息化监测、农产品质量安全追溯信息化和农产品价格指数等。此外,农业管理信息化标准和农业服务信息化标准也需要得到相应的发展,包括农产品系统管理信息化、农业风险管理信息化、农业行政执法信息化,以及农业生产管理信息服务、农产品市场流通信息服务、农业科技教育信息服务、农业资源环境信息服务等。这些改进措施将有助于推动传统农业向智慧农业转型,提高农业生产的效率和质量,促进农业可持续发展。

8.推进传统政府治理体系向数字化政府治理体系转变

传统的政府治理体系普遍面临信息更新缓慢、决策响应时间长、工作效率相对较低的问题。为了应对数字化时代的治理挑战,我们需要构建数字政府治理体系,通过优化政府数据管理、增强政府信息公开、完善政府服务监督等制度和机制,推动政府治理向现代化和智能化迈进。此外,还应促进政府各部门信息系统的融合与互联互通,构建政府信息数据库,打造"互联网＋"政务服务平台,提供全面、高效、便捷的在线服务。通过推动政务服务在线办理,实现政府服务的数字化,从而提供更为便捷、高效、透明的服务,提升公众满意度。同时,加强对数字政府建设的监督和评估,及时发现并解决问题,确保数字政府建设的持续改进和完善。

第四章 国内外大数据促进农业供给侧结构性改革实践

大数据在农业领域的应用,国外的起步早于我国,并已经构建了相对成熟的应用模式。特别值得一提的是,美国、英国、德国、日本、韩国、澳大利亚、荷兰等国家在大数据农业应用方面处于全球领先地位。因此,对这些发达国家及地区在农业大数据发展战略上的成功经验进行总结和归纳,无疑能为我国,特别是湖北省,提供宝贵的借鉴和启示。与此同时,我国已经设立了包括京津冀、珠三角、上海、河南、重庆、沈阳、内蒙古、贵州在内的八个国家大数据综合试验区。这些综合实验区在数据流通、以数据流引领技术、物质、资金、人才流动,以及数据资源统筹、集聚、交易和产业应用等方面积累了丰富的成功经验。这些经验将为湖北省在大数据农业发展上提供深刻的启示,并有望推动该省在农业大数据制度创新、公共数据开放共享、创新应用、产业集聚、要素流通和中心整合利用等方面取得显著进展。这将进一步促进大数据在农业供给侧结构性改革中的创新发展,为湖北省的农业现代化和可持续发展注入新的活力。

第一节 发达国家及地区农业大数据发展主要经验

在信息化浪潮的推动下,众多国家和地区纷纷认识到大数据的巨大潜力,并将其视为关键的战略资源和生产要素,上升到国家层面进行布局。大数据已成为各国在数字经济领域角逐竞争优势的重要工具。因此,实施国家大数据战略成为一种必然趋势。鉴于大数据在各行各业中能够有效提升生产效率和降低成本,欧美等发达国家在农业领域的大数据应用也成为不可或缺的一部分。这一选择不仅顺应了信息化时代的发展潮流,也为农业领域的现代化和智能化提供了新的可能。

一、大数据上升为国家战略

为了占据大数据领域的优势地位,世界各国纷纷将大数据视为国家级的战略资源。美国在这一领域尤为突出,不仅高度重视大数据产业的发展,还通过一系列政策和计划推动其进步。2010年,美国发布了《规划数字化的未来》,这是全球首个在政府层面将大数据上升为国家战略的标志性事件。随后,白宫相继推出了《大数据研究和发展计划》和"数据－知识－行动"计划,进一步明确了大数据的发展方向和重点。2014年,美国总统办公室又提交了《大数据:把握机遇,维护价值》政策报告,为大数据的发展提供了更为全面的指导。2016年,美国发布了《联邦大数据研发战略计划》,继续推动大数据领域的创新与发展。与此同时,欧盟、英国、德国和日本等国家也在积极布局大数据产业。欧盟委员会于2010年提出了"欧盟开放数据战略",并随后在成员国中实施了"释放欧洲云计算服务潜力"战略,旨在提升云计算能力,推动大数据的价值增值。英国政府于2013年发布了《英国数据能力发展战略规划》,并成立了世界首个"开放数据研究所"。德国在2010年出台的《德国ICT战略:数字德国2015》中,提出了扩大数字基础设施和网络以满足未来需求的目标。日本则将大数据和云计算等新兴产业作为提振经济的重要手段,并于2013年公布了《创建最尖端信息技术国家宣言》,明确了将日本建设成为信息技术应用领先国家的目标。韩国在大数据领域也不甘落后,于2011年提出了"大数据中心战略"和"构建英特尔综合数据库"的构想。2013年,韩国未来创造科学部进一步提出了"培育1000家大数据、云计算系统相关企业"的国家级大数据发展计划,并出台了《第五次国家信息化基本计划(2013—2017)》等多项大数据发展战略,为大数据的发展提供了有力的政策支持。

美国农业大数据的发展,深深植根于其农业信息的发展与应用,并在全球范围内处于领先地位。美国政府以全球战略的眼光,全面采集、整理并保存农业数据资源,为数据应用提供了坚实的资源和基础支撑。美国在利用信息化手段推动乡村振兴方面,始于20世纪50年代,并在70—80年代迎来了农业信息化发展的黄金时期,在这期间农业数据库和局域互联网逐步建立。自20世纪90年代至今,随着"3S"等人工智能和技术的应用,美国农业已全面实现信息化和数字化,智慧农业的发展更是领先于全球。在强大的农业网络体系之上,美国逐步构建了一个由互联网、卫星网、遥感网、物联网等组成的强大信息网络,为涉农信息服务提供了坚实的支撑。2013年,英国政府颁布了《英国农业技术战略》,该战略高度重视利用"大数据"和信息技术来提升农业生产效率。大数据和信息化发展对英国农业的影响是深远的,大数据不仅是未来提升农业作物产量和畜牧业产量的关键,也是增强农业部门对市场理解能力的核心要素。

2015年,德国在已有的工业4.0框架内,进一步提出了农业4.0的概念。这一新的农业形态以网络化、大数据、人工智能、云计算、机器人等前沿技术为支撑,旨在实现农业的高度集约化、精准化、智能化、协同化和生态化。通过深入贯彻和执行农业4.0战略,德国农业已经取得了显著成效,展现出高效、高产、优质、生态和可持续发展的特点。特别是在精准农业、智能农业、数字农业和生态农业等领域,德国已经走在了世界的前列。

为了应对传统农业面临的持续困境,法国政府决定利用"数字科技"作为突破口,设定了数字农业的国家发展战略目标。2015年10月,法国颁布了名为"农业-创新2025"的计划,该计划以农业大数据为核心,旨在构建全新的农业认知并提供创新服务。通过数字化技术,该计划推动了农业机械的高效利用和农业领域的创新,同时构建了完善的数字农业产业链,实现了农业、工业和服务业的深度融合,显著提升了全产业链的功能价值。

为了维持在全球农业领域的领先地位,澳大利亚政府实施了《农业数字基础战略》,通过推进互联互通区域计划,显著增强了农村和偏远地区的数字连接能力。同时,构建了国家数字农业中心,从国家层面引领数字农业的发展,并通过农业数字化创新,推动农业生产学习、农产品出口和农业溯源等计划的实施。此举旨在助力农民充分利用数字技术,推动农林渔业的持续发展,目标是在2030年之前,使澳大利亚成为数字农业的成熟使用者、开发者和出口商,从而提升农业的全球竞争力。

为了应对老龄化危机和缓解土地及人工成本上涨的压力,日本政府于2016年推出了农业升级计划。该计划利用大数据、物联网、人工智能等先进技术对农业进行深度改革和升级,以构建数字农业体系。通过集成传感器、通信网络、人工智能、无人机、机器人以及卫星等尖端科技,农业数据得到了深入分析,使得农民能够即时掌握种子、土壤、大气环境、肥力、水分等各个阶段的状况。这不仅帮助农民选择最适合的种子和生产方式,还能确定最佳的收获时间。因此,日本成功实现了以大数据为支撑的精准农业,为农业生产的现代化和智能化奠定了坚实基础。

为了推动农业的可持续性和高效生产,荷兰开创了一种基于"卫星+大数据"的智慧精准农业生产模式。荷兰政府斥资140万欧元购买卫星数据,并免费提供给农民使用。通过专业公司的数据分析,这些数据涵盖了土壤、温度、大气、水分含量、水质质量以及农作物生长等多方面的信息,帮助农民进行精准的施肥、灌溉和病虫害防治。这种数据化的农业精准生产方式不仅为农民节省了大量成本,还显著提高了产业的竞争力。

以色列构建了一个高效的农业科研与推广体系,该体系由政府部门、科研机构和农业合作组织紧密协作,共同推动科研成果的转化和应用。在这个体系中,以色列的农业公司积极引入红外热像仪、智能传感器、无人机、卫星图像等尖端数字技术,通过收集和分析温度、湿度、动物数量及活动、植物土壤状况、区域内害虫指数等多样化数据,运用大数据技术进行精准指导。这不仅使农业生产实现了数据化和标准化,还推动了全面科学的种植和养殖方式。目前,以色列的农业科技已经完全数据化,大数据技术已成为其农业科学技术的核心支柱。

二、推动数据的开放共享

美国积极推动农业大数据的开放与共享。遵循《美国政府数据开放法案》和《循证决策法案》等相关法律法规,美国农业部设立了数据指导委员会和咨询委员会,旨在通过政府数据门户网站提供农业专题、开放数据目录以及农业数据汇集共享平台等在线服务。这些平台不仅提供涉农数据的访问,还为用户提供数据服务和专题报告。

美国在农业大数据领域的发展处于世界领先地位。自 2009 年起,奥巴马政府推出的 www. data. gov 网站,就公开了包括农业、商业、气候、生态系统、教育、能源、制造业和公共安全等领域的数据,其中农业数据尤为关键,涵盖了农业生产、粮食安全、自然资源、农村发展等多个方面。此外,美国还有一个名为 Ag Data Commons 的公共科研数据目录和存储库,该库使用开放许可证,并几乎不对访问和使用设置任何限制。用户无须注册或登录即可查看和访问这些数据,从而极大地促进了数据的开放性和可访问性。

欧盟在发展智慧农业时,特别重视数据共享和开放合作。为了进一步提升农业生产效率,推动各成员国间的数据开放共享,欧盟成员国和地区之间加强了协作,旨在促进数字农业产业链供应链的全面发展,从而实现农业的可持续性发展。2020 年 11 月 25 日,欧盟委员会在布鲁塞尔通过了《欧洲数据治理法案》,该法案旨在增强数据可用性,通过增加对数据中介的信任以及加强欧盟的数据共享机制,确保在不与原法案冲突的前提下实现这一目标。除了《欧盟数据治理法案》外,欧洲还采取了其他多项措施来发展农业数据市场。例如,建立了农业和农村合作技术中心(CAT),以促进农业数据的共享。2014年,欧洲还建立了全球农业和营养开放数据(GODAN)平台,推动农业数据的主动共享,帮助农民实现可持续发展的生产目标。在国际层面推动数据共享的同时,欧洲各国也在积极实施数据共享开放行动。例如,荷兰政府购买卫星数据供农民和研究者免费使用,法国农业部则专门建立了大数据收集门户网站,以规避农业数据垄断。英国成立了开放数据研究院(Open Data Institute),并建设了开放数据门户网站(data.gov.uk),开放各类数据,并建立了信息共享通用标准。2013年,英国还启动了"农业技术战略",旨在推动农业与数字技术、传感器技术和空间地理技术的融合。欧盟的数据利他主义制度对于推动农业数据共享和开放具有重要意义,有助于促进农业生产的效率提升和可持续发展。

日本高度重视农业数据的开放与共享,为此,日本农林水产省积极牵头构建了"农业数据协作平台"(简称WAGRI)。该平台具备三大核心功能。首先,它通过数据互联打破了数据壁垒,实现了物联网(IoT)、信息与通迅技术、传感器以及智能机械等各类数据的互联互通和业务协同。其次,平台积极鼓励涉农主体参与农业数据的开放与共享,以最大化数据的开放程度,并为涉农企业的数据交易提供有力支撑。最后,通过整合土壤、温度、湿度、水资源、病虫害、生产资料、气象、市场等各类数据,平台为农业生产经营主体提供了全方位、多样化的数字信息服务。

三、加强农业大数据研发和应用

发达国家对大数据在农业领域的应用给予了极高的重视。美国、德国、英国、日本、澳大利亚等国家纷纷将数字技术、人工智能、大数据分析与挖掘、5G技术以及"3S"技术等融入国家农业产业链和供应链中,致力于构建精准农业和智慧农业体系。这些国家通过自主创新、协同创新和联合攻关等多种方式,积极布局智慧农业的前沿技术,对农业传感器、农业机器人、农业大数据等前沿技术进行了大量的研发投入,以推动农业领域的科技进步和产业升级。

在美国高度发达的农业网络基础上,他们利用互联网、卫星网、物联网、遥感网等先进技术,构建了一个全面的农业信息网络服务模式。这个模式不仅包括了农业数据库、气象数据库、地质调查局数据库等重要的涉农信息数据库,还通过 Agricola 数据库为农业生产、科研和管理提供了关键资源。这些基于大数据的农村信息传播为美国的涉农企业和农民提供了丰富的信息支持。农业巨头如孟山都、杜邦等,以及农业信息服务商,都依赖于这些大数据平台,为农场主提供个性化的农业信息定制服务和精准的市场营销信息服务。

德国政府对农业信息化技术极为重视,不仅广泛推广了计算机信息化在农业领域的应用,而且特别关注计算机辅助决策技术、精准农业技术以及大数据分析技术在农业信息化中的研发和应用。德国将数字化技术与小型智能装备的应用视为推动有机农业发展的关键力量。例如,农民可以远程控制装有遥感系统的农业机械进行田间作业,利用农业远程诊断系统迅速诊断机械故障并精准更换配件。同时,计算机辅助决策系统通过大数据分析,为农民提供选种、施肥、生产以及市场咨询决策,助力农民实现科学耕种和正确决策。英国则投入了 0.9 亿英镑用于创建农业创新中心,专注于农业大数据和精准农业的研发与应用。

法国政府一直高度重视农业信息化建设。自 21 世纪初以来,法国电信在农村地区积极推动网络传播基础设施的建设。迄今为止,已经建立了涵盖种植、畜牧、水产、农产品加工、乡村经济等多个领域的专业涉农数据库,并创建了超过 1000 个具有代表性的涉农网站,为农民提供了获取农业生产信息和市场行情的重要支持。目前,法国政府正全力构建"大数据农业体系",该体系涵盖了农业数据资源、农业科技研发、市场咨询、法律政策等多个方面。除了政府主导的大数据农业系统外,法国农民还依托 3000 多个地方协会、70 个省级联合会和 20 个地区联盟等行业协会,获取更为专业的信息资讯服务。

随着国际信息科技的飞速发展,日本农民已普遍采用电话、计算机和移动终端设备,这些工具使他们能够随时处理农业信息。为了推动智慧农业和精准农业的技术进步,日本农林水产省拨出了 72 亿日元的资金用于相关研发。农民通过计算机系统可以无缝对接农业数据库系统、气象情报数据库系统、温室管理数据库系统以及高效农业生产管理数据库,从而获取丰富的农业生产信息。此外,农产品市场销售服务信息系统和农产品产量及价格行情趋势预测信息系统为农民提供了准确的市场信息,协助他们灵活调整生产经营策略。同时,生鲜系统电子交易平台也优化了农产品的物流系统,使农民能够更有效地进行农产品交易。

韩国政府已构建一个综合性的农业农村信息资源与平台,该平台集成了农业信息数据库、移动农业信息服务系统以及农业信息系统。它涵盖了从农业气象信息、农田土壤信息到主要农作物信息、生物信息以及病虫害防治信息等专业数据库,为涉农人员提供了全方位的生产、天气、市场经营和病虫害控制等信息服务。此外,韩国的农场经营管理信息系统还纳入了6.8万个家庭农场和50种农作物数据库,为农业生产决策提供了坚实的依据。为了推动农业领域的数字化建设,韩国政府计划在2022年投资878亿韩元用于农业数字技术的研发与普及推广。借助大数据和人工智能技术,韩国致力于解决农业领域数字化转型所面临的十大核心课题。同时,韩国还计划应用大数据、人工智能、机器人和元宇宙等数字技术开发智慧农业管理系统,提升果树种苗的繁育能力,并在农作物播种、耕种、施肥和施农药等方面应用无人机技术。此外,韩国还致力于开发农作物繁育状况诊断和产量收获预测技术等,以实现韩国农业经济的可持续发展。

四、重视农业大数据基础设施建设

国外主要发达国家均对农业大数据基础设施建设给予高度重视,并投入巨额专项基金以推动农村互联网基础设施的发展。例如,美国在2009年投入72亿美元进行国家宽带建设,其中25亿美元专门用于偏远贫困地区和其他网络服务落后地区的宽带建设。随后,美国还设立了宽带建设连接基金(CFA),用于补贴农村网络建设,以降低农村网络建设成本。英国政府于2019年投资2亿英镑推出农村全光纤宽带连接计划。德国则提出建设农村地区的数字接口,并推出"网络扩建特别资助"融资项目,以解决农村地区网络建设资金不足的问题。同时,德国在农业技术开发上投入大量资金,研发"数字农业"技术,据德国机械和设备制造联合会统计,德国在农业技术上的投入高达54亿欧元。法国在推动数字科技应用方面也表现出色。2017年,法国农业部投入近1.5亿欧元成立了DigitAg农业创新孵化器,旨在加强数字科技的研究并促进其在农业领域的应用。此外,法国国家投资银行在同年拨出15亿欧元资助6000个法国农业企业。荷兰政府则拨款140万欧元用于购买包括土壤、温度、水分含量和水质状况等卫星数据,以提高荷兰农业的可持续发展和效率。澳大利亚在数字农业方面也有显著投入。该国投资3000万美元构建了国家数字农业中心,并在六年内投资5750万美元实施智能农业伙伴关系计划。此外,澳大利亚还投资4730万美元实施下一代新兴技术毕业生计划和人工智能毕业生计划,以及40万美元建设澳大利亚农场数据代码。这些举措使澳大利亚在全球数字农业领域处于领先地位。以色列的智慧农业服务商Taranis也通过融资4000万美元搭建农作物平台,利用农业大数据为农场提供实时监控、可视化管理和问题预测与治理。另一家以色列公司Agritask则在近年来分别融资850万美元、50万欧元和2600万美元用于农业大数据建设。

在20世纪初年,日本便前瞻性地开发了超过400个涉农网站,构建了全国性的农业信息服务联机网络,从而形成了覆盖中央至地方的涉农情报体系。这一体系为涉农主体提供了丰富多样的信息,包括农业科技、田间管理、气象环境、科技文献、种植技术、农产品市场以及病虫害预报预警等。为了进一步支持涉农主体,日本农业协会还发布了农产品数量和价格预测体系,确保涉农主体能够及时获取农产品供需和价格信息。针对劳动力短缺和人口老龄化问题,日本在1984年便发布了《人工智能与农业:精农技术与尖端技术的融合》白皮书,展现出其对农业未来发展的深刻洞察。随着科技的进步,日本在2016年3月投资了40亿日元,以推动农场自动化生产经营。近年来,随着大数据与人工智能技术的飞速发展,日本在农业领域取得了显著突破。他们研发并推出了多种农业机器人技术和农业卫星信息通信技术,构建了机器人与卫星的协作系统,并启动了基于"智能机械+IT"的农林水产业创造技术。这些创新不仅显著减轻了农业作业的劳动强度,更为农业的可持续发展注入了新的活力。

韩国政府一直高度重视信息与通讯技术基础设施的建设。自1986年起,韩国政府便投资20亿美元用于农村地区的信息化基础设施发展。1988年,韩国继续推进数据库和增值网络平台的建设,而到了1996年,超高速网络的建设也被提上日程。这些努力使得韩国在2002年农村信息化推动下,其农村信息通讯基础设施达到了世界领先水平。至2010年,韩国农村居民的计算机普及率达到了100%。目前,韩国已形成了一种独特的"政府+电信运营商+地方公司"的信息化建设模式。在这一模式下,政府负责投资信息传播主干网和硬件设施的建设,而主干网到中心局的管道以及示范村的建设则由韩国三星电信运营商和地方公司联合投资。这种合作模式不仅确保了基础设施建设的顺利进行,还有助于缩小城乡之间的"数字鸿沟"。为了进一步缩小城乡差距,韩国还启动了网络基础设施、乡村信息中心、农村网络环境、管理运营体制以及人才教育培训等多个方面的建设项目。这些措施共同推动了韩国农村地区的信息与通迅技术发展,确保了农村地区能够充分享受到信息化带来的便利和机遇。

五、高度重视数据安全

农业大数据通过运用基于互联网的传感器技术和云计算支持的智能应用程序,实现了海量原始数据的收集与存储,并从中提取出有价值的信息和知识。然而,这种技术进步也为潜在的攻击者提供了潜在的网络攻击入口。一旦农业大数据,如土壤信息、作物生长状况以及农业采购详情等遭到泄露,就可能被竞争对手恶意利用,给国家和农民带来不可估量的经济损失。因此,农业大数据的安全性和隐私保护问题,一直受到各国政府的高度重视和严格保护。

随着全球农业信息化建设的推进,各国纷纷实施农业大数据的保护措施。在技术层面,这些措施涵盖了数据失真技术、数据溯源技术、匿名发布技术、授权和信任技术、认证和安全通信技术、区块链技术以及存储完整性审计技术等多方面的保护手段。同时,在管理层面,各国通过制定法律法规、加强行业自律和提升个人素质等方式,确保数据安全的全方位保障。以美国、欧盟和英国为例,这些国家和地区都制定了与大数据安全相关的法律法规和政策,以推动大数据的健康发展。在欧洲,知识产权制度为数据库提供了重要的权利保护,包括大数据的著作权和专利权,而数据隐私法则明确了企业和个人在使用大数据时应遵循的规范。欧盟的《数据保护指令》和《通用数据保护条例》进一步明确了数据跨境传输的原则,并加强了个人数据的隐私权保护。德国通过立法保障信息安全,制定了《信息保护基本条例》等法律法规,并实施了数据安全战略和具体行动,采用加密技术加强本土化数据的数字安全建设。日本也提出了修改和完善个人信息保护法规的措施,以增强数据安全保障,并充分利用匿名化技术,对个人信息保护法进行了修订。

第二节　国外大数据农业成功经验的借鉴与启示

随着大数据时代的浪潮汹涌而至,全球各国纷纷将大数据农业和智慧农业的发展视为提升国家农业核心竞争力和实现可持续发展的重要战略。为了抢占这一制高点,各国积极采取行动和措施,推动大数据农业战略的实施,以增强国家和地区的综合竞争力。美国、英国、日本、韩国以及欧盟等国家和地区均对农业进行了战略布局,聚焦农业大数据、农业物联网、农业机器人、农业人工智能等领域,并制定了相应的计划。这些计划致力于推动大数据、云计算、物联网以及"3S"等新兴技术在农业生产、加工、销售等各个环节的深度融合和创新应用。同时,这些国家和地区也在政策、法律制度和管理层面为这些技术的实施提供了有力保障。

自党的十八大以来,我国针对大数据农业和智慧农业的建设已经制定了全面而深入的战略规划。乡村振兴战略、农业供给侧结构性改革战略、"互联网＋农业"战略、数字乡村战略和质量兴农战略等,这些重大战略从不同维度为我国农业指明了发展方向。政策重心已经由过去的基础设施建设,逐渐转向科技成果的转化和应用,显示出对科技创新的强烈诉求和坚定决心。湖北省作为我国的农业大省,具备科技、创新、资金和人才等多方面的优势。因此,更应把握机遇,将大数据农业和智慧农业作为推动农业经济发展的创新方向。通过深入挖掘农业大数据的潜在价值,加快大数据农业的发展和应用,可以有效推动全省农业供给侧结构性改革,优化农业供给结构,提升供给质量。这不仅有助于湖北省农业经济的转型升级,更能为高质量发展注入新动力,推动全省农业经济向更高水平迈进。

一、将大数据农业战略行动作为农业创新发展的主要抓手

尽管各国在推动农业信息化、大数据农业和智慧农业建设方面各有其独特的侧重点,但它们共同围绕基础设施建设、资源整合、科技研发、技术应用以及人才培养等关键领域进行持续的努力。除了制定国家层面的大数据农业总体战略外,各国还着重于具体落实和实施大数据农业战略行动,将其视为推动农业创新发展和实现可持续发展的核心动力。这具体体现在基于

大数据的农业人工智能、农业物联网、农业机器人、农业大数据信息平台以及各类专业农业数据库的建设上。此外,各国还将数字技术、大数据分析、5G技术和精准农业等纳入国家粮食安全的重要战略考量之中。

我国已经将农业大数据发展提升至国家战略的层面,并从多个维度——包括数据采集、储存、共享、应用以及安全等方面——制定了详尽的专业规划。这种对数字农业发展的顶层设计,为湖北农业大数据战略行动的实施创造了有利条件。湖北省应紧抓这一机遇,将农业大数据战略行动视为推动全省农业创新发展的关键力量。我们需深刻洞察新发展格局,坚定不移地推进创新发展,增加对农业大数据发展的投资,并持续加强农业信息化基础设施建设。大数据技术及其应用应成为数字农业发展的核心支撑。我们应积极推进各类涉农专业数据库和大数据信息平台的建设,覆盖种业、种植、畜牧、水产、林业、农产品加工、气象环境、病虫害预防、市场营销、供应链网络等多个领域。同时,促进省、市(州)、县(区)、乡镇等政府部门的数据资源开放与共享,旨在简化流程,提高效率,使群众享受更便捷的服务。此外,我们应鼓励和扶持涉农行业和农民积极采用大数据技术,充分挖掘农业大数据的潜在价值。通过拓展"互联网+农业""大数据+农业""5G+农业""AI+农业""AR+农业"和"区块链+农业"等多种应用场景,我们可以开创农业发展的新局面。同时,开展农业大数据培训行动,汇聚科研院校、信息化企业、网络运营商、农机生产商等多方力量,形成协同合作、互利共赢的联合体,共同推动农业提质增效,促进大数据农业的健康发展。

二、坚持发展大数据农业以促进农业供给侧结构性改革

大数据作为一种革命性的生产要素,为农业的创新发展和效率提升注入了新的活力。借助大数据技术,我们可以对传统农业的生产方式进行深刻的变革,通过对其进行改造和升级,推动农业向更高效、更智能的方向发展。这种转型不仅将提升农业的生产经营水平,更代表着从传统农业向智慧农业的数字化转型,为农业开创了全新的价值领域。作为农业大省,湖北省正致力于实现向农业强省的跨越。在这一进程中,推进农业供给侧结构性改革成了关键的一步。而大数据的兴起,为这一结构性改革提供了前所未有的历史机遇,有望引领湖北农业走向更加繁荣的未来。

为了推动湖北省农业供给侧结构性改革,我们需要充分利用大数据这

一关键工具,深入挖掘农业大数据的潜力。通过大数据的精准分析和优化,我们可以不断完善和调整供给结构,从而提升供给质量。同时,促进大数据与农业的一二三产业的深度融合,能够优化劳动力、资本、技术等各类资源的配置,打破传统农业供给结构的局限,催生出数字农业、精准农业等新型现代化农业模式。这将进一步延伸农业产业链,提升农业价值链,为湖北省农业的发展注入新的活力。

湖北省应全面融大数据技术于农业经营的各个环节,从选种、育种到播种、施肥、除虫、收割,再到物流运输和市场经营,通过大数据驱动的过程化管理,实现农业生产的标准化、科学化和精准化。运用大数据技术,我们可以优化种子选择,筛选出优质种子,探索其最适宜的发芽条件,从而改善供给结构;在施肥和灌溉方面,数字化监测农作物生长状况,提供科学合理的施肥和灌溉方案,确保作物得到适量的水分和营养,实现供给质量的精细管理;同时,利用大数据分析和挖掘技术,精确识别动植物病虫害特征,实现精准预防和治疗,避免农药污染和动物疾病,保障农产品绿色、有机、无污染;最后,通过大数据采集和分析,精准把握农产品供需结构,解决信息不对称问题,优化资源配置,有效应对供需失衡和资源错配等挑战。

三、加大数据资源的开放共享

只有当大数据得到充分开放和共享时,其潜在价值才能得到最大限度的发挥。以美国为例,其涉农数据共享平台积极推动政府资助的数据公开和访问,几乎不对用户访问和使用设置限制。用户只需简单登录,即可轻松访问、查询和下载所需数据。USDA 国家农业图书馆通过这一平台提供数据服务,不仅方便用户查找信息,还促进了数据的互操作和再利用。与此同时,欧盟也在努力推动各成员国之间的数据开放与共享,旨在加强区域协作,推动数字农业的全面发展。英国和日本也分别建立了开放数据门户网站和农业数据协作平台,以推动数据的开放与共享。

湖北省应当积极借鉴大数据农业发达国家的先进经验,推动农业大数据的开放与共享,打破政府、涉农职能部门、涉农企业以及农户之间的数据壁垒,实现各专业数据库之间的数据互联互通和业务协同。同时,应鼓励各类涉农大数据平台实现数据的最大化开放与共享,为涉农企业和农户提供决策支持,促进农业数字化、智能化发展。

四、加大农业大数据人才培养引进

人才是推动大数据农业发展的基石和核心,需要具备大数据技术知识和农业经营发展理念的复合型人才。为此,湖北省应加大力度引进、培养和应用大数据人才。首先,要吸引并留住大数据人才。政府和企业需利用各类人才计划,积极从国内外引进农业大数据领域的专家;同时,为人才提供优越的发展环境和广阔的晋升空间,确保他们能在湖北安心工作,充分发挥才能,避免人才流失。其次,注重农业大数据人才的培养。作为教育资源丰富的省份,湖北省的政府和高校应紧跟市场需求,开设农业大数据相关专业,培养创新型、应用型和复合型的大数据人才,为农业大数据应用提供智力支持,助力涉农企业和农民解决实际问题。最后,提升涉农企业和农民的信息素养至关重要。借鉴国内外经验,如美国、欧盟和日本的做法,通过设立专项资金和技术教育奖学金,鼓励并帮助农民掌握现代信息化知识。湖北省应充分利用其教育优势,加强涉农企业和农民的计算机和智能终端技能培训,提升整体信息素养,以更好地利用大数据助力农业发展。

第三节 大数据综合试验区建设经验借鉴与启示

2016年2月,贵州省成为首个获批建设国家大数据(贵州)综合试验区的地区。同年10月,京津冀、珠三角、上海、重庆、沈阳、内蒙古等七个地区也相继获批建设国家大数据综合试验区,至此,我国国家大数据综合试验区总数达到8个。在这些试验区中,京津冀、珠江三角洲被划分为跨区域类综合试验区,贵州、上海、河南、重庆、沈阳则被归类为区域示范类综合试验区,而内蒙古则被定位为大数据基础设施统筹发展类综合试验区。这八大试验区的建立,分别引领着东部、中部、西部、东北等"四大板块"的大数据产业发展,推动数据开放共享、区域内协同发展,加速产业转型升级,标志着国家大数据战略正驶入快车道。

一、八大国家大数据综合试验区建设经验

建设国家大数据试验区,旨在发挥其先行先试的引领作用,持续总结并

提炼出可借鉴、可复制、可推广的宝贵经验,从而构建试验区独特的示范效应和强大的辐射带动作用。我国八大国家大数据综合试验区在推进建设过程中,既遵循共同的发展路径和模式,也展现出各自独特的特色和成效,为其他地区的大数据建设提供了宝贵的参考和借鉴。

1. 加强政策支持和管理创新,推动政府的数据共享开放

贵州省为推动大数据产业的健康发展,已相继出台了《贵州省大数据发展应用促进条例》《贵州省信息基础设施条例》《关于加快大数据产业发展应用若干政策的意见》《关于加快建成"中国数谷"的实施意见》《贵州省实施"万企融合"大行动打好"数字经济"攻坚战方案》等15项相关政策,并设立了贵州省大数据发展管理局作为保障机构。依托"云上贵州"这一大数据共享平台,贵州省成功构建了全省一体化的政务数据中心,成为全国首个在数据储存、共享、标准制定和安全保障方面实现统筹的云计算平台,并签约建设了国家电子政务云的国家级骨干节点。截至目前,贵州省级政府数据共享交换平台已汇聚了88个省级部门和9个市州的数据目录,总数达到1.67万个,挂接数据资源和信息项分别为1.38万个和23.89万个,累计交换数据超过10.24亿批次,共计2.46万亿余条。此外,贵州省还建成了覆盖五级政府(省、市、县、乡、村)的网上办事大厅,集中提供了51万项服务,使群众只需通过"一张网"便能办理所有事务。"云上贵州移动服务平台"为公众提供了包括交通出行、健康医疗、法律服务在内的3856项政务民生服务。贵阳市的"筑民生"平台则为市民提供了173项民生服务。在数据开放共享方面,贵州省持续推动政务信息资源的互联开放共享,加强社会治理和公共服务领域的大数据应用,为公众提供智能、精准、高效、便捷的公共服务。在大数据政务应用领域,贵州省已实施了一系列典型应用示范工程,如"数据铁笼""信用云""项目云""党建红云""社会和云""多彩警务云""农经云"和"工业云"等,展示了大数据在政务领域的广泛应用和深远影响。

广东省在大数据综合试验区建设方面,一直走在前列。早在2012年,该省就提出了《广东省实施大数据战略工作方案》,明确了大数据发展的方向和目标。随后,广东省出台了一系列政策和规划,如《广东省信息化发展规划纲要(2013—2020年)》和《广东省促进大数据发展行动计划(2016—2020年)》,为大数据建设提供了坚实的政策保障。同时,广东省还成立了实施大数据战略专家委员会,设立了大数据管理局,进一步推动大数据产业的发展。在政策的推动下,广东省在政务数据开放共享方面取得了显著成果。截至2016年,全省政务信息资源共享平台已联通71个省级单位和22个地市,共享信息达到477类,累计超过60亿条数据。此外,广东省政务服务大数据库已整合200万条法人信息、1.2亿条人口信息、9万条政务服务事项信息和超过5.4亿条办事过程信息。同时,"开放广东"政务数据统一开放平台已上线,向社会和公众开放涉及13个省直部门,涵盖信用、交通、农业、经信和国土等领域共121个数据集。为了进一步提升数据开放共享水平,广东省还制定了一系列地方标准,如《政务信息资源标识编码规范》《电子政务数据资源开放数据技术规范》和《电子政务数据资源开放数据管理规范》。这些标准的实施,使得广东省数据共享率达99%,系统联通率达96%,业务达成率达98%,真正实现了"数据通"引领"业务通"的目标。依托全省政务大数据中心,广东省不断完善人口、法人、自然资源和地理空间等基础数据库,推动72个省级单位和21个地市业务数据互联互通,汇聚数据达到390亿条。同时,该省还向社会有序开放企业监管、财税金融、社保就业等领域数据1.66亿条,进一步促进了数据的流通和应用。

河南省通过省市区三级政府联动,加强政策叠加效应,推动大数据政策全面落地实施。河南省政府办公厅发布了《河南省促进大数据产业发展若干政策》,从省先进制造业发展专项资金中划拨1000万元,采取奖励性补贴的方式,支持全省宽带网络基础设施的建设。同时,河南省设立了规模为50亿至100亿元的大数据产业信息发展基金,以吸引国内外大数据优势企业入驻,并培育一批高新技术企业。为了促进大数据产业的发展,河南省建立了由多部门参与的大数据发展协调联动机制,并设立了大数据发展办公室和大数据管理局,集中资源要素,推动河南大数据产业的快速发展。

2. 突出大数据应用牵引,促进传统产业转型升级和智慧城市建设

各试验区致力于广泛而深入地拓展大数据在政府治理、产业升级以及社会民生等各个领域的应用,这不仅是各试验区建设的核心任务,而且其广泛的应用需求也为大数据产业的蓬勃发展提供了强大的动力。我们坚信,通过共同的努力,大数据将推动试验区的传统产业实现转型升级,并助力智慧城市的建设,从而为社会带来更大的福祉。

随着京津冀大数据产业的逐步发展,已经形成了独特的产业格局。其中,"京津冀大数据协同处理中心"扮演着关键的基础设施角色,推动着区域内大数据的协同处理。海量冷数据处理中心、国家超级计算天津中心、北京张北的"中国数坝"云计算产业基地以及承德的"1144"工程等项目的落地实施,共同构建了张家口、承德、廊坊等环京大数据基础设施支撑带,为区域发展提供了坚实基础。在政务领域,北京市六里桥市级政务云、天津市统一的数据共享交换平台以及"云上河北"的建成投入使用,有效实现了政务资源的共享和一体化在线政务服务的全省覆盖,包括省、市、县、乡四级。此外,高速公路交通大数据分析平台、河北高速大数据分析平台和河北高速出行服务系统的成功上线运行,为交通出行提供了便捷和高效的服务。河北健康云的双活数据中心更是覆盖了3000多家基层医疗卫生机构和5万多村卫生室,为基层医疗服务提供了有力支持。在新能源领域,"新能源大数据分析系统建设开发及应用"项目和"基于大数据分析的绿色数据中心节能管控平台建设项目"的落地实施,标志着京津冀地区在绿色能源利用和技术创新方面的新进展。值得一提的是,"智慧医疗持续创新"项目已经完成家庭医生平台、远程门诊系统、远程影像系统、视频会议系统、健康检测终端等的开发,为医疗服务的智能化和便捷化提供了新的可能。

沈阳积极利用大数据综合试验区建设的机遇,成功打造了"智慧城市新体系与大数据产业链"的"沈阳模式"。沈阳市已建立东网科技云计算中心,计算能力高达1170万亿次/秒,云存储能力达30PB,并已成功实施医疗、能源、交通等关键领域的大数据应用项目。智慧沈阳统一平台,基于共享开放架构,不仅整合了电子政务和城市数据交换平台,还增设了数据清洗融合平台和城市基础数据库,极大地推动了产业应用的发展。在工业大数据方面,沈阳依托其强大的工业基础,推进了多个试点示范项目,如沈阳机床的i5智能制造战略、中科院自动化所的关键技术研发等。政务大数据方面,已承载了38个部门的68项政务应用,政务外网与智慧沈阳统一平台也已上线运行,汇聚了来自425个单位的6.8亿条数据。在医疗服务领域,东软熙康云医院构建了涵盖健康管理、医疗、康复、养老等全产业链的生态系统,并已在全国21个省市及辽宁省人民医院等11个医联体落地,实现了网上预约、智能导诊、自助查询打印等信息化服务的广泛应用。此外,沈阳市的中小学"数字校园"建设已全面完成,教育资源公共服务平台也基本建成。

河南省为了推进大数据的发展,特地设立了大数据管理局,并成功构建了河南省大数据中心和国家超级计算郑州中心。在《河南建设社会信用体系与大数据融合发展试点省实施方案》的指导下,中科院大数据研究院、智能建筑物联网技术与应用服务国家地方联合工程研究中心、时空大数据产业技术研究院等多个重要项目相继落地实施。同时,河南省农业大数据智慧云平台、"警视云"公共安全视频监控联网等大数据示范项目也呈现出蓬勃发展的态势。河南省委、省政府明确将郑东新区智慧岛定位为河南省国家大数据综合试验区核心区和先导区,以智慧岛、科创岛、人才岛、基金岛"四岛"共建为发展策略,致力于构建完整的大数据生态闭环。这一战略重点面向金融、农业、医疗、交通物流、教育、商业等行业,推动应用技术的开发与应用。此外,河南省还成功引进了华为、甲骨文、浪潮、海康威视、南威软件等国内外行业领军企业,这些企业涉及智慧城市、智慧医疗、安防、征信等多个领域,为郑东新区相关科技信息类企业带来了数千家的辐射带动作用。这些举措共同为河南省在大数据领域的发展注入了新的活力。

内蒙古作为我国唯一一个专注于基础设施统筹发展的大数据综合试验区,将大数据与云计算产业视为战略性新兴产业的核心方向。国内外知名的互联网与云计算企业,如国家三大电信运营商、阿里巴巴、华为、腾讯、百度、浪潮、京东等,纷纷入驻该大数据发展区,推动了国家卫生计生委基层医疗卫生服务体系等大数据试点项目的成功实施。内蒙古在智慧城市、电子商务、信息惠民、乳业草业等领域进行了大数据的深度应用。依托其丰富的特色产业,如煤炭、稀土、电力、乳业、农牧业、草业和药材等,内蒙古建设了一系列大数据平台,并积极培育了呼和浩特乳业大数据、蒙草抗旱、包头稀土交易所、内蒙古资源网等大数据企业,有效促进了传统产业的转型升级。值得一提的是,内蒙古蒙草生态环境公司开发的"草原生态产业大数据平台"已成为国内最完整的草原乡土植物种质资源库,荣获福布斯中国上市潜力企业50强。同时,内蒙古赛科星生命科学与生物技术公司开发的云智能奶牛育种养殖大数据平台已覆盖国内78%的牧场,并在美国设立了研发基地,展示了内蒙古在大数据领域的卓越成就。

上海市在推进政府治理、金融服务、商贸物流、生物医药、智能制造以及现代农业等重点领域的数据融合与应用创新方面,表现积极。为总结和推广这些领域的成功经验,上海市编制了《上海市大数据典型案例集》。在促进商业数据流通方面,上海市不断强调大数据资源的共享与应用,致力于打破数据孤岛。为加强大数据的区域协作与开放共享,上海市成立了上海大数据联盟。在人才培养方面,上海市通过举办上海开放数据创新应用大赛,为大数据领域输送了大量的人才。

广东省数字政府构建了"12345＋N"的工作业务体系,以全面推动数字化转型和政务服务升级。其中,"1"代表引领数据要素市场化配置改革,实现全国率先破题;"2"则指加快构建完善的政策环境,通过出台两个法规体系为数字政府建设提供有力支撑;"3"代表全面建成三个支撑体系,为数字政府提供稳固基础;"4"瞄准四个主攻方向,推动数字政府全面引领数字经济、数字社会协同发展;"5"则重点培育五大产研带动,推动产业创新与发展;"N"代表持续拓展,创新推出多个数字政府标志性成果和"粤系列"平台。在政务服务方面,广东政务服务网已涵盖全省政务服务事项,实行"一片云、一张网"服务,支撑71.7万个线下窗口服务,全省事项网上可办率达95.6%,"最多跑一次"比例达99.9%。同时,"粤省心"整合了多条国家部委设立热线及省内自建政务服务热线,实现12345一号对外服务,每日接受群众咨询诉求超过14万次,服务满意率达98.9%。在疫情防控方面,广东省充分发挥数字政府集约建设运营优势,整合汇聚多部门数据,用最短时间建成全省疫情防控核心数据库和分析平台,形成风险防控"一张网""一张图"。在农村服务方面,"一窗通办"模式面向全省近2万个行政村,投放40795台"粤智助"政府服务自助机实现全覆盖,提供200项常用政务服务,让农村群众实现"办事不出村"。在移动办公方面,"粤政易"移动办公平台为全省公职人员提供在线通信、视频会议、学习培训等综合服务,有力支撑跨部门、跨层级业务协同。在企业服务方面,"粤商通"一站式平台汇聚全省1800多项利企服务、6万多条涉企政策,注册市场主体近1200万户,实现了企业开办和工程建设项目审批的"一次登录填报、全流程在线审批"。

3. 做大产业园区(基地),促进大数据产业集聚融合发展

为了促进大数据产业的集聚与融合发展,建设并依托大数据产业园区(基地)已成为各大数据综合试验区的共同选择。在这方面,贵州表现出色,积极推动数据资源的集聚,目前全投运及在建的重点数据中心数量已达到37个,成为全球集聚大型和超大型数据中心最多的地区之一。贵州大数据交易中心制定了全国首套数据流通交易规则体系,交易额巨大,有望在2023年突破10亿元。同时,"中国南方数据中心示范基地"也被纳入全国一体化算力网络的8个国家级枢纽节点之一,贵阳·贵安更是成为国家级互联网骨干直联点。贵州聚集了三大运营商、华为、腾讯等超大型数据中心,已构建了一个存算一体的数据中心发展格局。此外,贵州还吸引了苹果、高通、微软、戴尔、惠普、英特尔、甲骨文、富士康等世界知名企业以及阿里巴巴、华为、腾讯、百度、京东等国内大数据、互联网领军企业的落户和发展。全省大数据相关企业数量从2013年的不足1000家迅速增长到2018年的8900多家。贵州大数据科创城已引进226家企业,不断推动大数据新业态新模式的创新发展。通过实施全国首个融合评估体系,贵州正推动各个产业和企业实现数字化、网络化、智能化的转型升级,已累计带动万余家企业开展大数据融合改造。在金融支持方面,贵州推出了"贵州金融大脑",设立了贵阳数据投行,建立了数据投融资平台,并支持众筹金融交易的发展。目前,贵州金融城已入驻了100多家众筹金融、大数据征信、移动支付等创新金融企业。

京津冀试验区积极推动产业基地建设,承德国家绿色数据中心、大数据科创中心暨姚建铨院士工作站、大数据研发展示中心、大数据应用创新中心、大数据交易中心等已正式挂牌。同时,试验区与中关村管委会共同创建了"领创空间+协同创新共同体基金"服务平台,并与中关村大数据产业联盟、戴尔、浪潮、神州数码、万国数据等15家大数据产业机构和企业建立了战略合作关系。在廊坊,大数据产业基地积极引导润泽科技、中国联通、华为技术、光环新网等大数据龙头企业加快发展,成功吸引了京东北方大数据中心、中国人保北方信息中心、"中鼎云"、科大讯飞等多个项目落户。秦皇岛大数据产业基地也吸引了中誉通信、量子数据中心、中科遥感、中兴网信等数十家大数据企业和研究机构入驻。此外,阿里巴巴、上海数据港、万国数据、中国电信等20多家业界领军企业已落户张北。以国家超级计算天津中心为依托的京津冀大数据协同处理中心、阿里张北(中国数坝)数据中心、中国电信京津冀大数据基地、秦皇岛健康大数据示范区等重点园区已完成建设。同时,电信智慧云基地、张家口算力产业园、张北"东数西算"智慧零碳大数据产业园、爱特云翔数据中心等项目也已开工建设。阿里客服、天猫优选、真北云数等呼叫中心、结算中心和IT、DT培训中心也相继在此落地。这些举措共同推动了京津冀试验区在大数据领域的快速发展。

辽宁省汇聚了超过50家上市企业,其中包括东软集团、荣科科技、大连华信等,这些企业共同构建了一批独具特色的信息产业园区,如大连软件园和国际软件园等。金普新区内的重点项目——由天港科技集团投资建设的大数据产业园,已经吸引了大连商品交易所同城数据中心、中国金融期货交易所异地灾备中心、中华联合财产保险数据中心等金融机构以及数十家科技、贸易类企业入驻,汇聚了近2000名高级人才。辽宁省在数字化转型方面取得了显著成就,其中18个大数据应用场景被评为国家智能制造优秀场景,30家企业被培育为制造业数字化转型标杆,152家省级数字化车间和智能工厂得以建设。此外,中德装备园等园区入选了工业互联网国家新型工业化产业示范基地,同时培育了13个国家服务型制造示范单位和50个省级示范单位,以及19个省级工业设计中心。在沈阳,"星火·链网"超级节点已经上线运行,省级工业互联网平台数量达到65个。沈抚示范区在数字经济和科技创新方面加强了工作力度,聚焦大数据、工业互联网、网络信息安全、医疗大数据、人工智能和区块链等领域,成立了数字经济发展联盟,创建了6个数字经济产业园区,并成功引入了西门子、中科龙芯、360、阿里、腾讯等120余家数字经济企业入驻。

上海依托市北高新园区,致力于在静安区打造大数据产业基地。市北高新园区积极推动"云数智链"一体化发展,聚焦云计算、大数据、人工智能、区块链等特色产业,形成了独特的"数智赋能＋总部增能＋科创释能"品牌特色。园区致力于成为全市的"特色产业园区"、"民营企业总部集聚区"以及"上海城市数字化转型市级示范区"。目前,园区内已汇聚26家跨国公司地区总部,占静安总数的近四分之一;超过600家数据智能企业,其中经市经信委认定的大数据企业超过170家,占全市总数的近三分之一。每周都有超过10家企业入驻,截至目前,园区已成功吸引3000多家科技型企业,成为静安区对接上海建设"全球科创中心"和"国际数字之都"的核心承载区。

广东的大数据产业布局已形成"一区两核三带"的架构。其中,"一区"指的是珠三角国家大数据综合试验区,而"两核"则是以广州和深圳为引领,凭借它们在经济和科技方面的优势,构建出具有强大支撑力和广泛辐射效应的大数据核心集聚区。此外,广东还致力于打造"三带",即珠江西岸的大数据产业带,该带涵盖了佛山、珠海、中山、肇庆、江门等城市,并致力于推动大数据与先进装备制造业的深度融合,促进产业转型升级。在产业布局的实施过程中,广东已建设了15个具有一定规模的省级大数据产业园,如广州开发区和东莞松山湖等。这些产业园通过引进重大项目,成功吸引了580多家大数据企业入驻,目前在建的重大项目也有70多个。

重庆正重点打造两江国际云计算产业园和重庆仙桃国际数据谷园区，这两大园区已经吸引了众多国内外知名企业、科技孵化器和加速器纷纷入驻。河南则通过公司化建设运营模式，启动了郑东新区龙子湖智慧岛的建设，洛阳洛龙大数据产业园也迎来了12家企业的入驻。内蒙古方面，除了自2012年5月开始建设的中国电信云计算内蒙古信息园，中国科学院（呼和浩特）云计算产业基地、乌兰察布华为云数据中心等也已经相继投入运营，共同推动该地区的云计算产业发展。

4.以市场需求为导向，依托产业优势，做大做强大数据产业

这八个试验区分布于我国的东部、中部、西部和东北四大区域，经济发展水平各异，产业发展状况也呈现出一定的差异。然而，这些试验区均充分利用了自身的产业优势，以市场需求为导向，聚焦主导产业，通过"大数据＋"的深度融合，促进了产业应用和场景应用的创新，不断探索大数据产业的新模式，衍生出了新业态和新产品，从而逐步壮大和提升了大数据产业的发展水平。

贵州通过充分利用大数据产业园区，如贵安综合保税区（电子信息产业园）、贵安新区高端装备制造产业园等，聚焦优势产业，围绕智能终端制造、高性能集成电路设计制造、新型电子材料和元器件研发制造等方向，积极推动智能手机、平板电脑、北斗终端等产品的研发、孵化和产业化。同时，贵州还大力发展智慧农业、智能制造、智慧能源、大数据金融、大数据公共服务、智慧物流、电子商务、智慧交通、智慧环保、人工智能、软件研发设计、服务外包、在线教育、智慧医疗、智慧养老和智慧旅游等领域，力求在各个领域实现做大做强。

京津冀试验区的分工细致明确：北京作为大数据核心示范区，天津则致力于打造大数据综合示范区，张家口是大数据新能源示范区，廊坊专注于物流金融遥感大数据示范区，承德以旅游大数据示范区为特色，秦皇岛则致力于健康大数据示范区，而石家庄则是大数据应用示范区的代表。京津冀大数据协同处理中心在矿业、高炉、基因、气象和油气勘探等大数据领域取得了显著的研发进展和应用成果。广东省是我国信息通信产业的重要基地，电子信息制造业和软件信息服务业的规模多年来位居全国首位。2021年，广东的数字经济规模达到5.9万亿元，连续五年位居全国前列。这一年，广东省的大数据企业数量达到2745家，主要集中在深圳、广州和珠海。其中，

深圳和广州的优质企业数量分别为1346家和1051家,合计占广东省优质企业的近九成。这些优质企业主要集中在信息传输、软件和信息技术服务业。重庆的大数据产业主要聚焦于人工智能、集成电路、智能超算、软件服务、物联网、汽车电子、智能机器人、智能硬件、智能网联汽车、智能制造装备和数字内容等多个领域。重庆在电子设备制造业方面具有全国比较优势,以笔记本电脑、手机等为主的电子信息产业高端品牌正在加速集聚,基本形成了集成电路、新型显示等核心产业链。同时,结合汽摩等制造业,重庆正加强汽车智能化、网联化、自动驾驶技术及动力电池等关键核心部件的研发,聚焦智能制造,推动大数据产业集聚与融合发展。

5. 发挥信息基础设施比较优势,增强基础支撑能力

凭借优质的信息基础设施比较优势,试验区建设的基础支撑能力得到显著增强,并在多个试验区的建设中得到体现。其中,作为国家基础设施统筹发展类试验区的内蒙古表现尤为突出。内蒙古已经成功建成进京直通光缆、中－蒙－俄国际光缆、乌兰察布－北京直通光缆、呼和浩特－北京直通光缆、鄂尔多斯－北京直通光缆,并依托这些国际省际干线光缆设立了区域性国际通信业务出入口局。内蒙古联通的5G基站实现了城区、县城、重点乡镇、交通枢纽和高校校园等关键区域的全面覆盖,全面完成了千兆全光精品网的建设,实现了旗县以上城区千兆100%的覆盖,且在千兆PON口数量上位居行业前列。此外,政企精品网SDN部署达到了100%,汇聚区PeOTN覆盖率达到了88%,为全域提供了端到端的"万兆到企、千兆到户"的接入能力,进一步巩固了市场主导地位,并推动了业务向"5G化、千兆化"的方向发展。在重庆,已经建成了全国首个5G新型基础设施大数据平台,实现了所有区县重点区域和部分重点乡镇的广泛覆盖,每万人拥有的5G基站数达到了13.46个。同时,互联网骨干直联点的性能也在持续提升,省际互联带宽达到了43.3T,网间直联带宽达到了490G,与重庆互联网直联的城市数量超过了38个,并建成了中新(重庆)国际互联网数据专用通道。此外,全国一体化算力网络成渝国家枢纽节点已正式获批,重庆数据中心集群起步区正在加速建设,并吸引了中科曙光先进计算中心、中新(重庆)国际超算中心等一批重大项目落地。

京津冀正在积极推进信息基础设施的协同建设,电信运营商、网数科技、空天地海联盟企业等主体已投资20亿元用于示范工程的加快建设。到

2020年底,京津冀地区已建设超过7万个5G基站。在北京,中国银行、中国农业银行、中国建设银行的生产性数据中心主机房面积均超过10000平方米,公安部、海关总署的数据中心主机房面积均为6000平方米,而北京政务数据中心机房面积更是达到了2.2万平方米,拥有近3500个机架。北京地区分布着数百个大小数据中心,主要集中在酒仙桥、亦庄、昌平、顺义、中关村等地,其中酒仙桥数据中心圈的机柜规模为5万多个,亦庄2万多个,昌平3万多个,顺义4万多个。2021年,位于天津市武清区的中国电信京津冀大数据基地,作为新型基础设施及智能计算中心,其总建筑面积达到37.2万平方米,项目总投资为102亿元。在河北,大数据服务器规模目标设定为突破200万台,计划建设以数据存储、数据融合应用为核心的"张承廊"大数据走廊,旨在打造成为京津冀地区的主存储基地和北方算力中心。

  截至2022年底,贵州省已累计建成37个大型和超大型数据中心,其中超大型数据中心达到11个,使贵安新区成为全球超大型数据中心最密集的地区之一。全省的服务器承载能力已攀升至225万台,平均上架率保持在56.5%。此外,贵州成功实现了与全国16个省市、36座城市的骨干网络出省直联。目前,全省已建成8.43万个5G基站,每万人的基站数超过了全国的平均水平,实现了重点场所、产业园区和交通枢纽的5G网络全覆盖,甚至每个乡镇都通上了5G,行政村的5G网络通达率也已超过50%。在互联网连接方面,贵州的出省带宽已累计达到38000Gbps,光缆总长度达到了181万千米,接入的光端口数累计为2187.69万个,完成的光纤覆盖用户数为3291.95万户。广电云"户户用"服务已覆盖405万户家庭,高清电视用户数累计达到628万户。

  6. 加大开放合作,着力招商引资,发挥龙头企业带动作用

  八大试验区展现出强烈的开放合作精神,他们不仅在国内举办产业推介、招商引资及产业博览会,还面向国际,搭建起多元化的合作平台,形成了稳固的产业合作联盟。这些努力成功吸引了包括苹果、高通、微软、戴尔、惠普、英特尔、甲骨文、富士康等在内的世界知名企业入驻贵州,同时,阿里巴巴、华为、腾讯、百度、京东等国内大数据和互联网领域的领军企业也在贵州扎根发展。内蒙古的大数据产业同样取得了显著进展。2019年,内蒙古在乌兰察布市举办了大数据创新应用与数字中国建设发展大会,吸引了环投集团、千方数据等10家区内知名企业参与项目合作洽谈。此后,华为北方云数据中心、阿里巴巴信息港、苹果乌兰察布数据中心等重大项目相继落地。广东省的大数据产业也在蓬勃发展。他们连续举办了广州国际大数据产业博览会，吸引了富士通数据中心、友邦金融中心、法国凯捷BPO运行中心、毕马威全球共享服务中心、德迅集团亚太资源共享中心、软通动力、思科大数据中心、万方大数据产业园、京东云华南总部、腾讯、华为、中移动、全通星海、中科云智等众多企业入驻大数据产业园区。重庆大数据产业园则依托大数据产业发展战略和支持政策，积极开展招商引资活动，成功吸引了阿里巴巴、百度、腾讯、华为、浪潮、京东等互联网知名企业，以及中国电信、中国联通、中国移动等三大巨头和其他国际知名企业入驻。目前，这八大大数据试验区内的龙头企业已经开始发挥产业带动和引领辐射作用，展现出大数据产业的巨大潜力和广阔前景。

7.构建多元化双创平台，营造大数据创新创业环境

为了推动大数据领域的创新创业，各大试验区充分发挥自身优势，全面整合社会资源，构建了大数据创新创业平台。这些平台不仅提升了试验区的创新能力，还增强了大数据产业的核心竞争力，为大数据的持续健康发展营造了优越的环境。以贵州为例，该省积极推动大数据战略行动，大力支持大数据创新中心和创新创业公共服务平台的建设，为大数据创新创业的发展创造了良好的氛围。截至2022年，贵州省级大数据创新创业基地已成功孵化1613家企业，培育出5家高新技术企业和1家知识产权管理体系（贯标）认证企业。此外，贵州省级大数据创新中心和大数据创新创业基地还吸引了大量的大数据人才。其中，大数据创新中心通过与高校、知名企业和研究机构的紧密合作，汇集了33名博士、31名硕士和80名中高级以上职称的专业人才。而大数据创新创业基地则持续打造行业导师团队，建立了专家智库，聚集了48名博士、107名硕士和169名中高级以上职称的专业人才。

上海数据资产运营管理有限公司（筹）作为上海市大数据产业创新基地的核心平台，将与杨浦区携手打造青年双创大数据公共服务平台。该平台将聚焦创业政策精准扶持、创业服务精准匹配、创业信用分析评估等关键领域，为创业者提供全面而精准的大数据信息服务。在静安区，全球数商大会的"数据可信与创新应用论坛"已成功举办多届。自2022年以来，静安区连续四年举办开放数据创新应用大赛（SODA大赛），吸引了2700余支创新创业团队参与，产生了2250个创新产品，累计获奖作品达到139项。这一赛事

已逐渐成长为全球范围内具有广泛影响力的国际赛事。同时,杨浦大创智数字创新实践区正加速建设国家智能社会治理实验基地,并着力打造"大创智·数字创想家"共创品牌。区域内已建成"大创智数字公园"等数字地标,汇聚了4500余家企业和15万名知识工作者,形成了商贸服务业、信息服务业、设计服务业等主导产业集群。此外,"云上之城"项目从创智经济、创新服务、创意生活、创享空间四个维度出发,构建了全面的数据体系图谱,为区域数字化转型和主导产业升级提供了有力支持。

沈阳东网超云平台,由东北大学、沈阳市政府以及战略投资者共同创建,通过集结各方资源,与沈阳市工业大数据中心等其他平台紧密合作,旨在充分发挥本地软件企业和系统集成企业在传统行业解决方案方面的优势。该平台聚焦汽车电子、装备制造、医药化工等关键行业,提供覆盖工业产品设计优化、工艺设计优化、生产过程优化等全流程的创新创业大数据服务,致力于打造全面的数据服务产业综合体。浪潮集团则积极与各地政府携手推动大数据领域的创新创业,已在贵州、沈阳、北京、济南等地成功引导近百个创新创业项目。浪潮集团与沈阳市政府在三好众创空间联合发布了大数据双创行动计划,共同探索"大数据创客"这一新兴模式。此外,沈阳市还与中国联通携手举办了"联通杯"中国沈阳·数据开放与应用创新大赛,旨在激发社会各界对公共数据资源的深入开发和创新潜力。

郑州数字创新中心和数字化转型创新实验室凭借丰富的资源优势,致力于服务地方经济建设,紧密围绕科技、经济和社会发展的需求,积极培养大数据领域的专业人才,并努力攻克关键技术和共性难题。它们以智能制造、智慧农业、智慧交通、智慧政务等作为核心研究和应用方向,致力于打造中部地区数字经济的"应用创新基地"战略高地,进而构建一个持久稳定的政产学研用协同创新平台。中原龙子湖数字经济创业创新培育中心在郑州市郑东新区的启动,标志着中原地区首家微软"云暨移动技术孵化计划"成员单位的诞生。该中心致力于在传统行业数字化转型、出海业务、元宇宙、先进制造等数字经济前沿领域发掘、培育和扶持优秀的创新创业团队。通过此举,中原龙子湖数字经济创业创新培育中心为河南省乃至整个中部地区培养和输送优秀的数字经济领域人才,积极探索符合中部地区发展实际需求的数字经济产业创新模式。

8. 抢抓数据中心建设,快速聚集相关市场主体

为了吸引大数据企业聚集并发挥集群效应,建设数据中心已成为各大试验区的共同选择。贵州省已经初步形成了以贵阳贵安为核心，黔西南为补充的"两地三中心"数据中心产业布局，同时安顺、毕节、六盘水、黔东南等地与贵阳贵安、遵义、铜仁、黔南、黔西南等地错位互补、协同发展，形成了"多点支撑"的格局。目前，贵州省全投运及在建的重点数据中心数量达到了37个，成为国内外聚集大型和超大型数据中心最多的地区之一。与此同时，广东省在数据中心建设方面也取得了显著进展。根据广东省工信厅公布的数据，截至2019年底，全省已投产使用的数据中心数量约160个，主要分布在珠江口岸，其中珠三角地区占比达到68%，广州、深圳两地在用的数据中心更是占据了珠三角地区的56%。而粤东粤西两翼和粤北山区则分别占24%和8%。京津冀大数据试验区作为跨区域大数据中心，北京地区的数据中心数量众多，主要分布在酒仙桥、亦庄、昌平、顺义、中关村等地区，汇聚了中国银行、中国农业银行、中国建设银行、公安部、海关总署等部门的生产性数据中心。其中，"张承廊"大数据走廊作为京津冀的主存储基地和北方算力中心，在廊坊建有中国移动京津冀（廊坊）数据中心、中国联通智·云廊坊云数据中心、华为廊坊云数据中心、河北人工智能计算中心等大型数据中心。此外，保定和怀来等地也建有多个大规模数据中心。在天津市，腾讯天津高新云数据中心、金山云（天津）逸仙园云计算数据中心、赞普数据中心、国富瑞数据中心、西青区大数据中心、紫光云谷科技产业园、京东云、天津联通、中经云数据中心等也纷纷落户，为天津市的大数据产业发展注入了新的活力。

二、八大国家大数据综合试验区大数据农业建设经验

1. 贵州省农业大数据建设经验

近年来，贵州省致力于构建一个集大数据、云计算、物联网、3S技术、互联网技术于一体的现代农业发展模式。通过打造数字农业和智慧农业，实现了对现代农业生产过程的实时监控、远程控制、精准管理和智能决策。为了持续优化农业产业布局和推动农业结构调整，贵州省构建了一套"天空地人"四位一体的农业大数据可持续采集体系，确保了农业生产数据的关联整合、时空分析和智能决策的高效运行。此外，贵州省还积极推广物联网在现代农业中的广泛应用，以发挥其在节水、节肥、节药、节劳动力等方面的优势，推动生产管理向智能化、精准化、网络化转型。为了保障这一模式的顺

利运行,贵州省还构建了一套包括农业数据指标、样本标准、采集方法、分析模型、发布制度等在内的标准化体系,并实施了一系列措施。最后,通过应用大数据对农产品进行溯源追踪,贵州省实现了农产品产地、生产企业、产品检测等信息的溯源查询,打通了农产品生产、加工、流通等环节,构建了一个生产有记录、信息可查询、质量有保障、责任可追究的质量安全溯源体系。

  首先,我们要以试点为先导,推动农业生产的数字化进程。与专业农业大数据公司携手,共建农业产业链的大数据平台。以布瑞克农业大数据公司为例,这家公司在单品类农产品 SAC 大数据云平台及农业产业互联网建设方面,堪称我国业内的佼佼者。2020 年,贵州省农业农村厅与北京布瑞克农业大数据公司签订了"十二大特色农业产业数字化"战略合作协议。该协议主要聚焦贵州的十二大产业集群,包括茶产业、竹产业、食用菌产业、中药材产业、蔬菜产业、刺梨产业、辣椒产业、水果产业、油茶产业、石斛产业、生态渔业和生态畜牧业。通过这十二大特色农业产业的数字化建设,我们将建立起贵州省全产业链的大数据平台与农业产业互联网电商平台。双方秉承共建共享、线上线下融合、体系化建设的理念,为贵州农业农村经济的发展奠定坚实的数据基础,助力乡村产业的振兴。

  其次,我们要积极探索"大数据＋X"和"互联网＋X"的农业深度融合新模式。例如,贵阳贵安正在尝试"大数据＋订单农业"的模式,通过订单种植、养殖方式,有效对接消费者与农业供应方资源,实现农业产销的精准对接和农旅一体化发展。同时,我们还在推进以"大数据＋物联网"为核心的"活体抵押"新型信贷服务模式,为银行提供产业大数据分析和金融风控管理,有效解决抵押担保融资模式与农业主体产权结构之间的矛盾。此外,我们还利用"大数据＋媒体宣传＋线下活动"的方式,将贵州省的特色农产品和文旅产品精准推送给帮扶城市的消费者。

  贵州省政府为了推动农业大数据在脱贫攻坚中的应用,特别制定了《贵州省发展农业大数据助推脱贫攻坚三年行动方案(2017—2019 年)》。该方案旨在建立全省农业产业脱贫攻坚大数据平台,为农业供给侧结构性改革、贫困县对口帮扶和农产品产销对接提供坚实的数据支撑,充分发挥大数据在扶贫工作中的潜力。同时,省农业农村厅也制定了《贵州省"十四五"农业农村信息化发展规划》,积极推进农业物联网、大数据、区块链、人工智能等现代信息技术在农业农村领域的应用,以加快数字农业、智慧农业的建设步伐。

2. 珠三角农业大数据建设经验

为了深入推进乡村振兴战略和数字乡村发展战略,广东省作为大数据综合试验区,积极响应时代号召,在数字农业领域大力提升数字化生产力。根据《广东贯彻落实〈数字乡村发展战略纲要〉的实施意见》的指导要求,广东省大力发展农业农村数字经济,努力提升农业农村生产智能化水平,通过数字化手段驱动农业农村现代化,取得了显著的示范成效。

一是政策的大力支持,为数字农业的发展提供了坚实的后盾。广东省通过制定《广东省推进农业农村现代化"十四五"规划》,明确了数字农业的发展方向,并加快了农业生产经营、管理服务的数字化改造。这一规划的实施,提升了农业生产的智能化、经营的网络化、管理的高效化和服务的便捷化水平。为了进一步推动数字农业的发展,广东省还出台了《广东数字农业农村发展行动计划(2020—2025年)》,明确了"三创建 八培育"的重要任务,包括创建数字农业发展联盟和试验区,建设数字农业产业园区,以及创办大湾区数字农业合作峰会等。这些举措旨在培育数字农业农村的科技示范创新团队和项目,推动数字农业示范龙头企业和农民专业合作社的发展,推广数字农业农村的重大应用场景。

二是粤农情大数据服务平台的构建,为数字农业的发展提供了有力支撑。广东省按照大数据农业战略规划,打造了粤农情大数据服务平台,该平台涵盖了动物溯源、现代农业产业园、统计年鉴、水产渔业等多个专题。通过大数据和云计算技术的应用,平台有效提升了农业农村数据的质量,实现了农业生产经营的智能化管理。这不仅为农业经营主体提供了决策便利,也为政府职能部门提供了决策分析和监管的有效支撑。

三是广东省在农业大数据的实施和创新应用方面取得了显著成果。通过实施农业大数据战略行动,广东省利用数据指导农业生产与经营,形成了数字菜园、数字果园等一系列农业大数据应用成果。同时,广东省还创新了"网络节+云展会"等农产品线上营销新模式,将数字会展模式打造成为可复制、可推广的模式。根据《中国数字经济发展报告(2022年)》,广东省的数字经济规模超过4万亿元,农产品网络零售超过750亿元,显示出广东省在数字农业领域的领先地位。

3. 河南省农业大数据建设经验

河南积极运用大数据技术引领智慧农业的发展,通过建设智慧农业大数据中心和平台,深化大数据在农业领域的应用。以国家大数据(河南)综合实验区为突破口,河南大力推进粮食、物流等关键领域的大数据基地建设,促进农业大数据资源的集聚和共享。同时,河南成功融合新建了60个农业大数据科技创新平台,构建了涵盖小麦、棉花、玉米、花生等主要农产品的单产品大数据系统以及农作物生长发育模拟系统等重要涉农信息系统。这些举措不仅推动了农业大数据核心技术和创新成果的持续突破,还实现了这些技术在农业生产实践中的广泛应用,为河南智慧农业的发展注入了新的活力。

一是积极寻求与涉农大数据企业的合作,推动农业大数据的广泛应用。河南积极与中化现代农业有限公司展开合作,推动 MAP 及数字农业等相关业务在河南落地生根。依托线上线下相结合的 MAP(Modern Agriculture Platform,即现代农业技术服务平台)模式,为规模种植者提供从种到销的全程解决方案,旨在简化农业生产流程、提高效率,进而实现农民增收,推动河南农业向现代化转型。除了提供技术支持,MAP 河南还与地方农机合作社携手成立服务联合体,为合作社提供金融支持,助力合作社开展作业,共同推进生产服务。这一服务联合体不仅服务于社员,还能辐射周边农户,涵盖耕地、播种、植保、收获等多个服务环节,并提供粮食品质检测及销售服务。此外,MAP beSide 作为中化现代农业有限公司打造的高端农产品品牌,打通了"从田间到舌尖"的农产品追溯链路,建立了数字化品控溯源体系,旨在提升本地农产品的品牌价值,增加产品溢价。周口市商水县与布瑞克等企业合作,共同打造商水智慧农业项目,搭建农业大数据平台,建立了土银网、农牧人商城等,有效解决了农民在土地资金、农产品销售等方面的信息问题。此外,商水县还与华为、阿里、腾讯、京东、拼多多、猪八戒网等互联网头部企业开展战略合作,建设了一批数字乡村示范项目。在发展数字产业方面,河南建立了 200 家涉农数字企业名录,并重点打造 20 家农业农村数字化领军企业。郑州数链科技有限公司搭建的智慧粮仓云监管平台,通过"一卡通"管理,实现了从入库、质检、称重到结算的数据收集和信息同步。牧原集团建设的畜牧业数字化管理中心,其智能饲喂系统能实时监控养殖场的余料情况,实现无人发料;无人环控平台能远程对猪舍环境参数进行自动调节控制;养殖云平台能科学分析猪群、单猪生长、疫病状况。济源市高标准农田示范区、信阳市浉河区国家数字农业创新应用基地、三门峡市灵宝苹果国家现代农业产业园等一大批农业项目通过数字化赋能,实现了转型升级与高质量发展。

二是强化基础设施建设,为数字乡村发展提供坚实基础。全省范围内,4.6万个行政村已全面覆盖4G网络,并正积极推进5G基站的建设。目前,农村固定宽带的家庭普及率分别达到了98%和83.3%。为了进一步提升农村地区的通信设施,河南省计划在乡镇及农村热点地区新建1万个5G基站,并增加1万个乡镇及行政村的4G共享基站。同时,还将新增农村固定宽带端口40万个,铺设光缆线路长达5000公里,以推动5G、物联网等新一代信息技术在农业农村领域的广泛应用。为了整合和优化数据资源,已建成了39个专注于"三农"的专题数据库,汇聚了6亿条各类涉农数据,构建了一个统一的"三农"服务网络,为数字乡村的发展提供了坚实的基础支撑。此外,还将信息化技术引入农业生产的各个环节,打造了"数字田园",推动了小麦、玉米等大田作物的"四情"监测管理系统应用,并建设了一批设施农业物联网技术示范应用基地和"数字牧业"。值得一提的是,河南省在全国率先实现了动物检疫电子出证,累计出具了4758万份证书,并建立了一批智慧养殖示范园区。为了推进智慧农业的发展,还建立了农机跨区作业信息调度中心,为全省5626台土地深松作业机械配备了智能终端,并开发了网约农机系统,推出了"滴滴农机"App。同时,为了保障产品质量和安全,还建立了追溯管理体系,将3297个"三品一标"产品纳入追溯范围,并对所有种子和兽药生产企业、89.7%的农药和88.8%的饲料生产企业实施了电子追溯管理。

三是数字化技术助力农业增产增收,显著提升生产效率。临颍县作为国家的数字乡村试点县,成功建立了"5G+"智慧辣椒种植基地。该基地集成了多功能气象站、微型气象仪、智能控制系统、辣椒种植专家系统、农产品追溯系统、手机App、传感器、水肥一体化设施、病虫害防治无人机、智能辣椒机械和近地遥感无人机等先进物联网设备。所有这些设备的数据都被实时上传至大数据平台,以实现对农作物的精准管理。得益于这种智慧种植模式,辣椒的亩均产量增幅高达30%,且品质得到了显著提升。为了进一步完善产业链,临颍县还投资建设了数字仓储和加工中心,并开发了辣椒物联网大数据平台、线上线下一体化交易平台以及数字辣椒全产业链综合服务平台。这些平台共同构建了从种植、管理、收获、加工、储存、销售到服务的完整产业链,有效推动了农户和村集体的共同发展。在滑县,农业大数据平台也发挥了重要作用。农业技术推广中心常年为合作社提供全面的保姆式服务,包括统一机械化作业、统一生产资料供应、统一配方施肥、统一灌溉、统一病虫害防治和统一销售等"六统一"服务。此外,部分合作社还引进了北斗导航自动驾驶系统播种机和北斗卫星平地系统,实现了无人驾驶和精准作业,显著提高了作业效率和质量。

四是农村电商蓬勃发展推动县域经济快速增长。在2020年,河南农村的网络零售额实现了显著增长,达到了669亿元,同比增长了61%。截至目前,河南省已经认定了95个电商进农村综合示范县,其中包括21个升级版示范县。为了支持电商发展,全省已累计建立了121个县级电商公共服务中心和2.35万个乡村电商服务站点。同时,为了培养电商人才,已有21万多名乡村干部和第一书记接受了全面的轮训,39万多名有能力和意愿的返乡青年、贫困户等农村群众获得了免费培训,这些努力共培育出了5700多名电商扶贫带头人。

五是研发大数据产业应用平台。河南省农业大数据应用产业技术研究院,由河南省科学院主导,汇聚了政府机构、科研院所的力量,并引进了高端海归博士团队和创新基金,共同构建了一个实体性的新型研发机构。该研究院专注于研发覆盖农业全产业链的"大数据",为转变传统的农业生产模式和管理方式提供精确的数据技术支持。研究院紧密围绕政府的需求,开发出了综合性的农业大数据服务平台,为政府管理部门提供了数据分析服务和决策支持,有效优化了政府的资源配置。同时,研究院还成功开发了农业保险综合服务系统,解决了农业保险在精准快速投保和理赔方面的难题。此外,研究院还致力于打造农情监测系统、作物长势监测系统等,为农作物生长数据的监测、灾害预测预警、精准水肥管理以及农机调度提供有力支持,帮助农业生产者实现增收节支的目标。为了整合政府各部门的数据资源,研究院构建了"天、空、地"一体化的数据采集体系,实现了对空间、作物、时态、光谱、天候的全面覆盖。以"土地-人"为核心,研究院建立了全面的数据资源体系,包括地理信息、土地与生产者、农业生产、市场与交易、作物特征、传感器定标等六大类数据资源。

4. 重庆市农业大数据建设经验

为了促进重庆山地特色农业的高质量发展,重庆市积极构建"三农"大数据平台,并致力于建设全市农业产业数字地图。同时,重庆市还加快推进国家级重庆(荣昌)生猪大数据中心的建设,以进一步提升农业产业的数字化水平。在智慧农业方面,重庆市加快信息技术应用转化,大力发展农产品电商,通过大数据为现代农业智能化发展赋能,以此推动山地农业提质增效,为乡村振兴注入新动力。

一是大力实施"智慧农业·数字乡村"建设工程,农业农村数字化转型升级取得明显成效。为此,重庆市不断夯实农业农村大数据基础,已初步构建"三农"大数据平台,整合全市涉农数据超过4亿条,打造了全市农业产业数字化地图和7个区域性单品种大数据管理平台。至2020年,重庆市已建成370余个农业生产智能化示范基地,并广泛应用物联网技术于大田生产,覆盖面积达769万亩,占比19.5%。同时,智能化畜禽养殖规模达到2417万只(头),占比4.5%。在电商领域,重庆市建立了27个区县电商服务中心和6179个服务站点,农产品网络零售额在2020年前三季度达到89.37亿元,同比增长33.5%。同时,重庆市产业信息化水平不断提升,2021年,六九畜牧等4家单位荣获农业农村部评选的2021年度全国农业农村信息化示范基地称号。至2022年,重庆市先后获批建设生猪、蛋鸡、柑橘、渔业4个国家数字农业创新应用基地项目,并建立了262个市级智慧农业试验示范基地,农业产业链产值年增长超过15%。在农业经营数字化方面,重庆市以实施"互联网+"农产品出村进城工程为抓手,创新"品牌引领+标准支撑+直播带货+数据赋能"的农产品电商发展模式,使全市农产品网络零售额持续增长15%以上。此外,重庆市还深化数字农业农村创新应用,建设国家数字农业柑橘创新分中心,并成立市级"5G+智慧农业"和"区块链农业"两个创新应用实验室,推动区块链技术和"5G+智慧农业"在质量安全追溯、农村金融保险等领域的应用。同时,打造农产品质量安全智慧溯源平台,探索开发畜禽养殖"活体贷"、花椒贷等农业数字化产品,并建成全国首个丘陵山地无人果园和鱼菜共生AI工厂。目前,重庆市农业农村信息化发展总体水平已达到43.3%,位居西部地区第一、全国第七。

二是做好顶层设计和规划。重庆市高度重视大数据农业建设,从顶层规划设计出发,持续深化农业大数据发展。通过制定《重庆市数字农业农村发展"十四五"规划》,全力推进农业农村大数据工程、基础数据资源采集汇聚工程等多项重点工程,旨在实现数字技术与农业农村的深度融合。在"十四五"期间,计划新建200个智慧农业试验示范基地,并力争数字农业农村发展总体水平达到50%以上。这将有助于将重庆市打造成为国家西部的"智慧农业·数字乡村"示范区,为农业农村的高质量发展和乡村全面振兴提供强大动力。为实现"管理服务数字化""农业生产精准化""经营服务网络化""数字科技融合化"的目标,重庆市将加强涉农数据资源整合,构建"智慧农业·数字乡村"综合信息服务平台。该平台将以应用场景需求为导向,建立生态开放的智慧农业服务、农户信用、农村物流配送等大数据资源体系。同时,重庆市还将开展数字农业先行试点,建设数字种业、数字种植业、数字畜牧业、数字渔业等应用推广基地,推动数字农业直播电商产业园建设,以强化核心技术的攻关,深化拓展"数字农业+金融+保险"等融合发展模式,进一步推动农业农村普惠金融的发展。

三是创新数字化农业场景应用。目前,系统已成功提取超过3000万个农业地块信息,初步构建了水稻、玉米、油菜、柑橘等作物的分布图谱,同时精准绘制了柠檬、茶叶、花椒、脆李等特色农产品的区域分布图。荣昌、巴南、大足、渝北、垫江等"四区一县"荣列国家首批数字乡村试点名单,其中荣昌区作为现代畜牧业示范区的核心,已建立起国家级生猪大数据中心。该中心充分利用大数据、物联网、云计算、区块链等前沿技术,打造了一站式智慧畜牧综合服务平台,涵盖了智慧养殖管理、畜禽粪污资源化利用、猪肉溯源大数据等多个方面。同时,推出了"荣易管""荣易养""荣易买""荣易卖""荣易医"等创新平台,构建起了覆盖全产业链、全国各区域的数据采集体系,有效简化了养殖户的交易环节,降低了交易成本,推动了生猪产业的数字化升级。巴南区则针对当地特色茶叶产业,借助智慧农业园区建设的契机,联合区网信办、区农业农村委共同打造"数字乡村区块链智慧化管理平台"。该平台集成了智能化生产监控、病虫害大数据分析防治等功能,实现产品"一品一码"追溯管理。消费者只需通过手机扫码,便可查询茶叶的采摘地、生产地、销售地以及质量检测报告等详细信息。自该区智能化示范项目启动以来,茶叶生产效率提升了15%,农户种茶收入显著增长,远超2020年全区农村居民人均可支配收入。在渝北区大盛镇青龙村,全国首个丘陵山地数字化无人果园正蓬勃发展。通过先进的智慧化管理平台,可以精准预测每株果树的产量,为无人机施肥、用药、灌溉等作业提供科学指导。此外,市农科院现代农业高科技园区的"鱼菜共生AI工厂"也实现了从种子到蔬菜、从鱼卵到成鱼的全程智慧化生产。蔬菜栽培、病虫害巡检、鱼生命体征监测等环节均实现了智能化作业，同时鱼粪通过水资源化处理转化为水溶性肥料，实现了种养循环的完全利用。

5. 内蒙古农业大数据建设经验

一是加强基础设施建设，强化科技创新和信息服务供给。内蒙古作为我国首个致力于大数据基础设施统筹发展的综合试验区，其5G装机能力已跃居全国榜首。凭借四条直达国际与国内的高速光缆，构建起了宽广且高效的网络通道，十二个盟市均已开通5G基站，为信息化建设奠定了坚实基础。在现代智慧技术的广泛应用下，内蒙古各盟市的大棚种植、精准农机作业以及农业产品质量溯源等领域均取得了显著进展，农牧业生产正逐步迈向信息化、智能化的新纪元，为智慧农业的长足发展铺设了坚实的基石。此外，5G、北斗导航、无人驾驶、物联网等尖端数字技术，在卫星放牧、卫星监管以及远程作物操作控制等领域得到了广泛的示范应用。例如，各盟市的设施农业物联网、鄂尔多斯市杭锦旗的北斗卫星放牧系统、达拉特旗的数字渔业，以及呼伦贝尔市和鄂托克前旗的"3S"数字草原等项目，均展示了数字技术在农牧业领域的巨大潜力和广阔前景。同时，农村牧区的新型基础设施建设也在不断加强。农村牧区的宽带通信网、移动互联网、数字电视网以及下一代互联网等正在不断拓展，努力补齐农村牧区在光纤宽带、4G/5G覆盖等方面的短板。此外，还积极推动农村地区农田、水利、公路、电力、冷链物流以及农业生产加工等基础设施的数字化、智能化转型，致力于构建智慧水利、智慧交通、智慧电网、智慧农业和智慧物流的现代化农村牧区体系。

二是数字化赋能，助力农牧业智慧化发展。内蒙古正全力以赴推进数字农业的发展，将智慧元素深度融入农业生产的各个环节，从春耕播种到秋收丰盈，实现了从传统农业依赖自然条件的模式向智慧农业依赖科技指导的模式的转变。借助卫星遥感技术的力量，农作物灌溉、施肥、温度控制等各项农业生产指标都可以通过手机便捷操作。农业专家和科研院所通过远程方式为农户提供指导，线上线下相结合，为种植户提供精准科学的分析和农技支持。除了智慧种植和智慧管理外，内蒙古还将大数据技术应用于农产品销售领域。他们开发了"三链合一"的"绿芯"数字身份集成系统，为优质农产品赋予独特的"一物一码"数字身份证。消费者只需扫描二维码，就能轻松查看农产品从种植、采收到加工的全过程信息，确保产品来源的透明度和可信度。同时,"云专场"通过互联网平台和直播带货等新颖模式,将"内蒙古味道"传播到国内外,线上线下全渠道销售模式日益普及,为农产品打开更广阔的市场空间。在临河区,杜泊羊肉羊谱系可追溯养殖管理系统通过电子耳标、防疫记录数据库、饲养人信息数据库等先进设备和技术,为每只杜泊羊建立了详细的谱系档案。通过管理平台或手持射频耳标信息读取设备,可以迅速获取每只羊的谱系信息,实现了养殖管理的精细化和可追溯性。托克托县则大力推广数字化奶牛养殖平台建设,借助"新牛人""爱养牛"等数字化平台,配备先进的管控终端。通过网络数字化管理平台、自动饲喂系统、粪污清理系统、环境控制系统以及机械化挤奶等手段,实现了奶牛养殖的产业数字化、经营智慧化、养殖精准化和生产科学化,为当地奶牛养殖业的发展注入了新的活力。

三是农业数字绿色化。扎赉特旗作为国家数字乡村试点县,精心定制开发了九大系统平台,实现对十万亩智慧农场和社会化服务平台的直接管控。该平台配备了千余套田间信息采集和视频监控终端,以及百余套具备天空地一体化遥感、北斗农机自动导航、精准变量喷药、谷物测产等先进功能的智能农机终端。这些举措极大地提升了农业大数据分析决策能力,实现了田间智能设备的精准管控和高效调度,为农牧民提供了科技培训服务,促进了市场信息的采集与发布,还建立了农产品质量追溯体系。同时,鄂托克前旗积极打造智慧农场和智能温室大棚示范基地,构建玉米生长预测模型,利用三维实时监测技术评估作物全生育期的长势和品质,并进行产量预测与管控,显著提高了农业生产效率。扎赉特旗还创新性地运用区块链技术,为优质农产品赋予独特的"一物一码"数字身份证,从而建立起一个涵盖食品安全、地域特色、惠农互助等多维度的农产品评价管理体系。在星环科技大数据基础平台TDH的强有力支持下,内蒙古自治区农村信用社联合社显著提升了多元异构数据的整合能力,弥补了实时数据处理和外部数据处理方面的不足,进一步强化了数据在辅助决策中的作用。此外,通过精准的客户画像,联合社还增强了客户识别、营销和分析能力,为业务发展提供了坚实的数据支撑。

四是"大数据+现代农牧业",开启数字应用场景新模式。内蒙古正在积极推进农牧业领域的数字化转型,深度融合大数据、物联网和人工智能等前沿技术,在生产经营管理领域实现了广泛应用。依托农牧业生产现场的传感节点和无线通信网络，内蒙古成功实现了对农牧业生产环境的智能感知、预警、决策和分析，从而为农牧业生产提供了精准化种植、可视化管理以及智能化决策支持。"物联网＋高标准农田"模式的推行效果显著，农民通过手机 App 就能进行智慧农田管理，大大提高了农田管理的便捷性和效率。同时，"互联网＋北斗＋草原畜牧业"新模式的应用，使得"卫星放牧"成为现实，北斗卫星放牧系统通过手机软件与牛脖子上挂载的北斗卫星模块相连，让牧民能够远程监管畜群，极大地提升了畜牧业的管理水平。此外，无人驾驶收割机借助北斗卫星导航技术，与传感器和控制器实现数据互联，能够自动规划最优路径和最佳作业方式，实现自动化作业，从而显著提高了现代农业的作业效率。小牧童智慧畜牧云平台则围绕牧场的主要生产管理环节，提供信息化和智能化服务，助力实现科学化、标准化和精细化的管理。随着这些数字化技术的应用，创意农牧业、网络认养农牧业、观光农牧业等农村牧区数字经济新业态也逐渐得到普及和发展，为内蒙古农牧业的可持续发展注入了新的活力。

6.京津冀农业大数据建设经验

作为跨区域大数据综合发展试验区的京津冀地区，北京、天津与河北三地紧密协作，致力于智慧农业平台的持续优化。通过大数据技术的深度应用，传统农业正逐步向现代农业转型升级，传统的农业生产方式也逐步转变为高效、高产的智慧农业发展模式，为农业产业的可持续发展注入了新的活力。

一是高度重视大数据农业顶层规划设计。北京市委市政府对数字农业农村工作给予了极高的重视，并相继出台了《北京市关于加快建设全球数字经济标杆城市的实施方案》《北京市"十四五"时期智慧城市发展行动纲要》以及《北京市"十四五"时期乡村振兴战略实施规划》等一系列政策文件。为了进一步推动北京市数字农业的发展，北京市农业农村局与北京市网信办联手发布了《北京市加快推进数字农业农村发展行动计划（2022—2025年）》，并随后共同出台了《北京市加快推进数字农业农村发展统筹协调机制方案》。这些方案强调要夯实数字底座和基础支撑，对乡村信息基础设施进行提档升级，并对传统基础设施如道路交通、水利设施、冷链物流设施以及农村快递服务设施等进行数字化改造。同时，还计划建设乡村振兴大数据平台，与北京市大数据平台和国家农业农村大数据平台实现对接，促进涉农数据的跨部门共享和有序开放。此外，全市范围内还将建设"农业农村一张图"，旨在提升农业产业的精准化管理水平，加强农机信息化管理和智能装备的应用，强化农产品质量安全的数字化监管，促进农产品加工和市场流通的数字化，并提升"互联网+"农产品出村进城的能力。同时，京津冀地区还将构建农产品智慧供应链，实现三地农产品生产、流通、销售数据的互通共享。与此同时，河北省也发布了《河北省智慧农业示范建设专项行动计划（2020—2025年）》，旨在围绕乡村振兴战略的实施，推动物联网、人工智能、大数据、区块链、5G等通信技术在农业生产领域的应用，加快"互联网+"现代农业的创新发展，从而推动农业产业的数字化进程。而天津市也颁布了《天津市人民政府办公厅关于印发天津市推进农业农村现代化"十四五"规划的通知》和《天津市加快数字化发展三年行动方案（2021—2023年）》等政策文件，致力于构建现代农业生产体系，并以数字技术赋能乡村振兴战略的实施。

二是构建农业大数据平台。北京精心构建了以智慧农业平台为核心的一系列数字农业系统，包括天空地一体化系统、农业生产数字化系统、农产品质量溯源系统、环境监测系统、病虫害测报系统、智能调控系统、设施监测作业系统、质量安全信用评价系统以及农产品销售系统等，全面覆盖了农业全产业链的数字化生产、经营、管理和服务需求。在此基础上，"首都农业大数据中心暨互联网农业技术与产业创新中心"为北京市政府涉农部门和农业龙头企业提供了强有力的数据支撑，同时也为全市3900多个村庄的"一村一品一电商"模式提供了全方位的服务。此外，北京还汇聚了众多领先的农业大数据公司，如北京爱科农科技有限公司、北京农信互联科技集团有限公司等，这些企业专注于农业大数据服务，不仅为北京本地，而且为全国多个省市县区提供了高效的数据支持。天津市农委及其下属单位同样在信息化方面取得了显著进展，建设了48套信息化系统，覆盖了种植业、畜牧业、渔业、服务业及农产品质量安全等多个领域。这些系统实现了异构信息系统的整合和数据共享，显著提升了天津农业生产和管理的信息化水平。通过详尽的数据采集，包括26个专题、48件业务事项、105个数据大项和1800多个指标小项，为天津农业的精准决策提供了有力支撑。河北饶阳县则依托其蔬菜产业优势，借助信息技术，以"智能控制、质量追溯、远程服务"为建设重点，成功搭建了智慧农业综合管理平台。同时，该地区还建设了一批集高品质果蔬生产、畜牧养殖、高新技术展示、农产品深加工等多功能于一体的现代农业高科技示范园区,为农业产业的现代化和高效化注入了新的活力。

三是农业机械向智慧化和自动化方向发展。"农机装备、物联网、大数据、云计算"等前沿信息化技术正不断渗透至农业生产经营的各个环节,推动传统农业生产模式向无人农场的现代化转型。依托5G技术、北斗卫星、人工智能等现代通信技术的支持,我们成功运用远程控制平台对耕地、种植、植保、病虫害控制、节水灌溉、收获等生产流程进行精细调节。同时,积极推进智能感知、分析、控制等技术与装备在种植领域的深度融合,引进无人机、自动喷滴灌装置、自动采摘机等智能化系统和数字设备,实现农业生产的智能化和标准化,推动生产过程的"无人化"和"少人化"。在北京的顺义、平谷、通州、大兴等地,我们已经成功开辟了粮食、大桃、蔬菜、西甜瓜等"无人农场"的应用场景。利用"3S"技术和物联网技术,我们能够实时动态监测农作物的种植面积、土壤墒情、灾害病虫、水力肥力等信息,实现精准管理,并提前进行预警和预案制定。此外,通过运用北斗卫星自动导航和辅助驾驶技术,结合北斗卫星定位导航、激光测距雷达、双目识别等无人驾驶系统,我们已实现了无人驾驶作业。具有河北特色的智能化全程机械化解决方案已初具规模,"物联网+精准农业"的全程机械化架构已建立。众多农机合作社已实现了农机管理的信息化、田间作业的智能化、生产过程的数字化以及经营服务的网络化,为农业现代化发展注入了新的活力。

四是数字农业场景应用普遍。依托先进的智慧农业平台,北京成功构建了农业信息化指挥舱,实现了以图管地、以图管产、以图智农、以图防灾、以图决策的全方位智能化管理。举例来说,通过高效的农产品产地环境监测系统,北京能够精准监测土壤墒情和农田气象参数,为农田管理提供及时、准确的预警信息。此外,北京市1000余个农业标准化基地积极开展了农产品质量溯源与数据采集工作,确保农药、兽药、化肥、饲料等农业投入品的流向可跟踪、风险可预警、责任可追究,从而推动农业绿色发展。在数字化服务方面,"京农通"平台实现了"三农"事务的掌上查询、办理和管理,为生产主体提供了便捷的掌上报、掌上申、掌上问功能。河北联通自主研发的"数字农场"则通过PC端和手机智能终端,为农场提供精准种植、灌溉、病虫害诊断、在线管理、环境监测预警和视频监控等全方位数字化服务。河北省内136家牧场利用"小牧童"系统实现了奶牛定位监测和牲畜跟踪,而1万多台套中大型现代智慧农机则通过农机决策管理信息系统,实现了全生命周期的动态作业管理。此外,4000多艘中大型渔船也通过渔船渔港动态监控管理系统,实现了全面实时的自动化管控。在天津,"津心融"融资平台的乡村振兴专题模块推出了多个金融产品,涵盖了政策性农业保险体系,为农业生产提供了强有力的风险保障。建设银行天津分行的"裕农通"和农业银行天津分行的"三资平台"则分别为农业提供了普惠金融服务和数字人民币兑入兑出服务。最后,"华为三农智能体"通过智能化管理,实现了绿色精准种植、科技园区管理、农产品质量溯源等应用场景的高效运作,为智慧农业的发展注入了新的动力。

7. 辽宁省农业大数据建设经验

随着数字化技术在农业领域的日益深入应用,辽宁省紧抓大数据综合试验区建设的宝贵机遇,充分利用大数据资源,积极构建现代农业化体系,推动传统农业向数字化转型的步伐。此举不仅加速了乡村振兴的进程,更为农业农村的现代化注入了强大的动力,全面实现了乡村经济的蓬勃发展与农业现代化水平的显著提升。

一是数字新基建赋能数字化农业。辽宁正在积极布局5G、大数据中心、人工智能、物联网等新型基础设施领域,以此为契机,充分利用大数据、云计算、物联网、人工智能等技术,为农业领域注入强大动力。例如,辽宁正将5G技术广泛应用于农业种植、养殖、农产品溯源流通、农业综合服务等多个领域,依托"3S"技术,实现农业从耕作、种植到生产的智能化管理。同时,在设施农业数字化产业园区,辽宁部署了环境监测系统、数据传输存储系统、自动气象站、环境传感器系统、视频监控系统等,通过对土壤、肥力、湿度、温度、水分、光照等关键因素的实时监测,科学调整生产方式,实现精准生产和精细化管理。此外,辽宁还积极发挥电商平台在汇聚农业大数据方面的优势,搭建生鲜农产品电子商务平台,并与阿里巴巴、京东等第三方平台紧密合作,共同打造农产品特色馆,整合供应商、物流仓储商等资源,通过对供应链节点产生的数据进行深入分析,实现精准销售。在农产品加工业方面,辽宁正进行数字化设备改造升级,从产品设计、关键工序到供应链管理智能化等方面全面提升制造单元和生产车间的水平,将传统车间和工厂转变为数字化车间和智能工厂,推动农产品加工过程向智能化迈进。

二是构建农业数据资源体系。以农业供给侧结构性改革和高质量发展为核心驱动力，辽宁紧抓新基建项目建设的重大机遇，全面推进全省农业农村大数据系统、数字农业应用云、数字农业大数据中心、种业大数据平台、三农综合服务平台以及智能终端系统的构建。辽宁依托土地确权、高标准农田建设、设施农用地备案以及两区划定等工作，夯实了自然资源大数据体系的基础。同时，借助先进的"3S"技术和物联网技术，辽宁成功构建了涵盖田间生产、设施农业、畜牧养殖、渔船渔港等领域的实时大数据系统，实现了对农业生产全过程的精准监测和科学管理。此外，辽宁还整合了涉农部门在政务服务、数据统计、市场信息、质量安全溯源等方面产生的大量数据，形成了全面覆盖、互联互通的数字农业信息体系。如今，全省已经初步形成了"数字农业一张图、智慧农业一朵云"的发展格局，为农业农村的现代化发展提供了强有力的数据支撑和智能服务。

三是创新数字化农业应用场景。为了全面推进数字化农业场景的应用，辽宁积极示范和推广"3S"技术、智能感知、智能模拟和智能控制等软硬件技术及设备在农业领域的集成应用。通过运用"3S"和农业物联网技术，能够实时采集种植和养殖数据，并通过网络直播实现实时农业展示，进而推动线上销售的发展。在沈阳全市范围内，已经有1.6万台（套）农机具加装了北斗导航设备，而"农机直通车"平台也获得了广泛普及和应用。借助农机App，可以实现远程操作和管控，从而显著提高农业生产效率。在畜牧业方面，智能化应用不断取得显著成效。养殖场已经实现了畜牧兽医的精准监管和动态监测，如肉牛养殖中采用了耳签植入技术，实现了全程疫情预警和远程诊断新模式，为规模化、标准化养殖提供了有力保障。同时，水产养殖装备也采用了自动化和智能化技术，实现了环境的远程监控和自动投喂等功能。另外还依托农技服务手机App和数字农业应用平台，通过订单农业和托管农业模式，不断提升农情监测体系的数字化水平。这使我们能够准确掌握土壤墒情、虫情、苗情等信息，为作物的远程诊疗和数字在线服务提供有力支撑。为了打造国家数字农业创新应用基地的样板，辽宁选择了如凌源市这样的地区作为试点。在这些地方，我们建设了设施农业生产数字化管理平台，为花卉、蔬菜等经营主体提供数字化服务，帮助企业降低成本、提高效益。此外，我们还基于"数据＋金融"服务系统，深入挖掘"三农"价值，建立了"政府农业大数据＋农户授信"评估模型。这一模型将金融服务嵌入"数字乡村"系统，为农业经营主体提供"线上线下一体化"的金融服务，从而有效解决涉农主体在融资方面面临的难、贵、慢等问题。

四是实现农业数字管理服务。将大数据与农业管理服务紧密结合，能够有效提升农业管理的数字化决策能力。通过构建农业管理决策支持系统，运用大数据分析、深度挖掘和可视化技术，开发出涵盖种植业、畜牧业、渔业、政务管理、监督管理、市场管理等功能的模块。这些模块不仅能为政府涉农部门在规划设计、政策制定、市场预警、资源管理、监管执法、舆情管控、乡村治理等方面提供有力的决策支持服务，还能通过构建重要农产品的全产业链监测预警体系，如单品种全产业链数据库，覆盖从种植、生产、加工到贸易、物流、消费等各个环节，为政府和涉农企业、农户提供全面综合的信息服务。此外，辽宁致力于构建乡村数字化治理体系，将数字治理触角延伸到乡村的每一个角落，实现信息发布、民情民意收集、议事协商、公共服务等功能的互联网化运行，从而推动乡村治理的现代化进程。

8. 上海市农业大数据建设经验

一是构建农业农村大数据平台。为了加快上海市农业大数据的发展步伐，上海市委市政府积极倡导农业数字化转型和智慧农业建设。在此背景下，上海市农业农村委员会精心构建了"1＋N＋X＋数字底座"的顶层设计，并成功建立了上海数字农业农村云平台。该平台在统一的技术标准体系下，将原本分散于不同部门的涉农数据进行了集中整合，实现了"一块地一编码"的精准管理。同时，平台利用先进的"3S"技术，汇聚了遥感影像数据、基础矢量数据、农业专题数据等空间基础数据，绘制出一张详尽的"农业数字底图"。基于农业数字底图和丰富的专题数据库，平台成功开发了多类大数据应用场景，涵盖种植、蔬菜、畜牧、渔业、农机、安全监管等多个领域。同时，整合了多个业务子系统，如神农口袋、畜牧业管理、农产品网格化监管等，目前平台已涵盖32个业务信息系统，全面覆盖作物种植、畜牧养殖、水产渔业、智慧农机、经营管理等农业生产全流程。通过对这些丰富的农业信息进行科学分析，平台能够为农作物经营管理提供精准的处方，从而推动传统的农业生产方式向数字化生产方式转型，形成具有上海特色的数字化转型模式。以浦东新区为例，当地开发了"一田一卡""一组一图""一村一表""一镇一库"的农业用地信息管理系统，覆盖了新区38.2万亩的农业生产用地，为农业生产规划布局和精准农业提供了有力的决策支持。

二是丰富农业大数据应用场景。在上海的大数据农业发展进程中，农业农村大数据平台的应用场景正逐步广泛普及和深化。比如,借助卫星遥感技术,我们能够对作物产量和蛋白质含量进行精准分析和评估。通过对光谱数据的深入剖析,我们构建出丰富的知识图谱和模型,用以指导农业生产操作、设计优化方案以及辅助管理决策。同时,为农业机械装备北斗定位终端,我们建立了统一的数据存储运算中心,实现了农机作业的自动化和智能化。上海祥欣畜禽有限公司通过应用数字化管理系统,实现了从公猪采精、检测到猪精制作、生产罐装、包装物流、销售到结算售后的全流程远程数字化管理,大大提高了管理效率和精准度。在浦东新区宣桥镇腰路村,我们见证了国内首个全智能数字水稻种植示范区的诞生。该示范区利用5G技术高速传输数据,并通过一体化监测杆实时监测田间气象环境和水稻生长状态,实现了自动化灌溉和智能化管理。面对病虫害、气候变化等自然灾害,示范区能够提前干预稻谷的生长周期,有效规避风险。合庆火龙果智能示范基地则运用了5G技术、传感器技术和射频技术,实现了种植大棚的全自动化控制。通过安装摄像头、土壤温湿度检测设备、水质检测设备和气象检测设备等,我们能够实时监测大棚内作物的生长过程和环境信息数据,实现精细化种植。清美集团大棚蔬菜基地同样展现了智能化的魅力。通过应用物联感知系统、大数据集成与模型模拟系统、温室智能控制系统以及冷链物流配送系统,基地实现了智能化的种植、生产和采摘流程。此外,上海首家盒马村依托阿里云IOT技术,将环境、农田、作物、种植、生产、销售等信息进行数字化感知和互联,帮助涉农企业实现标准化生产管理,构建数字化生产模型,从而实现对农业的精细管理,促进农业提质增效。

三是推进数据互联互通。上海市积极归集并整合数据资源,成功将20余个行业应用系统的数据融为一体,构建起农业农村数据资源库。这一举措不仅将数据汇聚至上海市农业农村数字云平台,打破了原有的信息孤岛,实现了与国家农产品质量安全溯源管理系统的数据对接,更打通了从产地到生产、加工、监管、绿色认证、品牌认证等各环节的数据壁垒。同时,通过融合"鱼米之乡"产销服务平台,上海市成功打造了"一库所有"的模式,实现了数据的"一次采集,多方共享,汇聚融合,无限使用"。此外,上海市还通过对农业政务、农业经营、生产种植、畜牧养殖、蔬菜生产、水产渔业、智慧农机、市场管理等业务数据进行归集、重组、转换和关联,构建了一个全面覆盖农业生产和管理的数据仓库。这一数据仓库实现了数据的跨部门和跨平台融合,将农业产业、气象、环境、产品贸易、市场供需等数据汇聚于一个平台之上,为所有涉农企业和农户提供了无限使用的可能,从而推动了农业产业的数字化、智能化发展。

三、八大大数据试验区建设经验对湖北农业供给侧结构性改革的借鉴与启示

湖北省,虽为我国的农业大省,但在农业领域的实力尚未达到强省的层次。为了推动农业的持续健康发展,湖北省必须积极借鉴国内外在农业发展上的先进经验和做法。特别是在大数据促进农业供给结构改革方面,国内外已积累了诸多成功经验。无论是国外的先进实践,还是国内的大数据试验区,它们都成功地将大数据与农业深度融合,优化了农业供给结构,推动了传统农业向数字农业、智慧农业的转型升级。在新时代的发展格局下,湖北省为满足市场消费者日益增长的高质量需求,必须深入推进农业供给侧结构性改革。这一改革需要从生产全要素供给的角度着手,而大数据作为全新的生产要素,具有巨大的科技生产力,对于推进农业产业链供应链的现代化发展具有举足轻重的作用。因此,将大数据农业和智慧农业确立为湖北省农业的发展方向,是符合时代潮流和发展需要的。湖北省应积极探索大数据农业的应用场景,深入挖掘农业大数据的潜在价值,以改善农业供给结构,提升供给质量。这是湖北省在新时代发展格局下赶超其他地区、实现农业现代化的必由之路。

国外已将大数据列为国家战略,在农业产业链供应链中,大数据的运用已占据更高的产业生态位。我国八大国家大数据综合试验区实施的大数据农业发展战略,不仅显著推动了各试验区农业的高质量发展,还有效促进了农业供给侧结构性改革,取得了显著的成效。这些经验具有普适性,对湖北省实施大数据战略行动、推动供给侧结构性改革,以及促进湖北大数据农业和智慧农业的发展,具有重要的借鉴意义与深刻启示。

1. 高度重视顶层设计,加强体制机制改革和政策支持

八个国家大数据综合试验区在推动大数据农业建设上,采用了"政府主导、企业参与、市场运作"的模式,积极推动传统农业向大数据农业和智慧农业的转型升级。政府充分意识到大数据在农业领域的巨大潜力,积极制定并实施了一系列支持农业大数据发展的政策文件。在顶层设计的统一规划下,明确了组织架构,强化了政策扶持,建立了良性互动机制,并加强了组织

领导,旨在结合各试验区的实际情况,通过体制机制的创新和政府职能的充分发挥,打破行政壁垒,提升政府行政效能。政府还积极加强服务管理,创新"放管服"模式,确保各职能部门有效执行大数据农业政策。同时,通过消除跨区域、跨部门的体制机制障碍,构建了有利于大数据发展的资源整合、系统融合和资源共享机制,为大数据农业的智慧化、高效化发展奠定了坚实基础。

湖北省在大数据建设领域成绩斐然,位居中部六省之首,全国排名亦名列前茅。省委省政府对数字农业的发展给予了极高的重视,各政府部门紧密协作,职责明确。依据数字中国战略、乡村振兴战略以及数字乡村战略,湖北省精心制定了数字农业产业发展规划,并在政策制定、体制机制创新和完善等方面取得初步显著成果。尽管在推动大数据、人工智能、物联网、云计算、"3S"、"5G"等通信技术和智能装备在农业领域的深度应用上已取得一定进展,但仍有广阔的空间值得进一步突破和优化。政府应继续积极尝试和探索,以期形成具有湖北特色的大数据农业发展模式,为农业现代化注入新的活力。

2. 示范引领推广,强化场景应用

八大国家大数据综合试验区在大数据农业建设方面,普遍采取了示范引领、不断探索并创新应用场景,随后推广的运作模式,以此推动大数据农业规模的持续壮大与深化。无论是在大数据基础较为坚实的发达地区,还是在大数据基础稍显薄弱的欠发达地区,都高度重视处理好大数据农业中的"场景应用"与"产业链供应链现代化"之间的平衡关系,坚持场景应用与产业链供应链现代化两者并重、协同发展。

"大数据+X"与"互联网+X"模式,作为当前大数据农业发展的核心示范推广策略,正深度整合大数据、互联网技术与农业产业。通过新一代通信技术如"3S"、物联网和传感器在农业领域的广泛应用与深度嵌入,极大地拓展了农业产业链与供应链的应用场景。这些技术不仅实现了对种植、生产、收获、销售等各环节数据的全面采集、精准分析与深度挖掘,更推动了农业管理的精细化进程,从而助力传统农业向数字化、智慧化方向实现质的飞跃。

强化大数据在农业领域的深度应用,已成为八大国家大数据综合试验区在农业建设方面的共同亮点。通过实施一系列大数据农业应用项目,不仅培育了当地的大数据农业领军企业,还推动了大数据农业工程项目的建设,成为各试验区取得显著成效的关键所在。以广东省为例,其数字菜园、数字果园、数字药园、数字都市农业园以及数字鱼塘等项目,无疑是大数据创新应用的典范,展现了大数据在农业领域的广阔前景。在河南省的大数据农业基地,安装的环境监测系统、生产控制系统、专家系统、农产品追溯系统以及遥感无人机等先进设备,能够将海量数据实时上传至大数据平台,从而实现对农作物的精准管理,大幅提升了农业生产效率和品质。重庆荣昌区国家级生猪大数据中心则利用大数据、物联网、云计算、区块链等先进技术,打造了"荣易管""荣易养""荣易买""荣易卖""荣易医"等一系列创新平台,有效减少了养殖户的交易环节和成本,推动了生猪产业的现代化发展。北京"首都农业大数据中心暨互联网农业技术与产业创新中心"不仅为北京市政府涉农部门和农业龙头企业提供强大的数据支撑,还为北京市3900多个村庄的"一村一品一电商"项目提供了有力的服务保障。而在上海,借助卫星遥感技术,对农业数据进行深入分析,并构建知识图谱和模型,为农业生产操作和管理决策提供科学指导。同时,为农业机械安装北斗定位终端,实现了农机自动化作业,进一步提升了农业生产的智能化水平。

3. 推动政务和涉农企业大数据资源共享开放

大数据的重要价值在于其开放性和共享性,只有数据资源越开放、越共享,才能更充分地发挥其潜在价值。目前,我国的数据资源主要集中在政府各级职能部门,因此,推动政府数据资源的共享成为促进大数据发展的关键所在。同时,随着涉农企业越来越多地应用大数据,产生的数据资源也愈发丰富。因此,建立涉农企业数据与政府数据之间的共享通道,以及涉农企业之间的数据共享平台,对于政府决策的科学性和企业服务的优化具有极其重要的价值。在政务数据资源与涉农企业大数据的开放共享方面,八大国家大数据综合试验区在建设思路、发展路径以及所面临的困难和问题上都呈现出一定的相似性。

政务数据资源开放共享的突破口主要表现在以下几个方面:第一,积极推动各地区不同部门间横向数据交换共享平台的构建,将涉农企业信息整合至农业大数据平台,以实现信息的集中管理和高效利用;第二,着力推进政务农业大数据资源及涉农企业数据开放的标准制定工作,确保数据的规范性、准确性和可共享性;第三,加快构建统一的农业大数据体系,融合政务数据与涉农数据(涵盖农产品产、供、销、监管等全方位的大数据子系统),形成全面、精准的数据支撑;第四,还应推动建立跨区域、跨部门的大数据资源协同开放共享体制机制,打破信息孤岛,促进数据资源的互联互通;第五,通过政务农业大数据资源、涉农数据的开放共享以及农业大数据示范应用的推广,推动本地大数据农业产业的蓬勃发展。在这方面,京津冀、珠三角等跨区域大数据综合试验区在数据资源整合和产业联动方面积累了丰富的建设经验,上海的政务数据资源开放共享和数据标准建设也取得了显著成效。湖北省在推进大数据促进农业供给侧结构性改革时,应充分借鉴和学习辽宁的农业大数据体系建设经验、广东的涉农企业数据开放共享实践、重庆的信息化项目集中审核及第三方评估机制等先进做法,不断提升自身在大数据领域的发展水平。

4. 立足本地资源,加强大数据农业人才队伍建设

推动大数据农业发展,人才是关键。鉴于大数据领域的迅猛发展以及当前人才储备的不足,八个大数据综合实验区对大数据人才队伍建设给予了高度重视。这些试验区不仅出台了一系列政策,为大数据人才提供优厚待遇,积极吸引和留住本地人才,以促进大数据产业的蓬勃发展;同时,也致力于本地大数据人才的培养和储备,建立起完善的人才培养体系。政府根据本地大数据发展的实际需求,鼓励本地高等院校开设不同层次的大数据相关专业学科,并与国内外知名的大数据公司合作,共建实习实训基地。此外,还选派有志于本土发展的优秀青年到国内一流高校深造,学习专业的大数据技术。湖北省作为高等教育资源丰富的地区,特别是武汉市,拥有83所高校,其中本科高校数量居全国第二。华中农业大学作为全国211名校,在农业教育领域名列前茅,因此在大数据农业人才培养方面具有得天独厚的优势。八个大数据试验区在人才培养方面的成功经验,无疑为湖北省培养农业大数据人才提供了宝贵的启示和借鉴。

5. 加强宣传推广活动,营造大数据良好发展环境

八个大数据综合试验区在推动大数据发展方面,均采取了类似的策略:注重宣传推广,由政府主导搭建平台,企业积极参与,深入参与大数据相关产业活动。为了营造大数据发展的良好氛围,这些试验区加强了大数据的舆论宣传,举办了多种形式的大数据会议和竞赛活动,这已成为促进大数据产业健康发展的主要手段。其中,贵州、广东、北京、上海、重庆、内蒙古等地区更是积极创造条件,举办国际和国内的大数据会议。这些活动在促进大数据发展环境的专业化和市场化方面发挥了重要作用。例如,贵州的大数据产业大会已经由国内级别升级为国际级别,为当地带来了巨大的商业机遇,吸引了众多国内外高端大数据企业和头部企业的入驻,极大地推动了大数据科研成果的转化速度,有力地促进了贵州大数据产业的快速发展,使其连续多年保持较高的增速。同样,上海也连续多年举办大数据创新创业赛事活动,这些活动不仅加快了大数据产业的成果转化,还推动了其在实际应用中的广泛普及。

湖北省位于中国中部,其交通与教育资源均展现出显著的优势。武汉,被誉为"九省通衢",是长江与汉江的交汇之地,不仅是中国重要的水陆空综合交通枢纽,更是中国经济地理的中心,位列全国四大铁路枢纽之一。同时,武汉还是我国四大科教中心城市之一,其全球科研城市排名高居第十三,国内排名第四,拥有在校大学生超过百万。因此,武汉作为湖北省会城市,在举办大数据产业活动方面具有得天独厚的区位优势,而在这里举办大数据创新创业大赛更是能够充分利用其丰富的人才资源。湖北省应充分利用现有的交通和教育优势,积极加强大数据产业的舆论引导,为大数据产业营造一个良好的发展环境。通过此举,湖北有望吸引更多的国内外大数据企业和优秀人才落户,推动大数据科研成果的转化,并不断创新大数据应用场景,为湖北乃至全国的大数据产业发展注入新的活力。

第五章 湖北省农业供给侧结构性分析

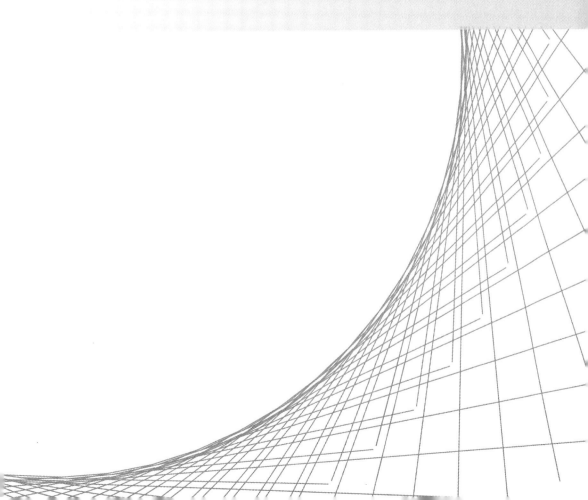

自改革开放以来,我国农业结构历经了两次重大调整。1985年,中央"一号文件"明确提出了农村产业结构的调整目标,着力推动畜牧业、水产养殖业、林业等产业的蓬勃发展。这次调整的核心在于优化农业生产结构,使粮食生产结构发生转变,同时畜禽养殖和水产养殖等领域也取得了显著进展。进入1998年,面对农产品市场低质量产品积压、高质量产品供不应求的局面,我国农业进行了新一轮的战略性结构调整。这一调整历时近二十年,以市场为导向,逐步实现了供求平衡,农产品质量也获得了显著提升。如今,我国农业已迈入新的发展阶段。在新的形势下,农业的主要矛盾已经从总量不足转变为现阶段供大于求和供给不足并存的结构性矛盾。具体表现为低质量的供给超过了人民群众日益增长的高质量需求,而高质量的供给则相对不足。因此,我国现阶段的农业改革必须从供给侧结构性改革入手,不断优化高端供给结构,以满足人民群众的需求,实现农业提质增效,助力农民增收致富。

第一节 湖北省农业产业供给结构变化

一、湖北省农业产业结构总体概况

1. 农业生产总体概况

湖北省农业产值自2009年至2020年期间,整体上呈现出稳健且持续的增长态势,农业生产始终保持着较为快速的发展速度。具体来看,农业总产值从2009年的1490.91亿元稳步增长至2020年的3492.54亿元,这一显著增长充分展示了湖北省农业经济的蓬勃活力。在近十年的发展历程中,农业总产值的平均同比增速达到了8.15%,其中最高增速更是高达22.96%,这一数据直观地表明,2020年的农业产值已经近乎是2009年的2.5倍(如图5-1所示)。

相较于2014年和2015年较低的增长率,从2016年至2020年,湖北省的农业总产值实现了基本稳定的增长。这一显著变化,不仅是湖北省农业供给侧结构性改革政策的必然结果,更是其成功实践的生动体现。它充分反映了湖北省在农业产业结构调整、农业科技创新以及农村基础设施建设

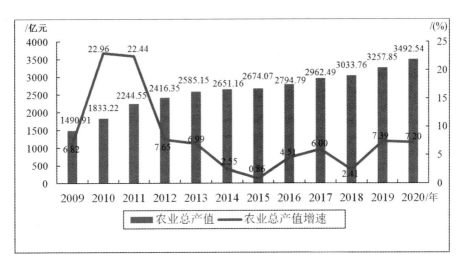

图 5-1　湖北省 2009—2020 年农业总产值及其增速

(资料来源:《湖北统计年鉴》《湖北农村统计年鉴》《中国农村统计年鉴》(2009—2020))

等多个方面所付出的努力和取得的显著成效,彰显了湖北省农业发展的强劲势头和持续向好的发展趋势。

2.农林牧渔业概况

湖北省,作为中国的农业重镇,长期以来都高度重视农业的发展。为了推动农业的持续繁荣,湖北省政府实施了一系列扶持政策,包括财政专项支持、技术培训以及项目补贴等,旨在激励农业合作社、农业公司以及家庭农场等涉农企业加大投入力度,进而提升农产品的质量和产量。此外,科技进步在提升湖北农业生产效率和质量方面起到了举足轻重的作用。通过引入现代农业养殖技术,如智能养殖设备的应用实现智能饲料喂养,同时结合智能传感器和大数据分析技术,对动物的生理参数进行实时监测,实现健康状态的预警,从而极大地增强了养殖的规模化效应。

湖北省农业产业结构持续优化,农林牧渔业生产展现出了强劲的增长势头。从 2009 年至 2020 年,农林牧渔业总产值实现了显著的提升,增幅从 2.96% 稳步攀升至 9.31%,年均同比增速达到 8.32%。值得一提的是,2010 年和 2011 年更是迎来了高峰,增幅分别高达 16.51% 和 20.70%。自 2012 年起,农林牧渔业继续保持了稳定的增长态势,历经十年发展,2020 年的农林牧渔业产值已然是 2009 年的 2.5 倍。具体数值而言,农林牧渔业总产值从 2009 年的 2924.66 亿元跃升至 2020 年的 7303.64 亿元(如图 5-2 所示)。

这一巨大的增长不仅标志着湖北省农林畜牧业和水产养殖业取得了卓越的成就,同时也极大地提升了农民的收入水平,为地方经济的稳健增长注入了强劲动力。

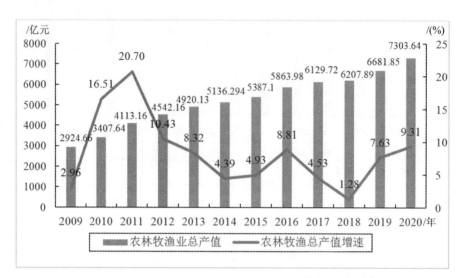

图 5-2 湖北省 2009—2020 年农林牧渔业总产值及其增速

(资料来源:《湖北统计年鉴》《湖北农村统计年鉴》《中国农村统计年鉴》(2009—2020))

湖北省在水产养殖业方面展现出了显著的优势,这一产业在十年间实现了跨越式发展。从 2009 年的 413.1 亿元起步,至 2020 年已飙升至 1157 亿元,产量更是翻了一番,高达原来的三倍之多。这一令人瞩目的成绩背后,是年均 15% 的稳健增长速度在默默支撑。与此同时,牧业也取得了长足进步,2020 年的产量相较于 2009 年翻了一番,年均增长速度稳定在 10%。而在林业方面,产值从 2009 年的 57.67 亿元增长到 2020 年的 245.4 亿元,年均增速高达 27.12%,产业规模更是扩大至原来的 4.3 倍(如图 5-3 所示)。

3. 粮食作物概况

随着湖北省农业供给侧结构性改革的持续深化,粮食生产结构也经历了显著的变化。近年来,我们观察到玉米、大豆和薯类等作物的播种面积逐渐扩大,而小麦和稻谷的播种面积则有所减少。具体来说,从 2009 年至 2020 年,薯类播种面积在粮食总播种面积中的占比稳定在 5.6% 至 6.9% 之间;玉米播种面积的比重则从 10.7% 显著上升至 16.2%,展现了较大的增长

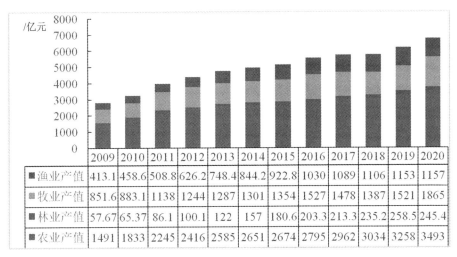

图 5-3 湖北省 2009—2020 年农业产业结构变化

(资料来源:《湖北统计年鉴》《湖北农村统计年鉴》《中国农村统计年鉴》(2009—2020))

幅度;大豆播种面积的占比也从 2.7% 增加至 4.7%;相对地,小麦播种面积的比重从 24.6% 下降至 22.2%,而稻谷播种面积的占比则从 51.4% 减少至 49.1%(如图 5-4 所示)。

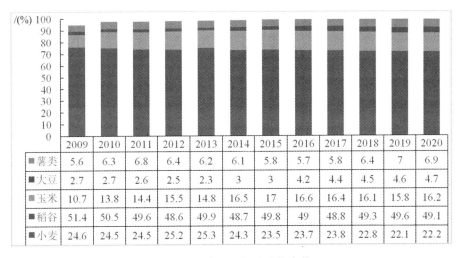

图 5-4 粮食作物播种结构走势

(资料来源:《湖北统计年鉴》《湖北农村统计年鉴》《中国农村统计年鉴》(2009—2020))

二、湖北省粮食与经济作物发展状况

粮食安全作为国家安全和经济社会发展的基石,始终占据着举足轻重的地位。它不仅是满足14亿多中国人民基本生活需求的根本保障,更是维护国家政治稳定和社会和谐的关键所在。确保自给自足的粮食安全,将饭碗牢牢掌握在自己手中,不依赖他人,对于提升国家抵御风险的能力至关重要。我国始终将粮食安全置于国家发展战略的核心位置,通过不断推动农业科技创新、提升农业生产效益、完善农村基础设施、加强农民技术培训等多维度举措,持续提高粮食的产量和质量,以确保国家的粮食供应安全稳定。

1. 湖北省粮食播种面积变化情况

湖北省,作为我国的农业重镇与粮食的主要生产区域,不断挖掘土地面积的潜力,积极拓展生产范围。该省积极推进土地整治项目,致力于土壤改良与土地肥力的提升,以激发土地的最大生产效能。同时,湖北省还大力压缩冬闲田的面积,通过政策引导与支持,鼓励新型农业经营主体和种植大户开展专业化的农业生产,从而有效提高耕地的复种指数。这一系列举措使得湖北省的粮食播种面积总体呈现出稳健的增长态势。如图5-5所示,自2009年起,湖北省的粮食播种面积一直保持着稳定的增长趋势。直至2020年,全省的粮食总播种面积已稳定维持在约800万公顷的水平。

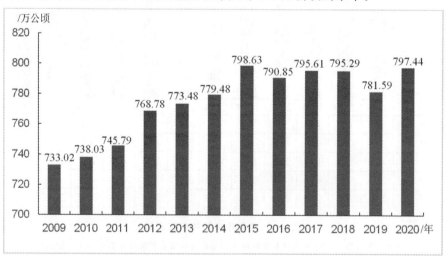

图5-5 2009—2020年湖北省总播种面积

(资料来源:《湖北统计年鉴》《湖北农村统计年鉴》《中国农村统计年鉴》(2009—2020))

2.湖北省粮食产量变化情况

随着播种面积的扩大,湖北省因地制宜,结合各地气候特点,积极推广优良品种。通过引进具备高产、抗病、适应性强的优质农作物品种,优化了种植结构,从而显著提升了湖北省的粮食产量与质量。同时,湖北省还加大了科技投入,大力推进农业现代化进程,引入智能农业技术。得益于科技进步和粮食单产的不断提高,湖北省粮食总产量整体呈现出稳步增长的态势,粮食作物的产量和质量均得到了显著提升。具体而言,粮食生产从2009年的2291.05万吨增长至2015年的最高峰2914.75万吨,平均增长率达到了4.54%。而从2016年至2020年,粮食总产量基本稳定在2720万吨以上,粮食生产总量始终保持在500亿斤以上(如图5-6所示)。

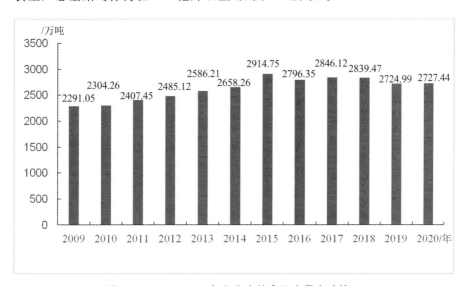

图5-6 2009—2020年湖北省粮食总产量变动情况

(资料来源:《湖北统计年鉴》《湖北农村统计年鉴》《中国农村统计年鉴》(2009—2020))

3.湖北省经济作物结构变化

经济作物在湖北省农业体系中占据举足轻重的地位,它们不仅极大地丰富了农民的经济收入,更为湖北省农村经济的蓬勃发展及农民就业的稳步提升提供了坚实的支撑。长期以来,湖北省对经济作物的种植与发展给予了极高的重视,积极采取多样化的策略和措施,旨在优化经济作物结构,精准对接市场需求,从而推动经济作物的稳健发展。

湖北省经济作物的比重相对于粮食作物较高,平均每年播种面积占据粮食作物的约七成(如图5-7所示)。作为全省农业的重要收入来源,经济作物在2009年至2020年期间,其播种面积基本保持稳定,未出现显著变化。

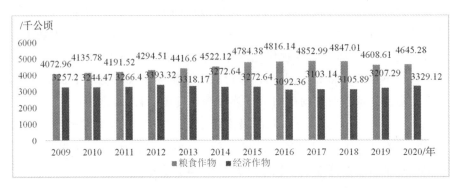

图5-7　2009—2020年湖北省农作物播种面积变动情况

(资料来源:《湖北统计年鉴》《湖北农村统计年鉴》《中国农村统计年鉴》(2009—2020))

湖北省的经济作物种类丰富,主要包括棉花、油菜籽、花生、芝麻、黄红麻、甘蔗以及烤烟等。在2009年至2020年这段时间内,这些作物的种植结构发生了显著变化。具体来说,棉花的种植面积从2009年的460.08千公顷显著下降至2020年的129.73千公顷,整体呈现出了明显的下降趋势。而油菜,作为湖北省的一大优势经济作物,其种植面积在此期间保持相对平稳,波动不大。花生的情况则呈现出增长态势,从2009年的190.41千公顷稳步增长至2020年的248.72千公顷,增幅达到了30%,显示出良好的发展势头。相比之下,芝麻、黄红麻、甘蔗以及烤烟等作物的种植面积则整体呈现出平稳的下降趋势,虽然变化幅度不大,但也反映了种植结构的微妙调整(如图5-8所示)。

三、湖北省林业结构发展状况

湖北省始终坚守绿色发展与生态惠民的理念,充分利用林业资源的丰富优势,不仅巩固和拓展了生态脱贫的成果,而且有效衔接了乡村振兴的宏伟蓝图。通过大力发展具有明显优势的绿色产业,并积极推进林业碳汇行动,湖北省致力于为社会贡献出高质量的绿色生态产品。依据"四屏一系统"这一发展战略——即鄂西南武陵山、鄂西北秦巴山、鄂东北大别山、鄂东南幕阜山四大森林生态屏障以及鄂中平原湿地生态系统的建设,我们不断优化生态空间布局,坚决维护生物多样性和生物安全,从而构建起坚实稳固的生态安全格局。

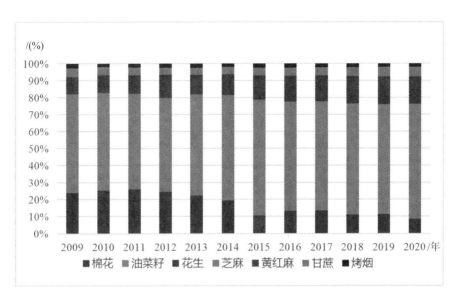

图 5-8　2009—2020 年湖北省经济作物总产量结构变化

（资料来源：《湖北统计年鉴》《湖北农村统计年鉴》《中国农村统计年鉴》(2009—2020)）

1.湖北省造林变化

自 2000 年起，湖北省便启动了退耕还林工程的试点工作。在过去的 20 年里，该省累计完成退耕还林面积超过 110 万公顷，使得森林覆盖率显著提升了约 7%。特别值得注意的是，从 2009 年至 2020 年，湖北省的造林总面积整体呈现出上升态势，具体表现为从 2009 年的 16.03 万公顷稳步增长至 2015 年的 24.69 万公顷。然而，自 2016 年至 2020 年，这一增长趋势略有放缓，并在某些年份出现了下降。特别是 2019 年，虽然造林总面积相比前一年实现了 9.94% 的显著增长，但到了 2020 年，受疫情暴发的影响，湖北省的造林总面积降至 15.94 万公顷，同比下降了 20.14%（如图 5-9 所示）。

2.湖北省木材竹材变化

在木材与竹材的主要采伐情况上，我们观察到显著的差异。木材的采伐面积整体上呈现出稳健的上升态势，从 2009 年的 177.61 万立方米显著增长至 2020 年的 534 万立方米，增长幅度高达约 3 倍（如图 5-10 所示）。然而，与木材的持续增长不同，竹材的采伐数量却出现了巨大的下滑。与 2019 年的 19895.1 万根相比，2020 年湖北省的竹材采伐数量锐减至 3725 万根，年均下降率达到了 36.1%（如图 5-11 所示）。

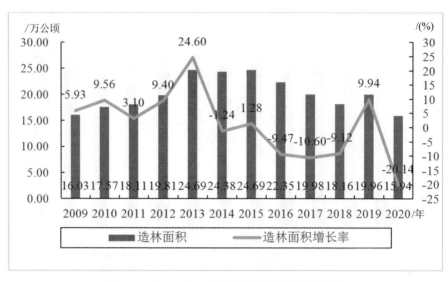

图 5-9　2009—2020 年湖北省造林面积及增长率

(资料来源:《湖北统计年鉴》《湖北农村统计年鉴》《中国农村统计年鉴》(2009—2020))

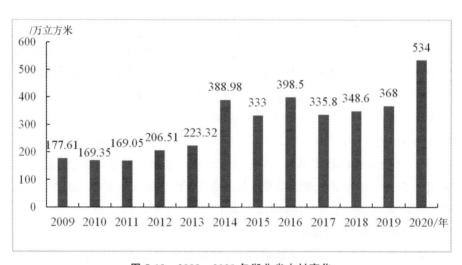

图 5-10　2009—2020 年湖北省木材变化

(资料来源:《湖北统计年鉴》《湖北农村统计年鉴》《中国农村统计年鉴》(2009—2020))

3.湖北省林产品变化

在主要林产品方面,从数量上来看,各类产品均呈现出较快的增长趋势。具体来说,油茶籽的产量从 2009 年的 4.39 万吨显著攀升至 2020 年的

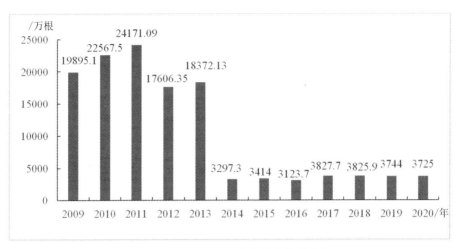

图 5-11 2009—2020 年湖北省竹材变化

(资料来源:《湖北统计年鉴》《湖北农村统计年鉴》《中国农村统计年鉴》(2009—2020))

22.18 万吨,在这期间的复合增长率达到了 13.8%,显示出强劲的增长势头。板栗的产量同样不容小觑,从 2009 年的 15.8 万吨稳步增长至 2020 年的 38.08 万吨,复合增长率为 7.5%。竹笋干的产量也从 2009 年的 0.5 万吨增加至 2020 年的 1.99 万吨,复合增长率为 11.68%,呈现出稳定的增长态势。而核桃的产量增长尤为迅猛,从 2009 年的 0.46 万吨大幅跃升至 2020 年的 10.42 万吨,复合增长率高达 28.35%,成为增长速度最快的林产品,油茶籽紧随其后(如图 5-12 所示)。

自 2009 年起,在市场需求强劲增长及政策扶持的推动下,湖北省茶叶与园林水果的产量均展现出稳健的正增长态势。2020 年,湖北省茶叶总产量飙升至 36.08 万吨,相较于 2009 年的 14.42 万吨,增幅高达 150.21%,实现了 21.66 万吨的显著增长,较 2019 年也有 2.35% 的同比增长,复合增长率维持在 7.6% 的稳健水平。同样,2020 年湖北省园林水果总产量也达到了 716.38 万吨,较 2009 年的 402.15 万吨增加了 314.23 万吨,增幅显著,达到 78.14%,并在 2019 年的基础上实现了 8.37% 的同比增长,复合增长率为 4.73%(如图 5-13 所示)。

四、湖北省养殖结构发展状况

湖北省,作为畜牧禽养殖业的领军省份,禽养畜牧业已成为其农业经济

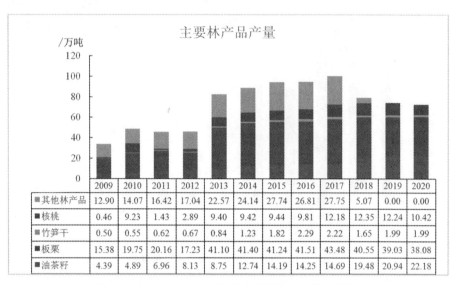

图 5-12 2009—2020 年湖北省主要林产品结构变化

(资料来源:《湖北统计年鉴》《湖北农村统计年鉴》《中国农村统计年鉴》(2009—2020))

图 5-13 2009—2020 年湖北省茶叶和园林水果变化

(资料来源:《湖北统计年鉴》《湖北农村统计年鉴》《中国农村统计年鉴》(2009—2020))

的坚实支柱。在第一产业的产值中,禽养畜牧业的占比高达三分之一,而在农民家庭的经营收入中,畜牧业也占据了五分之一的份额。近年来,湖北省积极推动畜禽养殖的标准化和规模化进程,实现了从传统"窝棚式"养殖向现代设施化、自动化专业养殖场的华丽转身。在此过程中,大数据技术的运用功不可没,自动投喂、自动饮水、自动温控以及远程监控等先进技术得到了广泛推广和应用,显著提升了养殖效率,推动了畜牧业的持续健康发展。

1.湖北省禽畜养殖结构变化

2009年,湖北省的肉猪出栏率高达146.71%,肉牛出栏率为35.6%,而肉羊出栏率也达到了133.429%。历经十年的发展,到2019年为止,湖北省的肉猪出栏率攀升至197.13%,肉牛出栏率也提升至45.04%,然而肉羊出栏率却有所下降,降至111.309%。这一时期,肉猪和肉牛的生产呈现稳步增长的趋势,而肉羊的生产则出现下滑。然而,到了2020年,受到疫情的影响,湖北省的肉猪、肉牛和肉羊的出栏率均出现了整体下降的趋势,分别降至121.73%、42.12%和96.2802%(如图5-14所示)。

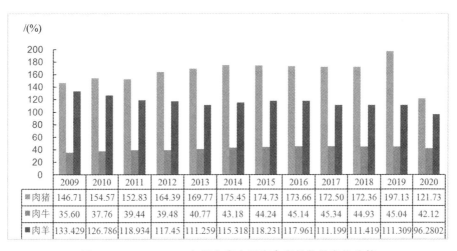

图5-14 2009—2020年湖北省主要畜禽出栏数量变化趋势

(资料来源:《湖北统计年鉴》《湖北农村统计年鉴》《中国农村统计年鉴》(2009—2020))

从养殖结构来看,猪肉历来是消费的主力军,禽肉紧随其后,而高端的牛肉和羊肉则相对较为稀缺。回顾2009年,湖北省肉类生产中,猪肉占据了高达76.26%的比重,牛羊肉仅占6.78%,禽肉则占16.73%。然而,到了2020年,这一结构发生了显著变化。猪肉的占比滑落至66.31%,而牛羊肉的比重提升至7.89%,禽肉更是跃升至25.7%。这一变化背后,反映了人们生活水平的提升和对高质量肉类的追求。随着人们对健康养生理念的日益重视,牛羊肉因其丰富的营养价值而备受青睐,其结构占比增长了约3%。

相对而言,猪肉的比重则下降了10%。同时,禽肉因其低脂、高蛋白的特性,也受到了越来越多消费者的喜爱,其占比结构提升了约10%(如图5-15所示)。

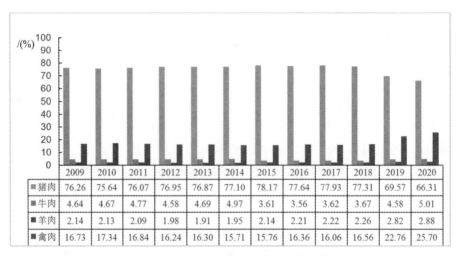

图5-15　2009—2020年湖北省肉类结构趋势

(资料来源:《湖北统计年鉴》《湖北农村统计年鉴》《中国农村统计年鉴》(2009—2020))

湖北省的禽畜产品主要由肉类、禽蛋类和奶类产品构成(如图5-16所示)。从图中可以清晰地看出,肉类产品在2009年至2018年间呈现出稳步增长的态势,但增长幅度相对平缓。然而,到了2019年和2020年,由于市场不景气以及2020年疫情的冲击,肉类产量骤然下降,2020年降至307.4万吨。尽管如此,其平均年产量仍达到了401.2万吨。与此同时,禽蛋类产品从2009年至2020年期间呈现出持续增长的态势,至2020年已达到193.09万吨,平均年产量为158.7万吨。至于奶类产品,从2009年至2020年基本保持在一个相对稳定的水平,平均年产量为13.91万吨。

2.湖北省淡水养殖结构变化

湖北,素有"千湖之省"之美誉,其水域总面积达到2706平方千米,等级以上的河流数量更是高达4230条。这里不仅是长江干流径流里程最长的省份,更是三峡库区和南水北调中线工程的核心水源区。湖北境内江湖水泊星罗棋布,列入省级名录保护的湖泊多达755个,拥有大中小水库共计6921座,其中大型水库包括8座大一型水库和61座大二型水库,中型水库则有280座,水库数量在全国排名第五,而中大型水库的数量更是位居全国之首。

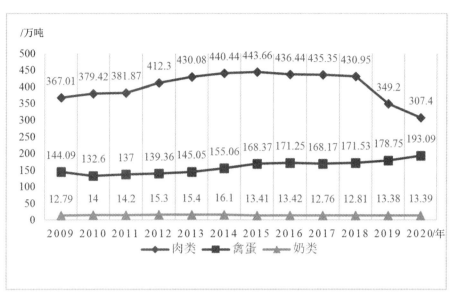

图 5-16　2009—2020 年湖北省主要禽畜产品产量趋势

(资料来源:《湖北统计年鉴》《湖北农村统计年鉴》《中国农村统计年鉴》(2009—2020))

湖北丰富的淡水资源,为渔业养殖提供了得天独厚的优势,使其淡水养殖业在全国独占鳌头。2022 年,湖北省淡水养殖产值突破 1577.12 亿元,产量高达 498.02 万吨(如图 5-17 所示),连续 27 年稳坐全国淡水水产品产量第一的宝座。特别是青鱼、鲢鱼、鳙鱼、鳊鲴、黄颡鱼、黄鳝以及小龙虾的产量均居全国首位。作为小龙虾产业的领军者,湖北在成功打造小龙虾千亿产业的基础上,又进一步构建了河蟹、鳝鳅两大百亿级产业链,展现了其在水产养殖领域的卓越实力与无限潜力。

在 2009 年至 2020 年间,湖北省的水产品产量呈现出稳健的增长态势。特别是在 2020 年,湖北省的淡水产品总产量达到了惊人的 467.93 万吨,这一成绩使其在全国的排名中荣登榜首。与此同时,湖北省的淡水养殖水产品产量也逐年攀升,至 2020 年已增长至 438.62 万吨。然而,受国家水资源环境保护、涵养水源政策以及长江流域渔业禁捕政策等多重因素的影响,自 2018 年起,湖北省淡水捕捞水产品的产量开始呈现出明显的下降趋势。到 2020 年,湖北省淡水捕捞水产品的产量仅为 7.53 万吨,与 2019 年相比,下降了高达 53.46%(如图 5-18 所示)。

湖北省作为我国的淡水养殖排名第一大省,随着消费结构的变化,湖北

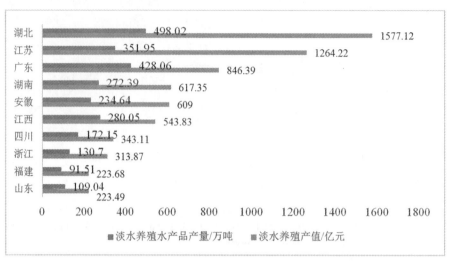

图 5-17　2022 年全国十大淡水养殖省份（按产值排名）

（资料来源：《湖北统计年鉴》《湖北农村统计年鉴》《中国农村统计年鉴》(2009—2020)）

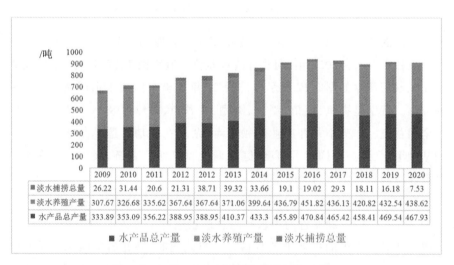

图 5-18　2009—2020 年湖北省淡水养殖产品

（资料来源：《湖北统计年鉴》《湖北农村统计年鉴》《中国农村统计年鉴》(2009—2020)）

省淡水养殖结构也发生了结构性改变，2009 年，湖北省淡水养殖水产品的构成中，鱼类产品占比达 87.7%，虾蟹类和贝类产品分别达到 10.9% 和 0.59%，其他类产品占到 0.77%；截止到 2020 年时，湖北省淡水养殖水产品的构成中，鱼类产品下降到 72.1%，虾蟹类产品上升到 26.2%，贝类产品下降到0.07%，其他类产品上升到到1.61%（见图5-19），由于市场的变化，消费者对虾蟹类和贝类产品的需求增加，因此，湖北省淡水养殖也发生了结构性调整，鱼类产品下降了15%，贝类产品下降了0.5%，而虾蟹类产品增长了约15%，其他类产品增长了约0.8%。

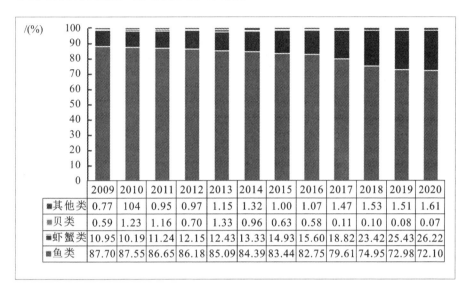

图5-19　2009—2020年湖北省淡水养殖结构组成

（资料来源：《湖北统计年鉴》《湖北农村统计年鉴》《中国农村统计年鉴》(2009—2020)）

湖北省作为渔业科技领域的佼佼者，在2022年取得了显著成就。全省水产苗种产量高达1300多亿尾，名列全国第二。目前，已成功建立国家级水产原良种场12家、省级81家，并创建全国现代渔业种业示范场14家，数量均位居全国前列。2023年，湖北省更是大力推进水产新品种示范基地的建设，新发展示范基地达116个，总面积达12629亩。如图5-20所示，从数据中可以清晰地看到湖北省渔业发展的强劲势头。自2009年至2020年，全省投放的鱼种总量从75.77吨增长至101.14吨，实现了33.49%的增幅；鱼种产量也从77.47万吨攀升至103.71万吨，增长了33.87%。尤为值得一提的是，鱼苗生产量在同期内从690亿尾激增到1218亿尾，涨幅高达76.52%。这一系列数据充分表明，湖北省的鱼种、鱼苗生产均呈现出大幅增长的态势，展现了其渔业发展的强劲动力和广阔前景。

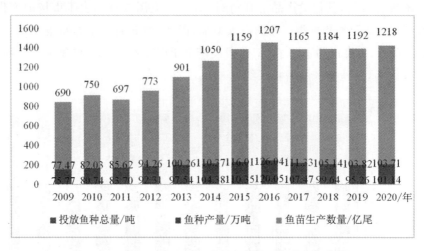

图 5-20 2009—2020 年湖北省淡水养殖鱼种变化趋势

(资料来源:《湖北统计年鉴》《湖北农村统计年鉴》《中国农村统计年鉴》(2009—2020))

五、湖北省"三品一标"农产品结构状况

"三品一标"——即无公害农产品、绿色食品、有机食品以及地理标志产品,不仅代表着农产品质量的卓越标准,更是农产品安全的重要保障。近年来,湖北省深刻认识到"品牌即竞争力"的核心理念,坚定秉持"建设大型基地、发展强大产业、打造知名品牌、开拓广阔市场"的战略思维,全力推进"三品一标"的品牌建设与产业发展。经过不懈努力,湖北省在这一领域取得了令人瞩目的成绩,为农产品市场的繁荣与消费者健康提供了有力保障。

在 2016 年至 2020 年期间,湖北省传统的"三品一标"产品数量整体呈现稳步上升的趋势。具体来看,无公害农产品、绿色食品、有机食品以及农产品地理标志产品的认证数量,均在 2019 年达到了峰值。其中,无公害农产品数量从 1937 个增长至 2529 个,增长率达到了 30.56%;绿色食品数量则从 1677 个跃升至 2830 个,增幅高达 68.75%;有机食品数量从 127 个增加至 167 个,增长了 31.5%;农产品地理标志产品数量也从 115 个提升至 154 个,实现了 33.91%的增长(如图 5-21 所示)。

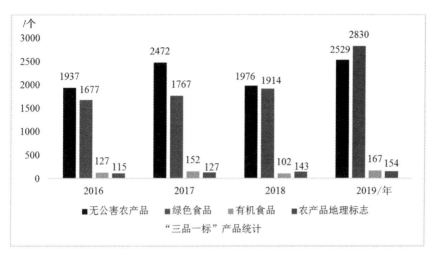

图 5-21 2009—2020 年湖北省"三品一标"供给结构变化

(资料来源:《湖北统计年鉴》《湖北农村统计年鉴》《中国农村统计年鉴》(2009—2020))

第二节 湖北省农业现代化供给结构变化

农业现代化,是指通过引入现代科技技术、机械装备和管理手段,对传统农业进行深度改造与升级的过程。一般而言,农业现代化的竞争力主要体现在四个核心方面:机械化、电力化、水利化和化学化。具体来说,农机总动力是衡量机械化装备水平的重要指标;农业用电量则直接反映了农业生产的电力化水平;化肥施用量体现了农业化学化的程度;而水库容量和农田有效灌溉面积,则共同展示了某一地区农业生产的水利状况。

一、湖北省农业机械发展变化

1.湖北省农业机械化空间布局

湖北省地形丰富多元,囊括了平原、丘陵和山区等多种地貌。在平原地区,土地平坦辽阔,为现代农业和农业机械化的发展提供了得天独厚的条件。这里可广泛运用拖拉机、播种机、收割机等现代农业机械设备,大幅提升作业效率,因而被定位为机械化规模发展的示范区。而在丘陵地区,地形起伏多变,这就要求我们研发出能够适应不同坡度的农业机械,如小型拖拉机、梯田作业机械、小型耕地机、小型插秧机以及农业无人机等设备。通过这些设备的运用，我们能够实现精准农业管理，使丘陵地区的农业发展更具特色，因此这里被定位为农机装备产业发展的示范区。至于山区，地形更为陡峭复杂，我们针对性地发展了山地拖拉机、梯田耕作机、小型耕地机以及山地喷雾机等机械设备，以提高山地农业的作业效率。这些举措使山区农业机械化水平得到了显著提升，因此这里被定位为机械化特色发展的示范区（如图5-22所示）。

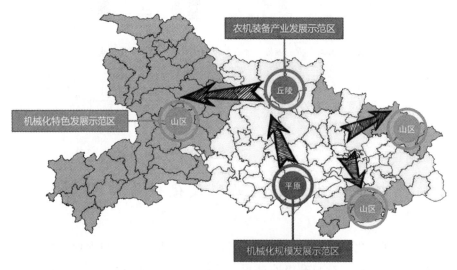

图 5-22　湖北省农业机械化空间布局

（资料来源：湖北省农业机械化发展"十四五"规划）

基于湖北的地域特色，江汉平原将集中资源，大力发展水稻、油菜、小麦、玉米、大豆、马铃薯、花生、蔬菜的种植机械化，同时促进畜禽和水产养殖业的机械化进程；鄂北岗地则侧重于小麦、玉米、茶叶、马铃薯、花生的种植机械化，并推动畜禽养殖业的机械化；鄂东北低山丘陵区则重点投入水稻、小麦、马铃薯、油菜、花生、茶叶、中药材的种植机械化，并同步提升畜禽养殖业的机械化水平；鄂东南低山丘陵区主要聚焦水稻、玉米、茶叶、马铃薯、油菜、中药材的种植机械化，同时发展畜禽和水产养殖业的机械化；鄂西山区则着重发展玉米、马铃薯、蔬菜、茶叶、柑橘、中药材的种植机械化，并推动畜禽和水产养殖业的机械化；而在大中城市的郊区，则主要推动设施农业、蔬菜、食用菌的种植机械化，同时加快畜禽和水产养殖业的机械化进程。

2.湖北省农业机械结构变化

近年来,湖北省农业机械总动力持续展现出稳步增长的态势。从2009年至2020年,湖北省农业机械的发展呈现出相对平稳的上升趋势。具体来看,农业机械总动力从2009年的3057.24万千瓦增长至2020年的4626.07万千瓦,增长幅度高达51.3%(如图5-23所示)。

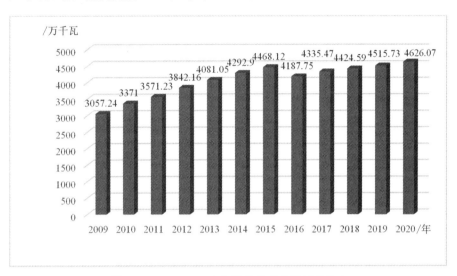

图5-23　2009—2020年湖北省农业机械总动力

(资料来源:《湖北统计年鉴》《湖北农村统计年鉴》《中国农村统计年鉴》(2009—2020))

湖北省的主要农业机械与设备展现出稳健的增长态势。在数量上,小型拖拉机配套农具的增幅尤为显著,从2009年至2020年间,小型拖拉机及其配套农具的数量分别攀升了21.74万台和65.31万套,展现出了强劲的增长势头(如图5-24所示)。与此同时,大中型拖拉机也实现了稳步增长,增加了6.31万台。其配套农具的数量从2009年的20.37万套增长到2017年的40.55万套,实现了翻番的壮举。然而,从2018年至2020年,其数量却出现了下滑,至2020年已减少至19.35万套(如图5-25所示)。

湖北省在收割与灌溉农机方面出现了显著的结构性变革。农用水泵的数量实现了迅猛增长,增加了29.57万台,从2009年的87.7万台攀升至2020年的117.27万台。而在增长率方面,节水喷灌类机械表现尤为突出,其增长率高达2009年的5.88倍。联合收割机同样呈现出积极的增长态势,从2009年的4.19万台增加至2020年的10.91万台。整体来看,湖北省的农机设备数量呈现出稳健的增长趋势,如图5-26所示。

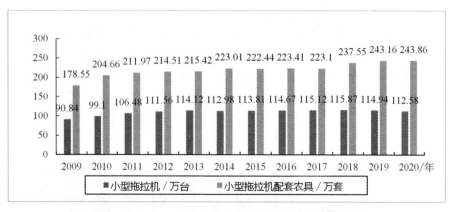

图 5-24　2009—2020 年湖北省小型拖拉机及配套农具

(资料来源:《湖北统计年鉴》《湖北农村统计年鉴》《中国农村统计年鉴》(2009—2020))

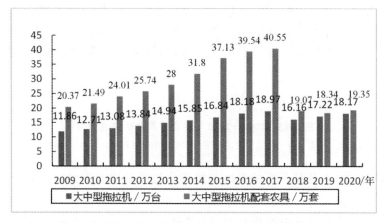

图 5-25　2009—2020 年湖北省大中型拖拉机及配套农具

(资料来源:《湖北统计年鉴》《湖北农村统计年鉴》《中国农村统计年鉴》(2009—2020))

从农机化作业面积的统计数据来看,湖北省的农机作业整体呈现出稳健的增长态势。然而,这种增长并非一成不变,而是逐渐展现出结构性的变化(如图 5-27 所示)。具体而言,机耕面积和机械植保面积的增长相对平缓,其复合增长率分别为 3.7% 和 2.4%,显示出一种稳定的增长趋势。然而,随着现代新型农业机械的不断研发和普及,特别是那些适应山地农业和丘陵农业的机械得到了广泛的推广和使用,机械播种面积和机械收割面积的增长趋势变得尤为显著。这两者的复合增长率分别高达 16.2% 和 5.5%,展现出了强劲的增长势头。

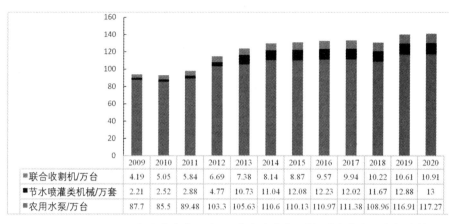

图 5-26　2009—2020 年湖北省农用水泵、节水喷灌类机械、联合收割机变化趋势

(资料来源:《湖北统计年鉴》《湖北农村统计年鉴》《中国农村统计年鉴》(2009—2020))

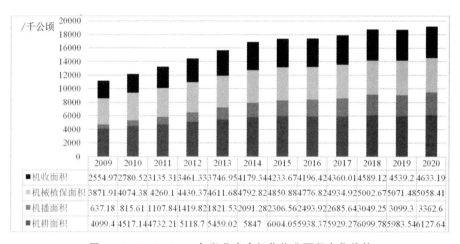

图 5-27　2009—2020 年湖北省农机化作业面积变化趋势

(资料来源:《湖北统计年鉴》《湖北农村统计年鉴》《中国农村统计年鉴》(2009—2020))

二、湖北省农业用电量发展变化

用电量不仅是衡量经济社会发展的重要标尺,更被誉为国民经济发展的"晴雨表"。通常而言,用电量的增长往往直接反映出生产活动动力投入的加大。在第一产业中,农业用电量尤为关键,它不仅是评估农业现代化程度的重要指标,还直接体现在种植、电灌、耕地、收割、加工等多个环节。因此,湖北省的农业用电量无疑能够深刻揭示出该省农业的现代化进程与

水平。

近年来,湖北省的整体用电量呈现出稳步上升的趋势。特别是在2009年至2020年期间,湖北省农村用电量从1040885万千瓦时增长至1868740万千瓦时,增幅高达79.53%。然而,从增长幅度的角度来看,这一过程呈现出鲜明的阶段性周期变化。具体而言,在2009年至2011年间,湖北省农村用电量的增长幅度逐渐放缓,从2009年的同比增长6.14%降至2011年的2.26%。然而,到了2012年至2014年,增长幅度又呈现出快速上升的态势,从2012年的7.99%增长至2014年的9.29%。随后的2015年至2017年,增长幅度再次出现下滑,从2015年的4.83%降至2017年的2.43%。虽然2018年和2019年的同比增长率有所回升,分别达到了5.52%和8.07%,但到了2020年,同比增长率又有所回落,降至4.66%。具体情况如图5-28所示。

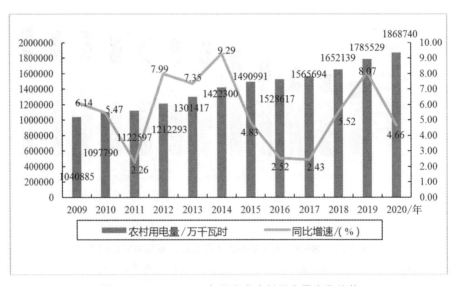

图5-28　2009—2020年湖北省农村用电量变化趋势

(资料来源:《湖北统计年鉴》《湖北农村统计年鉴》《中国农村统计年鉴》(2009—2020))

上述结构性周期变化的原因可能在于农村外出务工人员的数量增加,这导致投入农业耕种、电灌、收割和加工的用电量减少,进而可能影响了农作物的收成。而当人们意识到收成不佳时,外出务工人员会在农忙时节选择回乡务农,此时他们会利用电力来辅助种植、收割和加工等工作,从而导致用电量在短时间内快速上升。这一过程在两至三年内呈现出了周期性的变化。至于2020年增速下降的原因,很可能是由于疫情的冲击,导致农村用电量减少。

三、湖北省农业水资源发展变化

近年来,湖北省的水资源状况展现出了显著的增长态势。从水库数量的角度看,2009年湖北省拥有5801座水库,而到了2020年,这一数字已攀升至6935座,十年间增加了1134座水库。同时,水库的总库容量也呈现出稳健的增长趋势,从2009年的1001.3亿立方米增加至2020年的1263.8亿立方米,增长了262.5亿立方米。特别值得一提的是,从图5-29中可以明显观察到,2012年至2013年这一年间,水库数量的增长幅度尤为显著,增加了642座,相应的水库总容量也实现了大幅度增长,增加了217.8亿立方米。这一时期的增长率分别高达10.9%和21.8%,平均每座水库增加了0.34亿立方米的水资源。然而,自2013年之后,每年的增长趋势逐渐放缓,增长速度相对较慢,水库的基本库容量基本稳定在1260亿立方米的水平上。

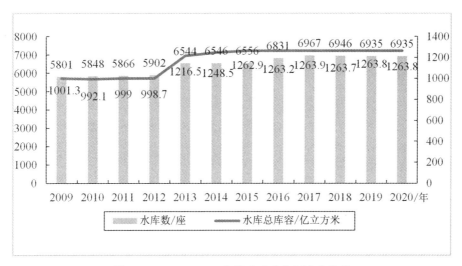

图5-29　2009—2020年湖北省水资源变化趋势

(资料来源:《湖北统计年鉴》《湖北农村统计年鉴》《中国农村统计年鉴》(2009—2020))

在水资源的利用和治理上,有效灌溉面积、除涝面积和水土流失治理面积均有所增长。有效灌溉面积从2009年的2145.99千公顷增加到2020年的3086千公顷,增加了940.01千公顷;除涝面积增加得较少,从2009年的

1216.6千公顷增加到1429.8千公顷,增加了213.2千公顷;水土流失治理面积增加较多,增加了1946.3千公顷(如图5-30所示)。

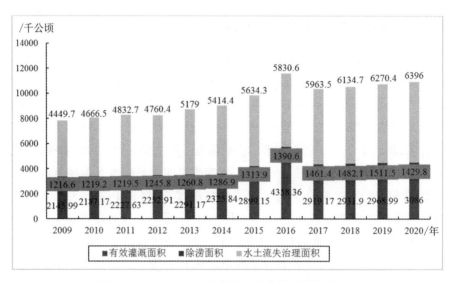

图 5-30 2009—2020 年湖北省水资源利用与治理

(资料来源:《湖北统计年鉴》《湖北农村统计年鉴》《中国农村统计年鉴》(2009—2020))

四、湖北省农业化肥发展变化

化肥作为植物生长所需营养元素的来源,能够有效促进作物生长,显著提升作物产量,从而有助于满足日益增长的粮食需求。同时,化肥的使用也降低了农民的劳动力需求,大幅节省了时间和人力成本。然而,过度依赖和长期使用化肥却带来了不容忽视的问题。长期不休耕的土地,因化肥的过度使用,会导致土壤生育能力下降,质量逐渐恶化。此外,化肥中的化学物质可能通过冲刷或渗漏进入水体,引发水体污染,破坏土壤生态系统的平衡,进而影响植物的自然生长和抗病能力。更为严重的是,食用过多含有化肥残留的农产品对人体健康构成潜在威胁。因此,消费者越来越倾向于选择天然、绿色、有机、环保的农产品,对过度使用化肥的农产品持排斥态度。

湖北省正坚定不移地迈向绿色生态可持续发展的道路,日益重视农产品品质的高标准转变。据数据显示,从 2009 年至 2020 年,湖北省农村化肥施用量整体呈现出稳步下降的趋势。具体来看,农村化肥(折纯)的施用量由原先的 340.26 万吨缩减至 267.32 万吨,降幅高达 21.44%。同时,氮肥的施用量也从 154.15 万吨减少到 101.4 万吨,磷肥从 67.17 万吨降至 41.7 万吨,而钾肥的施用量则由 28.5 万吨略降至 26.1 万吨(如图 5-31 所示)。

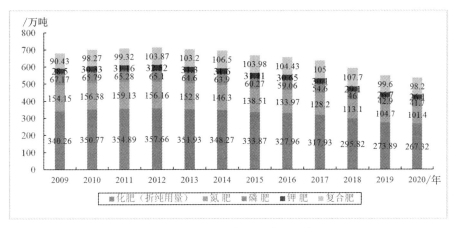

图 5-31　2009—2020 年湖北省化肥施用量

(资料来源:《湖北统计年鉴》《湖北农村统计年鉴》《中国农村统计年鉴》(2009—2020))

第三节　湖北省数字农业发展变化

根据中央网信办发布的《中国数字乡村发展报告(2022 年)》数据显示,湖北省在数字乡村建设方面表现卓越。其中,数字乡村发展水平、农业生产信息化率、农产品质量安全追溯信息化率、应急广播主动发布终端行政村覆盖率、农产品网络销售额占比、公共安全视频图像应用系统行政村覆盖率以及村级在线议事行政村覆盖率这七项关键指标均在全国前五名之列,展现出强大的竞争力和领先地位。此外,湖北省在"三务"网上公开行政村覆盖率、农技推广服务信息化率、县均社会资本投入以及乡村人均社会资本投入等四项指标上也表现不俗,均位居全国前九名。村级综合服务站点行政村覆盖率更是达到了全国平均水平之上,显示出湖北省在数字乡村建设方面的全面发展和均衡推进。

一、湖北省数字乡村发展水平

在2021年,全国数字乡村的平均发展水平达到了39.1%,其中东部地区的平均发展水平为42.9%,中部地区为42.5%,而西部地区则为33.6%。在全国范围内,有12个省份的数字乡村发展水平超过了平均水平。特别值得一提的是,湖北省的数字乡村发展水平高达52.2%,在全国范围内位列第五,而在中部地区的八个省份中更是高居第二,详细数据如表5-1所示。

表5-1 湖北省数字乡村发展水平及排名

省(市、区)	排名	数字乡村发展水平/(%)	省(市、区)	排名	数字乡村发展水平/(%)
浙江	1	68.3	湖南	7	45.2
江苏	2	58.7	重庆	8	43.0
上海	3	57.7	天津	9	42.1
安徽	4	55.0	江西	10	42.0
湖北	5	52.2	北京	11	40.2
广东	6	46.4	福建	12	40.1

数据来源:根据《中国数字乡村发展报告(2022年)》整理。

二、湖北省农业生产信息化率

农业生产信息化率是一个综合指标,涵盖了农田种植、设施栽培、畜禽养殖以及水产养殖等多个方面的信息化程度。据数据显示,2021年全国农业生产信息化率达到了25.4%。其中,东部地区的农业生产信息化率为29.2%,中部地区则高达33.4%,而西部地区相对较低,为19.1%。在全国范围内,有13个省份的农业生产信息化率超过了全国平均水平。特别值得一提的是,湖北省的农业信息化率达到了48.5%,在全国范围内排名第三,但在中部地区中则稍逊于安徽,位列第二。详细的农业生产信息化率数据如表5-2所示。

表 5-2　湖北省农业生产信息化率及排名

省(市、区)	排名	农业生产信息化率/(%)	省(市、区)	排名	农业生产信息化率/(%)
安徽	1	52.1	江西	8	29.4
上海	2	49.6	河南	9	29.3
湖北	3	48.5	河北	10	28.5
江苏	4	48.2	广东	11	28.0
浙江	5	45.3	黑龙江	12	27.7
湖南	6	32.5	重庆	13	26.5
天津	7	30.5	—	—	—

数据来源:根据《中国数字乡村发展报告(2022年)》整理。

三、湖北省农产品电子商务发展水平

1.农产品网络销售额

随着农村电子商务的蓬勃发展和普及程度的不断提高,互联网已经成为农产品销售的重要渠道,网络销售占比逐年攀升。2021年,全国农产品网络销售额占农产品销售总额的比例达到了14.8%。在地域分布上,东部沿海地区凭借其优越的经济条件和物流网络,农产品电子商务发展持续领先全国,中部地区和西部地区则紧随其后,展现出强劲的发展势头。具体而言,东部地区农产品网络销售额占比为17.7%,中部地区为15.6%,西部地区为10.6%。在全国范围内,有12个省份的农产品网络销售额占比超过了全国平均水平。其中,湖北省农产品网络销售额占比达到了21.8%,位居全国第五,而在中部地区中则排名第二,仅次于安徽省,详情可参见表5-3。

表 5-3　湖北省农产品网络销售额占比及排名

省(市、区)	排名	农产品网络销售额占比/(%)	省(市、区)	排名	农产品网络销售额占比/(%)
浙江	1	42.1	湖南	7	17.6
广东	2	27.5	甘肃	8	16.3
江苏	3	26.1	福建	9	15.8
安徽	4	22.4	陕西	10	15.8

续表

省(市、区)	排名	农产品网络销售额占比/(%)	省(市、区)	排名	农产品网络销售额占比/(%)
湖北	5	21.8	江西	11	15.3
上海	6	19.4	宁夏	12	15.0

数据来源：根据《中国数字乡村发展报告(2022年)》整理。

2. 湖北省农产品质量安全溯源信息化率

随着公众对农产品质量安全关注度的不断攀升，以及国家农产品质量安全溯源信息平台的日益完善，农产品质量安全溯源工作得到了广泛的推广和应用。借助互联网技术和信息化平台，越来越多的农产品实现了质量安全溯源，确保消费者能够购买到安全、放心的农产品。目前，农产品安全溯源主要涉及农田种植、设施栽培、畜禽养殖和生产养殖等多个行业，为农产品行业的健康发展提供了有力保障。

2021年，全国范围内通过自建溯源平台和公共农产品溯源平台，实现了农产品质量安全追溯的农产品占比高达24.7%。其中，东部地区以31.8%的占比遥遥领先，明显高于中部地区的22.9%和西部地区的17.1%。尽管全国农产品质量安全追溯信息化率有所提升，但高于全国平均水平的省份仅有10个。值得一提的是，湖北省农产品质量安全溯源信息化率达到了36.6%，在全国排名第四，更在中部地区独占鳌头。然而，与上海、浙江和江苏等先进地区相比，湖北省仍存在明显的差距，仍需努力追赶。具体数据详见表5-4。

表5-4　湖北省农产品质量安全溯源信息化率及排名

省(市、区)	排名	农产品质量安全溯源信息化率/(%)	省(市、区)	排名	农产品质量安全溯源信息化率/(%)
上海	1	87.3	广东	6	33.5
浙江	2	67.1	天津	7	31.4
江苏	3	52.1	西藏	8	28.3
湖北	4	36.6	湖南	9	28.2
福建	5	34.3	北京	10	27.5

数据来源：根据《中国数字乡村发展报告(2022年)》整理。

四、湖北省农村治理数字化水平

1. "三务"网上公开行政村覆盖率

随着电子政务在基层的深入应用,"三务"(党务、村务、财务)在基层的推广和实施取得了显著成效。从全国范围来看,2021年"三务"网上公开行政村的覆盖率达到了78.3%,相较于2020年增长了6.2%。其中,党务、村务、财务的覆盖率分别为79.9%、79.0%和76.1%,显示出均衡且稳健的发展态势。从地域分布来看,东部地区"三务"网上公开行政村的覆盖率为78.4%,中部地区则高达83.8%,而西部地区为72.3%,反映出不同区域间的发展差异。在全国各省份中,有17个省份的"三务"网上公开行政村覆盖率超过了全国平均水平。特别值得一提的是,湖北省的"三务"网上公开行政村覆盖率达到了98.7%,在全国排名第六,同时在中部地区位列第三,显示出其在"三务"公开方面的卓越表现。具体数据如表5-5所示。

表5-5 湖北省"三务"网上公开行政村覆盖率及排名

省(市、区)	排名	"三务"网上公开行政村覆盖率/(%)	省(市、区)	排名	"三务"网上公开行政村覆盖率/(%)
上海	1	100	广东	10	94.7
江苏	2	100	甘肃	11	90.0
浙江	3	99.9	内蒙古	12	89.0
安徽	4	99.5	江西	13	88.9
湖南	5	98.9	山东	14	81.9
湖北	6	98.7	四川	15	80.5
重庆	7	95.4	福建	16	79.7
天津	8	95.3	吉林	17	79.0
宁夏	9	95.0	—	—	—

数据来源:根据《中国数字乡村发展报告(2022年)》整理。

2. 公共安全数字视频图像应用系统行政村覆盖率

近年来,全国数字安全视频图像应用系统得到了广泛普及,为保障人民群众的生产生活安全提供了坚实支撑。据数据显示,2021年全国公共安全数字视频图像应用系统行政村的覆盖率达到了80.4%。从地域分布来看,东部地区以83.9%的覆盖率领先,中部地区紧随其后为83.4%,而西部地区则为72.3%。在全国各省份中,有18个省份的公共安全数字视频图像应用系统行政村覆盖率超过了全国平均水平。特别值得一提的是,湖北省的覆盖率高达97.3%,不仅在全国排名中位列第五,而且在中部地区更是高居第二,充分展示了其在数字安全视频图像应用系统建设方面的领先地位。具体数据如表5-6所示。

表5-6　湖北省公共安全数字视频图像应用系统行政村覆盖率及排名

省(市、区)	排名	覆盖率/(%)	省(市、区)	排名	覆盖率/(%)
上海	1	100	天津	10	87.7
江苏	2	99.7	广东	11	87.2
浙江	3	98.2	广西	12	86.4
安徽	4	98.1	河南	13	83.7
湖北	5	97.3	江西	14	83.2
福建	6	93.0	四川	15	83.1
北京	7	92.5	新疆	16	82.5
重庆	8	91.2	山东	17	81.7
湖南	9	88.4	贵州	18	81.0

数据来源:根据《中国数字乡村发展报告(2022年)》整理。

3.村级在线议事行政村覆盖率

随着乡村互联网基础设施建设的持续加强,移动互联网和智能终端的应用愈发普及,尤其是智能手机的广泛使用,使得社交软件和App成了人民群众日常交流的重要工具。村级在线议事通过"智慧村庄"综合管理服务平台、微信群、QQ群、钉钉等信息化平台,成功打破了时空的界限,实现了村级事务的在线讨论与决策。据统计,2021年全国村级在线议事行政村的覆盖率已达到72.3%。从地域分布来看,东部地区以75.9%的覆盖率领先,中部地区紧随其后为75.4%,而西部地区则为64.0%。在全国范围内,有14个省份的村级在线议事行政村覆盖率超过了全国平均水平。其中,湖北省的覆盖率高达95.7%,不仅在全国排名中位列第五,而且在中部地区更是高居第二,充分展现了其在村级在线议事方面的卓越成效。具体数据如表5-7所示。

表5-7 湖北省村级在线议事行政村覆盖率及排名

省(市、区)	排名	覆盖率/(%)	省(市、区)	排名	覆盖率/(%)
上海	1	100	广东	8	91.1
江苏	2	99.6	湖南	9	85.9
安徽	3	97.9	福建	10	77.4
北京	4	97.1	江西	11	759
湖北	5	95.7	宁夏	12	75.4
浙江	6	95.5	四川	13	73.8
重庆	7	92.6	山东	14	73.0

数据来源:根据《中国数字乡村发展报告(2022年)》整理。

4.应急广播主动发布终端行政村覆盖率

为有效应对自然灾害、公共卫生事件、安全警报等紧急状况,确保快速响应和高效管理,我国在农村基层积极采取一系列措施。通过主动发布终端与灾害预警系统、监控摄像头等设备的联动,我们能够及时向群众传递及时、全面且准确的紧急信息。这一举措旨在确保公众能够迅速了解紧急事件的相关内容,做好应急防备,并在紧急情况下采取正确的行动,从而最大程度地保障人民群众的生命和财产安全。

2021年,我国应急广播主动发布终端在行政村的覆盖率已达到79.7%,展现出广泛的普及和应用。从地域分布来看,东部地区覆盖率为78.9%,中部地区则高达83.5%,西部地区为76.4%,不同区域间存在一定差异。在全国范围内,有13个省份的应急广播主动发布终端行政村覆盖率超过了全国平均水平。值得一提的是,湖北省在这一领域的表现尤为突出,不仅在全国名列第二,更在中部地区独占鳌头,充分展示了其在应急广播建设方面的领先地位。具体数据如表5-8所示。

表 5-8　湖北省应急广播主动发布终端行政村覆盖率及排名

省(市、区)	排名	覆盖率/(%)	省(市、区)	排名	覆盖率/(%)
上海	1	100	重庆	8	93.5
湖北	2	99.6	福建	9	91.2
江苏	2	99.6	广东	10	90.4
北京	4	99.0	贵州	11	85.0
浙江	5	97.6	江西	12	83.2
安徽	6	97.1	四川	13	82.9
湖南	7	94.1	—	—	—

数据来源:根据《中国数字乡村发展报告(2022 年)》整理。

五、湖北省农村信息服务体系

1.村级综合服务站点行政村覆盖率

近年来,全国各地积极整合资源,充分利用现有设施和场地,大力推进"一站式"便民服务,不断完善村级综合服务站点,并借助信息化手段开展党务服务、基本公共服务和公共事业服务。据统计,截至 2021 年底,我国农村已建成村级综合服务站点的行政村数量达到 42.8 万个,村级综合服务站点总数为 48.3 万个,行政村覆盖率高达 86.0%。从地域分布来看,东部地区村级综合服务站点行政村覆盖率为 87.0%,中部地区为 89.1%,西部地区为 81.2%,呈现出一定的区域差异。在全国各省份中,有 18 个省份的村级综合服务站点行政村覆盖率超过了全国平均水平。其中,湖北省村级综合服务站点行政村覆盖率为 86.0%,在全国排名第 18 位,在中部地区排名第五。尽管湖北省的覆盖率高于全国平均水平,但与东部地区和中部地区的其他省份相比,仍有较大的提升空间。具体数据如表 5-9 所示。

表 5-9　湖北省村级综合服务站点行政村覆盖率及排名

省(市、区)	排名	覆盖率/(%)	省(市、区)	排名	覆盖率/(%)
上海	1	100	宁夏	10	93.2
江苏	2	100	广东	11	91.5
浙江	3	99.2	河北	12	91.2
安徽	4	98.5	甘肃	13	91.0

续表

省(市、区)	排名	覆盖率/(%)	省(市、区)	排名	覆盖率/(%)
湖南	5	96.4	北京	14	87.8
广西	6	96.1	四川	15	86.7
重庆	7	95.4	云南	16	86.3
吉林	8	93.8	福建	17	86.2
江西	9	93.4	湖北	18	86.0

数据来源:根据《中国数字乡村发展报告(2022年)》整理。

2.农技推广服务信息化率

农技推广服务信息化率是衡量一个地区农业科技服务信息化水平的重要指标。该指标越高,意味着该地区农业科技信息化应用场景的普及程度越高。据最新数据显示,截至2021年底,全国共有223.3万个新型农业经营主体接受了信息化农技推广服务,整体农技推广服务信息化率达到了61.3%。从地域分布来看,我国东部地区在农技推广服务信息化方面表现突出,信息化率高达67.5%,中部地区紧随其后,为60.5%,而西部地区则为55.0%,呈现出一定的区域差异。在全国各省份中,有14个省份的农技推广服务信息化率超过了全国平均水平。其中,湖北省的农技推广服务信息化率为68.2%,不仅高于全国平均水平,还高于东部地区的平均水平,在全国排名第9位。然而,与东部地区的上海、江苏、浙江等先进地区相比,湖北省仍存在一定的差距。这表明湖北省在农技推广服务信息化方面仍有较大的潜力和提升空间。具体数据如表5-10所示。

表5-10 湖北省农技推广服务信息化率及排名

省(市、区)	排名	农技推广服务信息化率/(%)	省(市、区)	排名	农技推广服务信息化率/(%)
上海	1	95.5	重庆	8	70.8
江苏	2	94.3	湖北	9	68.2
浙江	3	83.5	湖南	10	66.6
安徽	4	79.9	福建	11	64.5
广东	5	78.5	内蒙古	12	63.2

续表

省(市、区)	排名	农技推广服务信息化率/(%)	省(市、区)	排名	农技推广服务信息化率/(%)
宁夏	6	76.8	江西	13	61.7
吉林	7	72.5	甘肃	14	61.6

数据来源:根据《中国数字乡村发展报告(2022年)》整理。

六、湖北省农村信息化发展环境

1. 湖北省基础设施发展水平

湖北省互联网发展指数稳居全国前列,位列第10,如图5-32所示。2021年,全省5G基站覆盖率高达99.06%,显示出强大的网络覆盖能力。截至2022年9月底,湖北省累计建成5G宏基站7.35万个,在全国排名第八,中部地区位列第二,充分展现了湖北省在5G网络建设方面的显著成就。值得一提的是,农村网络覆盖率实现了显著提升,行政村光纤通达率和4G网络覆盖率均达到了100%,农村平均宽带速率更是达到了100M,为农村居民提供了更加便捷、高效的网络服务。

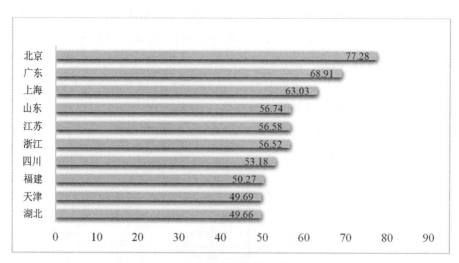

图 5-32　2021 年全国互联网发展指数综合排名

数据来源:根据《中国数字乡村发展报告(2022年)》整理。

2. 湖北省农业农村信息化社会投资

信息化社会投资是衡量信息化发展环境的关键指标,它深刻反映了一个国家或地区在信息技术和数字化领域的发展水平及重视程度。这种社会化投资不仅展现了政府、企业和社会机构对信息技术基础设施升级的积极态度,更是促进数字化经济发展的重要推动力。通过支持信息技术的研究、开发与创新,这些投资不仅推动了科技进步,还培育了新兴产业,成为推动国家和地区现代化建设、提升国家和区域竞争力的关键手段。

全国信息化社会资本县均投入和人均投入排名前十的县域地区主要集中在东部和中部地区。其中,湖北省农村信息化县域平均社会资本表现尤为突出,位列全国第7位,详见表5-11。虽然湖北省乡村人均社会资本投入也跻身全国前列,但与发达省份相比,其投入水平仍相对较低,排名全国第9位,具体数据如表5-12所示。鉴于此,湖北省在信息化社会投入方面仍需给予充分重视,积极营造更加优质的投资环境,以吸引更多社会资本进入数字经济领域,推动信息化建设的深入发展。

表5-11 湖北省县均农村信息化社会资本投入及排名

省(市、区)	排名	县均社会资本投入/万元	省(市、区)	排名	县均社会资本投入/万元
浙江	1	28851.6	广东	6	7189.4
江苏	2	14834.0	湖北	7	4639.2
重庆	3	8740.1	北京	8	4634.5
上海	4	8439.5	安徽	9	4262.6
天津	5	7244.8	山东	10	3980.5

数据来源:根据《中国数字乡村发展报告(2022年)》整理。

表5-12 湖北省乡村信息化人均社会资本投入及排名

省(市、区)	排名	乡村人均社会资本投入/元	省(市、区)	排名	乡村人均社会资本投入/元
浙江	1	1108.4	上海	6	188.1
江苏	2	350.1	广东	7	180.9
天津	3	291.5	福建	8	139.7

续表

省(市、区)	排名	乡村人均社会资本投入/元	省(市、区)	排名	乡村人均社会资本投入/元
宁夏	4	278.0	湖北	9	126.1
重庆	5	220.6	贵州	10	124.4

数据来源:根据《中国数字乡村发展报告(2022年)》整理。

第六章 湖北省农业供给侧结构性改革实践

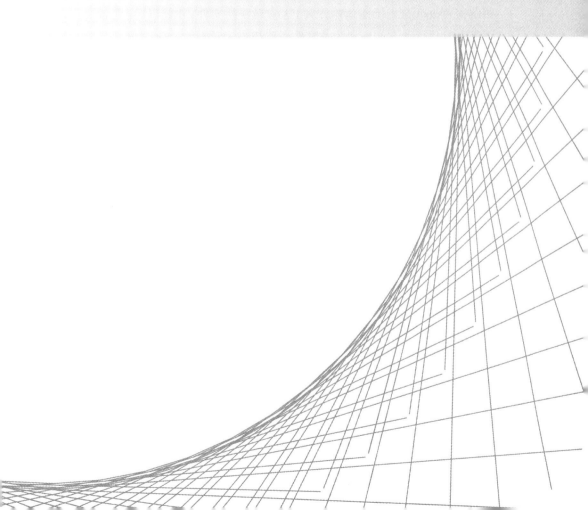

2015年，以习近平同志为核心的中共中央作出了推进供给侧结构性改革的重大决策，这一决策旨在从提升供给质量的角度出发，运用改革手段推动结构调整。通过优化资源配置，减少无效和低端供给，同时扩大有效和中高端供给，从而增强供给结构对需求变化的适应性，提高全要素生产率。此举旨在推动经济朝着更高质量、更有效率、更加公平、更可持续的方向稳健发展。湖北，位于中国中部、长江中游地带，不仅是中国的重要工业基地和农业大省，还以其丰富的科教资源、独特的生态环境以及深厚的文化底蕴而著称。在全国的发展格局中，湖北占据着举足轻重的地位，其战略意义不言而喻。供给侧结构性改革在湖北的深入实施，对于推动该省乃至全国的经济发展具有重要意义。

湖北省委省政府对供给侧结构性改革工作给予了高度重视，并精心策划了去产能、去库存、去杠杆、降成本、补短板这五大核心任务，即"三去一降一补"。为了有效推进这些任务，省委省政府特别制定了《湖北省推进供给侧结构性改革五大任务总体方案》这一纲领性文件，并辅以《湖北省房地产去库存专项行动方案》《湖北省降低企业成本专项行动方案》《湖北省推动产业重组处置僵尸企业专项行动方案》《湖北省石化行业绿色发展专项行动方案》以及《湖北省军民深度融合发展专项行动方案》等五个专项行动方案，形成了"1+5"的完整行动体系。这一体系不仅为湖北省的供给侧结构性改革提供了全面的"顶层设计"，还为其具体实施提供了详尽的"行动指南"，确保了改革工作的有序、高效推进。

第一节 加强农业供给侧结构性改革，提升全省农业经济发展质量

自2016年起，湖北省始终紧扣农业供给侧结构性改革的核心议题，积极促进"三去一降一补"关键任务的实施与落地，同时注重农业关键环节的改革工作，推动传统农业生产方式向现代化转型。在此过程中，湖北省不断培育并壮大新兴农业产业，为全省农业经济的蓬勃发展注入了源源不断的新活力。

一、以政策为指引,推进供给侧结构性改革

湖北省委与省政府对农业供给侧结构性改革工作给予了极高的重视,他们精心平衡稳增长与促转型的关系,并陆续出台了一系列政策文件与指导,旨在引导并推动改革的深入与发展。2017年,中共湖北省委与湖北省人民政府联合颁布了《关于深入推进农业供给侧结构性改革、加快培育农业农村发展新动能的实施意见》(即省委一号文件),该文件作为湖北省政府的总体指导文件,明确了农业供给侧结构性改革的目标、任务与措施,包括促进农业现代化、绿色发展,培育农村新产业新业态,加强农业科技创新,优化农产品结构,补齐农业农村发展短板,推动农业产业链升级等。2018年,湖北省人民政府办公厅又发布了《关于大力发展粮食产业经济的实施意见》,针对粮食产业发展模式单一落后、优质粮油产品市场供给不足、粮食质量安全保障水平不高、粮食科技创新动力不足等问题提出了切实可行的解决方案。同年,湖北省人民政府还出台了《关于加快推进农业科技创新工作的意见》,强调增加对农业科研的投入,推动科技成果的转化应用,迅速补齐农业科技创新的短板,从而构建完善的农业科技创新体系。此外,中共湖北省委与湖北省人民政府在2018年还联合发布了《关于推进乡村振兴战略实施的意见》,明确要求加速推进农业强省建设,努力打造美丽富饶的乡村,促进城乡融合发展。

2020年,中共湖北省委与湖北省人民政府联合发布了《关于加快补上"三农"领域短板决胜全面建成小康社会的实施意见》,旨在确保重要农产品的有效供给,促进农民收入的稳定增长。同年,湖北省农业农村厅也制定了《湖北省绿色农田建设示范指导意见》,积极推动高标准农田建设的绿色生态转型,致力于构建"宜业宜居宜游"的绿色生态田园系统。这一举措不仅促进了第一、二、三产业的融合发展,还实现了农业的绿色供给、休闲体验、生态服务等多重功能,为农业农村经济在疫情后的恢复与高质量发展注入了新的活力。到了2021年,湖北省委与省政府进一步印发了《关于全面推进乡村振兴和农业产业强省建设加快农业农村现代化的实施意见》,明确提出要巩固脱贫攻坚的成果,全面推进乡村振兴,建设农业产业强省,并加快农业现代化的进程。而在2022年,湖北省委一号文件《中共湖北省委湖北省人民政府关于做好2022年全面推进乡村振兴重点工作的意见》更是对乡村振

兴工作进行了全面部署。该文件聚焦于农业产业化的加速发展,强化现代农业的基础支撑,立足美丽宜居推进乡村建设,突出党建引领促进乡村治理,并加强了乡村振兴的要素保障和制度供给,为湖北省乡村振兴工作的全面推进提供了有力的指导。

二、以"三去一降一补"推进农业供给侧结构性改革

2016年以来,湖北省全面落实中央"三去一降一补"五大任务,坚定不移地以供给侧结构性改革为核心,推动全省经济工作的深入发展。在降低用电成本、物流成本、融资成本、税费成本、制度性交易成本等供给侧结构性改革方面取得了显著成效。

1. 稳步推进去产能

湖北省精心制定了农业产能过剩行动计划,旨在通过淘汰落后产能和整合农业资源,有效减少农产品产能过剩现象。同时,我们着力扩大紧缺农产品的生产规模,并大力发展特色农产品的产地初加工和精深加工,推动农村从单纯销售原始粗产品向深加工制成品转变。在种植结构和养殖结构方面,我们积极进行调整,并制定了针对性的补贴和激励政策。我们鼓励农民减少不符合市场需求的农作物种植面积,同时增加符合市场需求的经济作物和优质特色农产品的种植。在养殖产业方面,我们致力于淘汰落后的饲料喂养方式,加强鸡鸭鹅猪牛羊等畜禽的生态养殖规模,推动养殖产业的绿色健康发展。此外,我们还致力于打造"一县一品""一乡一业""一业一品"的特色产品品牌,包括粮油、蔬菜、畜禽、水产、茶叶、林果、中药材、食用菌等湖北省的优质特色产品。同时,我们积极推进"农业+"业态融合,淘汰落后的生产方式,推动传统农业向乡村旅游、休闲农业、文化体验、健康养生、电子商务、民宿经济等新产业新业态转变,为湖北省农业的可持续发展注入新的活力。

2. 加大力度去库存

通过构建完善的农产品市场化流通体系,我们致力于促进农产品的顺畅销售和高效流通,从而有效减少农产品积压和库存,降低库存风险。为此,我们积极支持农产品批发市场和物流中心的建设,为农产品提供统一的交易平台和优质的物流服务,进一步提升农产品的销售和流通效率。同时,我们推动农民专业合作社和农业企业与商超、电商平台、社交平台等多元化

销售渠道的紧密对接,为农产品开辟更广阔的销售渠道。此外,我们还鼓励农民和农业企业拓宽农产品加工转化渠道,深入开展农产品深加工业务,推动农产品由原材料向高附加值的加工品转变,减少农产品积压和浪费,提升整体效益。为了更好地服务农民和市场,我们加强市场信息收集和发布工作,提供准确的市场价格和需求信息,引导农民和农业企业根据市场需求调整种植和养殖结构。同时,我们支持农产品加工企业根据消费者的个性化需求,进行农产品的定制加工,为消费者提供符合其口味和偏好的农产品,满足不同消费群体的需求,推动农业产业的持续健康发展。

3.创新农业金融去杠杆

为了推进农业金融创新,我们需要进一步加大对农业的金融支持力度,旨在降低农业负债率和融资成本。具体而言,完善农业信用体系和担保机制至关重要,这能够提升农业经营主体的信用评级,从而有效降低债务风险。此外,我们还应建立农业产业链金融服务体系,将农业生产的各个环节纳入金融服务范畴,以便金融机构能够依据产业链特点提供定制化融资方案,减轻农户个体的债务负担。在风险保障方面,我们需不断创新农业保险和再保险机制,确保农户在遭遇自然灾害、疫病等风险时能够获得及时的赔付,进而缓解农业主体的风险压力。同时,应着力发展农村金融机构,这些机构能够更深入地了解农业经营者的需求和风险特点,为农业主体提供更为贴近实际、灵活且个性化的融资服务。为了激发农业创新活力,我们鼓励金融机构开展农业科技金融服务,通过提供科技贷款、风险投资等金融支持,降低农业主体的创新风险,减少对债务融资的过度依赖。最后,建立健全的农业信用体系是降低债务风险的关键,金融机构可以借此体系更准确地评估农业主体的还款能力和风险水平,从而做出更为明智的融资决策。

4.多措并举降成本

为了提升农业生产的现代化水平,我们应积极推进农业机械化生产,通过减少人力成本、提高生产效率,来降低农民的劳动强度和生产成本。同时,优化农资供应链结构,促进农资生产、供应和销售环节的协同合作,从而优化供应链,降低农资采购成本,确保农民能够购买到优质且价格合理的农资产品。此外,我们应加大对农业科技创新的支持力度,积极推广先进的农业技术和管理模式。通过引进新品种、新技术和新装备,我们可以有效提高农产品的产量和质量,同时降低农业生产的资源投入和成本。同时,鼓励农民和涉农企业采用精细化管理技术,如精准施肥、精确灌溉和病虫害智能防控等,实现科学调控和精确投入,减少资源浪费和成本。为推动农业规模化发展,我们应积极推广农民合作社的发展模式,通过集中采购和共享农资、机械等生产要素,统一销售农产品,来降低农业生产和经营的成本。同时,引导农业绿色发展,推行高效生态循环种养模式,推广绿色种植、有机农业和生态农业模式,减少化肥、农药的使用,加强畜禽粪污资源化利用和农作物秸秆、农膜、农药包装物的回收利用,以减轻环境污染和生态破坏,降低生产成本并提高产品的市场竞争力,从而进一步提升农业效益和农民收入。

5.加快补齐关键环节短板

为了补齐农业基础设施建设的短板,我们需要加大投入,促进公共基础设施的提档升级。具体而言,我们应改善农村道路和交通条件,加强农产品物流体系建设,以提升农产品的运输效率和质量。同时,巩固新一轮农村电网改造升级的成果,优化升级乡村网络基础设施,加快自然村光纤铺设和4G网络全覆盖,并逐步推进5G城乡同步,以满足农村日益增长的信息化需求。在农业抗旱饮水方面,我们需加强农田水利建设,提高农田灌溉和排水能力,以解决农业用水和排水不足的问题,确保农业生产的稳定进行。此外,补齐农业科技创新短板也至关重要,我们要加强农业科技研发,推动技术创新在农业领域的应用,从而提高农业生产的效率和质量。在品牌建设方面,我们应加强农产品质量安全监管,推动农产品认证和品牌建设,提高农产品的竞争力和附加值。特别要培育地理标志农产品和有机农产品,提升湖北省农产品在市场中的认知度和美誉度。为了补齐农村金融服务短板,我们应完善农村金融服务体系,加大对农业的信贷支持力度,为农民提供更多的金融产品和服务,支持他们发展农业生产和农村经济。同时,要推动农业机械化补短板,加大农机装备"产学研用推"协同攻关,支持高端智能、特色种养等农机装备的研发制造,加强丘陵山区农田宜机化改造,推进种植模式、作物品种宜机化。此外,我们还需补齐一二三产业融合发展短板,延长产业链、提升价值链、完善利益链,合理分享全产业链增值收益。通过推进"互联网+"现代农业行动,实施农村电商工程,发展休闲农业、康养旅游、森林养生、乡村旅游等多种业态,培育精品旅游名镇名村和乡村旅游目的地,构建乡村综合体,支持各类企业把服务网点延伸到乡村,打通电子商务的"最后一公里"。最后,补齐农村人才短板也是关键一环。我们要加强农业人才培养和引进,培养一支专业化、技术化的农业人才队伍,提高农业从业人员的素质和能力,为农业现代化发展提供坚实的人才支撑。

三、以重点领域改革,推进供给侧结构性改革

为了促进农业高质量发展,湖北省从农业科技创新、农产品质量安全、农村金融服务、农产品标准化和品牌化建设、绿色优质农产品供给、农业产业链升级、农业产业化发展、农业农村现代化、农村土地制度改革等重点领域推进农业供给侧结构性改革。

1. 推进农业科技进步

湖北省积极发挥人才资源的优势,深化农业科研机构和高等院校的合作,并加大科技研发投入力度。同时,加强农业科技研发与应用,广泛推广先进的农业技术和装备,以提升农业生产的效率和质量。特别在农业种植技术、高效养殖技术、农产品深加工、新品种选育以及病虫害防控等关键环节,我们积极推动农业生产的智能化、精细化发展,广泛应用先进的农业技术和管理模式,从而进一步提高农业生产的效益和质量。

2. 农产品质量安全

为了保障农产品的质量和安全,我们应加强农产品质量监管和安全标准建设,积极推动农产品的绿色认证、有机认证和无公害认证工作,同时注重品牌建设,为消费者提供优质的农产品、绿色农产品和有机农产品。在农资管理方面,我们应加强对农药、兽药等农资的管理和使用,减少化肥和农药的使用,大力推广绿色、有机的农业生产方式,以提升农产品的质量和安全水平。此外,我们还应积极推广和培育绿色规范化标准化生产基地,制定并推行农业生产技术规范和操作规程,加强对农业生产环节的指导和管理,确保农产品生产符合质量和安全要求。同时,加强农产品质量检验检测工作,严格执行检验检测标准,对农药、兽药残留、重金属等有害物质进行严密监测,加强对农产品加工和储存环节的监管,确保加工和储存过程中不出现污染和变质。在食品添加剂管理方面,我们应严格管理,严禁使用违规添加剂,确保农产品的质量和安全。最后,我们还应推行农产品追溯体系,利用信息化技术追踪农产品的生产、流通和销售环节,确保农产品的追溯性和溯源性,为消费者提供更加安全、放心的农产品。

3. 农村金融服务

湖北省制定了一系列政策文件,旨在支持农村金融供给侧结构性改革,

通过提供财税支持和金融补贴等激励措施,引导金融资源更多流向农村经济领域。同时,积极鼓励金融机构增加对农村的信贷投放,推出贷款贴息、信用担保等优惠政策,为农村经济发展提供有力支持。为了推动农村金融产品创新,湖北省开发了一系列适应农村经济发展和农民需求的金融产品,如农村小额信贷、农业保险和农村电商金融等,满足了农村经济发展的多元化融资需求。此外,湖北省还致力于拓展农村金融服务网点,通过建设和完善农村金融服务网络,加强数字化金融科技产品的应用,为农民提供更加便捷和多样化的金融服务,扩大农村金融服务的覆盖面和深度。同时,湖北省积极推动农村信用合作社、农村商业银行等金融机构的改革,优化机构设置、内部治理结构和业务流程,提高金融机构的效率和服务能力。通过整合和重组农村信用合作社、农村商业银行,加强其服务能力和风险管理水平,建立健全的风险评估和监测机制,强化对金融机构的监管,确保金融体系的稳定和安全。

4.农产品标准化、品牌化建设

湖北省正加速农产品的标准化和品牌化进程,致力于制定和完善农产品质量与安全标准,同时强化质量监管与检测体系建设。通过深入研究并制定出符合湖北省农产品特性及质量要求的标准,我们旨在显著提升农产品的质量和安全水平。此外,积极推广标准化生产管理与认证体系,引导农民和农业企业按照既定标准进行生产,确保每一环节都符合规范。为进一步提升农业产业链的整体效能,我们整合农业资源,优化农产品生产、加工、流通等各环节,实现标准化作业。同时,积极引进和推广新品种、新技术、新设备,推动农产品的规模化、标准化生产,提升整体竞争力。此外,我们大力推动农业合作社、农业企业等组织形式的发展,加强对农产品产地管理、生产环节控制和质量监管,确保产品的一致性和稳定性,为消费者提供更加优质、安全的农产品。湖北省农业农村厅已申报了47个农业地方标准,并以农业标准的示范推广为重点,大力推进菜园、果园、茶园标准园以及畜牧标准化养殖场、水产健康养殖场的建设,为农业标准化和品牌化建设奠定坚实基础。

湖北省高度重视农产品品牌建设,致力于培育和打造具有鲜明地方特色和优势的农产品品牌。通过开展湖北农产品品牌评选和推广农产品地理标志认证等活动,我们成功提升了农产品的知名度和美誉度,如秭归脐橙、潜江小龙虾等区域公用品牌以及七大区域公共茶品牌的崛起,进一步彰显了湖北农产品的独特魅力,为农业强省建设贡献了力量。同时,我们着力将稻米、生猪等十大重点农业产业链打造成为湖北区域的特色品牌,推动农业产业从简单的"卖原料"向"卖产品"转变,从"卖资源"向"卖品牌"升级,以品牌创建引领农业高质量发展。此外,我们还积极组织和承办农产品品牌推介活动,通过举办农产品展销会、农产品推介会等多种形式,向社会和消费者展示湖北农产品的特色和优势,增强公众对湖北农产品的认知和认可。为确保农产品的质量安全,我们不断完善农产品质量检测和溯源体系,加强对农产品生产、加工和销售环节的监管,从源头上保障农产品的品质和安全,提升消费者对湖北农产品的信任度。

5. 绿色优质农产品供给

为深入贯彻农业农村部关于质量优先的指导思想,湖北省积极行动,发布了《湖北省2018年农业质量年工作实施方案》,精心策划并实施了农业质量工作的十大行动。这些行动不仅显著提升了湖北农业在绿色化、优质化、特色化及品牌化方面的水平,而且极大地增强了绿色、安全、优质农产品的供给能力。具体而言,我们首当其冲地推进绿色农业发展,致力于从传统生产方式向绿色农业生产方式转变。我们积极鼓励和引导农民与涉农企业采用生态友好的农业技术和管理模式,减少化肥、农药的使用,从而推动有机农业和生态农业的蓬勃发展,确保农产品的品质和安全性得到显著提升。同时,我们注重建立健全绿色农产品的标准体系,制定并严格执行相关的生产标准和质量要求。通过标准化生产,我们确保农产品符合绿色、有机、无公害等认证标准,从而增强消费者对农产品的信任度。此外,我们还积极倡导健康、绿色的消费理念,努力引导消费者的需求转变,提升他们对绿色农产品的认知和接受度。最后,我们加强对农产品质量的监管和检测,建立农产品溯源系统,完善农产品质量检测、抽检和监测机制。通过信息技术手段,我们能够追溯农产品的生产、加工、流通和销售环节,为消费者提供农产品质量和安全的可信证据,确保绿色优质农产品的稳定供给。

6. 农业产业链供应链升级

为了推动农业科技创新,我们将进一步加大对农业科技创新的支持力度,积极鼓励农业科研机构和企业深入进行科技研发,广泛推广先进的农业技术和设施,旨在提高农业生产的效率和品质,同时降低生产成本。同时,我们将积极推进农业产业园区的建设，努力打造集农业生产、加工、销售于一体的综合性农业产业园区。通过提供土地、基础设施和服务支持，我们致力于吸引更多的农业企业和投资者参与农业产业化发展，共同推动农业现代化进程。此外，我们还将调整种植和养殖结构，逐步推进高效农业和特色农业发展，重点发展优质农产品和地理特色产品，进一步提升农产品的品质和附加值。为了加强现代化农产品加工基地的建设，我们将提供加工、包装、储存等增值服务，帮助农产品延长保鲜期、提高附加值。通过技术改造、设备更新和技术培训，我们将不断提升加工企业的生产能力和产品质量，为农业产业的高质量发展注入新的动力。

为了促进农村电子商务的蓬勃发展，我们致力于为广大农民和农业企业打造网络销售渠道，有效降低交易成本，实现农产品供应链上下游的顺畅衔接。同时，我们积极构建完善的农产品物流体系，通过优化农产品运输网络和储存设施，特别是完善冷链物流网络，显著提升农产品的物流效率。此外，我们鼓励农民积极组建农业合作社，推动农业产业链的垂直整合和横向联合，以实现规模化经营和资源共享，进而提升农产品的生产效率和质量。同时，我们大力支持并培育农业龙头企业，鼓励企业投资农业产业链的各个环节，推动农产品从产地到市场的一体化运营，从而促进农业产业的全面升级和持续发展。

7.农村土地制度改革

我们致力于对农村土地承包经营权进行详尽的确权登记工作，确保农民的承包期限、权益及承包地面积等得到明确界定，从而有效保护农民的土地权益。我们积极鼓励农民通过流转承包地的方式实现规模化和专业化经营，推动农村土地资源的优化配置，促进农业生产的现代化发展。同时，我们提倡农民将土地承包经营权转化为合作社、农业企业或农民专业合作社的股份，实现土地资本化、规模化经营，进一步提升农业生产效益。为了完善农村土地流转市场体系，我们建立了土地流转交易平台，提供土地流转信息的发布、交易撮合等服务，以推动土地资源的流转和农业产业的持续发展。此外，我们还对农村土地用途管制政策进行了调整和优化，放宽了农村土地用途转换的限制，以鼓励农业结构的调整和农村产业的升级。为了进一步激发农民流转土地的积极性，我们调整了土地继承和流转的税收政策，减轻了农民的流转负担。同时，通过设立试点示范区，我们先行先试农村土地制度改革,不断探索适合湖北省农村实际的改革方案,旨在为全省范围内的改革提供宝贵的经验和借鉴。

第二节 实施大数据战略行动,探索农业供给侧结构性改革有效途径

我们坚持以农业供给侧结构性改革为核心,借助大数据的力量推动农业生产经营的转型升级。通过扎实推进农业大数据战略行动项目的实施,我们积极培育和发展农业新经济、新业态,加速新旧动能的转换。在此过程中,我们充分利用大数据的理念和手段,降低生产经营成本,推动农业经济持续健康发展。

一、建设农业大数据平台,培育经济发展新动能

1. 积极推进农业农村大数据中心建设

湖北正积极投身于农业农村大数据中心的建设之中,以大数据和云计算为重要手段,紧密围绕生产、经营、管理和服务等多个关键环节,全面依靠数据进行科学决策。我们致力于构建湖北三农"一张图",将粮食功能区、重点农产品保护区、特色农产品优势区等重点工作纳入数据库并呈现在地图上,从而建立起一个天空地一体化的决策体系。在此基础上,我们计划打造一个涵盖"六个一"的宏伟工程:一个中心——农业农村大数据中心,作为数据汇聚和处理的核心;一个平台——"12316"大数据平台,提供数据分析和应用服务;一个门户——农业农村大数据综合服务门户,作为用户访问和交互的窗口;一张图——农业农村决策图,直观展示三农发展的全貌;一套标准——农业农村大数据管理平台标准,确保数据管理和应用的规范性;一个体系——农业农村大数据管理平台监测采集体系,实现数据的实时采集和动态监测。

2. 推动气象大数据湖北分中心建设,加强农业与生态气象卫星遥感本地化应用

湖北省气象局已明确目标,计划在2020年底成功建设气象大数据中心湖北分中心,并致力于研发具有湖北特色的气象数据产品。同时,宜昌柑橘

气象服务中心、武汉蔬菜气象服务中心、荆州稻渔种养气象服务中心以及荆门油菜气象服务中心被认定为第一批湖北省特色农业气象服务中心,此举将进一步推动湖北特色农业的发展。围绕湖北十大重点农业产业链及"三园三区"的发展规划,我们将着重建设针对果林、旱地作物以及油料作物的农业气象试验站,以满足全省典型农业生产区的气象服务需求。此外,武汉、荆州农业气象试验站力争在2024年前跻身全国先进农业气象试验站行列,而宜昌、襄阳、荆门农业气象试验站也将在2024年内按照国家一级农业气象试验站标准,建设成国家级农业气象试验站,为湖北乃至全国的农业发展提供强有力的气象服务支持。

湖北省气象局为了深化农业与生态气象卫星遥感技术的本地化应用,已正式印发《湖北省农业与生态气象卫星遥感应用工作实施方案(2022—2025年)》。该方案旨在构建长江流域及湖北省重点生态区的高时空分辨率、长时序农业与生态遥感产品数据集,并进一步完善主要粮油作物的遥感监测评估与产量预测机制,特别是小麦、油菜、中稻等作物的种植范围和面积遥感监测工作。同时,方案提出利用卫星资料与水体水温实测数据,研发空地多源融合的大水面养殖水体水温遥感反演产品,以实现不同深度水温的遥感监测,并持续优化水温监测的精确度。此外,还将完善植被生态遥感监测评估业务,开展植被保护和修复气象贡献率的本地化应用评价,从而实现对不同行政区域和时间尺度的植被生态质量变化的监测与评价。该方案还明确了湖库湿地和森林生态气象的遥感监测评估任务,并利用碳卫星遥感资料开展不同区域的温室气体多源监测评估,为国家和地方的"双碳行动"提供科学数据支持。为了提升遥感产品的真实性检验能力,方案构建了省、市、县一体化的作物物候特征和作物面积信息采集框架,并建立了相应的检验数据集和验证业务流程规范。最后,方案提出建立基于云原生技术的省市县农业与生态气象卫星遥感应用一体化服务平台,实现遥感数据、模型、方法、产品的共享与协同服务,进一步推动农业与生态气象卫星遥感技术在湖北省的深入应用与发展。

3. 积极推动湖北农业产业大数据平台建设

湖北农业产业大数据平台以农业产业为核心,全面整合了湖北省农业产业链的各个环节数据,涵盖农产品生产、加工、流通等关键环节。平台运用大数据分析技术,精准提供农产品市场需求预测、产量监测、价格走势分析等服务,为农业供给侧改革提供有力的决策支持。湖北移动积极搭建大数据平台,以信息化技术助力智慧农业的发展。该平台融合了物联网、云计算、大数据等先进技术,下设四个子系统:12316信息进村入户系统、农业物联网系统、农技推广服务系统以及虫情监测系统,共同构建了一个覆盖全域的农业数据采集与管理网络。湖北12316"三农"综合信息服务平台则是农户们的得力助手,提供三农政策解读、农业生产技术指导、农产品市场趋势预测、重大农情事件通报以及自然灾害预警预防等全方位的专业指导。通过12316信息服务平台,农民与农业专家之间实现了"一线通"的便捷沟通。利用平台的视频诊断、数据传输等功能,农业专家能够远程为田间的农作物进行在线防治、问诊,并开出科学的良方,为农业生产保驾护航。

4. 积极运行农产品质量安全追溯信息平台

2019年,国家农产品质量安全追溯管理信息平台在湖北全省得到了全面推广和应用。其中,绿色食品和有机农产品已率先启用国家农产品质量安全追溯信息平台,该系统能够详尽追溯农产品的生产、流通、销售等各环节信息,涵盖种植养殖环境、施肥药物使用情况、生产加工工艺、运输细节等关键内容。此平台为公众提供了便捷的访问和查询服务,消费者可通过平台轻松查询农产品的生产信息、质量检测报告以及环境监测结果等,从而确保购买到安全可靠的农产品。不仅如此,追溯平台还承担起农产品生产企业和农民追溯信息的录入与管理职责。企业和农民可以利用平台上传自己的生产信息,包括生产过程、农药使用详情、检测报告等,以便于监管部门和消费者进行查询和核实。为了进一步扩大试点范围,确保农产品质量安全追溯的广泛实施,该平台将规模化农产品生产经营企业、农民专业合作社、家庭农场等生产经营主体全部纳入追溯体系。这保证了农产品在上市销售时,将以二维码、产品质量合格证明、产地准出证明等标识进行,与市场准入制度紧密相连,共同守护消费者的餐桌安全。

二、挖掘大数据核心价值,促进农业转型与升级

湖北省委省政府深刻认识到大数据的核心价值,在推动农业转型升级方面进行了富有成效的探索。他们积极推进农业大数据平台的建设,加强农业数据的采集与应用,大力推广智慧农业技术,并支持农业大数据的创新应用。这些举措成功打破了传统的粗放型生产经营模式,推动了农业向集

约化、精准化、智能化、数据化和交互化的方向转型与升级,从而进一步提升了农业的竞争力,促进了农业的可持续发展。目前,湖北省的大田种植和畜禽养殖的信息化水平分别达到了36%和42%,显示出显著的进步。北斗技术也在现代农机中得到了广泛应用,为农业生产提供了强大的技术支持。此外,网络直播带货这一新兴的销售方式,为农产品打开了全新的销售渠道,为农民带来了更多的增收机会。农业农村的信息化、数字化建设,不仅提升了农业生产效率,也为"三农"事业的发展注入了强劲的动力。

1. 卫星遥感大数据赋能农业生产精准化

湖北珈和科技,作为专注于卫星遥感技术的农情大数据服务商,深度整合地理信息、遥感影像、大数据、云计算及数字孪生等前沿技术,全面整合农业农村部各部门数据。通过科学分析,我们精准掌握了全国各地农业资源的空间布局、数据体量及品种结构等关键信息,并实现数据对外公开共享,让农业生产各要素及资源信息在地图上直观呈现,便于进行空间分析与精准匹配。珈和科技充分利用卫星遥感大数据,积极推动产业振兴与政府服务的深度融合,助力产销对接服务,进而促进农民增收,推动消费提质升级。我们为农户和涉农企业提供卫星遥感技术支持,使他们能够通过个人电脑、智能平板或智能手机随时随地快速获取与农业紧密相关的大数据。这些数据能够帮助农户或农业企业实时了解天气变化、农作物的生长状况,从而及时作出农事安排,实现显著的增产增效,并有效降低生产成本。

2. 北斗卫星赋能农业大规模集成应用

北斗产业作为湖北独具优势、充满无限潜力的引领性产业,其影响力日益凸显。其中,湖北省北斗现代农业示范项目作为北斗导航应用示范项目的五大应用领域之一,以跨区作业的联合收割机为突破口,在全省范围内积极建设并开发北斗农机信息化作业智能调度系统,实现农机资源的合理配置和高效调度。同时,该系统还积极探索远程可操控的农机自动化作业模式,为农机作业的合理调度和实时监控提供有力支持。此外,项目还以大马力拖拉机为核心,致力于开发北斗农机自动驾驶精细耕种系统,以此推动农机自动化精准作业模式的创新发展,进而促进湖北省各类农机实现全面精细耕种。在孝感市云梦县胡金店镇的万亩油菜高质高效示范区,北斗卫星定位导航技术发挥了重要作用,助力高标准农田建设、精准秋播冬种、田间管理精准化以及抗旱排涝等四大作业场景,显著提升了农业生产效率和质量。截至目前,湖北省北斗农用领域已累计安装北斗智能终端超过3万台套,数量位居中部地区第一,全国第三。已装配的北斗农机终端突破3万台/套,涵盖极飞M500、极飞P100、卫星平地机、豪丰1S-200型深松机、豪丰精量播种机、迪拿尔2BFG200精量播种机、易枭2BQFX-12精量播种机、大疆T40、大疆P4M等多种农机具,累计监测作业面积高达7600多万亩,服务机手超过2万人。值得一提的是,武汉依迅、湖北地信、东风井关、农机总公司、北斗空间等北斗农用单位已与北斗应用相关单位签订合作协议,共同致力于构建全省北斗技术服务网络体系,涵盖北斗农机产品生产、平台服务、农机生产以及北斗农机产品经销等多个环节,为湖北省北斗产业的持续发展注入了新的活力。

3. "互联网+"赋能传统农业向现代化农业转型升级

以"互联网+农业"为强大引擎,武汉市黄陂区正全力推动传统农业向现代农业的华丽转身。在此过程中,黄陂区全面深化"互联网+农业"的融合发展,精心打造智慧农业平台,成功构建了黄陂农业大数据应用平台、数据中心与指挥中心,并建立了完善的农业标准数据库。借助大数据、远程视频、遥感监测和自动控制等前沿数字技术,黄陂区显著提升了农业生产经营管理的分析运算能力,构建了一个智慧化、智能化的农业数字化信息管理体系。同时,黄陂区高效应用"互联网+循环农业"模式,将该模式广泛推广至茶叶、水果、蔬菜、畜禽、水产等特色产业中,实现了农业生产各环节的自动控制和智能化管理,大幅提升了种养循环农业的标准化、集约化、精准化和智能化水平。此外,黄陂区还高度重视农村电商产业的高质量发展,思维特、卖货郎、乡聚等农村电商运营平台不断壮大,城乡电子商务站点数量已达到1100个,年销售额高达200亿元。为确保农产品安全,黄陂区还高标准建设了农安追溯系统,将全区19个街(乡)农产品监管站和76家农业生产经营主体纳入市级追溯系统管理,实现了"生产有记录、信息可查询、流向可追踪、责任可追究"的全方位监管,为农业的可持续发展提供了坚实保障。

洪湖地区积极构建电商服务平台,创新"互联网+"农产品销售模式,形成了一条集供货、仓储、直播运营、物流于一体的完整电商产业链。同时,洪湖市还建立了以"新农人培育+供应链整合+网红带货"为核心的直播营销新体系,通过直播销售洪湖藕带、腊鱼腊肉、鸡蛋糕、小龙虾、大闸蟹、莲藕、田螺、粽子咸蛋等特色农产品,成功跻身阿里平台2021年湖北省农产品电商百强县市之列。在宜昌市秭归县,通过实施"AI+种植"战略,农田智能化水平显著提升。全县 16 个基地配备了小型气象站、墒情监测等系统,借助"农抬头"智慧农业平台,实现了作物生长环境 10 要素的实时监测以及土壤 4 层分层温湿度的智能感应,并实现了数据的同步传输。武汉江夏区则成功打造了智慧江夏大数据平台,实现了数据的汇聚、治理、融合和共享开放,涵盖了农村电子商务服务站、农户农房田块资源地理信息化、北斗农机信息化、畜禽养殖自动化、供水过程实时监测以及水务信息采集及应用平台等多个方面,为江夏区在数字赋农、科技兴农、产业富农、资源扶农、服务助农、生态护农等领域提供了坚实的基础和有力保障。鄂州市华容区充分激发数字活力,推动农机信息化管理进程。该区广泛推广安装北斗信息监测系统,实现对作业过程和作业量的远程监控。同时,大力推广农业微信推送、直播在线、信息进村入户等服务,积极打造电商扶贫企业,助力农业发展。襄阳市宜城市与钉钉公司达成"数字县域"合作协议,为镇、村(社区)构建了"百姓通"数字化治理平台。此外,还建立了京东和淘宝宜城特产馆、宜城农特网、智慧农园小程序等多个电商平台,并通过直播间进行全天候直播带货活动,实现了电商交易额超过 20 亿元的佳绩。

4.数字化赋能现代农业服务业

数字化转型正成为推动农村金融发展的强大引擎。湖北省农业农村厅携手中国建设银行湖北省分行,共同构建了湖北数字农经网,为各类涉农主体量身打造了一个集"农经、数据、金融"于一体的服务平台。通过这一平台,小农户、新型经营主体以及农村集体经济组织的基础数据被精准整合到一张网上,从而实现对农村主体的细致描绘和精准定位。这不仅为金融部门提供了有力的数据支撑,便于其进行授信决策,同时也为广大涉农主体提供了便捷高效的金融服务,有效解决了他们面临的"融资难、融资贵、融资慢"等难题。此外,这一平台还为小农生产融入现代化生产体系搭建了一座直通桥梁,推动了"数据变信用、信用变资产"的转化过程,目前已为 2 万家涉农主体和 9 万多户农户提供了农业金融服务,为农村经济的持续发展注入了新动力。

数字化浪潮正推动着旅游服务业的蓬勃发展,深刻变革着文旅产业的格局,引领其向更高层次的转型升级迈进。字节跳动旗下的巨量引擎,以其形式多样的数字化营销服务,为湖北省众多旅游景区提供了全新的发展思路。众多旅游目的地积极拥抱数字化潮流，探索出独具特色的创新发展路径。老牌景区黄鹤楼在抖音直播的助力下，迎来了客流高峰。特别是在2021年疫情之后的五一期间，黄鹤楼接待总人数接近19万人次，展现了数字化营销的巨大魅力。世界长寿之乡钟祥市则采用了创新的"音乐＋直播＋文化旅游"模式，启动了"百城千社钟祥行"暨"一机游钟祥"旅游活动，直播累计观看人数高达900万以上，钟祥莫愁村更是荣登湖北抖音游玩人气榜榜首。武当山则探索了"短视频＋文化旅游"的传播新模式，发起了"这就是武当"抖音话题活动。通过线上线下相结合的方式，包括线下开幕式、沙龙培训、抖音挑战赛、全民任务以及抖音热榜等形式，吸引了大量抖音用户和短视频爱好者的积极参与，曝光量达到了惊人的3.1亿以上，并成功登上抖音热榜第六名。武汉江夏区与巨量引擎携手，推出了"这才是江夏"抖音互动短视频大赛。活动以"全民任务＋抖音达人乡村游采风团＋抖音系列挑战赛"的形式展开，涵盖了"看见新江夏、全民拍江夏、网红推江夏"等七个方面。此次活动不仅使官方抖音号"新江夏"增粉7000以上，还产生了2.6万条视频，总播放量超过10.9亿次，为江夏区的旅游推广注入了强大动力。此外，巨量引擎湖北本地直营中心还与武汉市文化和旅游局联手，推出了"乡约武汉美好生活"系列活动。通过组织30余位抖音达人深入黄陂、新洲、蔡甸等区域的10家景区和民宿，运用"直播＋短视频＋景区团购创新"的形式，有效助力了乡村振兴，为当地旅游业的发展注入了新的活力。

数字化浪潮正推动着智慧商贸物流服务向前发展。武汉斗鱼网络、传神语联网络、升哲数据、中国中铁科工等领军企业，以其在新兴的数智服务、语言服务、工程服务等领域的新产品、新技术、新服务，为湖北商贸物流服务注入了源源不断的活力，引领着贸易服务的数字化转型进程。同时，烽火技服、武汉佰钧成等一批服务贸易领域的重点企业崭露头角，他们依托"中碳登"建设全球碳交易注册登记中心，构建碳资产大数据中枢，为商贸物流服务的绿色发展提供了有力支撑。此外，这些企业还积极构建供应链数字化服务平台，建设统一的数字化物流信息系统，为商贸物流服务的智能化、高效化提供了坚实的技术基础。他们还构筑了集通关、市场信息、海外仓、金融服务等为一体的跨境电商平台，有效推进了内外贸的衔接联通和一体化发展，为湖北乃至全国的商贸物流服务开辟了新的发展空间。东湖高新区作为创新高地，已形成了直播电竞、文漫影游、教育出版、创意设计、文化信息、文化消费终端等六大特色产业,为商贸物流服务提供了丰富的应用场景和创新动力。武汉、宜昌、襄阳、十堰等国家级、省级服务外包示范城市的建设,也在积极打造中部地区服务贸易(外包)国际交流合作的新平台,为湖北商贸物流服务的国际化发展提供了有力支撑。卓尔智联数字贸易平台更是以大数据、人工智能、区块链等数字化技术为应用,构建了"B2B 交易服务＋供应链服务＋数字技术云服务"的架构体系,业务涉足物业、交易、跨境贸易、仓储、物流、金融、供应链管理等供应链综合服务。除服务于湖北本地商贸物流服务外,卓尔智联集团还与全国 15 家批发市场如临沂商城、成都荷花池和沈阳五爱等签署了市场数字化服务合作协议,为这些市场提供智慧市场、商品管理、智慧物流等数字化市场应用系统服务,有力推动了全国批发市场的数字化、智能化升级进程。

三、以数字化建设为着力点,提升乡村数字化治理能力

全省各地各部门要充分发挥湖北互联网大省优势,推进数字乡村建设,推动涉农数据资源共享开放,推进乡村数字治理服务水平,提升农民群众数字素养与技能,发展壮大农村数字经济。

1. 提高乡村基层政府数字化治理能力

数字乡村建设不仅是乡村振兴战略的核心组成部分,更是推动乡村治理体系和治理能力现代化的关键步骤。潜江市泰丰街道办事处洪庙村正致力于打造一个数字乡村的示范村,通过构建数字化管理平台,广泛收集数字乡村的"家庭身份证"信息,使村民只需扫描家庭二维码,便能轻松了解各项惠农政策。同时,"洪庙数字乡村"小程序将村民的基本信息录入系统,村民登录后,不仅能查看乡村动态、经济发展、特色服务、设施资源等丰富信息,还能通过小程序的互动留言功能,提出自己的建议、意见和需求,由党支部派遣专人进行解答。利用这一数字化平台,洪庙村实现了数字乡村、数字治理、数字党建、数字城建、数字农业、数字文旅、数字惠农等多个模块的集中管理,并通过云端平台对全村进行日常巡查。数字大屏实时展示视频监控画面、乡村地图、辖区人口等信息,通过各摄像头的实时监控和回传画面功能,显著提升了应急指挥能力,使乡村治理更加智能化、精细化和专业化。此外,数字乡村云广播系统通过摄像头外接音柱,实现一点录入、多终端播放的实时和定时广播功能,让信息传递更为高效,无论是党建宣传、自然灾

害预警还是移风易俗信息,都能迅速传达给每一位村民。在孝感、襄阳、天门、荆门等地,依托"村务云"平台,正积极探索农村基层组织的规范化管理和科学考评机制,使村务管理更加透明化、规范化。同时,"i 襄阳"政务移动App 的上线运行,标志着襄阳市的"互联网＋政务服务"已经迈入了"掌上办"的新时代,为市民提供了更加便捷、高效的政务服务体验。

"腾讯公益·五社联动·家园助力站"公益项目,通过创新的"文明校场·数字共享"乡村治理模式,极大地激发了村民参与乡村治理的积极性和创造性,显著提升了村级管理服务效率和水准,成功构建了一个共建共享的乡村治理新体系。在宜城市,我们精心搭建了"百姓通"数字化治理平台,实现了全市 234 个村(社区)所有居民用户的激活与使用培训全覆盖。经过近一年的运行,平台已发布共享信息高达 20.3 万条,累计处理事项超过 11000 件,其中村民反映的 90% 的问题都能在 24 小时内得到妥善处理。在孝感市大悟县金岭村,湖北移动打造的"乡村振兴·智慧金岭"信息平台,通过"云党建、云监控、云广播"等应用形式,为基层村委人员提供了"云上共治"的新模式。借助智慧平台的"云监控＋云广播"功能,我们实现了指尖上的全民监督,形成了村民基层治理人人参与、治理成果人人共享的良性运转机制。此外,湖北移动还持续推动智慧乡村在孝感、襄阳、十堰等地的应用,以加快农村现代化进程,让乡村治理更加智能化,乡村振兴步伐更加稳健。建始县也积极行动,建立了包括"互联网＋党建"、"雪亮工程"、地震监测系统、森林防空系统、应急管理系统、智慧水利工程、质量监测系统、水土一体化自动监测等在内的数字化平台,以数字化手段赋能产业发展、乡村治理和农村经济,为乡村的全面振兴注入强劲动力。

2.提高村民和涉农企业办事效率

一是积极开发和利用移动 App 和小程序,以实现掌上便捷办理。目前,湖北省各级政府和职能部门已开发了超过 300 个相关 App,涉及公共服务的 App 更是数不胜数,覆盖了从省直机关到街道村镇的全省各个领域。其中,宜城市特别搭建了"百姓通"平台,设立了"宜汇办、宜汇说、宜汇管、宜汇建"四大板块,通过整合信息、促进事务网上办理,实现了人人参与、强化了村务信息公开,推动了网上办、指尖办、马上办的便捷服务,从而极大地提升了人民群众的满意度。巴东县则广泛推广湖北政务服务网和鄂汇办 App,特别在养老保险费缴纳、养老保险资格认证、医疗保险费缴纳等移动端服务上取得显著成效,实现了551项政务服务事项全程网办和100项便民服务事项掌上办理,真正实现了"一机在手,服务到家"的便捷体验。

二是深化"互联网＋政务服务"工作,推动基层政务服务和社会治理能力的现代化。为此,省政府特别出台了《关于推进基层政务服务"一网通办"的指导意见》,通过一网通办,实现了"让数据多跑路,让百姓少跑腿"的目标,覆盖了省市县乡村五级。恩施市聚焦"一网通办"改革,开展了一系列"网上办、掌上办"和"一窗通办"操作培训,教会了人民群众如何运用"湖北省政务服务事项管理系统、湖北省统一受理平台、湖北政务服务网、恩施州智慧政务平台"等系统平台,以及"鄂汇办""楚税通"等App的在线操作方法,使得人民群众从"线下办"逐渐转变为"在线办",大大提高了办事效率。宜昌市夷陵区黄花镇则进一步深化"互联网＋政务服务",运用湖北政务服务网,提高了网办服务的质量和效率,实现了"一网通办",并通过推进"夷陵快办"事务审批平台,打通了村(社区)与乡镇便民服务中心的数据通道,真正实现了办事由"群众跑"转变为"数据跑"的现代化转变。

四、强化大数据精准扶贫,提升扶贫攻坚绩效

湖北省委、省政府深入贯彻落实党中央的决策部署,积极推进"大数据监察"在监督执纪工作中的实施,创新性地将大数据技术引入扶贫领域,旨在实现扶持对象的精准识别、项目安排的精准规划、资金使用的精准管理以及脱贫成效的精准评估,从而推动扶贫工作的精准化和高效化。

1. 将大数据作为扶贫攻坚的重要抓手

湖北省积极运用大数据的"大"和"准"特点,针对性地解决精准扶贫工作中数据不准确、质量不达标、数据更新滞后等难题,同步推进"大数据战略"和"精准扶贫战略"两大战略行动。省委、省政府对此高度重视,特别制定了《关于在全省开展运用大数据对精准扶贫政策落实情况进行监督检查的工作方案》,将大数据确立为全省扶贫工作的重要支撑。市州县区层面也积极行动,加大培训力度以提升工作效率,强化数据校对和审核以提高数据质量,加强协调和服务以完善信息系统,推动扶贫工作实现精准化、动态化和科学化管理。值得一提的是,湖北省采用的扶贫监察系统是由省内烽火公司开发的"云＋大数据＋监察"系统,该系统集数据比对、线索发现、监督检查、智能分析等多功能于一体,实现了省、市、县、乡、村各级之间的互联互

通,为湖北省高质量完成脱贫攻坚任务提供了坚实的技术支撑。

2. 大数据精准扶贫基本打通了各部门的数据烟囱

借助"精准扶贫大数据监察系统",我们利用大数据技术打通了精准扶贫各部门间的通路,成功打破了行政区域间和职能部门间的"数据烟囱"与"信息壁垒",构建了数据资源的共享通道。该系统实现了公安、工商、教育、民政、住建、卫计等20多个部门的数据共享与交叉比对,显著提升了数据加工能力和效率,深入挖掘了数据的潜在价值。这不仅为扶贫工作提供了真实可靠、及时全面的决策数据支持,还为精准扶贫提供了针对性的解决方案,优化了资源配置。通过采集、整合、比对整村推进(村级扶贫项目)、易地扶贫搬迁、教育扶贫资助资金、扶贫小额信贷资金、基本公共卫生服务补助、新型农村合作医疗基金、就业专项资金、残疾人两项补贴、农村低保、城市低保、农村五保、广播电视户户通等12个精准扶贫项目的政策落实情况数据信息,我们确保了贫困户识别的精准性、资金使用的精准性以及脱贫成效的精准性。这一举措为湖北省打赢脱贫攻坚战提供了有力的技术保障和数据支持。

3. 大数据精准扶贫是省委省政府利民惠民的重要举措

借助大数据平台的力量,我们致力于实现精准扶贫,确保每一分扶贫资源都能真正惠及贫困群众,切实助力他们摆脱贫困。通过广泛收集、整合和深入分析海量的数据,我们能够全面、准确地掌握贫困人口的基本信息、家庭状况、收入来源、教育程度等多元化信息。这些信息不仅有助于我们精准识别贫困人口和他们的致贫原因,还能深入洞察他们的脱贫需求和合适的发展路径。基于这些洞察,我们能够制定出更加精准、更有针对性的扶贫政策和措施,确保扶贫工作能够真正落到实处,为贫困群众带来实实在在的利益。

湖北省大数据管理平台不仅优化了贫困户与对口负责人的沟通协作,显著提升了精准扶贫的力度和效率,还极大地方便了扶贫工作的宏观调控和日常管理。全省范围内建立起扶贫领域信息与大数据比对系统,针对虚假脱贫、数字脱贫、被脱贫以及扶贫资金骗取套取、截留挪用、贪污侵占等违规行为进行重点监管。省、市、县、乡、村五级均设立了专职扶贫信息员,其中25646个行政村均配备了村级扶贫信息员,通过创新扶贫资金和贫困户监管手段,运用大数据比对系统,对每一个人、每一个单位和每一条数据逐一进行比对审计,一旦发现疑点立即展开调查,确保扶贫工作的精准与公正。我们坚持将"两不愁三保障"作为新识别、脱贫、返贫和清退的重要标准,坚决摒弃"唯收入论"和"一刀切"的片面做法。在全省 97 个有扶贫任务的县(市、区),我们开展了逐村逐户逐人逐项的深入排查,确保不遗漏任何一个贫困户、不忽视任何一个贫困人口。对已脱贫户进行逐户回访、核查,及时发现并解决错退和返贫问题;同时,对建档立卡外的重大疾病户、残疾人户、低保户、边缘户、独居老人户等进行全面核查,逐一走访,确保不存在漏评现象。经过不懈努力,2018 年全省成功标识脱贫 39.04 万户 110.03 万人,新识别纳入 6.69 万人,返贫控制在 0.04 万人以内,为打赢脱贫攻坚战奠定了坚实基础。

第七章 湖北省大数据促进农业供给侧结构性改革环境分析

随着互联网、大数据、人工智能、区块链、物联网及3S技术的深度融合与应用,大数据在农业供给侧结构性改革中已成为至关重要的生产要素。它有力地推动了农业要素结构的优化和产业升级,不仅重塑了农业生产要素的地位与组合方式,更在资源配置的规模、方式与效率上实现了显著变革。自党的十八大以来,国家陆续发布了《数字乡村发展战略纲要》《促进大数据发展行动纲要》《关于推进农业农村大数据发展的实施意见》以及《数字农业农村发展规划(2019—2025年)》等一系列政策文件,旨在推动农业农村的数字化变革,提升农业生产的智能化和经营管理数字化水平。通过数字化驱动和引领现代农业发展,我们期望能够进一步促进农业增收和农产品质量的显著提升。

湖北省,地处中国中部、长江中游,是我国农业领域的佼佼者,其农业生产与发展在全国范围内占据着举足轻重的地位。尽管湖北省在粮食、棉花、油料和淡水产品等方面的产量均名列前茅,但仍面临着农业规模大但竞争力不足、农产品数量多但品质不优的结构性难题。为了攻克这些挑战,湖北省积极采取了一系列策略,包括创新体制机制、推动农业科技进步,以及加速农产品标准化和品牌化建设等,力求实现农业由数量扩张向质量提升和可持续发展的转变。近年来,湖北省相继发布了《湖北省大数据发展行动计划(2016—2020年)》《湖北省数字经济发展"十四五"规划》《湖北省推进农业农村现代化"十四五"规划》以及《关于全面推进乡村振兴和农业产业强省建设 加快农业农村现代化的实施意见》等一系列政策文件,对数字农业进行了全面部署。从实践成效来看,数字化农业的改造和转型不仅显著提升了湖北省农业生产经营的效率,更重构了既有农业要素的配置方式,推动了农业集约化和效率的根本性变革。

第一节 大数据促进湖北省农业供给侧结构性改革的作用

一、大数据促进湖北省农业供给侧结构性改革的意义

1. 大数据是促进我省农业经济转型升级的重大举措

农业大数据能够显著提升我省农村经济的效率和竞争力,推动传统农业经济向数字农业经济转型升级,进而实现农村地区的经济增长,并有效改

善农民的生活水平。借助大数据技术的应用,农民能够更精准地优化土地利用、劳动力分配、农产品生产和供应链管理,调整农业生产结构,从而实现农产品的提质增效,为农民增收致富开辟新路径。大数据与农业的深度融合不仅加速了传统农业向数字农业的转型步伐,还推动了我省农业生产的标准化与规模化进程。通过运用大数据工具,我们能够重构产业体系,借助电子商务平台实现农产品的快速流通。同时,基于大数据构建的农产品质量追溯体系,确保了农产品从田间地头到消费终端的全程溯源,为高质量农产品提供了坚实的安全保障。此外,通过共享大数据资源,多元主体间的协同合作得以加强,农业资源得到优化配置,进而推动农业产业链供应链的现代化水平提升,实现农业供给侧利益的最大化。

2. 大数据农业是加快我省农业高质量发展和降本增效的有效途径

大数据作为关键的生产要素资源,具有释放数字要素对农业发展的叠加和倍增效应的巨大潜力。它不仅能够促进要素资源的优化配置,实现供求的有效匹配,还能够降低生产成本,提高生产效率。通过大数据的深入应用,我们能够推动现代农业实现质量、效率和动力的三重变革,进一步激发农民的消费潜力,从而扩大内需增长空间。基于大数据技术的应用,我们可以实时采集生产和流通环节的海量数据,并运用先进的建模分析方法,精准掌握作物生长和畜牧渔业养殖的最新动态。根据作物和畜禽渔业所需,我们可以提供恰到好处的营养投入,确保农业产出的高品质。同时,通过对市场和流通环节数据的深度分析,我们能够优化供应链结构,降低流通成本,从而显著提升农产品交易规模。

3. 发展大数据农业是增强湖北农业竞争力的必然选择

在全球正经历着百年未有之大变局的背景下,新一轮的科技革命和产业变革如火如荼地推进。鉴于后疫情时代产业重构和资源重组所展现的新趋势和新特点,世界各国纷纷将数字农业置于国家战略的高度。在这一大背景下,互联网、大数据、人工智能、物联网、区块链、5G、3S 技术等已全面融入农业全产业链的发展全过程,成为各国竞相抢占的战略高地。作为我国的农业大省,湖北省必须紧跟国际农业发展的步伐,将数字农业确立为战略重点和优势发展方向,通过深入推进数字化变革,进一步提升我省农业的竞争力,确保在新一轮的科技和产业竞赛中占据有利地位。

二、大数据对湖北省农业供给侧结构性改革的重要性和紧迫性

1. 国家粮食安全保障和重要农产品有效供给的重要支撑

湖北省作为我国重要的粮食生产基地和农产品供给保障区,拥有得天独厚的农业资源和显著优势。然而,在耕地红线、资源环境约束以及国际竞争等多重挑战面前,我们必须积极寻求新的突破。以大数据为引擎,推进农业供给侧结构性改革,通过深度分析土壤质量、水资源、农作物生长环境、农业气象、病虫害等多维信息,将大数据与人工智能、物联网技术、云计算技术、3S技术等前沿科技融合,实现生产管理的智能化控制。这不仅能够优化种植结构、提升单产水平、增强防病抗灾能力,并推动多元化生产,从而提高湖北省粮食和重要农产品的自给能力和保障水平;更能精准优化农业产前、产中、产后等供应链的结构,深入剖析市场供需信息,避免资源错配,提升农产品的有效供给。如此,我们将更好地满足人民群众日益增长的高质量农产品需求,为湖北省农业的可持续发展注入强大动力。

2. 农业提质增效和农民增收致富的迫切需要

大数据通过精准配置生产要素和调整生产结构,已成为湖北省推动农业生产提质增效、农民增收致富的迫切需求。依托精准农业与智慧农业的集成技术,包括智能感知、卫星遥感、数据采集存储、智能决策与预警等,我们不断提升农产品的质量和效益,促进农业经济的持续增长。我们利用大数据深化改革农业供给侧结构,运用现代科技为农业提供全方位服务,以现代化的生产方式改造传统农业。以农业生产数字化改造为突破口,我们持续优化农业资源配置,加速推进农业结构的调整。我们致力于优化农产品品种结构和产业布局,引导农业生产向市场紧缺、优质特色、高附加值的产品发展,以提升农产品的市场占有率和价格优势。通过深入的大数据分析,我们积极发展适度规模经营,增强科技创新能力,加强品牌建设,并拓展全产业链,进而降低生产成本,提高劳动生产率,增加产品附加值。此外,我们还积极探索数字技术与休闲农业、乡村旅游等新兴产业的融合发展,为农民拓宽增收渠道,实现农业的多元化发展。

3. 促进农业绿色发展和生态文明建设的要求

湖北省,作为长江经济带的核心区域和全国重要的生态屏障,急切需要借助大数据的力量推动农业绿色发展及生态文明建设。长期以来,湖北省

农业过度依赖资源消耗和投入驱动,导致土壤污染、水资源浪费、生物多样性下降等问题,严重制约了农业的可持续发展。基于大数据对农业种植、养殖等数据的深入分析,我们可以为企业和农户提供精准施肥、灌溉和农药使用的指导,避免化肥和农药的过量使用,从而减少对土壤和水源的污染,更好地实现农业资源与环境的和谐共生,推动绿色农业生产和可持续发展。同时,通过卫星图像和无人机技术,我们能够对农田、植被覆盖、水体质量、野生动物等生态环境进行全面监测和数据分析,及时发现问题并采取相应的绿色生产方式。此外,我们还需扩大轮作休耕制度的试点范围,加强退耕还林还湖还草等措施,确保农业生产与资源环境的协调发展,进而提升农业的生态效益和社会效益。

三、大数据促进湖北省农业供给侧结构性改革的基本思路

1. 推进农业农村大数据资源体系建设

我们致力于加快湖北农业农村大数据平台的建设步伐,同时构筑起完善的湖北农业农村大数据标准规范体系与安全保障体系,夯实基础数据资源体系。我们的目标是推动农业大数据资源的共享、融合与深度应用,为湖北农业农村的现代化发展注入新动力。

具体而言,我们首要任务是建设农业数据采集体系。通过建立健全农业相关数据采集、传输、存储、分析、应用的软硬件系统、智能装备和标准规范,确保数据的准确性和完整性。利用智能装备、传感器、物联网等技术手段,构建全方位、高效能的数据采集网络,为后续的数据应用奠定坚实基础。

其次,我们将着力建设农业基础资源数据库。整合农村土地承包经营权确权登记、农村集体资产、农村宅基地、高标准农田建设、粮食生产功能区、生态保护区、设施农业用地、种业种质资源、畜禽水产养殖、水利等多元信息数据,打造全面覆盖、精准可靠的农业基础信息数据库。

此外,我们还将针对小龙虾、柑橘、茶叶、生猪、禽蛋、蔬菜(食用菌)等十大优势特色农业产业,建设单品种全产业链数据库。通过构建完善的数据采集、分析、发布和服务机制,实现对产业链各环节数据的全面掌控和深度挖掘,为产业发展提供有力支撑。

同时,我们还将建设农业生产过程数据库。该数据库将涵盖农业生产过程中的产前、产中、产后各个环节,通过数字化、系统化的应用,实现数据

的归集与留存。这将有助于形成从土地整理到物流仓储的全程农作物生产数据库,以及从种源到冷链物流的畜禽渔业养殖生产数据库,为农业生产提供全方位的数据支持。

最后,我们还将建立农户和新型农业经营主体数据库。该数据库将包括农业生产主体基础信息、土地流转和托管、劳动用工、农机作业与管理、金融保险、投资贷款、产销对接、财政补贴发放等多维度信息,为政府决策和农业经营主体提供全面、准确的数据支持。

2.推进农业生产智能化体系建设

我们致力于加速推进农业生产智能化体系的建设进程,通过深化互联网、大数据、云计算、区块链、传感器、人工智能、3S技术、5G网络等现代信息技术在农业领域的广泛渗透与应用,推动农业机械与信息化深度融合,从而实现农业生产管理的全面智能化。

首先,我们将打造一批数字化农业示范园区,树立行业标准化示范基地和示范企业的标杆。围绕数字农场、数字果园(菜园)、数字牧场、数字渔场、数字种业等领域,精心建设数字农业示范基地,重点发展国家级和省级现代农业产业园,推动数字农业产业集聚,提升农业产业园区数字化基础设施水平,运用大数据技术增强农业产业园区的核心竞争力,并积极探索具有普适性的建设模式。

其次,通过数字示范园区的引领和辐射作用,推动数字农业的整体发展。我们将以数字科技为支撑,提升产品质量,培育新型经营主体,并着力打造数字园区品牌,引领和带动一批数字要素集聚、农机装备智能、生产方式绿色、优势产业突出的数字化农业产业园区蓬勃发展。

最后,我们将推动数字技术与设施装备在大田作物、设施园艺、畜禽养殖、水产养殖、品种繁育等领域的集成应用,形成一批具有典型意义的智能化数字农业应用模式。通过运用大数据、云计算、人工智能、物联网、3S等现代信息技术与农业设施和装备的深度融合,我们将利用远程计算机、移动终端设备等实现精准控制作业,从而实现自动播种、种植、施肥、灌溉、除草、收割等生产管理环节的智能化,为农业生产带来革命性的变革。

3.完善农业数字化服务体系建设

我们致力于深入推进信息进村入户工程,依托云平台与信息服务站点,有效整合基层各类涉农资源,集中一二三产业的优势力量,全面强化生产、信息、金融、物流、仓储等产业服务体系的功能,实现产前、产中、产后各环节的深度融合与数字化服务。我们加速推进"邮乐购+益农信息社"的建设步伐,确保全省行政村的站点和信息服务实现全面覆盖。同时,我们积极开发并推广涉农手机服务平台,普及农业农村门户网站、应用型 App、小程序等,鼓励专家和农技人员为新型农业经营主体和普通农户提供实时的在线指导服务,从而同步推进公益服务、便民服务、电子商务服务以及培训体验服务的全面发展。我们实施"政府+运营商+服务商"的三位一体推进机制,推动我省农业数字化服务体系向标准化、定制化、规模化、精细化的方向迈进。我们引导各类农业社会化服务主体在政策咨询、市场动态、农业资料、农业机械、金融服务等领域提供丰富的农业信息服务,实现公益性服务与经营性服务的在线化、便捷化。我们致力于打通省市县乡村之间的信息壁垒,实现数据的互联互通,全面升级农业生产、经营、管理、服务等各项功能,将云平台打造成为我省农业农村领域的"一站式"综合服务平台,为农业农村的现代化发展注入新动力。

第二节 湖北省农业大数据促进农业供给侧结构性改革的环境分析

一、农业大数据技术环境分析

1.湖北省农业大数据技术基础和发展状况

湖北省拥有丰富的农业数据资源,近年来湖北省高度重视数字农业的发展,积极推进农业大数据技术的创新和应用,取得了显著的成效。

(1)农业数据资源建设

自 20 世纪 90 年代起,在国家科技计划的大力支持下,我国积极开展了一系列农业信息资源建设工作,成功构建了稳定高效的信息采集、分析与发布体系。与此同时,湖北省各级涉农部门和科研机构也积极响应,建立了涵盖农业生产、农村宏观经济、农产品价格以及农业科技等多个领域的数据库,为农业领域的决策提供了有力的数据支撑。表 7-1 所示为湖北省农业数据资源类别及服务支持。

表 7-1 湖北省农业数据资源类别及服务支持

农业数据	数据采集手段及技术服务支持
农情监测数据	利用卫星遥感、无人机航拍、物联网传感器等手段,实时监测全省各类作物的种植面积、生长状况、产量预测等信息
农业气象数据	利用气象站、雷达、卫星等设备,收集全省各地区的气温、降水、风速、湿度等气象要素,为农业生产提供气象服务
农产品市场数据	利用网络爬虫、电子商务平台、移动应用等途径,收集全省各类农产品的供求情况、价格变化、消费偏好等信息,为农产品流通提供市场指导
农业生产数据	利用智能化的农机设备、生产管理系统、追溯平台等工具,收集全省各类农产品的生产过程、质量安全、流向追踪等信息,为农业生产提供质量保障
农业科学数据	利用科研实验室、试验示范基地、科技成果转化平台等资源,收集全省各类农业科技创新的理论研究、实验数据、应用案例等信息,为农业科技创新提供知识支持
农村综合信息服务数据	利用广播电视、互联网、移动通信等媒介,收集全省各类涉及农村发展的政策法规、公共服务、社会文化等信息,为农村综合发展提供信息服务
国家作物种质资源数据库	利用现代生物技术和信息技术,收集全国各地区的作物种质资源的遗传特征、表型特征、分布特征等信息,为作物育种和保护提供基础资料

(2)农业大数据处理技术

提取农业数据中的宝贵信息是数字农业肩负的核心使命之一。当前,湖北省已初步掌握并应用了一系列大数据处理技术,并在实践中得到了验证。具体而言,这些技术包括:

在大数据存储和管理方面,我们针对多样化的农业数据类型和规模,研发了专业的数据模型和算法。这些算法不仅优化了数据流处理和批量数据处理流程,还显著提升了数据存储和管理的效率与可靠性。同时,我们利用分布式文件系统、分布式数据库以及分布式缓存等技术,实现了数据的高可

第七章 湖北省大数据促进农业供给侧结构性改革环境分析

用性、高并发处理能力及高扩展性。

在大数据检索领域,我们针对不同需求和场景,研发了智能的数据融合、清洗、索引及匹配技术。这些技术确保了农业数据的快速、精准及全面检索。此外,我们还集成了网络信息主动汇聚技术,开发出专业的农业垂直搜索引擎,为用户提供便捷、高效的农业信息检索服务。

在大数据分析方面,我们针对多样化的农业数据分析目标和问题,运用机器学习、深度学习以及自然语言处理等先进技术,实现了数据挖掘、预测及推荐等功能。这不仅加深了对农业数据的深度理解,还实现了其价值的充分挖掘与智能应用。同时,通过可视化及交互式技术,我们为用户提供了直观的数据分析结果展示及反馈机制。

(3)农业大数据计算和存储环境

为了有效应对海量的农业数据处理和应用需求,我们迫切需要构建一个强大的计算和存储环境。目前,湖北省已初步构建了云计算技术架构与开放应用体系,实现了农业信息的海量存储、按需分配、动态伸缩、负载平衡以及配置自动化等功能。

具体来说,我们研发了一系列云计算资源集成技术,旨在解决异构、异地环境下云计算资源的整合问题。这些技术基于虚拟化、容器化、微服务化等原理,能够将不同来源、不同性质的云计算和云存储资源集成到一个统一的资源池中,从而满足可扩展性、互主备、多中心等功能需求,确保农业信息处理的高度可用性和弹性。

此外,我们还针对业务系统资源调度问题,研发了云计算资源调度技术。该技术基于先进的调度算法、优化策略和质量保障技术,能够根据不同业务系统的计算粒度和技术维度需求,提供个性化的云计算资源。通过精准匹配业务需求与资源供应,我们实现了资源的高效利用,满足了农业信息处理在各种应用场景下的需求。

为了解决不同类型和规模的应用系统对云存储资源的接入问题,我们还研发了云存储资源接入接口技术。该技术基于标准协议、统一格式和安全认证等原理,为各类应用提供了云存储资源接入、云数据库接入、消息调度接入和统一安全接入等接口服务。这些接口服务大大简化了农业数据的存储和访问过程,提高了数据管理和分析的效率。

除了涉农部门的研究努力,市场上以 BAT 为代表的互联网公司也积极参与其中,提供了各类规模化的公有云商业服务。这些服务为农业大数据提供了低成本的第三方运行和存储环境,进一步推动了农业信息化的发展。

(4)农业大数据挖掘技术

在浩如烟海的农业数据中探寻有价值的知识与规律,是数字农业肩负的重要使命之一。目前,湖北省已初步掌握并成功应用了一系列大数据挖掘技术。具体而言:

我们研发了农业知识问答技术,以满足农村基层用户多样化的农技需求。通过整合自然语言理解、知识图谱、机器学习等先进技术,该技术能够精准理解不同用户的知识查询意图,并提供个性化的知识推荐。同时,借助网络信息主动汇聚技术,我们构建了针对不同用户群体的农技知识资源问题数据库,设计了一套智能化的问答引导流程,确保用户能够得到精准、有效的指导。

在农业生产预测方面,我们针对生产过程中的种种不确定性和复杂关系,研发了基于机器学习、深度学习、神经网络等技术的预测模型。这些模型能够精准预测作物生长状况、产量以及病虫害风险,为农业生产提供有力支持。此外,我们还运用可视化、交互式技术,将预测结果以直观、易懂的方式呈现给用户,并收集用户反馈,不断优化预测模型。

针对农产品流通过程中的供需对接和价格波动问题,我们研发了农产品流通推荐技术。该技术基于协同过滤、关联分析、情感分析等算法,能够智能推荐合适的农产品供应商、需求方以及价格策略。同时,我们利用网络直播带货、电子商务平台、移动应用等多种渠道,有效传播推荐结果,促进农产品流通的顺畅进行。

在农业科技创新领域,我们研发了科技创新辅助技术,以解决科研人员在信息检索和知识获取方面的难题。通过运用文本挖掘、语义分析、主题建模等技术,能够快速检索和分析海量的科研文献、专利和报告等信息,为科研人员提供有力的知识和参考。此外,我们还整合了专家系统、案例库、创新平台等资源,为科研人员的创新思路和方法提供指导和支持。

2.农业大数据技术创新和推广的支撑条件

《湖北省数字农业发展"十四五"规划》对数字农业的发展目标、任务和措施进行了全面细致的规划。规划强调建立健全农业基础数据资源体系,并致力于搭建一个集数据整合与应用于一体的省级农业农村大数据综合平台,从而全面提升数字农业的整体发展水平。

湖北省在数字农业领域已取得了显著成果,成功构建了一批高效运转的大数据应用平台和数据系统。这些系统包括但不限于农业物联网服务系统、农机信息化智能管理系统、疫情防控大数据系统、农产品质量安全追溯系统以及农资管理执法服务平台等,它们共同实现了数据的全面采集、深入分析、精准应用与有效监管。

在大数据产业方面,湖北省已初步形成具备一定规模的大数据产业集群,涵盖了数据采集、传输、处理和应用等全产业链环节。在此过程中,湖北省培育了一批具有行业影响力的优质企业,如达梦数据、武汉虹信、光谷信息等。同时,湖北省还吸引了阿里巴巴、腾讯、华为等国内外知名企业在湖北设立分支机构或开展合作项目,进一步推动了大数据产业的快速发展。

为了支撑大数据产业的持续健康发展,湖北省加强了大数据人才的培养和引进工作。通过与高校和科研机构开展紧密合作,湖北省开设了大数据专业和课程,为行业输送了大批专业人才。同时,湖北省还建立了大数据领域的国家级智库机构,为产业发展提供了智力支持。此外,通过产业投资基金等方式,湖北省积极支持大数据创新创业项目,为产业发展注入了新的活力。

二、农业大数据政策环境分析

自"十三五"规划实施以来,湖北省委、省政府对数字农业的发展给予了高度重视,并深入贯彻乡村振兴战略。为此,出台了一系列政策文件,涵盖互联网+农业、数字农业、数字经济、大数据农业等多个领域,旨在全面推动数字农业的发展。这些政策文件明确要求省直相关职能部门密切协作,确保政策精神得到有效落实。湖北省积极筑牢数字农业基础,深入挖掘数字农业的潜力,并致力于提升农村居民的网络技能。为此,启动了湖北农业农村大数据中心的建设,以推动信息技术和智能装备在农业领域的广泛应用与服务。同时,湖北省还积极推动"互联网+农业"和"大数据+农业"在农产品出村进城中的应用,将北斗卫星、物联网、人工智能、大数据、区块链、云计算等数字技术广泛应用于农业生产和流通等各个环节。这些举措不仅促进了农业信息化与农业现代化的融合发展,而且取得了显著成效。

1. 数字农业政策供给稳步增强

近年来,湖北省紧密围绕中央及省委省政府的数字农业政策指导,以数字技术为引擎,推动农业供给侧结构性改革。依照国家数字中国战略、乡村振兴战略及数字乡村战略的总体部署,湖北省先后出台了《湖北省数字经济促进办法》《湖北省大数据发展行动计划(2016—2020年)》《湖北省数字经济发展"十四五"规划》《湖北省促进农业农村现代化"十四五"规划》《湖北省数字农业发展"十四五"规划》《湖北省人民政府关于加快推进农业科技创新工作的意见》等一系列政策文件。这些政策的制定不仅为全省数字农业的发展指明了方向,还规范了重点工程的布局,为数字农业的健康发展营造了良好的政策环境。

2. 数字营商环境实现持续优化

随着全球数字化经济的蓬勃发展,各国政府的治理体系正经历着深刻的变革,政务服务与市场监管逐渐从传统模式向数字化、智能化转型。在这一背景下,湖北省积极推进数字政府和智慧城市建设,不断深化"互联网+政务服务"改革,使政府运行方式、业务流程和服务模式更加数字化、智能化,进而持续优化全省的数字化营商环境。同时,湖北省还积极融入数字贸易区建设,主动参与国内国际双循环,努力构建开放型经济新体制,打造内陆开放新高地,形成"水陆空"一体化的数字商贸物流港,为构建数字经济新格局贡献力量。

三、农业大数据资源环境分析

1. 湖北省农业大数据资源的获取与整合

为充分发掘湖北省丰富的农业大数据资源潜力,省政府、业界和学术界联手攻关,克服农业领域的技术瓶颈,采用一系列先进技术手段,成功实现了农业大数据的高效获取与深度整合。

(1)农业大数据资源的精准获取

湖北省在农业大数据资源的获取方面,主要借助先进的爬虫技术。该技术能自动从网站、平台、数据库等广泛来源抓取和提取农业相关数据。通过深入研究网络爬虫和开放数据收割技术,我们根据农业分析的主题和多要素数据集的相关因素,开发了一系列自动数据获取工具,实现了数据的持续、高效获取,并通过人工干预进行数据清洗,确保数据的准确性和完整性。同时,利用数据抽取转换装载工具,对多源异构数据进行抽取、聚合、转换、装载与清洗,构建了多维度的主题数据仓库,为数据分析提供了坚实的数据基础。此外,我们还研究了关联数据仓库技术,建立了灵活的数据切片、聚集和重组工具,使数据分析更具针对性和实效性。

(2)农业大数据资源的深度整合

湖北省在农业大数据资源的整合方面取得了显著成果。一方面,我们运用农田卫星图片识别技术,通过卫星遥感图像对农田进行精确识别和分类,获取了全省各类作物的种植面积、生长状况、产量预测等关键信息。借助计算机视觉和机器学习技术,我们开发了图像识别模型,实现了对农田信息的自动化、智能化识别和分析。另一方面,我们采用了农业信息融合技术,将来自不同信息源的数据进行采集、传输、综合、过滤、相关及合成,为农业生产和市场的决策提供了全面、精确和实时的支持。通过整合遥感数据、气象数据、土壤数据、作物生长数据、市场数据等多源数据,我们利用数据分析和挖掘方法提取了有价值的模式和趋势,为涉农企业和政府提供了有力的决策依据,助力农田管理、灾害应对、精准施肥、灌溉和病虫害管理等方面的优化,推动农业产业链供应链的升级。

2.湖北省农业大数据资源共享与开放

目前,尽管湖北省在农业大数据建设方面已取得了初步成果,但信息孤岛现象仍然存在,信息资源共享与开放亟待加强。信息孤立与分散极大地阻碍了农业大数据的有效利用与发展。

(1)信息资源采集分散

目前,湖北省的农业信息资源主要由政府机构掌控,这些信息主要由涉农公共机构采集,并主要集中于县级农业、畜牧、林业、水利、气象等涉农部门。然而,这些部门各自为政,缺乏统一的规划和标准,导致信息资源的质量、格式、内容等方面存在显著差异和兼容性问题。因此,实现数据的互联互通与整合变得异常困难,严重制约了农业决策与生产效率的提升。

(2)信息资源共享滞后

尽管湖北省通过农村信息化示范省建设项目建立了省级农村信息综合服务平台,并与国家农村信息综合服务平台实现了部分信息资源的集成,但由于利益冲突、技术壁垒、安全隐患以及数据多源异构等问题,许多公共信息资源仍然无法实现有效共享。这导致了信息资源的浪费与重复,并在大数据体系建设中出现了"有路无车"和"有车无货"的严重现象。

(3)信息资源开放不足

湖北省在农业信息资源的开放方面主要依赖于网络平台和移动应用等途径,为社会公众提供了一定程度的查询和服务。然而,这些途径的覆盖面、更新频率以及互动性等方面仍有待提升,尚不能满足用户日益多样化和个性化的需求。同时,由于缺乏有效的激励机制、评价机制与监督机制,农业信息资源的开放参与度、创新度与价值度等方面仍有较大的提升空间。

四、农业大数据产业环境分析

1. 湖北省农业数字化水平现状

(1)数字农业基础设施正在持续完善中

自2017年至2021年,湖北省的农业基础设施取得了显著进展。全省固定互联网宽带接入用户数逐年攀升,如图7-1所示。此外,省际互联网出省带宽已高达20T,光纤覆盖率更是超过95%,确保了网络的高效畅通。4G网络已全面覆盖,至2020年,新建5G宏基站达2.6万个,累计全省5G宏基站数量已达3.1万个。同时,全省在用数据中心超过80个,机架服务器数量超过10.8万架,完全具备承接发达地区对中等时延要求的应用能力。根据《湖北省数字农业发展"十四五"规划》的数据统计,截至2019年底,全省所有行政村以及超过95%的自然村湾(20人以上)都已实现了光纤网络覆盖,4G网络在农村地区实现了全面覆盖。农村家庭每百户拥有移动电话数量达到270.85台,家用计算机数量为33.61台,农村宽带用户达到499.75万户,农村互联网普及率约为45%。省、市、县各级的农业指挥调度、信息采集、农技服务、农产品监测预警、市场监管服务等网络体系日益完善,为数字农业的发展应用奠定了坚实的基础。

(2)数字农业技术应用深入推进

全省致力于农业生产过程的数字化管理,成功研发了农业物联网服务系统。通过整合视频监控、传感器监测、自动化控制等多项技术,我们建设了众多示范性基地和企业,并打造了一批高标准的数字化农田设施,数字服务覆盖面积已接近200万亩。同时,全省建立了统一的农机信息化智能管理系统,积极推动北斗导航技术和智能终端在农机领域的应用。2019年,全省北斗终端累计安装量达到1.65万台套,作业面积突破300万亩,位居全国前列。这一举措不仅实现了智能农机的远程控制管理,还实现了农业数据的

第七章 湖北省大数据促进农业供给侧结构性改革环境分析

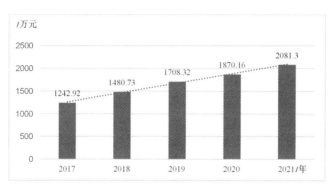

图 7-1　2017—2021 年湖北省固定互联网宽带接入用户

自动化采集与分析,有效提升了作业效率。此外,全省植保无人机的保有量已达 2492 架,2019 年作业面积接近 1770 万亩。无人机作业正在逐步扩展到作物飞播、肥料精准施用等领域,为农业生产带来了更多便利。我们还充分利用 3S 技术,对水稻、小麦、油菜等农田作物的生长情况进行精准监测,并对环境进行综合评估,为各级政府和职能部门提供及时、准确的决策支持。至 2022 年,全省大田种植、设施栽培、畜禽养殖、水产养殖的信息化水平分别达到了 50.35%、40.5%、58.06% 和 32.62%。在农机信息化领域,北斗终端装机量持续领跑全国,5289 个合作社累计安装北斗终端 37403 万台套。农作物耕种收的综合机械化率已达到 73.5%,农业数字经济市场规模超过 3 亿元,展现了数字技术在推动农业现代化方面的巨大潜力。

(3)农村电子商务发展势头良好

在《数字中国发展报告(2022 年)》中,湖北省凭借卓越的数字化发展成就,连续三年稳居全国数字化综合发展水平前十,并作为中部地区唯一代表跻身第一方阵。湖北省在丹江口市、红安县、潜江市、郧西县等 44 个县市积极推行国家电子商务进农村综合示范项目,为农村电子商务的蓬勃发展注入了强大动力。至 2019 年 6 月底,阿里巴巴集团在全国范围内认定的淘宝镇和淘宝村数量分别达到了 1118 个和 4310 个,而湖北省以 15 个淘宝镇(全国排名第 11)和 22 个淘宝村(全国排名第 8)的成绩展现出强大的电商实力,如表 7-2 所示。农村电子商务在推动乡村振兴、助力精准扶贫和脱贫攻坚方面所发挥的作用日益显著。2020 年,湖北省农产品网络零售额达到了 187 亿元。潜江小龙虾、洪湖藕带、秭归夏橙等特色农产品,覆盖了种植、养殖、餐饮等多个产业领域,不仅提升了农民的收入,也丰富了居民的消费选择。

这些湖北农产品品牌更是成为京东优选、拼多多等电商平台的热门货源。截至2020年底,湖北省涉农电商经营主体数量已超过2.5万家,农业农村电商从业人员达到50万人。随着微信、微博和网络直播带货等新型电商模式的兴起,生鲜电商、社区团购、直播电商等新业态也迅速崛起。潜江小龙虾、秭归脐橙、随州香菇、房县黄酒、洪湖莲藕、恩施硒茶、蕲春蕲艾等一批特色农产品通过互联网走向世界,其中秭归脐橙的网络年销售额更是突破了10亿元大关。

表 7-2　湖北省淘宝镇与淘宝村

序号	县市	淘宝镇	序号	县市	淘宝村
1	黄冈市黄梅县	黄梅镇	1	黄冈市武穴市	花桥镇郭德元村
2	黄冈市罗田县	凤山镇	2	荆州市沙市区	琴河镇芩河村
3	黄冈市蕲春县	漕河镇	3	黄冈市蕲春县	漕河镇杨四岭村
4	黄石市阳新县	兴国镇	4	十堰市茅箭区	白浪街道马路村
5	荆州市公安县	斗湖堤镇	5	十堰市郧西县	涧池乡下营村
6	荆州市监利县	容城镇	6	十堰市竹山县	麻家渡镇营盘河村
7	荆州市松滋市	新江口镇	7	咸宁市咸安区	桂花镇柏墩村
8	十堰市竹山县	麻家渡镇	8	襄阳市樊城区	牛首镇竹条社区
9	咸宁市嘉鱼县	鱼岳镇	9	宜昌市西陵区	窑湾多茶庵村
10	咸宁市通城县	隽水镇	10	宜昌市宜都市	姚家店镇莲花堰村
11	咸宁市通山县	通羊镇	11	宜昌市远安县	河口乡河口村
12	孝感市汉川市	新河镇	12	宜昌市远安县	鸣凤镇凤山社区
13	宜昌市枝江市	董市镇	13	宜昌市枝江市	董市镇平湖村
14	宜昌市枝江市	问安镇	14	宜昌市枝江市	董市镇新周场村
15	宜昌市枝江市	仙女镇	15	宜昌市枝江市	董市镇姚家港村
—	—	—	16	宜昌市枝江市	问安镇同心桥村
—	—	—	17	宜昌市枝江市	问安镇张家桥村
—	—	—	18	宜昌市枝江市	问安镇龙泉堂村

续表

序号	县市	淘宝镇	序号	县市	淘宝村
—	—	—	19	宜昌市枝江市	仙女镇五通庙村
—	—	—	20	宜昌市枝江市	仙女镇周场村
—	—	—	21	宜昌市枝江市	仙女镇仙女村
—	—	—	22	宜昌市枝江市	安福寺镇横溪河村

(4)信息进村入户工程全面开展

全省不断探寻数字农业运营新模式,积极推广"政府＋邮乐购站点＋益农信息社"的模式,成功打通了信息获取和服务的"最后一公里"障碍。至2020年底,全省已成功建立各类益农信息社共计20096个。湖北移动公司启动的"平安乡村"工程已覆盖全省1.7万个行政村,建立起全天候、全方位、多功能的电子视频监控体系,大幅提升了农村治安管理水平,实现了县、镇、村三级联防新模式。同时,人工智能、物联网、5G技术等在农村农业的应用场景持续深化,涌现出一批"数字乡村"的典型示范村,智慧大屏、安防监控、云视讯、云短信、云广播等信息化手段在农村得到广泛应用。借助智能化终端设备,农民能够实时通过摄像头查看稻虾养殖状况,极大地减轻了巡查巡逻的负担,显著降低了人力成本。

(5)农业管理服务数字化不断升级

随着全省农业大数据资源库和农业农村大数据中心的日益完善,农业大数据的跨行业、跨层级开放共享和集成应用得到了有力推动,涉农数据的关联分析和融合应用场景也愈发普遍,为农产品生产的标准化、标识化和溯源化提供了坚实的安全保障。全省利用数字化技术,以农产品品质提升和品牌塑造为核心,不断创新农产品质量安全监管工作。武汉、宜昌、襄阳等地已经建立了全市统一的农产品质量安全溯源系统,实现了农产品全程溯源管理,确保"生产有记录、信息可查询、流向可追踪、质量可追溯、责任可追究"的农产品质量链式追溯。此外,"互联网＋"农业执法已成为职能部门的重要监管手段,依托农资管理执法服务平台,实现农资企业和销售网点的在线监管,推动了农业综合执法监管的规范化、在线化和农资管理的智能化。

综上所述,借助大数据和数字化农业政策的强大驱动力,全省农业的协同发展得到了有力促进,推动了农业领域的数字化和现代化进程不断加速。

这一举措全面提升了农业生产效率、资源利用率以及农产品质量,为农村经济的可持续发展注入了新的活力。

2.湖北省农业产业对大数据应用的需求

大数据作为一种前沿的生产要素,其在众多行业中的核心作用日益显现。湖北省农业正处于供给侧结构性改革的关键时期,因此,我们应当充分利用大数据技术,提升农业生产、经营、管理和服务的智能化水平,推动数字技术与农业产业的深度融合,从而有效增强供给侧的科技创新能力,为湖北农业的高质量发展注入新动力。

(1)智能农业生产的需求

智能农业生产作为《湖北省数字农业发展"十四五"规划》的关键工程,湖北省积极部署围绕数字农场、果园(菜园)、牧场、渔场及种业展开全面的数字化建设。我们致力于打造一批符合行业标准的示范基地和领军企业,推动数字农业技术与智能装备在多个产业领域的深度融合与应用,包括大田作物、设施农业、畜禽养殖、水产养殖及品种繁育等。通过构建数字农业应用的典型模式模型,我们旨在实现种植、养殖环境的智能监控,水肥药的精准施用,生产过程的智能分析决策,以及农机作业的智能化与在线调度监控等功能,从而显著提升农业生产的精准化与智能化水平。而实现这一切的基石,正是农业大数据资源及相关技术的支持。没有农业大数据这一新型生产要素及其技术的赋能,农业智能化生产便如同"无源之水"和"无本之木",失去了其发展的根基与动力。

(2)农业供给侧结构性改革的需求

根据湖北省农业供给侧结构性改革的要求,政府、企业和农户需从供给端发力,依托农业大数据的作用,精准调整农业生产结构,以更好地适应消费者对农产品高质量的需求。通过深入分析市场需求与变化趋势,农业从业者能够有针对性地调整作物种植结构和畜牧水产养殖结构,选择更具市场潜力的农产品,从而有效预防"谷贱伤农"等问题的发生。同时,借助农业大数据对全产业链数据的深度分析,可以优化农产品供应链管理,实现生产、加工、仓储、物流到销售的全程监控,进而提升供应链效率,减少损耗,降低运输成本。此外,农产品加工企业也可利用大数据分析,精准把握消费者的口味偏好和需求变化,灵活调整产品加工工艺,推出更符合市场需求的深度加工产品,并制定精准的市场营销策略,进一步提升农产品销售额。

(3)农产品质量和安全管理的需求

为了打造卓越的农产品品牌、提升农产品品质并确保其安全,湖北省农业迫切需要将农产品质量安全监管数字化作为重要举措。我们借助农业大数据平台,将农产品生产企业、农产品加工企业、农业合作社以及家庭农场等新型农业经营主体纳入农产品质量安全追溯体系之中。通过运用二维码、区块链、RFID 等先进数字技术,我们能够实现农产品从"田间地头"到"百姓餐桌"的全程质量安全控制,从而为农产品的流通与消费市场提供坚实的安全保障。

(4)农产品出村进城的需求

农产品销售渠道的畅通与否,现已成为湖北省涉农企业和农户面临的核心挑战。随着互联网技术与农村电子商务的蓬勃发展,数字化、信息化手段在农业供给侧结构性改革中扮演着举足轻重的角色。农村电子商务不仅有助于农产品更好地适应市场需求,优化农产品区域布局,还能推动一二三产业的深度融合。通过"互联网+"赋能"三农",农民能够实时掌握市场动态,精准洞察消费者需求,从而为消费者提供更为多元、精准的农产品选择。同时,利用大数据对电子商务平台上的消费者行为进行深入分析,可以精准刻画消费者画像,提供个性化的农产品推荐,推动农产品生产加工和服务的标准化进程。此外,数字化媒体的应用也为农产品品牌宣传和推广提供了新的路径,通过网络直播、短视频营销等方式,有效推动农产品上行,提升品牌影响力。

五、农业大数据人才资源环境分析

1.湖北省农业大数据人才的需求状况

为了高效利用海量的农业大数据资源,推动农业产业结构的优化升级,实现农业现代化及乡村的全面振兴,湖北省对具备农业知识与大数据技能相结合的复合型农业大数据人才的需求愈发迫切。

在"十四五"规划期间,湖北省致力于深化数字农业技术的推广与应用,计划建设 10 个数字农业试点县及 100 个数字农业应用基地,旨在打造数字农业发展的新高地,并探索形成一系列可复制、可推广的应用模式。为实现这一宏伟目标,湖北省急需引进和培养一批具备高素质、掌握大数据技术与应用方法的科研及科技推广人员。这些人才需具备数据采集、分析、挖掘和可视化等专业技能,能够为农业生产、经营、管理及服务提供智能化支持,推动湖北省数字农业迈向更高水平。

湖北省当前的农业大数据人才储备显得相对匮乏。农业大数据领域的人才需要具备农学、统计学、计算机科学、数学建模、机器学习等多个领域的交叉知识,这种复合型人才在国内发达地区也显得较为稀缺。我国近年来才开始系统性地培养大数据人才,而具备相关专业的高等院校数量仍然有限。尽管湖北省是教育大省,但在大数据人才的培育方面仍显得相对滞后,无法满足当前农业大数据发展的迫切需求。

从全国范围来看,目前农民数量达到8亿多,但他们的平均受教育年限不足7年。在4.9亿农村劳动力中,高中及以上文化程度的仅占13%,初中学历的占49%,而小学及以下学历的则高达38%。由于当前我国农业从业人员多为50岁以上的农民,他们的知识水平普遍较低,信息素养不足以支撑对农业大数据技术的掌握,对于高新技术的接受能力也相对较弱。湖北省在农村整体教育质量方面并不突出,因此在农业大数据人才的数量和质量上与全国平均水平相近,与实现既定目标所需的人才资源存在显著的差距。

2. 湖北省农业大数据人才培养和引进的情况

目前,我国尚缺乏系统和专业培养农业大数据人才的机构和单位,没有专门从事农业大数据人才培养的专门机构。我国现有的农业大数据人才主要来源于两个渠道:一是农学类、计算机类和经济管理类等专业的毕业生,然而这些人才中兼具农业基本知识和大数据技术能力的却极为稀缺;二是通过各级部门组织的乡村专业技术人员培训,虽然能够提升农业就业人员的技能水平,使之能够胜任农业大数据相关工作,但这种方式在人才培养的数量和质量上均存在局限。

在"十四五"规划期间,湖北省将积极响应国家乡村产业振兴带头人培育"头雁"项目,致力于每年培育4万名各类型的乡村产业人才,其中特别关注农村大数据人才的培养。我们将紧密围绕强县工程,以十大重点农业产业链建设为核心,构建一套分级负责、协同育人的教育培训体系。通过该体系,我们计划每年培养出3000名具备卓越领导力和实践经验的乡村产业振兴领军人才及农村实用人才带头人,8000名精通管理技能的乡村产业振兴骨干人才和创业人才,以及3万名在生产与技能服务领域发挥重要作用的乡村产业振兴实用人才。在这些人才中,我们将特别注重培养一批熟练掌握大数据技术和应用方法的专业人才,他们能够进行数据采集、分析、挖掘、可视化等工作,为农业生产、经营、管理和服务提供智能化支持,推动湖北省乡村产业的全面振兴。

目前,湖北省已经完成了农业农村人才数据库的完善工作,成功建立了包含21万人的农村实用人才数据库和3万人的乡村产业人才数据库。在乡村产业人才数据库中,不乏具备大数据技能的专业人才。为了支持这些"头雁"人才的发展壮大,湖北省将制定并实施一系列相关政策,包括财政支持、产业扶持、金融服务、激励保障以及跟踪服务等措施。通过这些政策的引导和激励,我们将积极促进这些人才在联农带农、兴农富农方面发挥示范引领作用,推动湖北省农业农村事业的持续发展。

第三节　湖北省农业供给侧结构评价与分析

一、模型建立与数据获取

1. 模型建立

为了分析湖北省农业供给侧中的农业供给结构,本书采用向量自回归模型对湖北省2000－2020年的时间序列数据进行研究,模型设定如式(7-1)所示。

$$\ln REFORM_t = \sum_{j=1}^{2} A_j \ln PRO_{t-j} + \sum_{j=1}^{2} B_j \ln HUMAN_{t-j} + \sum_{j=1}^{2} C_j \ln TECH_{t-j} + \sum_{j=1}^{2} D_j \ln GOV_{t-j} + \varepsilon_t$$

(7-1)

式中:$\ln REFORM_t$ 表示第 t 期的改革成效的对数值;$\ln PRO_{t-j}$ 表示第 $t-j$ 期的生产要素对数值;$\ln HUMAN_{t-j}$ 表示第 $t-j$ 期的人力资本对数值;$\ln TECH_{t-j}$ 表示第 $t-j$ 期的农业科技对数值;$\ln GOV_{t-j}$ 表示第 $t-j$ 期的政府管理对数值;ε_t 表示第 t 期的随机扰动项;A_j、B_j、C_j、D_j 为回归系数。

2. 变量解释

(1)被解释变量

农业供给侧改革目标即改革成效(REFORM)参考杨强(2020)的研究,

基于农业增效、农民增收和农村增绿三个维度来衡量改革成效。采用熵值法合成构建指标体系。具体指标体系构建如表7-3所示。

表7-3 农业改革成效指标体系

一级指标	二级指标
改革成效（REFORM）	农林牧渔业总产值与乡村人口的比值(元/人)
	农用塑料薄膜使用量(吨)
	农村居民家庭人均可支配收入与城镇居民家庭人均可支配收入的比值(%)

(2)核心解释变量

本书参考杨强(2020)的研究选择生产要素供给、人力资本供给、农业科技供给和政府管理供给四个维度来解释农业供给侧结构性改革目标。采用熵值法合成构建指标体系。具体指标体系构建如表7-4所示。

表7-4 农业供给侧结构指标体系

一级指标	二级指标
生产要素（PRO）	乡村人口(万人)
	耕地面积(千公顷)
	农村农户固定资产投资(亿元)
人力资本（HUMAN）	村卫生室数量
	每千人口农村卫生技术人员数(人)
	乡镇卫生院医疗服务诊疗人次(亿次)
	农村大专及以上文化程度人数(万人)
	农村高中文化程度人数(万人)
	农村初中文化程度人数(万人)
	农村小学文化程度人数(万人)
农业科技（TECH）	农业综合项目开发投入(万元)
	农业技术人员数量占总技术人员数量的比例(%)
	农业技术改造投资(亿元)
政府管理（GOV）	财政收入占GDP的比例(%)
	农林水事务支出占GDP的比例(%)

①生产要素供给。乡村人口：本书将所有乡村人员视作生产要素的组成部分。农业耕地面积：采用耕地面积作为农业生产要素的表现形式。农村固定资产投资：包括水利、住宅、安装工程及设备器具购置等。

②人力资本供给。从医疗和教育两个方面展示供给侧结构性改革以来的人力投入，包含村卫生室数量、每千人口农村卫生技术人员数、乡镇卫生院医疗服务诊疗人次、农村大专及以上文化程度人数、农村高中文化程度人数、农村初中文化程度人数、农村小学文化程度人数。

③农业科技供给。用农业技术人员数量及农业综合项目开发投入进行计算。其中，农业综合开发是包含中央政府为保护、支持农业发展，改善农业生产基本条件，优化农业和农村经济结构，提高农业综合生产能力和综合效益而设立专项资金对农业资源进行综合开发利用的活动，更多的是科技活动。故将此列为农业科技的指标。

④政府管理供给。采用预算内收入与生产总值的比值来反映政府的经营管理水平，主要以财政收入占 GDP 的比例、农林水事务支出占 GDP 的比例进行计算。

3. 数据获取

考虑到数据的可获得性，我们选取 2000－2010 年湖北省的时间序列数据。数据来源于国家统计局和《湖北统计年鉴》《中国农村统计年鉴》《中国卫生健康统计年鉴》《中国教育统计年鉴》《中国科技统计年鉴》《中国人口和就业统计年鉴》。各个变量的数据缺失值采用插值法补全。

变量的描述性统计结果如图 7-2 所示。由图 7-2 可知，湖北省的农业供给侧结构性改革成效呈现出逐年稳步上升的趋势。人力资本也呈现出逐年上升趋势，但是幅度远小于改革成效。政府管理和生产要素的上升波动幅度较大。农业科技的变化则呈现出先下降后上升的趋势。

二、实证分析

1. 平稳性检验

建立时间序列模型需要确定各变量的平稳性，因此本书采取 ADF 方法对各变量进行检验，检验结果如表 7-5 所示。首先对熵值法合成的指标取对数，分别用 lnREFORM、lnPRO、lnHUMAN、lnTECH、lnGOV 表示。通过对相关变量取一阶差分值，从表 7-5 可以看出，经过处理后的数据序列在

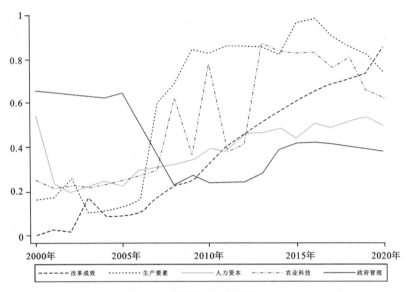

图 7-2　各变量时间趋势变化图

5%显著水平下都是平稳的,即同阶单整,变量间可进行协整检验。

表 7-5　各变量平稳性检验结果

变量	Z 值	结论
lnREFORM/ΔlnREFORM	−3.733/−8.475***	不平稳/平稳
lnPRO/ΔlnPRO	−1.631/−7.559***	不平稳/平稳
lnHUMAN/ΔlnHUMAN	−1.589/−7.722***	不平稳/平稳
lnTECH/ΔlnTECH	−1.446/−3.077**	不平稳/平稳
lnGOV/ΔlnGOV	−1.327/−4.072***	不平稳/平稳

注:Δ表示变量的一阶差分;**表示在5%处显著,***表示在1%处显著。

2.协整检验

由于以上变量都是单整的,所以采用 Johansen 检验确定各变量间是否存在协整关系。检验结果如表 7-6 所示。上述五个变量之间在 5% 的显著水平下存在 4 个协整关系,变量之间存在长期稳定的均衡关系。

表 7-6 协整检验结果

原假设:协整个数	特征值	迹统计量	5%临界值
1	0.991	97.550	54.640
2	0.934	45.853	34.550
3	0.743	20.047	18.170
4	0.584	3.3988 *	3.740

注:*表示在5%显著水平下拒绝原假设。

3.模型平稳性检验

对 VAR 模型进行平稳性检验,检验结果如图 7-3 所示。全部根的倒数值都在单位圆内,满足平稳性条件,即认为模型是稳定的,可以对结果进行脉冲分析和方差分解。

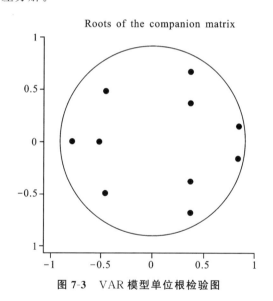

图 7-3 VAR 模型单位根检验图

4.脉冲响应

脉冲响应函数是用来衡量随机扰动项的一个标准差冲击对其他变量当前和未来取值的影响轨迹的,它能够比较直观地刻画出变量之间的动态交互作用及效应。

图 7-4(a)所示为改革成效对生产要素供给的一个标准差的冲击产生的脉冲响应函数图。前 4 期存在着明显的上下波动现象,之后快速收敛并保持

在正向的冲击。这表明随着生产要素的增加,改革成效有所提升,前期波动幅度较大,后期波动幅度减小,总体呈现出正相关关系。

图 7-4(b)所示为改革成效对人力资本供给的一个标准差的冲击产生的脉冲响应函数图。整体的响应均为正响应,呈现出明显的波动现象,在第 3 期达到最大的正响应。这表明随着人力资本供给的提升,改革成效波动增加,且人力资本对于改革成效有着明显的正向作用。

图 7-4(c)所示为改革成效对农业科技供给的一个标准差的冲击产生的脉冲响应函数图。第 1 期达到最大的正响应,随后下降为负响应,在负值区间上下波动。这表明农业科技在短期内有助于改革成效的提升,长期内对改革成效提升不利。这主要是因为农业科技供给数据在 2000—2020 年出现了一个下降的趋势。

图 7-4(d)所示为改革成效对政府管理供给的一个标准差的冲击产生的脉冲响应函数图。第 1 期达到最大的正响应,之后在正值区间快速波动收敛。这表明随着政府管理供给的加大,改革成效波动上升,随着时间的推移对改革成效的影响逐渐减小。

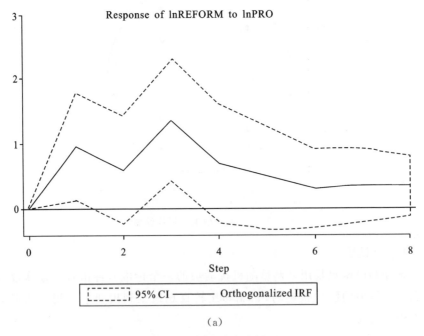

(a)

图 7-4 脉冲响应分析图

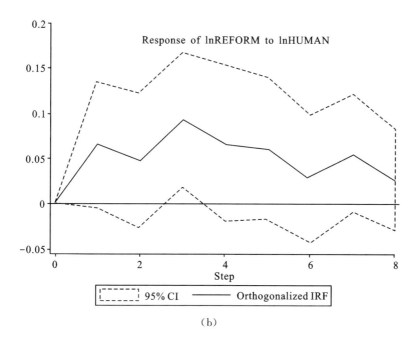

(b)

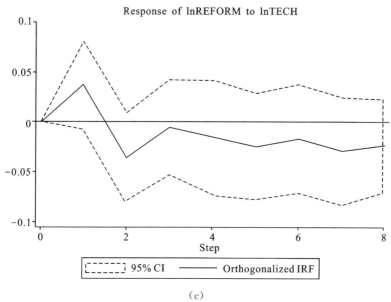

(c)

续图 7-4

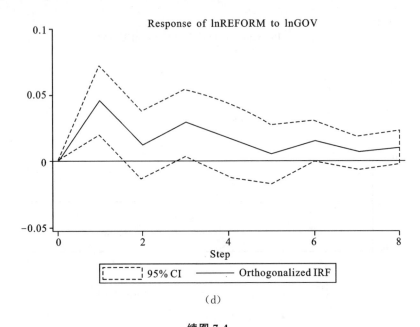

(d)

续图 7-4

表 7-7 方差分解结果

Step	lnREFORM	lnPRO	lnHUMAN	lnTECH	lnGOV
1	1	0	0	0	0
2	0.628	0.200	0.094	0.031	0.046
3	0.559	0.232	0.119	0.049	0.041
4	0.380	0.370	0.181	0.032	0.037
5	0.374	0.364	0.198	0.030	0.034
6	0.362	0.357	0.217	0.033	0.031
7	0.365	0.353	0.216	0.034	0.032
8	0.353	0.346	0.232	0.039	0.031

5. 方差分解

利用方差分解结果可以分析生产要素供给、人力资本供给、农业科技供给、政府管理供给对于改革成效的贡献度。方差分解结果如表 7-7 所示。

从表 7-7 中可以看出，改革成效的波动受自身波动冲击的影响在第 1 期达 100%，之后逐渐下降，在第 8 期达到 35.3%。生产要素供给对改革成效的贡献度先上升后下降,在第 4 期达到最大值 37.0%。人力资本供给对改革成效的贡献度逐渐上升,在第 8 期达到 23.2%。农业科技供给对改革成效的贡献度不断波动,在第 2 期达到最大值 4.9% 后先下降至 3% 再上升至 3.9%。政府管理供给对改革成效的贡献度逐渐下降,在第 8 期降至 3.1%。对比可知生产要素供给对改革成效的拉动最大,后期对改革成效的贡献度达到 30% 以上,与改革成效受自身波动冲击的影响程度相差无几。人力资本供给次之,后期对改革成效的贡献度达到 20% 以上。农业科技供给和政府管理供给对改革成效的贡献度较弱,均在 5% 以下。

三、结果与评价

1. 研究结果

从实证的角度出发,基于湖北省 2000—2020 年的相关数据,运用 VAR 模型对生产要素供给、人力资本供给、农业科技供给和政府管理供给对于农业供给侧结构性改革成效的影响进行了分析。研究结果表明,生产要素供给、人力资本供给、农业科技供给和政府管理供给均是引起农业供给侧结构性改革成效变化的重要原因。从定量分析可以看出,湖北省生产要素供给、人力资本供给和政府管理供给对农业供给侧结构性改革成效的正向影响都是长期且缓慢的,人力资本供给的影响波动性最大。农业科技供给在短期内能够促进农业供给侧结构性改革,但在长期内会阻碍农业供给侧结构性改革;生产要素供给和人力资本供给对于农业供给侧结构性改革的贡献度显著高于农业科技供给和政府管理供给。

2. 面临挑战

基于农业供给侧结构性改革的实证分析,为进一步提高农业供给侧结构性改革成效,湖北省当前农业供给侧结构性改革面临以下挑战:

第一,提升农村劳动力的信息素养。当前劳动力仍是中国农业发展的核心要素,但是随着城镇化的不断发展,大量的农村青壮年劳动力从农村流向城镇,农村人口空心化逐渐严重,有效劳动力减少,现有情况下留在农村的劳动力多为高龄和没有技能的人。要加强对农村现有劳动力的大数据技能培训,要依托湖北省教育资源优势,结合当地的大数据农业市场需求为农村劳动力进行大数据职业技能培训,提升其信息素养,切实提升农民收入。另外,要引进大数据农业人才,尤其是依托大数据农业产业的企业吸引更多农业大数据人才。

第二,推动农村教育建设。基于大数据驱动的农业供给侧结构性改革要持续推进和发展,农村教育必须适应当前农业科技的发展。当前,"改变命运、离开大山"成为农村教育的主流价值观,在教育熏陶、家长影响下,青少年迫切地希望离开农村,农村教育逐步演变为"离农离乡"教育。要改变这种现状,主要在于缩小城乡教育发展不平衡。政府需要增加农村教育经费,加大对农村学校物质和硬件方面的投资,鼓励社会各界加大对农村教育的投入。需要更新现有教育发展理念,要让学生走得出农村,更要回得来农村,为农村发展贡献自己的力量。

第三,加强农业科技建设。为改善目前的农业科技供给结构,政府应加大对农业科技的投入,提供优惠的政策和资源,鼓励更多的科技人才致力于农业发展,将科技成果转化为实际应用,改善现有农业科技供给对农业供给侧结构性改革后劲不足的状态。现代社会已经进入到"数智移云"新时代,信息技术极大地改变了生产方式,传统的农业生产方式不断向基于数据驱动的智能化生产方式转变。从大数据促进农业供给侧结构性改革来看,尤其是通信基础设施、算力、农业大数据平台、农业大数据库、智能机械等科技建设都需要加大投入。

第四,加强政府管理供给。顺应数字化时代发展需求,加强大数据在"放管服"方面的应用,以信息技术为手段,深化政府组织架构变革,对政府内部治理体系应用大数据系统进行有机整合,实现政务流程再造,消除政府与公共服务部门间的信息壁垒,形成协作机制,全面提升政府现代管理的能力。要促进省、市、县、乡、村等各级相关部门间数据共享与整合,实现数据互联互通。通过制定数据标准和共享机制,建设综合一体化的乡村数据资源,建立数字化农业和乡村信息公共服务平台,提供农业、乡村经济和社会发展相关信息和服务,提供农业产前、产中、产后等服务。要积极推动智慧乡村在农村经济社会的应用,提升乡村治理和生活智能化水平,改善乡村居民生活品质。

第八章 基于"四力驱动"探索大数据促进农业供给侧结构性改革路径

为了深入贯彻党的十九大精神,我们应立足湖北作为通信枢纽的重要地位,充分利用其信息产业基础和人才资源优势。在供给侧结构性改革的主线引领下,我们应坚持以支撑动力为核心,强化大数据信息基础设施建设,为数字经济发展提供坚实的基础;以内生动力为动力源泉,推动实体经济的蓬勃发展;以外生动力为催化剂,促进内陆开放型经济的快速增长;以调控动力为调控手段,提升政府效能,确保经济运行的高效与稳定。通过这"四力驱动"的路径,我们将积极促进农业供给侧结构性改革,坚决打好"数字经济"攻坚战。这一战略行动的实施,将为全省大数据战略行动的推进、转型升级的加速以及新旧动能转换的顺利实现提供强有力的动力支撑,推动湖北经济迈向高质量发展的新阶段。

第一节 支撑动力驱动——夯实大数据信息基础设施

随着信息基础设施在全省范围内的深入布局和推进,其已为我省大数据产业的蓬勃发展提供了坚实的支撑。然而,我们也必须正视我省信息基础设施建设过程中发展不平衡的问题,这一问题正日益凸显,成为制约整体发展的瓶颈。为此,我们必须通过深化信息基础设施领域的供给侧结构性改革,对现有应用基础设施进行升级优化,从而推动我省信息基础设施建设的整体水平迈上一个新的台阶。根据《湖北省大数据产业"十四五"发展规划》和《湖北省数字农业发展"十四五"规划》的指导,我们将致力于充分释放数据要素的巨大价值,发挥数据的倍增效应,坚持基础设施建设的先行地位,推动资源的共享与开放。特别是在农业领域,我们将充分利用大数据的赋能作用,深化农业供给侧结构性改革,为农业发展注入强大的支撑动力,推动我省农业实现更高质量、更可持续的发展。

一、提升骨干网络支撑能力

我们应高度重视信息基础设施建设在大数据推动供给侧结构性改革中的核心通道作用。首先,务必做好顶层规划设计,着力升级完善省内骨干网络、互联网骨干直联点,推动互联网骨干网和城域网的协同扩容,大幅提升

IP城域网和互联网省际出口带宽,并重点对武汉国家级互联网骨干直联点进行扩容升级。同时,升级市州至县域的骨干承载网络,完善县域至乡镇的接入骨干网络,积极推进乡村行政村的5G网络建设,并全面推动省市县乡村五级千兆光网通路的建设。其次,我们需合理布局新型数据中心,积极推动绿色数据中心的创建、运维和改造工作,对现有的"老旧小散"数据中心进行改造升级,以提高算力供给能力。以武汉、襄阳和宜昌为核心区域,优化全省新型数据中心的布局,并推动各数据中心之间的互联互通。再者,我们应加快提升算力水平,推进武汉超算中心的建设进程,加速布局人工智能、区块链算力中心,打造华中地区的云计算服务平台,从而降低算力成本,提高服务效率。此外,我们还需积极建设数据中心集群,打造服务于武汉城市圈的数据中心集群,推动宜昌重大数据中心项目的建设,为"宜荆荆恩"城市群提供优质服务。同时,推进襄阳云谷园区的建设,打造服务于"襄十随神"城市群的区域性数据中心集群,以满足不同区域的数据处理需求。最后,我们应致力于建设全国一体化算力网络国家枢纽节点。通过建设宜昌全国一体化算力网络国家枢纽节点,引导数据中心实现集约化、规模化、绿色化发展,并积极推动与其他国家枢纽节点之间的网络传输通道打通,进一步提升跨区域的算力调度水平,为大数据在供给侧结构性改革中的深入应用提供有力支撑。

二、推动宽带网络升级改造和空间基础设施建设

我们应加速推进湖北宽带网络的建设进程,全力实施固定宽带网络接入能力的升级改造工作。致力于实现城镇及乡村高速宽带网络的全面升级与改造,确保新建农业产业园区实现宽带网络的全覆盖。同时,积极推动千兆光网逐步向行政村、自然村延伸覆盖,以提升农村地区的网络速度和稳定性。对于恩施、十堰、宜昌等地区的贫困山区,我们应加大力度提档升级农村地区的通信网络基础设施,尽快消除数字鸿沟。深入推进这些地区的光纤和4G网络覆盖,确保通信服务的普及与提升。同时,对于有条件的偏远山区,我们应有序推进5G网络接入,以满足当地日益增长的通信需求。此外,还应稳步推进农村地区的千兆网络部署工作,逐步实现80%以上行政村具备千兆网络接入能力,为农村地区的信息化建设奠定坚实基础。

我们致力于推进省域时空大数据平台的建设,积极部署天基互联网与

物联网地面设施,旨在构建天地一体化的信息网络。同时,加速推进"5G+北斗"高精度位置服务平台和"3S"系统的建设,以提升定位服务的精准度和应用范围。特别是在武汉城市圈、"襄十随神"和"宜荆荆恩"三大区域,我们将率先推广"3S"和"北斗+5G"的农业位置服务应用示范,为农业智能装备提供精准定位支持,助力农业现代化发展。此外,我们还将加快建设省级北斗数据中心和数据运营服务平台,强化北斗与互联网、物联网、5G、大数据等技术的深度融合。这将为农业大数据的采集、存储、建模和分析提供强大的科技动力支撑,推动农业信息化、智能化水平的进一步提升。

三、构建新型数字网络体系

我们致力于布局物联网智能化感知设施,推动物联网、北斗卫星、3S技术的规模化部署与集成化应用,同时促进物联网与大数据、云计算、移动互联网的深度融合与协同发展,以实现传统基础设施的数字化、网络化、智能化改造,进而提升物联网技术的应用水平。此外,我们还将积极推进5G网络向县城、乡镇和行政村的延伸覆盖,深化5G物联网的应用,构建NB-IoT、4G、5G协同发展的新一代移动物联网体系,并加速存量2G/3G物联网业务向NB-IoT、4G、5G网络的迁移进程。在武汉城市圈、"襄十随神"及"宜荆荆恩"地区,我们计划建设区块链服务网络的省市县乡村五级节点,并广泛推广区块链在农业产品溯源中的应用,同时推动其在农村金融贸易、银行征信、实物抵押融资等领域的应用,以发挥区块链技术的独特优势。此外,我们还将统筹规划和推进IPv6在农业领域的应用,支持IPv6系统及相关设施在农业信息基础设施中的广泛推广,实现IPv6与农业大规模传感器设备、物联网、机器人、无人机等的连接,进而实现农业智能灌溉、精确施肥和自动化收获等远程控制功能。通过IPv6的应用,我们将能够实时监测土壤湿度、气象条件、作物生长状态,并对农业种植和畜牧养殖的地点、生产过程等进行溯源,为农业生产的智能化和精细化管理提供有力支撑。

四、推进高效智慧农业设施建设

为了推动农业生产与管理设施的智能化进程,我们应积极促进智能感知、智能控制、智能分析以及遥感监测等数智化技术和装备在农田作物、设施园艺、家禽畜牧和水产养殖等领域的集成应用。这将有助于实现农业种植、畜牧水产养殖环境的智能化监测监控,实现水分灌溉、土壤肥力、农药喷洒等精准施用,提供智能决策分析支持,实现农机作业的智能化和调度监控,从而全面提升全省农业生产的智慧化水平。同时,我们还应构建省市县乡村垂直一体化的农产品质量安全溯源平台,并推动区块链技术在农产品质量溯源在线监测中的应用,以确保农产品质量的可追溯性和安全性。

此外,提升农业设施装备的智能化水平也至关重要。我们应加快物联网、传感器、5G、3S北斗卫星等信息技术在全省农机设施装备和作业中的应用,推广智慧农业装备,如机器人、无人机、自动采摘机、自动收割机等,并推动"农机＋5G＋北斗导航"和"互联网＋农机作业"在农机领域的规模化应用。特别是应大力推动无人机在农业病虫害监测预警、农田作物播种、智能喷洒施肥施药、土壤作物监测、农田三维建模和地理信息采集等领域的广泛应用,以提高农业作业的智能化、高效化和精准化水平。最后,我们还应积极推广农机作业监测、诊断维修和调度等信息化服务平台,以进一步提升农机作业的质量与效率,推动农业生产与管理的全面智能化升级。

第二节 内生动力驱动——大数据促进农业实体经济发展

大数据不仅是时代发展的新引擎,更是国际竞争的新制高点。我们必须深刻把握这场波澜壮阔的新技术革命,立足实体经济,坚定不移地将大数据作为供给侧结构性改革的重要内生动力。通过深度融合大数据与实体经济的创新,推动信息科技技术与经济社会的紧密结合,使创新的源泉和要素充分释放,汇聚成推动创新发展的强大动力和活力。我们要让新技术、新产业、新业态在经济生活中发挥更加广泛的作用,全面提升供给体系的质量和效益,从而推动全省经济实现高质量发展。

一、推进互联网与农业实体经济深度融合

为了深入推进"互联网＋农业"及农业农村电子商务的发展,我们将全面整合各相关职能部门的力量,共同打造湖北省官方农业互联网平台。这一平台将集农业数据分析、技术推广及农产品交易等功能于一体,有效连接

农业生产者、经销商与消费者,形成紧密的合作网络。我们将大力实施"互联网+"农产品出村进城工程,深化电子商务在农村的综合示范工作,积极支持和引导各类新型农业经营主体和服务主体开展网上业务,实现线上线下销售的有机融合。同时,推动各类农产品交易场所完善电子商务基础设施,打破销售壁垒,降低交易成本,让农产品更顺畅地走向市场。我们鼓励休闲农业经营主体充分利用网络平台进行宣传展示、网络预订和在线交易,探索智慧化的休闲农业服务模式,为消费者带来更加便捷和丰富的体验。此外,我们还鼓励农业经营主体积极利用新媒体和自媒体平台,如微信、微博、抖音、快手等直播社交平台,以及京东、淘宝等电商平台,进行农产品的推广和销售。通过短视频制作、小程序开发等多元化的营销手段,进一步提升农产品的知名度和影响力。此外,我们还将利用互联网平台提供丰富的农业知识和技术服务,包括农业技术咨询、种植技术培训、病虫害防治指导等网络课程。通过在线学习和远程培训,帮助农民提升农业技能水平,掌握先进的农业技术和管理经验,推动农业现代化进程。

二、推进大数据与农业实体经济深度融合

以《湖北省数字农业发展"十四五"规划》《湖北省数字经济发展"十四五"规划》及《湖北省大数据发展行动计划》等战略规划为指导,我们将聚焦农业实体经济的深度融合与应用,致力于推动大数据、物联网、区块链、人工智能等新一代信息技术在农业种植、养殖、生产、加工、仓储、商贸、流通及金融服务等各个环节的深度融合与创新应用。特别地,我们将围绕优质稻、菜籽油、蔬菜、食用菌、水果、茶叶、畜牧、现代种业、水产、中药材等十大特色产业链,加快技术的融合与应用步伐。同时,我们也将积极促进大数据在小龙虾、生猪、家禽、蛋制品、柑橘、莲藕、脐橙、米酒、油菜、木耳、香菇、大头菜、大河蟹等区域优势产业经济中的深度融合,推动农业实体经济向数字化、网络化、智能化方向转型升级,实现农业产业的高效、可持续发展。

1.大数据与农业生产深度融合发展

"大数据+种植业"的深度融合,为农业发展带来了前所未有的机遇。借助大数据技术,我们能够实时监测与调控土壤状况,精确分析土壤质量、养分含量和湿度等关键信息,为种植业提供量身定制的土壤调控方案,确保农作物在最佳的生长环境中茁壮成长。同时,通过对气象数据的深入分析,

我们可以准确预测天气变化,帮助农民科学安排农作物的种植时机和灌溉计划,实现精准农业管理。此外,大数据还能实时监测和预警病虫害,为农民提供及时的病虫害防治方案,保障农作物的健康生长。

在"大数据+家禽畜牧养殖业"方面,大数据技术的应用同样展现出巨大的潜力。通过监测养殖场的温度、湿度、通风环境等关键参数,我们能够实现养殖环境的精准控制,为动物提供舒适的生活空间。此外,大数据分析动物的行为、体温、进食量等数据,能够实时监测动物的健康状况,及时发现疾病风险,并采取相应的预防控制措施,确保动物健康成长。同时,分析饲料消耗、配方和营养需求等数据,有助于优化饲料管理,提高养殖效益和动物生长质量。

"大数据+水产养殖业"的深度融合,为水产行业带来了革命性的变革。利用大数据技术,我们可以实时监测水质参数、溶解氧、温度等关键指标,确保水产养殖环境处于最佳状态。同时,通过对水产养殖数据的分析,我们可以预测水产生长趋势,制定智能化投喂方案,提高养殖效率和水产品品质。此外,大数据分析还能帮助我们发现水产病害的关联因素,提前预警疾病风险,并实施科学的防控策略,减少损失和疾病传播。

在"大数据+现代种业"领域,大数据技术的应用也取得了显著成效。通过分析基因组数据、遗传信息和品种表现数据,我们可以加速作物育种过程,提高新品种的选育效率和质量。同时,利用大数据技术监测种子生产过程中的环境参数和生长数据,我们可以实现种子的质量控制和追溯,确保种子的优良品质。此外,结合市场需求分析和种植区域特点,大数据还能为现代种业提供精准的品种选择和推荐,提高市场竞争力,推动农业产业的持续发展。

2.大数据与农业金融服务业深度融合发展

深化大数据与农业金融服务业的融合,我们积极运用大数据技术,对农业生产、市场需求、价格波动、气象天气等多元化数据进行深度分析,以精准预测农产品的市场动向,为金融机构提供全面的风险评估依据,从而辅助金融机构为农户和涉农企业贷款做出科学决策。基于丰富的农业大数据,我们构建农业信用评估模型,全面考量农户的土地规模、作物种植养殖状况、产量预测、历史经营数据等多维度指标,为金融机构提供更为精准的农业信用评估服务,进而优化贷款审批流程,提升效率。此外,我们还利用大数据深入剖析历史气象数据、作物生长情况等关键信息,为农业保险公司提供精准的风险评估和定价参考,有效降低农业风险,切实保障农民收益。同时,通过大数据分析农业产业链的相关数据,我们为金融机构和投资者提供农业项目评估、投资风险评估及预期收益分析等全方位服务,为投资者提供有力的决策支持,推动农业产业的投资与发展。

3.大数据与农产品商贸流通业深度融合发展

通过应用大数据分析,我们可以精准匹配农产品的市场需求与供应情况,显著提升供需匹配效率,从而帮助农户和涉农企业合理规划产量和品种,确保生产与市场需求的紧密结合。此外,大数据分析市场数据、消费者行为与偏好以及竞争对手情报,为农产品商贸流通企业提供有力的营销策略支持,助力企业制定精准的产品定位和营销策略。我们还能根据消费者的个体特征和需求,提供个性化的产品推荐,增强产品的市场响应度和消费者满意度,进而提升产品的市场份额和品牌影响力,推动农产品的品牌建设和溢价销售,显著提高农产品的附加值和市场竞争力。同时,利用大数据分析运输路线、运输方式及仓储管理等信息,我们可以优化农产品物流环节,提升物流效率,大幅减少运输成本和货损,确保农产品能够安全、及时地送达消费者手中。此外,基于大数据分析农产品市场价格波动及市场影响因素,我们可以建立农产品价格预测模型,为农产品商贸流通企业提供精准的价格预测和风险评估,有效降低农产品商贸流通风险。最后,通过记录农产品种植管理、施肥药物使用、采摘加工、运输存储等环节中的关键数据,我们可以实现农产品的溯源和质量追溯,进一步提升农产品的安全性和可信度,为消费者提供更加放心、优质的农产品。

4.大数据与农产品加工业深度融合发展

在农产品加工过程中,我们积极引入大数据技术和人工智能,实现智能化生产与管理。通过自动化设备和数据分析,我们能够精准地掌握加工过程中的各项参数和变量,从而优化加工工艺、调整加工参数,有效减少能耗,提升生产线的自动化程度和生产效率,降低人力成本,减少人为错误,增强生产的稳定性和一致性,显著提高加工效率。同时,我们利用传感器、监测设备和先进的数据分析算法,实时监测产品质量指标,确保第一时间发现异常情况,并采取自动化控制措施,严格保证产品符合质量标准和生产规范。此外,我们深入分析农产品的营养成分和功能特性,为农产品加工企业提供营养价值分析和改进建议,通过优化加工工艺和配方,进一步提升产品的营养价值和健康功能,满足消费者对健康食品日益增长的需求。在农产品加工的关键环节,我们进行严密的监测和数据采集,记录原材料来源、加工工艺、生产批次等详细信息,实现产品质量控制和溯源,确保消费者能够放心食用。最后,我们利用大数据分析技术对供应链的原材料采购、库存管理、物流配送等环节进行优化,实现供应链的信息流、物流和资金流的智能化管理,提升供应链的效率和响应能力,降低成本和风险,实现供应链的可视化和智能化。

5.大数据与乡村旅游业深度融合发展

我们致力于推动大数据与乡村旅游业的深度融合发展,特别是与乡村民宿、乡村康养、田园综合体、现代农业产业观光园等领域的紧密合作。通过数字化手段,我们助力民宿实现升级,将"民宿+体验"等旅游产品数字化,通过互联网平台和新媒体营销,构建线上线下协同的全链路数据化运营体系,为游客提供个性化的民宿推荐服务。同时,我们利用大数据分析游客流量和停留时间,优化民宿资源配置,并基于游客反馈和评价分析,及时改进服务质量,提升客户满意度。此外,我们积极推进"大数据+康养+乡村旅游"的深度融合,基于游客健康数据,利用大数据为游客推荐适宜的乡村野外活动,提供中草药采摘和农产品加工体验,并推荐有机绿色养生农产品等。我们建设全省的田园综合体大数据中心,打造集现代农业、休闲旅游、田园社区为一体的新型数字化农业发展模式,通过数字化方式呈现景观农业、精准农业、高效现代农业示范园区,并通过互联网平台、短视频、直播平台、电子商务平台、社交平台等新媒体协同推广,为田园综合体吸引更多流量。同时,我们还推进"大数据+现代农业园区+科普旅游"的深度融合发展,在"大数据+农业产业园"的基础上,将现代科技农业打造成乡村旅游的农业科普基地,嵌入大数据、云计算、物联网、智能装备等科技农业知识,实现游客"游中学,学中游"的增值效应,为乡村旅游注入更多科技内涵和教育价值。

三、推进云计算与农业实体经济深度融合

为了深化云计算在农业生产经营服务中的广泛应用,我们致力于构建湖北省农业云平台。这一平台将集成物联网设备、传感器等尖端技术,全面

收集种植养殖数据、土壤湿度信息、气象数据、作物生长状况、水肥虫药使用情况以及生态环境参数等，为农业经营主体提供高效的云存储、云计算和云数据库服务。借助云计算所具备的强大计算能力和大数据分析工具，我们能够对海量的农业数据进行深度挖掘和分析。基于机器学习、数据挖掘和人工智能等前沿技术，我们将提炼出有价值的信息和深刻洞察，为涉农主体提供科学决策支持。同时，我们还将推动农业机械设备与云计算平台的深度融合。通过互联网和云计算技术，我们将实现农田灌溉、温室环境、养殖场温度等关键参数的远程监测与控制。平台将提供实时报警和异常检测功能，帮助农业生产经营主体迅速发现并解决潜在问题。此外，我们还将积极开发基于云计算的智能农机系统，实现精准施肥、灌溉、喷药等智能化操作，从而大幅提升农业生产的效率和管理水平。通过云计算平台，我们还将积极推动农产品的电子商务发展，为涉农主体拓展市场渠道提供有力支持。利用云计算平台的电商功能，涉农主体将能够便捷地进行农产品的在线销售、品牌建设和市场推广，进一步促进农业产业的繁荣发展。

四、推进人工智能与农业实体经济深度融合

为深化人工智能与农业实体经济的融合，我们应充分利用人工智能技术优化农业生产过程管理。涉农企业或农户在田间地头部署摄像头和图像识别系统，对农田环境和作物生长状况进行实时监控与图像识别。通过构建生物生长模型，结合图像识别和深度学习算法，我们能够精准监测作物的生长状态、病虫害情况以及营养需求。在此基础上，利用人工智能技术精确计算施肥量和时机，及时调整灌溉、施肥和植保措施，从而避免过量施肥和资源浪费。同时，我们应积极推动人工智能在农业机械自动化方面的应用。通过自动驾驶农机和机器人收割系统，不仅可以提高生产效率，还能显著降低劳动成本。此外，将人工智能技术与农产品质量控制和检测相结合也至关重要。借助机器视觉和图像识别技术，我们可以对农产品的外观、大小、颜色等特征进行精准检测和分类。利用机器学习算法，我们可以预测农产品的质量问题，及时发现有害物质或质量缺陷，从而提前采取质量管控措施。最后，人工智能在农业供应链管理与物流优化中也发挥着重要作用。通过将人工智能技术应用于路线规划、车辆调度和库存管理，我们可以优化物流运输路径，提高运输效率，进一步减少时间和成本。

五、推进物联网与农业实体经济深度融合

为了推动传统农业向现代农业的转型升级,我们应充分利用物联网技术的优势,积极探索和发展"物联网＋农业"以及"物联网＋仓储＋物流"的融合新模式和新业态。我们应构建一个基于物联网的共享、创新、创业平台,并不断完善相关标准和规范,确保不同设备和系统间的互操作性和数据的互通共享,从而增强行业的整体竞争力。同时,我们应促进物联网企业与涉农企业、农民之间的紧密合作,推动农业物联网技术的广泛应用。通过在农田、温室、畜禽养殖场等关键领域推广智能传感器、自动化设备和网络通信技术,我们可以实现对农业生产各环节数据的实时采集、传输和存储。进一步运用大数据分析和人工智能技术,对这些数据进行深入挖掘和分析,为农业生产提供科学的决策支持,优化资源配置和生产管理。此外,结合物联网技术与农业机械、无人机、无人驾驶技术等,我们可以实现农业生产过程的智能化和自动化,提高生产效率和质量。

在农产品溯源方面,利用传感器和物联网技术,我们可以追踪农产品的生产、加工、运输等环节,构建全程可追溯的农产品溯源体系,从而确保产品质量和安全性。在物流领域,通过物联网技术,我们可以实时监测和管理物流环节,提高配送效率和准确性。智能仓储和库存管理的实现,依赖于传感器和无线通信技术的实时监测和控制,使电商平台能够基于实时库存信息和需求预测,优化供应链的调度和库存管理,提供更为精准的订单配送和补货服务。

六、推进区块链与农业实体经济深度融合

我们深入推进区块链技术与农业的紧密结合,充分利用区块链的分布式去中心化、智能合约、不可篡改、共识机制和透明性等独特优势,将其广泛应用于农产品溯源、供应链金融、农业保险与风险管理、农产品交易、知识产权保护和征信等领域,以实现农业的数字化治理。通过区块链技术,我们构建了一套完善的农产品溯源体系,将农产品的生产、加工、运输等关键环节的信息精准记录在区块链上,确保数据的真实性和不可篡改性。消费者只需扫描产品上的二维码或查询区块链上的信息,就能清晰地了解农产品的生产地、种植或养殖过程,从而增强对产品的信任度和品质保障。在农业供

应链金融领域,区块链技术为我们提供了更加安全和高效的解决方案。通过将农产品供应链上的交易和资金流动信息记录在区块链上,实现了信息的实时共享和可追溯性,有效减少了信息不对称和欺诈行为的发生。同时,区块链智能合约的自动化执行功能,不仅降低了交易成本和风险,还推动了农业供应链金融的可持续发展。此外,区块链技术也在改善农业保险效率和可信度方面发挥了重要作用。我们将农田的气象数据、农作物的生长信息和保险合同等信息记录在区块链上,实现了实时数据共享和验证,提高了保险索赔的准确性和速度。智能合约的自动触发功能,确保了保险赔付的透明性和及时性,进一步提升了农业保险的服务质量。在农业资产管理方面,区块链技术也展现出了巨大的潜力。通过将农田、农机设备、农产品等资产信息记录在区块链上,我们提高了资产的可信度和流动性,促进了农业资产的有效配置和利用。最后,区块链技术还在农业合作社的组织和农民的信用评估中发挥了积极作用。通过区块链记录合作社成员的贡献和交易记录,我们建立了完善的信用评估体系,为农民提供了更多的信用支持和金融服务,推动了农业合作社和农民的共同发展。

第三节 外生动力驱动——大数据促进内陆开放型经济发展

以大数据为引擎,推动内陆开放型经济试验区建设,将其作为供给侧结构性改革发展的重要外部驱动力。我们需深化改革,谋求发展,勇于探索新路径,敢于先行先试,树立典范。通过实施大数据战略行动,全面提升我省的对外开放水平,进而全面促进内陆开放型经济试验区的蓬勃发展。同时,我们应充分利用武汉作为九省通衢的地理优势和立体交通网络,以武汉、襄阳、宜昌三个自由贸易片区为核心,优化湖北自由贸易实验区的功能布局,打造以农业为基础的内陆型开放经济,将湖北省塑造成为典型的农业内陆开放型经济试验区,引领区域经济发展新篇章。

一、优化湖北自由贸易实验区功能

1. 以大数据推进自贸区农产品产业链供应链管理

为了优化农产品供应链管理,我们计划建立一个先进的农产品供应链管理平台。这个平台将充分利用大数据分析和物联网技术,实现生产、流通和销售环节的全面信息化和数字化管理,从而大幅提升管理效率。同时,我们将积极打通农产品供应链管理平台与其他国家农产品供需平台的信息通道,深入分析全球农产品供需状况,通过整合国内外农产品生产者、批发商、零售商等相关主体的数据资源,实现流通和交易信息的实时传输和共享,进一步提升供应链的整体效率和管理水平。此外,我们还计划引进国内外大型农产品贸易公司,吸引更多的农产品供应商和买家入驻平台,组织农产品展示、洽谈和交易活动,以此提升湖北农产品的国内外知名度和市场份额,促进农产品的流通和贸易。

我们将在自由贸易区内构建特色农产品加工中心,深度整合湖北省十大特色农业产业的资源优势,全力推进农产品深加工产业的发展。以武汉、襄阳、宜昌自贸区为核心,我们积极汇聚自贸区周边地市州的特色资源,吸引农产品深加工企业集聚,为他们提供先进的加工设施和技术支持。这些支持将涵盖农产品的初加工、提取、深加工以及包装等各个环节,促使农产品从原始生产环节向加工和价值链的高端延伸。同时,我们致力于推动农产品加工产业与生物医药、食品研发等高新技术产业的深度融合,借助科技力量提升农产品的附加值和市场竞争力。

在自贸区内,我们计划建设农产品数字交易中心和物流枢纽,旨在提供高效便捷的农产品数字贸易和物流服务。通过充分利用大数据资源,我们将促进农产品的流通、优化供应链,实现农产品从生产到销售的无缝对接,从而扩大农产品的对外贸易规模,并增强其可持续发展能力。特别是在武汉、襄阳、宜昌这三个自由贸易区内,我们将设立专门的农产品数字贸易中心,提供一流的场地、设施以及贸易促进、合规检验等服务,为农产品在全球产业链中的贸易活动提供有力支持。同时,我们将借助大数据技术和区块链技术,构建一个农产品质量全球溯源系统。这一系统将能够追踪农产品从种植或养殖到终端销售的全过程,并实时记录全球范围内的相关信息。通过采集和记录农产品的种植、养殖、农药使用、生长环境等数据,以及生产、加工、包装、配送等各个环节的信息,我们将为全球消费者提供农产品的安全可追溯保障,确保消费者能够放心购买和食用。

2.以大数据推进自贸区农产品品牌建设与营销推广

在自贸区内,我们将进一步加大力度,加强湖北省农产品的国际贸易,积极拓宽农产品的出口市场。通过深入分析国内外农产品贸易行情的大数据,我们将推动国内农业与国际农业标准的对接,提升农产品的质量和国际竞争力。同时,我们也将加强与国外农产品进口商、贸易商以及外国投资者的合作,拓宽出口渠道,进一步提升湖北农产品的国际知名度和品牌形象。

此外,我们还将引导湖北省的农产品生产者和企业加强品牌建设和营销推广。利用数字化技术,我们将实现农产品生产、加工、销售和流通的数字化转型,塑造湖北特色农产品的地理标志和品牌形象,提升湖北农产品的知名度和市场认可度。同时,通过利用互联网和国内外电子商务平台等线上渠道,我们将拓展农产品的线上销售和线下配送,实现农产品的远程推广和销售。

为了进一步优化农产品种植结构,我们还将运用大数据分析技术,为涉农企业和农户提供科学的种植结构调整建议。根据全球农产品的供求状况,我们将深入分析湖北省区域内适合生产的产品,并引进适应湖北本地气候和土壤条件的国内外新品种、高效农业技术和管理模式,培育新的农产品特色品种。这将有助于强化省内农产品的区域分工和协作,避免同质化种植和供应过剩,实现农产品的互补和协调发展。

二、充分发挥自贸区对外创新平台功能

我们围绕湖北省农业大数据战略行动和数字化农业规划,坚定不移地推进高端化、绿色化、集约化发展。依托自贸区的对外开放平台,我们致力于推动湖北省农业供给侧结构性改革,进而加速湖北省内陆开放型经济试验区的建设进程。这一举措旨在为内陆地区在经济新常态下开放发展探索出一条全新的路径,并积累宝贵的经验,为湖北省乃至全国的农业发展注入新的活力。

1. 坚持创新驱动和扩大对外开放合作

我们将以创新为核心驱动力,实现制度层面的创新并优化政策环境。具体而言,我们将利用大数据推动制度创新,通过构建电子政务和数字政府,推动数字治理改革,优化行政审批制度,简化审批流程,从而加速农业创新项目的落地与推进。同时,我们还将建立和完善知识产权保护制度,优化知识产权保护环境,设立知识产权保护中心和仲裁机构,加强知识产权的登记、审批和保护工作,确保创新成果和知识产权得到合法保护。为进一步优

化政策环境,我们将出台一系列创新政策和扶持措施,设立创新基金和创新产业发展基金,为创新企业和项目提供资金、税收、人才等全方位的支持。同时,我们还将制定人才引进政策,吸引国内外高层次人才和专业人才,为企业的创新发展注入新的活力。

另外,我们鼓励创新创业和对外开放合作。我们将建立基于数字化的创新平台和孵化体系,为全球创新创业者提供一站式支持和服务,包括办公场地、资金支持和创业培训等。同时,我们还将搭建数字化成果转化平台,帮助创新创业者实现创新项目的落地和成果转化。为了吸引外资和外国企业,我们将提供便利的政策环境和市场准入条件,为外商投资提供优惠政策和便利措施。我们鼓励外国企业在自由贸易区设立研发中心、生产基地和科技创新中心,促进不同产业之间的协同创新。此外,我们还将推动大数据产业与其他产业的跨界融合创新,特别是在农产品加工、供应链金融、物流等领域,实现深度融合,提升整体产业竞争力和创新水平。自由贸易区作为国际科技合作的桥梁,我们将积极开展国际科技合作项目,引进国际先进科技和技术资源,为全球创新人才提供国际化的创新环境和平台,促进国内外科技创新的广泛交流与合作。

2. 扩大对东部沿海地区的开放合作

我们将充分发挥武汉、襄阳、宜昌自由贸易区的独特优势,积极扩大与我国东部沿海地区的开放合作,深入学习和借鉴东部沿海地区在大数据农业发展方面的丰富经验。在此基础上,我们将创新自贸区内基于农业大数据发展的新模式和新产业,推动农业产业向更高层次、更宽领域发展。为了加强合作,我们将建立合作共赢机制,积极发展湖北省自由贸易区与东部沿海地区农业产业的战略合作伙伴关系。我们将共同建立开放、透明、诚信的合作机制,促进资源共享、技术创新和市场拓展,实现双方的互利共赢。在扩大农业产业对外合作开放的过程中,我们将制定和优化相关政策,为合作项目提供税收减免、资金支持和创新奖励等政策支持措施。这些措施将吸引更多的东部沿海地区企业参与农业产业的合作与投资,共同推动湖北省农业产业的升级和发展。

我们将致力于建立湖北省自由贸易区与东部沿海地区农业产业之间的数据连接与共享机制。通过实现数据互联互通,我们将确保农产品供应链上下游数据的畅通流动,打造一个信息共享、交流和合作的平台,以促进农产品的流通和合作伙伴的有效对接。利用先进的大数据分析技术，我们将对东部沿海地区的市场需求进行精准预测和深入分析。通过对市场需求的前瞻性分析，我们将为湖北省农业产业的结构性调整和生产优化提供有力指导。同时，借助大数据分析和智能化技术，我们将精准分析东部沿海地区消费者的行为和偏好，为湖北省农业产业提供符合其口味和特色的农产品，满足其个性化需求。此外，我们还将利用大数据、区块链、物联网等前沿技术，提供农产品从种植、养殖、生产到销售的全程追溯信息。这将为东部沿海地区的消费者提供可信赖和安全的农产品，进一步增加合作的信任度和吸引力。

我们将加强湖北省与东部沿海地区的电商企业之间的深度合作，通过电子商务平台实现跨区域的农产品相互营销，共同拓展市场份额。双方将携手培育和推广各自独具特色的农产品品牌，利用网络平台、电商渠道以及线下推广活动，实现跨地区营销，进一步增强合作的紧密度和稳定性。同时，我们致力于建立健全农产品质量标准和认证体系，与东部沿海地区的质量认证机构开展合作，共同利用大数据技术监测农产品质量和安全的关键指标，确保农产品符合相关质量标准和认证要求，为消费者提供安全、可靠的产品。此外，我们还将注重人才交流与培养，加强湖北省与东部沿海地区在大数据农业领域的人才合作与交流。通过举办技术交流、培训活动和合作研究等项目，促进农业科技人员和大数据农业人才的互动与合作，共同提升大数据农业产业的创新能力和竞争力，推动两地农业产业的持续发展。

3. 积极对接融入国家"一带一路"倡议

借助大数据技术，我们致力于推动湖北省农业深度融入国家"一带一路"倡议。通过构建跨境农产品电商平台，并结合大数据技术的驱动力，我们积极促进湖北省农产品的出口与推广。利用大数据分析，我们深入洞察"一带一路"沿线国家的农产品需求与消费趋势，精准对接这些国家的市场需求，充分展示湖北省农产品的优势、质量与特色，从而推动湖北农产品走向国际市场。

同时，我们搭建跨境农产品电商平台，实现湖北省农产品供应商与"一带一路"沿线国家进口商及消费者的无缝对接。通过打通物流合作通道，我们共同构建高效便捷的农产品物流体系，提升农产品的运输效率与市场准入便利性。利用大数据技术，我们提供农产品信息查询、在线购买、物流追踪等一站式服务,进一步促进湖北省农产品的跨境贸易,提升其在国际市场的竞争力。

此外,我们加强农产品产业链合作,实现产业链的优化与协同,推动湖北省农业供给侧结构性改革。利用大数据技术,我们为外国投资者提供详尽的农产品市场信息、投资环境分析及风险评估,吸引"一带一路"沿线国家的资本和技术投入湖北省农业领域。通过深入挖掘沿线国家消费者行为和偏好,我们确保湖北省农产品的供给与需求精准匹配,为农业生产和出口提供有力指导。

最后,我们致力于推动农产品品牌建设,树立湖北省农产品的良好形象,提升农产品的附加值与知名度。借助大数据对市场需求进行深入分析,我们制定精准的农产品营销策略。通过互联网和跨境电商平台,结合大数据技术和协同推荐技术,我们向沿线国家推送个性化的农产品信息、生产过程、食用指南及湖北旅游服务,旨在激发沿线国家对湖北省农产品及文化旅游的兴趣,进一步提升湖北农产品在国际市场的知名度和竞争力。

4.密切与周边地区合作

深化与安徽、四川、重庆、陕西、江西、湖南、河南等毗邻地区的合作层次,以推动共同发展。我们致力于进一步完善以武汉、郑州、西安等城市为核心的交通网络建设,提升高速公路、高速铁路、航空等交通网络的覆盖范围和运行效率,确保区域内外联通更加便捷高效。同时,我们将充分利用四川、重庆、江西、湖北等地的水路资源,强化航运运输能力,完善港口、码头等基础设施,提升水路运输的效率和便捷性,打造畅通无阻的黄金水道。

为加强与毗邻地区的合作机制建设,我们将建立健全各级政府间的合作机制,推动形成中部地区产业联盟,强化沟通与协调。我们将定期举办联席会议,共商合作大计,推动各项合作与共同发展规划的实施,促进区域经济一体化进程。此外,我们还将加强产能合作,打造区域产业链和价值链,共同推动经济发展迈上新台阶。

在贸易合作方面,我们将积极组织双边和多边贸易交流会议,鼓励企业开展跨区域贸易,以推动贸易增长。同时,我们将加强湖北省与河南大数据综合实验区的对接,共同打造农业大数据产业链,推动湖北省农业大数据的快速发展。

为此,我们将设立湖北省与河南大数据综合实验区的合作交流平台,为双方企业、研究机构和政府部门提供广阔的合作空间。我们鼓励湖北省大数据涉农企业和河南大数据综合实验区的涉农企业和机构开展数据共享，建立数据开放共享的机制和平台，实现农业大数据资源的优化整合与高效利用。借鉴河南省大数据综合实验区的先进经验，我们将推动湖北省农业领域数据的应用和创新，促进合作项目落地生根。

此外，我们还将加强技术交流与合作，定期举办技术交流会议、研讨会和培训班等活动，为湖北省和河南大数据综合实验区的技术人员和企业提供交流学习的平台，分享最新的农业大数据成果和应用经验，共同推动数字农业和农业智能化的发展，打造具有示范效应和可推广价值的模式。

三、拓展对外开放的国际合作空间

依托湖北省的大数据战略规划与对外开放战略，我们致力于持续拓展湖北省的国际合作领域，积极推动省内企业"走出去"战略和外部资源"引进来"行动，从而加速促进全省外向型经济的蓬勃发展。

1.开拓农业大数据战略的国际化视野

我们积极筹划并组织每年一届的湖北省农业数字博览会，旨在以这一盛会为桥梁，汇聚全球数字农业领域的精英人才。在博览会上，我们将深入探讨农业数字化和智慧化的核心议题与发展动向，展示全球农业大数据领域取得的瞩目成就及前沿技术探索，以此提升湖北省在农业大数据领域的国际影响力和话语权。我们充分利用农业数字博览会这一对外开放的专业平台，加深全球对湖北农业大数据的认知与了解，推动湖北农业大数据向更专业化、更高端化的方向发展，将湖北农业数字博览会打造成为具有国际影响力的农业大数据交流高地。同时，我们充分利用这一交流合作平台，面向美国、欧盟、英国、德国、澳大利亚、法国、荷兰、日本、以色列等国内外数字农业领先地区，精心梳理高科技数字农业企业和利用农业大数据实现转型升级的重点企业名录，制定精准有效的招商政策，提供个性化、专业化的招商服务，通过专题招商、精准招商、定向招商等方式，实现优质资源的有效引进，为湖北农业大数据的发展注入新的活力。

2.积极参与数字化农业国际交流合作

我们积极参与中外数字化农业的国际交流与合作，致力于迅速落实《G20数字经济发展与合作倡议》，并紧抓"一带一路"、网络空间命运共同体、中国欧盟合作以及中国—东盟全面经济合作等战略机遇，深化数字农业领域的国际合作。我们特别加强与美国、欧盟、英国、德国、澳大利亚、法国、荷兰、日本、以色列等数字农业先进国家和地区的交流合作，与国际知名农业科研机构、高校和企业签署合作协议，共同分享农业大数据资源和技术，探讨数字农业的未来发展趋势，力求解决农业大数据领域的关键技术难题。

同时，我们积极参与国际农业大数据研讨会议和论坛，以及国际性数字农业展览和交易会，向世界展示湖北省在数字农业领域的创新成果，并与国际买家和合作伙伴展开深入的业务洽谈与合作。此外，我们积极与各国数字农业技术示范园区和实验基地建立友好合作关系，共同探索数字农业在不同地理环境下的应用场景和技术创新、商业模式创新。我们还邀请国际知名专家和学者来湖北省进行专题讲座、专业培训和指导，并派遣湖北省的农业代表团参加国际性的农业大数据会议或活动，以进一步加强与国际同行的交流与合作。

3. 推动大数据业务领域国际合作

我们积极寻求与国外农业大数据企业的合作机会，与国际伙伴共同构建农业大数据业务领域的合作框架与机制。我们与国际企业携手开展农业大数据的研究与创新项目，签订国际合作协议，以拓展农业大数据在农产品供应链管理、农业保险及风险评估等领域的应用。此外，我们还开展农业大数据的收集、分析与应用项目，与国外的农业科研机构紧密合作，共同探索和应用农业大数据的前沿技术与创新方法。在大数据种业、农业大数据建模以及山地农业生产智能化装备设施等领域，我们积极开展合作，引进一批优质的国际涉农大数据企业和资源，以构建具备全球竞争力的数字农业体系。

同时，我们积极推动湖北省的农业大数据企业"走出去"，为国际市场提供包括信息采集、分析、决策支持等有价值的农业数据服务。我们支持湖北省的涉农企业通过境外投资并购、海外参股、境外上市等方式拓展国际业务，参与全球市场竞争并开拓新的国际市场。在此过程中，我们借鉴国内其他自由贸易试验区的先进经验，不断完善外商投资市场准入制度，在农业大数据领域深入推进受理、审批改革，简化外资企业的准入程序，提升对外服务水平，以构建与国际接轨的新机制。

4. 强化农业大数据国际合作支撑能力

我们将制定并不断完善促进农业大数据国际合作的政策和法规框架，

以构建国际合作共识与机制,为合作提供坚实的法规保障和优良的环境。我们充分整合政府、产业联盟、行业协会、中介机构等多方力量,形成大数据涉农企业"走出去"和"引进来"的强大合力,提升这些企业在国际市场的竞争力。同时,我们将构建农业大数据国际合作办事处,为湖北省内"走出去"的大数据涉农企业提供政策咨询、法律代理、税务代办等一站式服务。

在人才方面,我们将完善配套措施,吸引农业大数据、云计算、人工智能等领域的海内外高端人才来湖北就业创业。与国际知名高校和机构开展ICT专业合作交流,并鼓励湖北省的农业大数据从业人员前往国际顶尖机构深造学习,以拓宽和增强他们的国际视野和技术技能。此外,我们将在湖北省设立农业大数据人才培训项目,大力引进一批在农业大数据、云计算、人工智能、物联网、"3S"、智能制造等领域的高层次人才和领军人才。

在科研方面,我们将增加科技研发投入,建立农业大数据研究基地和实验室,吸引国际合作伙伴共同参与合作研究项目。鼓励农业企业与国际科研机构合作,设立海外院士工作站,共同开展前沿科研和关键技术研究,促进科研成果的转化和应用。同时,我们也将鼓励跨学科的合作与交流,汇聚不同领域的专家和学者,共同应对农业大数据应用中的挑战和问题。

在国际合作方面,我们将积极参与国际标准组织和行业协会,制定和推广农业大数据的标准化规范,以提高数据的互操作性和可比性。这将有助于推动农业大数据的国际标准化和规范化进程,为国际合作提供有力的支持

第四节 调控动力驱动——大数据促进政府效能提升

在湖北省大数据战略行动和规划的指引下,我们依托强大的调控动力,坚持数据驱动决策,致力于提升政府的数字治理能力和效能。在此过程中,政府充分发挥其宏观调控的职能,通过政府补贴、贷款、投资、债转股等多种方式,推动实体经济产业的繁荣发展,促进数字技术与实体经济的深度融合。同时,我们积极发挥市场在资源配置中的决定性作用,借助市场的力量激发企业的积极性和创造性,优化资源配置,以提供更加便捷、高效的公共

服务,进而提升公众对政府的满意度和信任度。

一、发挥数字化政府作用,提高数字化治理效率

我们充分发挥数字化政府的优势,积极建立在线政务服务平台,为用户提供高效便捷的在线服务。通过优化在线流程和自助服务,我们对常规的办事流程进行了精简,简化了办理手续,缩短了行政审批时间。用户可以通过在线申请、在线支付、在线查询等功能,轻松完成各类事务的办理,大大提高了办事效率。此外,我们还提供了自助服务设备,如自助终端和移动应用程序,用户可以通过这些设备自行办理事务,减少了人工干预,进一步提升了服务效率。同时,我们引入了人工智能和自动化技术,利用自然语言处理和机器学习算法,实现智能化的在线咨询和问题解答服务。用户可以通过这些智能系统快速获得实时的解决方案和在线指导,解决了传统服务中难以解决的问题。最后,我们采用自动化流程和机器人流程自动化技术,对一些烦琐、重复的操作进行自动化处理,进一步提高了电子政务的效率。

1. 发挥数字化政府作用,提高乡村数字治理能力

强化数字化基础设施建设,特别是加强对乡村地区的网络覆盖和电信设施建设,旨在提供稳定且快速的互联网接入服务,确保信息畅通无阻。我们积极推动省市县乡村地区相关部门之间的数据共享与整合,以打破信息孤岛,实现数据的互联互通。通过建立统一的数据标准和共享机制,整合各部门的数据资源,形成全面且一体化的乡村数据资源体系,为乡村数字化治理提供有力的决策支持。

同时,我们建立数字化农业和乡村信息公共服务平台,提供涵盖农业、乡村经济和社会发展的全方位信息与服务。这个平台将为涉农企业和农户提供农业生产技术指导、市场动态分析、政策宣传与解读、农产品信息溯源等内容,助力农业企业和农民科学规划种植与养殖,实现精准生产。此外,平台还将提供乡村旅游、精准农业、休闲农业、观光农业、设施农业、数字农业等文旅融合服务,推动乡村经济多元化发展。

我们积极促进智慧乡村和物联网技术在乡村的广泛应用,以提升乡村治理和生活的智能化水平。通过引入农业物联网技术,我们能够实现乡村环境监测、智能交通管理等功能,从而显著提升乡村居民的生活质量。

2. 推进电子政务普及应用,提高电子政务办事效率

我们致力于建设省市县乡村垂直一体化的综合性农业电子政务平台,

全面整合农产品市场行情、政策解读、农业统计数据等多元农业信息与服务，助力农民和企业精准把握农业市场需求与政策动态，优化资源配置，推动农业供给侧结构性改革。该平台不仅提供便捷的在线申报、审批和支付功能，让农民和农业企业轻松办理各项业务，还通过在线农业服务平台为农业企业或农户提供专业的农业技术指导与市场供需信息服务。同时，平台运用大数据和人工智能技术，自动分析农业市场需求并预测价格波动，为政策制定和决策提供有力支持。

此外，我们还开发了农村事务型 App，农民可轻松上传和存储身份证、土地证、农业经营许可证等证件，实现少跑腿多办事，显著提升基层办事服务效率。基层政府开通数字核验功能，简化实地核验和证照复印等烦琐环节，进一步提高办事效率。App 还集成了在线缴纳行政费用、税收及农村公共服务收费功能，自动生成并查询电子票据，方便农民随时查看缴费记录和票据详情。同时，提供市场行情、价格预测、在线咨询与投诉等功能，使涉农企业和农户能够实时掌握市场需求动态，作出科学决策。农民可通过在线咨询、提问和建议等方式，快速获取问题解答，方便反映问题和意见，便于基层政府及时响应并解决问题。

3.共建共享大数据资源，深化农业供给侧结构性改革

我们积极发挥社会力量与资本的作用，通过制定优惠政策和资金支持计划，激发社会资本和力量的活力，推动其投入到农业大数据领域。我们设立了专项资金，专门用于支持农业大数据的采集、整合、研究和应用，以此吸引更多的投资机构和涉农企业参与农业大数据建设。政府与投资机构或涉农企业建立了长期合作框架和机制，实现大数据资源的共建共享，明确各方责任和利益分配，促进不同领域数据资源的整合和共享，从而构建全面准确的农业资源数据库。

同时，我们确立了统一的数据标准和共享规范，使数据的格式和定义统一，提高了数据的互操作性和可比性，打通了不同平台和数据资源的共享通道。我们鼓励投资机构和涉农企业按照规范共享数据资源，实现数据资源的最大化利用。

在此基础上，合作双方共同运用人工智能、机器学习等先进技术，开展农业大数据的挖掘和分析，深入挖掘农业数据中的价值，为农业供给侧结构性改革提供科学依据。通过深化农业领域生产、加工、销售、科技进步、人力资源等各方面的改革,推进一二三产业的重组重构,我们致力于保障农业的可持续发展,为农业现代化和乡村振兴贡献力量。

4. 数智赋能农业产业链供应链,推进数实融合高质量发展

我们需加速构建全国一体化算力网络国家枢纽节点,深化与其他节点的网络连接,提升跨区域的算力调配效率,从而为数字经济与实体经济的深度融合提供多样化、实时且高可靠的算力支持。我们应深入推进"上云用数赋智"战略,引导产业搭乘"云"端之风,借助"数"字之力实现转型升级,进而促进产业链的延伸与价值链的跃升。

在湖北省内,我们应积极推进国家农村产业融合发展示范园的数字化升级,运用大数据赋能农业全产业链条的升级,实现农业生产供应链、农产品精深加工链、农业品牌价值链的"三链"同步发展,进一步推动农文旅的深度融合。

同时,我们鼓励大数据科技企业和涉农企业共同梳理农业大数据,推动涉农数据共享并向社会开放,为数字与实体经济的融合提供高质量的数据支撑。依托湖北省农业大数据综合管理平台,我们应推动农业产业链供应链的数字化转型,发挥骨干龙头企业的"链主"作用,整合农业全产业链的数据信息,实现各环节数据的互联互通,为农业产业链供应链的结构调整与改革提供全面准确的数据支持。

政府的积极引导和多主体的共同参与至关重要。各级政府、涉农企业、农户等应共同推动农业产业链供应链的数字化转型与改造,深度融合数字技术与农业产业链供应链,形成大中小企业融通、上中下游企业协同、内外资企业共生共赢的大数据农业产业链供应链新格局。

我们应充分利用大数据、物联网、传感器、区块链、云计算、AI等新一代数字技术,实现多维多源数据的收集、联通、共享和创新应用,以数智化技术赋能农业业务流程。通过数据链打通农业产业链、供应链、资金链、创新链和政策链,解决传统农业存在的痛点。我们应营造大数据农业生产管理的环境和氛围,以数据驱动商业模式创新和场景应用,通过数据赋能农业组织生产、运营管理、加工销售、金融保险、科学预测等全流程业务重组,实现农业实体经济与数字经济的融合协同发展,衍生出农业新业态、新服务、新模式,从而提升实体经济的生产效率。

二、运用大数据提升政府治理能力

深化数字政府建设,以强化政府治理能力为核心目标。我们应坚决贯彻并落实国家"互联网＋"和大数据战略行动规划,将大数据作为提升政府治理能力的创新引擎与关键路径。通过积极推动政府数据的"聚通用"战略,即实现数据的聚合、共享和通用,我们力求实现省市(州)县乡村五级数据的全面汇聚、共享与开放。这一举措将有效增强政府的数字化管理能力、优化服务体验并提升决策的科学性与精准性,从而推动政府治理体系和治理能力向现代化迈进。

1. 用数据管理,提升政府管理能力

顺应数字化时代的发展潮流,我们应强化大数据在"放管服"改革中的应用,充分利用信息技术手段,深化政府组织架构的变革。通过有机整合政府内部治理体系中的大数据系统,实现政务流程的再造,打破政府与公共服务部门间的信息壁垒,形成高效的协作机制。同时,统筹推进业务融合、技术融合、数据融合等工作,提升跨层级、跨地域、跨系统、跨部门、跨业务的协同管理和服务水平,进而全面提升政府现代管理的能力,以更好地适应和引领数字化时代的发展。

(1)有效管好公共权力

借助大数据技术,我们将公权力的决策和执行过程全面数字化,建立起一个完善的数据化公权力流程。同时,加强对权力运行机构及其运行过程的监督管理,确保权力运行中产生的数据得到全过程记录。通过数据的记录和监控,我们能够实时追踪公权力的行使情况,保障决策的透明度和可追溯性。利用大数据分析技术,我们建立起风险监测和预警系统,对公权力行使过程中的潜在风险和问题进行及时识别与防控。通过深入的数据分析,我们能够精准发现风险点,并采取相应的措施,有效减少公权力不当行使的可能性。

此外,我们致力于加强政府各部门之间的数据共享与开放,打破信息孤岛,推动跨部门合作与协同,进一步提升公权力的透明度和可监督性,防止信息不对称和权力滥用,确保政府的公共权力在阳光下运行。同时,我们建立公众参与和反馈机制,通过大数据分析公众的意见和建议,促进政府与公民的互动与沟通。通过深入分析公众的需求和意见,我们不断优化公共服务,提升公权力行使的公正性和群众满意度,推动构建更加开放、透明、高效的政府治理体系。

(2)推动司法公平公正

我们致力于充分利用法律智能辅助系统,实现司法审判、司法管理和司法服务的全面智能化。通过引入大数据和人工智能技术,我们成功构建了这一先进的系统,旨在为法官和律师提供精准的法律知识和参考案例。此举不仅有助于减少主观因素对司法过程的影响,还能显著提升司法决策的客观性和公正性。

借助大数据技术和先进算法,我们能够对海量的案例数据进行深度分析和挖掘,揭示案件中的潜在规律和趋势。通过对案例的细致分析,我们能够准确预测案件结果,为司法审判提供有力的参考依据,确保案件审理更加公平和公正。

此外,我们还通过对案件数据、法官专业能力、工作负荷以及案件类型进行综合分析,构建了案件分配优化模型。这一模型能够确保案件得到合理分配,避免资源的不均衡分配问题,进一步提升司法公正性。

在评判案件时,我们采用多维度的评判指标,综合考虑案件的证据完整性、可信度、权威性等相关因素。通过大数据分析,我们能够更加客观地评判案件,有效避免主观偏见对司法过程的影响,确保每一起案件都能得到公正、公平的审理。

(3)有效管好公共资源

建立全面覆盖的农地资源数据库,并依托大数据构建农地决策支持系统。通过整合多源数据,运用大数据分析技术,我们深入剖析土地面积、类型、权属、质量以及农地交易租赁等详尽信息,精准匹配土地供需,优化资源配置和利用方式。这不仅能准确评估土地利用状况,更有助于推动农地的合理流转和规划。

同时,大数据分析也让我们能够洞悉农田利用率、耕地率及农业生产效率等关键数据,进而识别土地利用的瓶颈与潜力。这为我们提供了精准施肥、灌溉管理、种植结构调整等决策支持,显著提升土地利用效率和农业生产效益,确保土地资源的高效利用与可持续发展。

在土壤质量监测方面,我们利用大数据对土壤、气象、遥感等多维度数据进行分析,通过建模和空间分析技术,识别土地质量变化趋势和土壤养分状况,为农业生产提供土地质量改进建议。

此外,我们建立基于大数据的水资源交易平台,整合水权交易和水价信息,推动水资源市场化配置,引导农业企业和农户合理使用水资源。通过建构模型和优化算法,我们评估农业用水效率,制定水资源调度规划,确保水资源的合理分配和优先保障农业用水需求,实现农业用水的节约与效益提升。

在水利设施管理方面,我们通过分析运行数据和维护记录,实现设施运行的异常预警和处理,提升水利设施的可靠性和效能,确保农田灌溉和农业生产的顺利进行。

利用大数据,我们还对生态环境进行深度监测与分析,识别生态系统问题,制定相应保护措施,促进农业生态系统的可持续发展。同时,我们分析农药使用、土壤养分和作物病虫害数据,评估农药和化肥的潜在风险,减少过量使用,降低对生态环境的负面影响。

最后,通过对水质、土壤质量以及物种分布等数据的分析,我们评估农业生态环境状况,制定污染防控措施,保护水资源和土壤质量,促进农业生物多样性的保护和恢复。我们还建立基于大数据的农业生态补偿机制,鼓励生态友好的农业生产方式,推进农业生态环境的高质量供给和可持续发展。

(4)有效推进"放管服"改革

借助大数据、云计算和人工智能技术,我们深入推进政府"放管服"改革,提升服务效能。依托湖北省农业农村网上办事大厅、湖北12316"三农"综合信息服务平台、湖北省农产品电子交易平台、国家农产品质量安全追溯管理信息平台、湖北省数字农经网以及各类移动办公 App 等互联网平台,我们为农民、农业企业和相关机构提供一站式在线办理农业相关事务的便捷服务。通过互联网和手机 App,我们提供农业政策解读、技术指导、市场行情分析等多元化服务,帮助农民和农业企业更好地把握市场动态,提升农业生产效益。

通过湖北省农产品电子交易平台,我们整合农产品供应链信息,实现产品展示、订单管理和物流配送等功能的线上化,促进农产品的线上交易和市场对接。同时,我们追踪农产品的生产、加工、运输等环节的数据,确保农产品的质量和安全,让消费者买得放心、吃得安心。

此外,我们建设湖北省农业云智能服务平台,整合各部门和机构的农业信息资源,实现跨部门、跨领域数据的共享和利用,打破信息孤岛,提升政府决策的科学性和精准性。利用大数据分析农业生产、市场、气象等数据,我们为农民和农业企业提供农业信息查询、技术支持、市场对接等便捷的在线服务,帮助他们更好地把握市场机遇,提升竞争力。

我们还积极布局和推广农业领域的物联网技术,通过传感器和物联网设备实现对农田、农作物和农业设施的实时监测和数据收集。将物联网数据与大数据平台相结合,引入人工智能技术进行数据挖掘和模式识别,为政府、农户、企业和机构提供农业生产技术、市场信息、天气预报等精准服务,助力农业生产的智能化和现代化。

通过这些举措,我们为政府、农户、企业和机构提供智能决策支持和预测分析,推动农业产业的持续健康发展,为实现乡村振兴战略提供有力支撑。

2.用数据服务,提升政府服务能力

为了进一步提升政府服务效能,我们致力于推进数字化政府建设,深入开展新一代政务云改造工作。通过打造数字政府服务品牌,我们强化大数据在政务领域的应用功能,使其更好地服务于民生。在惠民便捷方面,我们积极利用大数据优化政务服务流程,提升公众办事体验。同时,通过大数据的应用,我们不断提升政府部门的办事能力,加强部门间的协同合作,提高行政效率。此外,我们还致力于将大数据应用于民生领域公共服务水平的提升,为民众提供更加优质、高效的服务。通过这些举措,我们不断提升政府的综合服务能力,为构建更加智慧、高效的政府治理模式奠定坚实基础。

(1)提升信息惠民水平

为了进一步提升农业信息化水平,我们致力于整合农业信息资源,打造界面友好、易用的信息化平台和移动 App。这些平台将为农业企业和群众提供丰富的服务内容,包括农业信息查询、农产品交易、市场行情数据、政策法规文件、农资购买以及农技知识与技能培训等。

为了确保群众能够充分利用这些信息化工具和平台,政府组织了一系列技术支持和培训活动。我们利用农业大数据、互联网信息平台、移动 App 等技术手段,提供在线教程、视频指导和操作手册,为群众提供全方位的帮助。同时,我们还安排技术人员上门指导,面对面解决群众在使用过程中遇到的问题。

此外,我们的平台还建立了行业专家数据库,为群众提供多样化的咨询方式。群众可以通过咨询热线、FAQ问答系统、在线人工咨询、农业论坛以及经验分享等途径,解决生产管理中的各类难题。

(2)提高政府办事效率

为提升政府服务效能,我们应强化跨区域、跨部门、跨层级的数据互联互通与开放共享。构建省市县镇村五级联动的大数据政务平台,确保公务人员熟悉电子政务系统和在线服务功能,掌握相关技能,从而充分利用大数据降低公共服务成本。我们应推动"数据多跑路、群众少跑腿",促进数字政府服务模式创新,提供多样化的服务方式,拓展服务空间,提升服务质量。此外,提供自助式办公系统和移动App,使用户能够自主查询政策法规、办理手续、申请补贴等,降低办事成本,提高政府办事效率。同时,充分应用物联网、传感器技术和智能决策支持系统,实时监测农田、水利、气象等环境,预测农业生产、市场需求和资源利用等变化趋势,为政府制定政策和措施提供有力支持。基于大数据分析,及时预警潜在问题和风险,减少灾害损失,实现农业的可持续发展。

(3)优化民生服务

为了充分发挥大数据在民生服务领域的巨大潜力,我们致力于强化其民用功能,以便利群众、提升服务质量为核心目标。我们将推动大数据在医疗健康服务、教育培训、社会保障、便民服务、交通物流、环境保护和资源管理等领域的广泛应用,促进跨地区、跨部门、跨层级的服务协同,从而显著提升百姓的生活品质。

针对农村居民的健康管理,我们建立了健康档案和健康管理平台,全面收集居民的健康数据和病历信息。通过大数据分析,我们能够精准识别农村居民的健康风险和需求,进而提供个性化的健康管理建议和服务,如健康教育、预防接种提醒等。

在教育资源分配方面,我们充分利用大数据优化资源配置,打造在线教育和远程教育平台,让广大农村学生也能享受到国家级名师的教育机会,实现教育公平和质量的双提升。

针对扶贫工作,我们应用大数据分析贫困农户的收入状况,确保扶贫对象和资金分配的准确性,从而提高扶贫政策的针对性和有效性,让扶贫工作更加精准、高效。

在交通物流领域,我们利用大数据分析农村交通物流数据和供应链信息,优化交通网络和物流配送系统,降低物流成本,提高农产品流通效率,进而促进农民收入的增长。

此外,我们还通过对农村环境监测数据和资源利用数据的分析,精准识别环境问题和资源浪费情况,及时采取应对措施,改善农村居民的生活环境和质量,推动农村的可持续发展。

3. 用数据说话,提升政府决策能力

我们将致力于建立健全的政务大数据系统,充分利用大数据分析技术,构建精准的大数据预测模型,深入挖掘问题的本质。在此基础上,我们将建立起以数据为依据、用数据说话的决策机制,确保决策的科学性和准确性。我们将切实改变过去决策中过度依赖主观判断和随意性的现象,依托实时数据进行及时调整,保持决策的灵活性和针对性。这将有助于降低决策中的不确定性,增强预见性,进一步提升政府决策的质量和效果。

(1)提升决策精准性

我们致力于通过跨部门、跨领域、跨学科的数据建模分析,深入应用大数据技术,对农业经济数据、乡村治理数据、生态环境数据、健康医疗数据等进行全面而精准的分析研判,从而显著提升政府决策的精准性、超前性、科学性和准确性,为政府决策提供有力参考。借助数据分析,我们优化农业资源配置,推动农业供给侧结构性改革,有效提升土地利用率和农业生产效率。针对农田水利、畜牧渔业养殖等实际情况,我们推荐适宜的作物和畜牧渔业品种、科学的施肥方案、合理的灌溉策略以及高效的养殖饲料,力求降低生产成本,确保生产管理的稳定性。此外,我们还通过数据分析和评估,为农民提供定制化的农业保险服务,帮助农民有效应对农业风险,增强他们的抗风险能力。

(2)提升决策预见性

通过深入运用大数据的相关性和因果性分析,我们能够建立起强大的防范意识,帮助政府和农业企业、农户精准识别潜在的问题,预测市场变化趋势,并有效应对自然灾害。在此基础上,我们利用大数据技术构建农业灾害预警系统,实时监测气象条件,结合气象数据和历史气候趋势,精准预测自然灾害可能发生的时间和区域,为提前制定防范措施提供有力支持。

同时,结合卫星遥感数据和地面监测数据,我们运用农业大数据技术实时监测和预测作物的生长状态和速度,从而精准预测作物产量和最佳收获时间,为农业生产的合理安排和市场供应提供科学依据。此外,我们还利用大数据预测农产品市场的供需情况和价格波动趋势,帮助政府及时调整农业政策,有效应对市场变化,稳定农产品价格和市场供应,避免供过于求或需求不足的情况发生。

最后,我们还通过农业大数据监测病虫害的传播和发生情况,预测病虫害爆发的潜在风险和可能受影响的区域,以便提前采取防治措施,最大限度地降低农作物损失,保障农业生产的稳定发展。

(3)提升决策科学性

我们充分利用数据关联分析、数字建模、虚拟仿真以及人工智能等先进技术,为决策者提供更为系统、准确且科学的参考依据,从而推动政府决策的科学化进程。这一举措旨在切实改变过去仅凭经验和估计的决策方式,使决策从经验型、估计型向数据科学分析型转变。

通过应用大数据技术,我们能够高效处理和分析大规模的数据集,从中挖掘出潜在的规律和关联。同时,结合物联网、传感器、云计算、人工智能以及北斗卫星技术等手段,我们收集到大量的农田信息、气象数据、作物生长数据以及市场供需数据等农业相关数据,帮助政府全面了解农业生产的各个环节,为政府决策提供全局性的参考。

我们运用先进的数据分析技术,对农业数据进行深入挖掘,从中发现问题和机遇,为政府决策提供科学依据。通过建立大数据决策和预测模型,并利用历史数据和趋势,我们能够预测未来可能的发展趋势,如作物产量、市场需求以及气候变化等,从而帮助决策者制定科学的决策方案。

此外,我们还利用虚拟仿真技术和数据可视化技术,将复杂的数据以仿真、图表和可视化形式展示,使决策者能够直观地了解数据和变化趋势,进而帮助他们更加科学地做出决策。

第九章 大数据促进湖北农业供给侧结构性改革对策

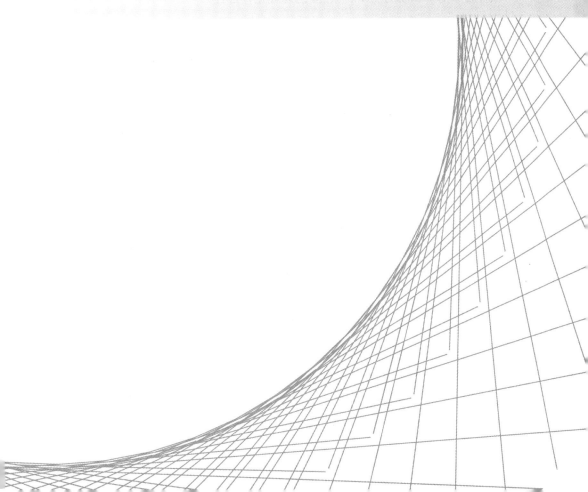

我们紧密围绕国家《"十四五"大数据产业发展规划》《"十四五"全国农业农村信息化发展规划》《"十四五"国家信息化规划》《数字乡村发展战略纲要》《数字农业农村发展规划（2019—2025年）》《湖北省推进农业农村现代化"十四五"规划》《湖北省数字农业发展"十四五"规划》等行动指引，以改革开放为重要抓手，以创新为强劲驱动，以场景应用为核心引擎，深化新一代信息技术在农业高质量发展中的融合应用。我们运用大数据手段，推进产业链供应链的现代化进程，通过大数据引领农业生产全生命周期的优化，以及企业种植、生产、收获、销售、服务等各环节的结构性调整与重组。同时，我们致力于持续改造提升传统农业，推动其向数字农业和智慧农业的转型，创新数字化农业场景应用，以增强农产品的有效供给能力，促进农业提质增效。我们利用大数据手段，提升生态有机绿色农产品的供给，以大数据推动"三去一降一补"，从而提升军民融合产业的供给质量，助力乡村全面振兴。此外，我们还积极建设高素质的大数据人才队伍，以推动农业生产的质量变革、效率变革和动力变革，为农业的现代化发展注入新的活力。

第一节　提升农产品有效供给能力

湖北省作为农业大省，农产品种类繁多且总量庞大。在市场竞争日趋激烈的背景下，为消费者提供高效优质的产品显得尤为关键。为此，我们必须坚定不移地实施质量兴农、绿色兴农、品牌强农的战略。我们要充分利用湖北省农产品有机绿色、天然无污染、无公害的优势，确保农产品适应市场日益增长的高质量产品需求，为消费者提供安全、放心的食品。同时，我们还应紧抓去产能这一关键环节，坚决淘汰落后、低效、过剩的产能，以优化农业产业结构。此外，我们需积极推进农业产品结构的调整，使其更加适应市场发展的需求。通过实现农业管理的智能化、产业的数字化以及销售的数字化，推动传统农业向数字农业和智慧农业转型升级，从而全面提升农产品的有效供给能力，为消费者提供更多优质、高效的农产品。

一、推进农业管理数智化

农业数智化管理是以技术为基石，通过整合大数据技术、人工智能、物联网、云计算、智能机械以及基因编辑等前沿信息技术,实现农业生产和管理的智能化决策过程。它代表着数字农业与智慧农业相互融合的全新农业生产经营模式。为了推动湖北省农业大数据系统的快速发展,我们应积极打通省级大数据系统与各市州县之间的农业大数据通道,构建各类农业单品种数据库,全面整合涉农大数据资源,并开放共享数据信息。在农业生产和管理中,我们应积极融入农业信息感知、知识图谱、智能管理、精准投入以及个性化服务等现代信息技术和智能科技。同时,建立农业全产业链的智能化监测分析和预警系统,打造农产品质量安全溯源管理的智能化平台,并完善农业电子政务系统,以提升农业服务的数字化水平和应用能力。此外,我们还应加强对农情调度、农业统计直报、农产品市场供需信息、农产品价格行情、畜禽水产等数据的采集和分析工作。积极支持和鼓励涉农企业、农户利用这些数据进行农产品生产计划和预测,以提高对农业气象灾害、市场波动以及重大动植物疫情的监测预警和防灾减灾能力,为湖北省农业的可持续发展提供有力支撑。

1. 推进农业综合信息服务

为了构建完善的农业综合信息服务体系,我们需要不断夯实大数据技术基础,优化"湖北省政务信息资源共享平台"的功能与性能。同时,强化基层农村信息服务站的建设工作,致力于提升农村信息化政务服务水平,使农民群众能够更便捷地获取各类政务信息。在实施信息进村入户的全省整体推进过程中,我们将积极整合邮政、电信、供销、电商服务站等农村网点资源,并充分利用自媒体资源,打破信息获取的"最初一公里"和信息服务的"最后一公里"的障碍。通过这一举措,我们将为农民、农户提供全方位的综合信息服务,包括政策宣贯、公益服务、便民服务、电商服务、健康服务、医保服务以及社保服务等,从而推动农村信息化建设的深入发展,为农民群众的生活带来更多便利与福祉。

2. 推进农业综合信息在线服务

我们致力于构建功能完备的农业综合信息在线服务平台,旨在打造一个集现代农业产业园区、农业物联网、农业机械、畜牧水产养殖、作物种植、农资、农经、科教等多元化服务于一体的"互联网＋农业"综合信息服务体系。通过开发农业专属App、微信小程序等通信软件,并结合手机、PAD、笔记本、平板电脑、可视电话、会议终端等移动设备及PC端、有线电视等现代通信设备，我们为全省广大农村社区提供便捷、高效的在线服务。这些服务包括但不限于农业政策咨询、农业生产技术指导、农产品价格查询、优质农产品推介、美丽乡村建设、乡村旅游宣传等，旨在全面满足农村社区在农业生产经营管理、决策支持、生产监控以及社会公众服务等方面的多元化需求。通过科学的指导和服务，我们推动农业的高效发展，助力乡村振兴。

3. 推进农科农技和农民培训信息服务

我们致力于构建全省农业科教信息调度平台、基层农技推广综合业务信息平台以及智慧农民在线培训教育平台，旨在为广大农民提供全方位的农业科教信息服务、农技推广人员在线培训教育以及职业农民教育培训等，进而提升新型农民的职业能力和信息素养。此外，我们还与第三方在线教育平台合作，针对三农领域的需求，开发了从田间生产到终端消费者的一体化涉农课程体系，积极引导农民参与学习。同时，我们开发了"智农通"、"农业云"和"乡村振兴云"等App，并定期组织各级农业专家、农技推广人员以及科技特派员，通过线上线下相结合的方式，为涉农企业、专业合作社、家庭农场等新型农业组织以及农户、农民提供精准、高效的专业技术咨询和服务。

二、促进农业产业数字化

为了推动农业产业的数字化转型，我们应进一步加强大数据在全省农业领域的集成应用，特别是以特色优势产业的融合应用为重点。通过促进现代信息技术与特色高效农业的有效融合，我们可以实现农业产业的数字化，提升农业生产效率，优化资源配置，从而推动农业产业的持续健康发展。

1. 大数据促进十大特色优势产业发展

我们应重点推进大数据在优质稻、菜籽油、蔬菜、食用菌、水果、茶叶、畜牧、现代种业、水产、中药材等省内十大特色优势产业中的深度应用，同时加快大数据在小龙虾、生猪、家禽、蛋制品、柑橘、莲藕、脐橙、米酒、油菜、木耳、香菇、大头菜、大河蟹等具有鲜明区域特色的产业中的应用步伐。我们要确保大数据技术贯穿于这些特色产业的全产业链中，从育种、种植（养殖）到监控、收获、销售、物流、溯源等各个环节，都要充分发挥大数据技术的优势，以提升农产品的供给质量和生产效率。

2. 大数据促进农业生产设施设备的智能化发展

通过综合运用传感器、CAN总线、GPS/GPRS定位、辅助基站、云计算、大数据、"5G"通信以及"3S"技术,我们实现对农机作业位置的精准追踪和农机工作状态的实时动态监控。根据作业需求,系统能够自动控制农机设备,实现远程监控、故障预警、自动驾驶及田间管理等功能。在农机智能控制的基础上,我们进一步实现多机物联,让农机具、拖拉机、收割机、无人机等多类机械协同作业,全面监控耕种管收各环节,动态优化作业效果,高效匹配工作效率,并适时调度作业计划。此外,我们运用卫星遥感、航空遥感、物联网、北斗导航、光谱分析以及传感器技术,精准掌握气象环境、土壤墒情和作物生长信息。借助云计算和大数据决策系统,对农机进行智能控制,并结合精准喷滴灌技术、水肥一体化设施技术,实现施肥、播种、喷药、灌溉等作业的精准执行。

在数字化设施设备生产场景应用方面,我们积极创新,加强气象环境监测技术、禽畜标准化圈舍养殖技术、冷链物流技术、产品智能加工设备在生产、加工、物流各环节的应用。同时,推动传统农业机械设备和农业生产设施的智能化改造,促进农业智能化、农业自动化成套装备等技术的集成应用与推广。此外,我们还在数字农业产业园区、现代农业示范基地等地试点应用农业智能机器人、无人机等先进技术,并加强病虫害的智能预测、预报和预警系统建设,以现代科技为支撑,推动精准农业产业化的快速发展。

3.大数据促进养殖产业的智能化发展

为了推进养殖产业的数智化进程,我们积极推广自动化饲喂、畜禽体征巡检、洗消监管、畜产品采集等先进技术装备,并普及智能机械和自动化养殖装备的应用。同时,我们致力于建设大数据智能养殖分析管控系统,实现生产精准化、产销智能化、设备物联化、管理数智化的数字化养殖场景。此外,我们还推动畜禽疾病自动诊断系统、养殖废弃物自动回收系统等智能化设备的广泛应用,利用大数据和物联网技术,对畜禽水产养殖信息进行采集、档案管理、质量控制以及疫病灾情追溯管理,从而有效保障畜牧水产家禽等产品的供给和质量安全。

我们充分利用大数据和智能化技术,推动绿色生态畜禽产品养殖、生产、加工业的转型升级。为此,我们鼓励和支持在畜牧、水产养殖基地实施宽带网络、辅助基站、视频监控、传感器等新型基础设施建设,借助现代通信技术,实现对基地生产经营管理、产品质量溯源、疾病预警监测等全过程的智能监测和远程操控,进而打造现代化的新型智能化养殖基地。为了提升养殖产业的智能化水平,我们加强对全省养殖产业的智能化场景应用和大数据分析研究。依据数据分析结果,我们构建养殖产业知识图谱,合理设计养殖产业空间布局,优化养殖供给结构,并加强养殖生产和销售的动态化、信息化、科学化管理。此外,我们还通过数字赋能畜禽水产养殖产品加工,实现生产加工过程的数字化控制、智能化监测,以及生产车间自动消杀灭菌、产品自动化包装、产品自动打码溯源等功能,从而进一步提升产品生产加工的综合效益。

4. 大数据促进农产品质量安全及服务

我们致力于构建基于大数据技术的农产品追溯平台、动植物疫情灾害监测系统、农情环境监测系统以及物流供应链管理系统,以强化农产品的供给质量与安全,并全面提升我省农业生产的数字化水平。我们将加大数字技术、虚拟农业技术等在全省农业生产经营管理、商品流通、农业资源配置等领域的应用推广力度。同时,推进以数字技术为支撑的特色农产品种植、畜禽水产养殖、农产品精深加工、农产品冷链物流运输、休闲农业观光、乡村康养旅游等的一体化发展,实现产业的深度融合与升级。

依托农产品质量安全追溯平台,我们利用大数据技术全面记录农产品从种植/养殖、生产、加工、仓储到销售的每一个生产环节的信息,确保全程有迹可循。我们整合农产品质量信息溯源二维码,消费者通过简单扫码即可查询到农产品的生产厂家、种植地块、农业全程操作记录等质量安全数据,甚至可以追溯到农产品的生产产地、农田编号、生产负责人,以及产成品的加工时间、生产工艺流程、生产车间班组、仓储库房、出库负责人、物流配送公司、配送人员以及终端消费者,全程实现信息互通,确保农产品质量与安全。

此外,我们将充分发挥大数据的监测预警功能,收集并深入分析农产品生产过程是否符合生产标准,进行质量及安全监管与预警。我们将严密监测农产品中的残存农药是否超标,化肥是否过量,饲料来源及用量是否可靠安全,从而及时消除食品安全隐患。借助大数据的力量,我们将确保农产品从田间地头到餐桌的全程食品安全,为消费者提供更高质量的农产品。

三、加快大数据与农村电商的有效融合

传统农村电商在农产品生产、加工、销售及流通等环节的数据掌握上有

所欠缺,这在一定程度上限制了企业对市场变化的快速响应能力。然而,大数据分析能力为农村电商带来了宝贵的技术支持。因此,深化大数据与农村电子商务的融合发展,不仅有助于引导农产品供给方向,还能促进生产结构的转型升级,优化资源配置效率。同时,这种融合将推动农产品标准体系和追溯体系的建设,进一步完善乡村物流配送体系,并将智慧物流网络延伸到老少边远贫困地区。通过这些举措,我们能够更好地匹配市场供需,提供高质量的农产品,从而有力推动乡村振兴战略的深入实施。

1. 以大数据促进农产品供给结构优化

我们应当强化大数据在农村电子商务平台的数据挖掘、分析和应用工作。通过数学建模与深入分析农村电商平台积累的海量数据,我们可以深度挖掘其中隐藏的知识,精准预测消费者的消费偏好,从而精准锁定目标客户群体。在此基础上,我们可以针对不同细分客户制定个性化的营销策略,实现精准营销,并向客户推荐最符合其需求的产品。同时,我们还应利用大数据对市场畅销和滞销产品进行预测,提前调整库存,以提升用户的消费体验。通过对购物篮数据的挖掘和分析,我们可以发现产品之间的关联性,实现关联销售,进一步提升销售量。

此外,我们应加大力度对农产品市场交易进行建模和分析,精准预测消费者的实际需求与数量,为农业生产提供指导,调整农业生产空间布局,优化资源配置,避免农产品价格低迷和滞销问题。同时,我们应积极推广订单农业、云种植、云养殖、网络带货、直播电商等新型模式,为消费者提供更多元化、个性化的消费渠道选择,促进农村电商的健康发展,助力乡村振兴。

2. 以大数据促进农产品标准体系和溯源体系建设

电子商务通过互联网平台,成功为农产品打开了互联网销售渠道。随着消费者对农产品质量和安全意识的日益增强,农村电子商务的首要任务就是赢得消费者的信任。农产品标准化作为保障农产品质量安全的基石,我们需利用大数据推动农业产业化标准体系和溯源体系的建设,为消费者提供详尽的农产品全产业链数据资料,从而赢得他们的信赖。

首先,我们应以大数据为引擎,加强农产品标准体系建设。农产品标准化不仅是提升农产品质量和安全的关键,更是构建农产品从种植、管理、收获、销售到物流的完整标准规范的基础。我们应严格遵循绿色、健康、安全、环保、有机、无污染、无公害的标准,避免为了追求产量和利润而采取非法或不当使用化肥、农药等行为，导致农产品营养不达标和食品中毒问题。同时，我们还应关注农产品在仓储和物流配送过程中的技术操作，防止因失误引发的质量安全问题。通过推动农产品产业链向标准化、品牌化、多元化发展，我们将进一步增强消费者的信任。

  其次，我们需要将大数据技术深度融入农产品的田间管理、用工管理、生产加工、仓储管理、销售管理以及物流跟踪等各个环节。通过实时监控农产品的生产、销售、流通全过程，我们将以图文、视频等形式记录从育种到产品深加工的每一个环节，从产品销售到仓储物流的每一个细节，甚至精确到生产过程中的肥料用量、农药残存量检测。这将构建一个全程可循的追溯体系，为消费者提供透明、可信赖的农产品信息。

  最后，我们应依托优质稻、菜籽油、蔬菜、食用菌、水果、茶叶、畜牧、现代种业、水产、中药材等十大特色优势产业，支持不同区域根据本地特色农产品制定种植、生产、销售、包装、流通的标准化流程。通过打造区域品牌标准化体系，我们将进一步提升农产品的品牌价值，满足消费者的多样化需求。

3. 以大数据推进乡村智慧物流配送体系建设

  电子商务的崛起为"农产品进城，工业品下乡"铺设了线上通道，极大地便利了农民，为乡村产业振兴注入了强劲动力。特别是在电子商务的物流配送环节，消费者对生鲜农产品的保鲜度、物流速度和送达目的地的要求远胜于一般农产品。为满足这些高标准需求，我们需通过智慧物流建设，推动农村电信基础设施、网络带宽、移动基站、物联网、传感器网络等全面升级，并优化道路交通设施，以适应智慧物流配送体系的需求。我们致力于构建覆盖市、县、乡、村四级的智慧物流网络体系，确保物流网络延伸到边远、贫穷、落后地区。同时，我们建设乡村农产品物流配送中心，充分发挥大数据、云计算、人工智能等先进技术的优势，推动农产品流通模式向自动化、信息化和智慧化转型。通过应用先进的仓储技术、无线射频技术、定位技术等，我们实现产品的实时跟踪与信息共享，有效降低物流成本，提升物流效率。此外，我们鼓励涉农企业积极建设冷藏、冷冻仓库，成立冷链物流配送中心，并完善公共冷链仓储运输设施，确保对保鲜要求较高的农产品实现全程冷链运输。同时，我们利用大数据对人、货、车信息进行深度分析，解决因信息不对称造成的人与货、人与车、货与车之间的不匹配问题，从而实现人货车的精准匹配，显著降低空载率。

第二节 推进农业产业链供应链现代化水平提升

为了深化农村三产融合,并推动农业产业链供应链向现代化水平持续迈进,我们应将大数据、云计算、物联网、区块链及生物高新技术巧妙融入传统农业领域。这些先进技术应贯穿农业的种植、养殖、生产、加工、流通及销售等各环节,引领农业产业链向现代化转型。同时,我们应积极培育农民专业合作社、专业大户、家庭农场以及农业产业化龙头企业等新型经营主体,通过优化农业供应链金融与服务渠道,构建相互协作、互利共赢的协同网络。此外,我们还需加强农业地理性标志产品的培育与建设,深入挖掘地标产品的品牌价值,并发展农业的生态功能,打造现代生态农业。在此基础上,将农业与文化、旅游紧密结合,依托各地区的独特资源与文化魅力,开发一系列"大数据+"的新型农业融合产业,如民俗风情、古村落遗址游、休闲农业、田园综合体、森林氧吧体验、洞穴养生等。通过这些举措,我们不仅能够整体提升农业产业链供应链的水平,还能为乡村振兴注入新的活力,实现农业的多功能、高附加值的可持续发展。

一、大数据推进农业全产业链数字化水平提升

数字化农业全产业链发展模式代表着未来农业发展的前沿趋势与高级阶段。我们致力于通过"大数据+X"的创新模式,推动数字化技术在农业全产业链中的广泛应用,从而构建具有湖北特色的"数字化+农业全产业链"发展模式。在这一过程中,我们将注重数字化在农业产业全过程的深度融合与创新,以实现全产业链条的数字化、智能化与精细化。这将全面提升农业全要素生产率,推动农业生产标准化水平的提升,并增强农产品品牌的影响力和竞争力。

1.完善数字化基础设施和平台建设

为了深化农业发展,我们需强化5G、大数据、人工智能、物联网、传感器、区块链、云计算等数字化基础设施建设。同时,应加速湖北省、市、县、乡镇农业农村大数据平台的开放共享进程,并推动特色优势产业如优质稻、菜籽油、蔬菜、食用菌、水果、茶叶、畜牧、现代种业、水产、中药材等农业数据库的

建设。还应充分利用"3S"技术、物联网、传感器技术、GIS系统和北斗卫星技术,建设智能农机数据采集系统、空间定位导航系统、智能大棚控制系统、大棚远程控制系统、农业物联网系统、环境测控系统、智能畜禽养殖控制系统、水肥一体化系统、农用自动气象站、智能水产养殖监控系统、农业手机专属App、质量安全溯源系统、物流供应链系统、市场供需平台等,将数字化信息贯穿全产业链的全过程,实现农业资源的高效管理、农业生产经营的精准管理、行政执法的有效监管、农产品质量的可追溯以及农业灾害的及时监测预警。例如,利用遥感技术对农业作物和畜禽水产养殖进行病虫害监控,采集监测数据;通过在机械设备上安装智能传感器,应用大数据平台获取农机具耕作过程的作业数据,为决策支持系统提供精细化作业管理的数据;基于完善的数字化基础设施和数字化系统,采集、存储、分析、应用和共享涉农数据,如图9-1所示。

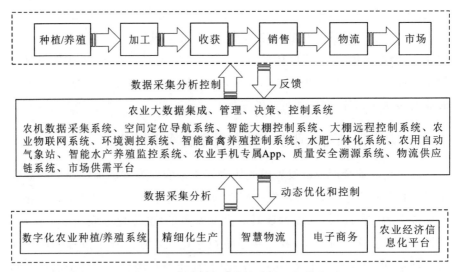

图9-1 数字化农业全产业链运行模式

2.构建农业全产业链数据资源体系

为了深化农村信息化建设,我们需要加快农村光纤网络、移动通信网络、下一代互联网以及数字电视的建设步伐,并推动农业农村卫星遥感等天基建设的进程,以提升偏远地区农村通信网络的质量和覆盖范围。同时,我们要构建农业全产业链数字资源体系,完善农村综合信息服务平台,并以十大优势特色产业为基石,推动重要农产品全产业链大数据的建设。具体而言,我们需要从以下几个方面着手:一是构建农业基础数据资源体系,整合农业自然资源大数据、重要农业种质资源、农村集体资产、农村宅基地以及农户和新型农业经营主体等大数据资源,实现数据的统筹管理和共享利用;二是建立涵盖农业产业各领域和农业生产经营各环节的数据资源标准化体系,确保数据的规范性和准确性;三是构建基于"空天地"一体化的农业数据资源体系,通过多源数据融合,提升农业数据的全面性和精准性;四是建立农业病虫害疫情灾情数据安全防护体系,确保农业数据的安全可靠;五是构建市场流通数据资源体系和农产品质量安全追溯体系,为农产品流通和质量监管提供有力支持。通过这一系列数据资源体系的建设和完善,我们将为农业精准管理和服务提供有力支撑,进一步提升农业全产业链的数字化水平,推动农业现代化发展。

3. 构建农业全产业链大数据共享开放体系

为了促进农业全产业链的协同发展,我们需要构建一套省市县乡镇、村五级联动的农业全产业链大数据共享开放体系。该体系将整合内部和外部的数据资源,打破信息孤岛,实现涉农系统内跨组织机构、跨部门、跨区域、跨层级的农业全产业链信息资源共享共用。具体而言,我们将采取以下措施:首先,建立政府主导、市场多方参与的农业大数据资源共建共享机制,确保数据确权、共享机制和法律保障的统筹规划,以打破数据壁垒,营造开放共享的环境。其次,构建"1+N"的数据共享模式,即建设一个农业大数据总中心,以及多个分数据服务中心。这将有助于打破农业领域的行业数据壁垒,实现农业业务部门内部、外部、横向、纵向的数据共享。此外,我们还将完善数据分级分类制度,建设政府数据统一开放共享平台,逐步实现农业农村数据向社会开放。同时,启动数据资源共享交易平台,建立政府、科研、市场主体协作的数据共享交易机制,推动数据资产的市场交易。最后,建立公共数据开放平台,将农土墒情、生产资料、供需信息、市场价格、环境气候、病虫害、疫情灾情等数据向社会公开,方便用户直接查看和访问。同时,建立数据共享平台,鼓励涉农主体开放共享农业数据,以实现数据的最大程度开放共享,为涉农企业数据交易提供有力支撑。

4. 打造农业全产业链大数据建设应用示范区

通过深入挖掘大数据技术的创新应用场景,我们将精心组织一批基础扎实、预期效益显著、带动效应强劲的示范项目,形成"典型引领、辐射带动、成熟复制、点面结合、滚动发展"的拓展模式。首先,我们将积极推动大数据新技术、新模式、新产品的场景应用,加大创新应用的推广力度。通过先行先试、示范引领的方式,结合点面结合的策略,将大数据技术在农业全产业链的关键环节进行广泛应用。其次,我们将建设"大数据＋X"的智慧农业示范区,并打造智慧农业示范基地,以此促进"大数据＋X"与农业全产业链各个环节的深度融合。通过打造一系列先进成熟的"场景＋链式"数字化整体解决方案,推动智慧农业建设取得新突破。最后,我们还将开展农业全产业链大数据试点示范县和农业农村数字经济示范区建设,优先选择十大优势特色产业所在的区域进行试点建设。在优质稻、菜籽油、蔬菜、食用菌、水果、茶叶、畜牧、现代种业、水产、中药材等领域,我们将开展农业物联网关键技术、智能装备和解决方案的试点示范,并建设农业物联网智能管理示范基地,为农业农村数字经济发展注入新的活力。

二、大数据推进农业产业链供应链现代化水平提升

湖北省农业产业链供应链当前面临安全性偏低、韧性不足以及现代化水平亟待提升的挑战。因此,我们必须坚定不移地以供给侧结构性改革为导向,聚焦于农业上中下游的生产要素供给主体、经营主体以及配套服务商,并围绕农业产前、产中、产后的生产数字化这一核心,精心筹划农业数字经济的供给侧与需求侧之间的匹配与平衡。在此基础上,我们应积极推动农业产业链供应链上下游的数字化转型升级,以提升整个农业产业链供应链的现代化水平。

1. 以大数据推进生产经营过程数字化转型升级

农业生产经营过程的数字化是数字农业的关键环节,也是农业产业链供应链的核心。农业生产经营过程涵盖了农业产业链的上中下游,从供给侧到需求侧的产前、产中、产后的要素投入,农业生产与农产品加工,农产品消费流通等内容。

一是要推进产前生产要素投入的数字化。基于供给端的生产要素要首先实现数字化转型,包括作物、畜牧、家禽等生物种质的数字化和农机具的数字化,借助大数据技术,分析生物基因编码,智能筛选遗传性状好的种子,构建种源数据库;研发智能机械、智能芯片、无人驾驶、精准作业、远程操作等软硬件;对农业土地、环境气候、水土肥力等进行产前大数据分析,为农业

产业结构布局、产品品种选择、生产经营选址决策提供数据支持,保障农业资源投入的高效性;加强大数据与电子商务的有效融合,借助电子商务平台和互联网渠道,实现供给端生产要素流通的高效化。

二是产中作业生产的标准化和数字化。制定农业作业生产标准化体系,按照标准化体系生产农产品。在生产与产品加工阶段,应用数字技术实现生产过程管理和农产品加工过程的标准化。构建"5G""3S"云计算、区块链、物联网、人工智能等新型数字基础设施,搭建数字化决策支持系统和平台,实现作业生产的自动化控制与管理;利用大数据、云计算、人工智能、物联网、传感器、5G、3S等数字化技术,收集农业生产中各个环节信息,包括农土墒情、生态环境、作物长势、水力肥力、病虫害、疫情灾情等信息,形成农业大数据,应用大数据分析技术对数据进行挖掘和分析,形成知识图谱,实现农业生产全过程的数字化监控、定量精准决策和智能化作业与管理;农产品加工生产中应用数字化技术对加工过程进行检测和监督,防止保鲜剂、防腐剂、农药残存量等安全性指标超标,产成品达到标准化要求;应用冷鲜保存技术和恒温控制技术对产成品进行保鲜处理,保障食品的新鲜度、口感和营养,确保生产全过程的质量安全达标。

三是产后运营模式的数字化。在产后阶段,最为关键的是消费需求的数字化、农产品流通的数字化和市场营销的数字化三个方面:消费需求的数字化即用大数据对消费者需求进行精准分析,把握需求端消费者需求动态变化,对消费者进行精准画像,满足消费者的需求偏好,促进供需适配;通过对需求端的大数据分析,将分析结果反馈到供给端数据中心,供给端对分析结果做出决策,优化供给结构,指导农业再生产,实现需求引动供给,供给创造需求的动态平衡。农产品流通的数字化要求实现交易的数字化和便利化,借助数字支付手段,提高交易效率;应用物联网技术、北斗卫星定位技术、区块链技术等实现对在途车辆的精准定位和运行状态监控,对空载车辆和满载车辆进行协调和调度,提升运输效率。市场营销的数字化是指开辟网络营销渠道,借助电子商务平台,打通"农产品上行,工业品下乡"通道,借助新媒体技术,创新营销模式,构筑线上线下的全渠道营销网络。

2.以大数据促进农业配套服务数字化转型升级

农业配套服务贯穿于农业生产经营的全过程,农业数字化硬件设备设施建设、软件信息系统建设在农业生产经营的数字化转型中发挥着重要作用,是农业产业链供应链现代化水平提升的重要组成部分。

一是产前配套服务数字化。在农业生产前,我们采用先进的物联网系统、自动气象站以及环境监控系统,对生产环境进行详尽的数据采集和深度分析,确保所选场地能够最大限度地适应作物生长和畜牧养殖的需求,从而在生产源头上严格把控产品质量。在选址过程中,我们综合考虑生产环境与市场环境,构建科学的选址模型,以选定最适合建设仓储物流基地的地址,这既有助于降低物流成本,也极大地提升了人工生产的便利性。此外,我们还利用大数据技术筛选优质的动植物种源,保留遗传基因和性状出色的种源进行育种培育,以确保从源头上保证产品质量。同时,我们积极拓宽数字金融业务办理渠道,通过网上办理业务、移动支付等数字化手段,简化业务流程,创新远程农业生产场景认证和资产评估,为农业贷款提供便利条件,推动现代化农业的数字化认证进程,进一步降低贷款难度。

二是产中配套服务数字化。为了提升农业数字化水平,我们致力于加强农业数字化硬件设备与软件信息系统的建设,为农业数字化生产经营提供坚实的技术支撑。我们积极应用"3S"技术、5G技术、GIS系统以及北斗卫星定位导航技术,为无人自动驾驶设备、无人机设备、智能采摘设备以及智能收割设备提供农业大数据支持的硬件技术,并提供一系列智慧农业解决方案,包括农业大数据模型和算法服务、精准定位导航服务以及技术协同服务等。同时,我们也在不断推进智能农机数据采集系统、智能大棚控制系统、农业物联网系统、环境测控系统、智能畜禽养殖控制系统、水肥一体化系统、农用自动气象站以及智能水产养殖监控系统等软件设施的建设,为农业数字化生产的动态优化和调整提供软件技术支持。此外,我们还特别注重农产品加工设备设施的数字化转型建设,对农产品加工过程进行严格的检测和监督,确保生产全过程的质量安全达标。

三是产后配套服务数字化。我们致力于加强产后基于大数据的农产品数字化营销建设以及生鲜农产品物流网络的优化规划。在数字化营销方面,我们充分利用大数据分析技术,深入挖掘消费数据,为数字化营销策略的制定提供有力的决策支持。通过市场细分,我们能够精准锁定目标客户,提供个性化的产品推荐,满足消费者的多样化需求。同时,通过对消费大数据的深入分析,我们能够敏锐洞察市场变化,及时调整农业生产结构,确保产品与市场需求的紧密对接。在生鲜农产品物流配送方面,我们注重规划的科学性和合理性。通过冷链系统的动态调度,我们确保产品在整个运输过程中保持最佳的保鲜度和营养度水平。此外,我们还利用物流配送系统对空载和满载车辆进行实时监测,实现人、车、物的精准匹配,有效降低空载率,提升物流效率。

3. 以"大数据＋"促进农业产业数字化融合发展

我们应充分发挥大数据技术创新在引领农业产业领域发展方面的核心作用,深入推进数字经济对农业领域的全面渗透,不断创新农业大数据应用场景,积极开发大数据在农业领域的新功能,努力培育出更多新产业和新业态。同时,加大"大数据＋"与农业产业的融合发展力度,探索出更多新模式,为消费者提供更多优质的农业新产品和新服务。通过调整和优化农业产业结构,提升产业整体竞争力,推动全省农业经济实现高质量、高效益的发展。

一是农产品深加工的数字化融合发展。我们持续推进数字信息技术与农产品深加工产业的深度融合,不断提升农产品加工的智能化水平。借助物联网设备、传感器设备等数字化技术工具,我们采集产品加工信息,实现自动化生产、包装、打码、传输、分拣和仓储,全程实现无人化监管。同时,利用智能化检测监测系统,自动检测产品质量,确保添加剂、防腐剂、化肥量、农药残存量等关键指标符合标准,严格把控生产各环节的质量。此外,我们还应用数字化技术为每件农产品建立详细的生产档案,配发"一物一码",记录加工工号、车间、批次等信息,构建可溯源的生产数据库。

二是加快农业与文化旅游产业的数字化融合发展。我们将农业生产的全流程——从育种、种植/养殖到生产、收获等各个环节——通过数字化技术重现,运用3D技术、虚拟现实技术等手段,为消费者提供虚拟种植、采摘、养殖等农耕文化体验。同时,我们将农村农业创意文化设计产品、特色农产品、非物质文化遗产产品等进行数字化和具象化展示,通过互联网工具向全网推广,扩大品牌影响力。此外,基于5G技术,我们实现农业生产的现场直播和短视频营销,提升地域性品牌的知名度。我们还推动休闲农业、景观农业、乡村旅游、古村落文化遗址、田园综合体等产业的数字化,吸引消费者到线下旅游目的地进行实地体验和消费。

三是加快农业与健康养老产业的数字化融合发展。我们积极创新发展"大数据＋农业＋大健康"的一体化产业链供应链现代化发展新模式。推动农业与生物医药产业的融合，利用大数据技术，研发保健养生中草药产品、绿色有机食品，推动初级农产品向高科技食品和药食同源产品转型，延伸产业链和价值链，提升农产品的附加价值。同时，我们构建基于"大数据+"的农业与健康养生产业融合发展生态体系，涵盖设施农业、休闲农业、乡村旅游、田园综合体、森林氧吧、洞穴养生等多个领域，促进一二三产的协同发展。以茶产业为例，我们创新"大数据+茶产业+保健旅游"服务模式，运用大数据分析茶的保健养生成分，开发健康饮料，开展茶浴、茶足疗、茶美容等多元化养生服务项目。

三、大数据促进农业产业链供应链协同水平提升

农业产业链供应链是一个涵盖多业态、多元主体的复杂生态系统，其中不同业态相互交织，不同主体紧密协同，不同部门高效联动，多要素深度协调。为了进一步提升这一系统的协同水平，我们致力于构建以大数据为核心的农业产业链供应链生态系统协同创新网络。通过优化产业布局，合理调配生产要素，加强各主体之间的协同与耦合，我们构建了上下游企业间交互的协同创新机制。这一机制的建立，将有力推动农业产业链供应链协同水平的持续提升，为农业产业的健康发展注入强大动力。

1.构建大数据农业产业链供应链协同创新开放共享网络

为加速推进湖北省农业农村大数据平台的建设，我们应积极促进农业全产业链和供应链上下游企业、涉农政府职能部门间的信息共享，从而不断提升全产业链和供应链节点间的协同水平，显著增强农业大数据系统的智能化程度和运行效率。同时，要大力发展农业全产业链和供应链上下游企业的数据采集和信息共享服务，有效连接农业生产经营产前、产中、产后各环节的数据资源，打破农业配套服务产前、产中、产后数据壁垒，进一步提升生产经营间的数据协同治理能力。此外，我们还需积极推动湖北优势品种的单品种数据库、农产品价格数据库、市场供需数据库、动植物种源数据库、科技成果与转化数据库、科研数据库、涉农企业数据库、农业领域专家数据库等建设，并确保这些数据库之间能够实现资源共享。我们还需打通政府不同部门之间、企业上下游之间、企业与政府之间、企业与专家之间、农户与政府之间的信息渠道，有序地向社会公众开放数据资源，使用户能够免费查询和使用信息，从而不断提高产业链和供应链之间的协同能力，如图9-2所示。

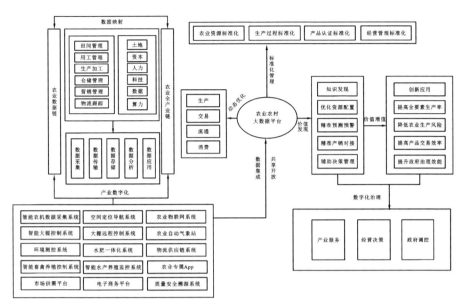

图 9-2 大数据推进农业全产业链协同水平提升

2.营造大数据农业产业链供应链协同创新环境

为了营造基于大数据的数字化、智慧化农业转型发展理念,我们应深入贯彻湖北省《湖北省大数据发展行动计划(2016—2020年)》《湖北省数字经济发展十四五规划》《湖北省推进农业农村现代化十四五规划》等数字乡村、数字化农业转型发展的战略规划。加强大数据、云计算、物联网、人工智能等数字化技术在农业生产经营中的改造和应用,特别是在湖北十大优势农业产业中探索创新应用场景。通过筛选大数据在农业产业链各个环节的典型应用,打造大数据农业示范基地,树立标杆企业,为第三方大数据资源整合企业和涉农优秀企业创造良好经营条件。同时,举办湖北大数据产业论坛、大数据产业博览会等活动,线上同步直播,扩大湖北大数据农业的影响力和知名度,推动全省农业与数字化融合发展,加速湖北省数字农业和智慧农业的转型步伐。

此外,我们还需积极培育政校行企多元主体间协同创新的数字化农业发展环境。政府应发挥引导作用,制定激励政策,降低数字化转型成本和风险,激发社会资本参与农业数字化转型的积极性,为农业产业链供应链协同创新提供有力保障。企业应主导数字化转型进程,建立实现农业大数据的资源协同、利益协同、运作协同等机制,为产业链供应链协同创新提供坚实支撑。高校和科研机构应发挥专业人才优势,培养数字化农业人才,破解关键技术难题,加强知识协同。同时,建立大数据农业行业协会和联盟,发挥桥梁作用,构建开放合作平台和运行机制,实现政府、企业、科研机构协同创新发展,共同推动湖北大数据农业迈上新的台阶。

3.优化大数据农业产业链供应链价值创新网络

基于大数据的深度应用,我们致力于重塑农业数字化转型的产业价值网络。坚守数字经济、产业链与绿色生态经济融合发展的理念,我们聚焦于以优质稻米、菜籽油、特色淡水产品(小龙虾)、现代种业、蔬菜(食用菌、莲)、柑橘、茶叶、道地药材、生猪、家禽及蛋制品等为核心的十大农业产业链,运用大数据强化、延伸和完善产业链,弥补传统农业在数字技术应用上的不足。通过加强农村电商、仓储物流、冷链冷运等基础设施建设,我们打通了从田头到餐桌的完整供应链。同时,积极引进科技创新企业和大数据人才,为农业数字化转型注入新动力,提升数字化设施与农业产业的匹配度。

大数据在农业数字化转型中扮演着关键媒介角色。我们推动大数据、信息要素和知识图谱在农业价值网络中的流动与共享,将云计算、5G技术、人工智能等新型通信技术融入农业产业价值链网络,提升对农业大数据的分析、应用和运作管理能力。借助大数据,我们优化了农业生产经营的上下游产业链、产业配套服务和价值链延伸,构建了产业"链长"网络体系,整合资源,建立产业联盟,促进全产业链的协同发展。

为了进一步提升创新价值网络的增值能力,我们积极探索十大产业链融合发展的新模式。推广稻田低碳高效生态循环技术,如"稻田－菇"周年生产高效模式和"稻＋鸭＋蛙"协同种养模式,构建绿色生态的农业生产体系。同时,我们采用茶园绿色生态栽培集成技术,创新"内环式"机械化耕作,以及"虾－稻共作"大虾养殖新技术等,实现农业生产的高效与生态。此外,我们还推行生猪高山健康种养循环一体化模式,实现养殖废水的资源化利用,解决农村环境问题,推动农业可持续发展。

4.增强大数据农业产业链供应链协同创新能力

构建基于政府各职能部门间的机构协同创新组织,旨在推动资源整合与跨部门合作。我们成立了由发改、农业农村、科技、财政、人社、教育等多部门参与的农业大数据创新与成果转化推广联席会议,并深入实施联席轮值主席工作制度,以充分发挥各部门的资源整合优势。通过整合科技资源、配置研发力量和项目资金,我们联合攻克了一系列农业大数据领域的"卡脖子"难题,包括种质种源、土壤墒情、病虫害监测、环境气候、作物生产、智能控制、大数据建模与算法等,实现了跨部门和机构的协同创新。同时,我们创新了补链强链延链机制,推动科技创新链与农业产业链、信息链、金融链、政策链等深度融合,优化了创新链条结构,促进了农业科技创新成果的有效转化和应用。

此外,我们还构建了农业产业链上下游企业之间的协同创新体系,旨在进一步增强协同创新能力。通过数字农业科技企业、高校、科研机构与农业经营主体的合作,我们形成了协同创新网络,实现了数据资源、数字技术和数字专业技术人员的集成与共享。在农业产业链的各个环节,我们开展深度合作,协同解决数字农业发展中的关键问题和难题。供应链的合作伙伴也协同利用现代数字化技术,实现科技要素投入、种植/养殖过程、生产加工过程、仓储流通过程、市场营销过程等全过程的数字化转型与创新,建立了数字化生产经营模式。这些举措共同形成了基于组织、技术、人力资源的数字化集成创新服务平台,从根本上提升了农业数字化效率,降低了农业生产风险。

5. 强化大数据农业产业链供应链协同创新要素支撑

为了构建大数据农业的数字化支撑机制,我们应着力增强数字化要素的市场化流通与集聚能力。首先,要完善数字化农业的知识产权和数据确权机制,确保数据流通共享交易制度的健全性。在此基础上,应重点推动政府、高校科研院所、数字化科技企业、涉农企业以及农户之间的开放共享利益分配制度建设,以形成更加公平合理的利益分配格局。同时,还需完善数字化产权、交易、隐私、安全等方面的法律法规,构建起一套完备的数据要素管理法律体系,进而促进数字要素向农业产业链和供应链的深度集聚。

此外,为了保障数据要素的高效流通,我们应构建一系列高效的数据要素流通制度,包括数据权属制度、评估制度、流通制度以及监管制度等,以推动数据要素市场的健康发展。这些制度的建立将为农业数字化交易和流通创造有利条件,加速知识产权和数字要素在农业产业链供应链中的流动与创新,并确保农业数据要素的安全流通与交易。

在利益分配方面,我们应建立健全数据资源评估机制,按照市场评价贡献和按贡献参与报酬分配的原则来确定数据资源的收益分配。这将为数据资源收益的分配提供科学合理的参考依据。同时，我们还应扩大数据要素市场化配置的范围和按价值贡献参与分配的渠道，确保各种要素在初次分配中的公平性和合理性。此外，完善数据要素收益再分配调节机制，探索二次和三次分配机制，充分发挥市场在数据资源配置中的决定性作用，确保收益分配的公平性。

为了保障数据要素的安全可靠流通和交易，我们应加快数字技术创新，构建相应的技术体系。运用区块链、智能合约、动态加密、隐私计算、可信计算等技术手段，为数据要素在农业产业链供应链的开放共享和流通交易中提供坚实的技术支撑，并确保数据流通共享和协同应用的安全性。同时，我们还应完善数据要素流通标准体系建设，包括基础性共性标准、关键技术标准、安全管理标准等，以形成统一的数据要素流通标准和共识。

最后，为了夯实数据市场治理制度，我们应加强数据市场监管制度建设，提升监管职能部门的数字监管能力和信息素养。对于数据欺诈、数据垄断、数据滥用等行为应予以严厉制裁，以保障数据要素市场的公平竞争和有序运行。同时，建立可追溯、可审计的数据流通交易管理制度，构建线上线下相互协同的数据全流程监管体系。此外，我们还应完善多元主体共同参与的多元共治数据市场治理体系，鼓励政府、行业组织、数字平台、市场主体、公众等多元主体积极参与监管，形成协同治理的合力，共同规范数据资源利用行为，保障数据在供应链上的安全高效流通。

第三节 推进智慧农业应用场景示范建设

根据湖北省农业发展实际情况，我们应积极推进智慧农业应用场景的建设，深入探索农业产业数字化和数字农业产业化应用场景的新路径与新模式。要推动数字技术与现代农业的深度融合发展，利用大数据、人工智能、物联网、云计算、移动互联、区块链、5G等现代信息技术和智能装备技术，不断拓宽其在农业领域的应用范围。通过构建数字化农业应用示范场景，我们将形成一个以点带面、连线成片、滚动推进的一体化发展模式，以不断推动数字化应用场景的规模化发展。这将为乡村全面振兴提供有力的示范效应，引领湖北省农业向更加智慧化、高效化的方向发展。

一、种植业数智化示范应用场景建设

1. 推进现代信息技术在种植业生产中的应用

我们应积极推动大数据、人工智能、区块链、物联网、移动互联、传感器、无人机、5G及3S等先进技术在农业种植领域的广泛应用与示范。为此,我们将搭建一个种植大数据平台,通过精准采集农作物生长及其环境数据,并运用大数据分析技术,实现一系列智能化功能。这包括但不限于土壤墒情与环境气候的智能监测、种植面积与农作物长势的智能分析、农作物产量的精准预测、病虫灾害的预警评估,以及机械化生产的智能控制等。这些功能将在农业示范园区和种植基地得到集成应用,为农业生产提供强有力的技术支持。同时,基于知识库、数据库和专家系统的大数据分析平台,我们将对农作物生长进行实时分析,从而实现种植业的精准作业生产和智能管控。例如,我们将实现种子育苗到种植生产的三维可视化管理,提供种植区域的网格化管理、设备点位的监控管理以及生产数据的可视化管理等功能。

2. 打造智能化示范种植基地

我们将重点建设优质稻、菜籽油、蔬菜、食用菌、水果、茶叶、中药材等智能化产业种植示范基地。基于湖北省种植产业的空间布局和功能定位,我们将精心挑选各县市发展基础较好的种植产业作为试点,并着力打造,以突显不同产地、不同农作物在智能化种植方面的独特优势。通过这一系列的示范点建设,我们将逐步推动全省农作物智能化种植技术的规模化推广应用。

同时,我们将因地制宜地创建特色智能化农业示范区。在茶叶方面,我们将重点打造恩施硒茶、武当道茶、青砖茶等数字茶园;在水果方面,我们将以武当蜜橘、宜昌蜜橘、秭归脐橙、公安葡萄等为主要对象,建设数字果园;在蔬菜方面,我们将重点培育蔡甸莲藕、随州香菇、洪湖藕带、洪山菜薹等数字菜园;在中药材方面,我们将着力培育蕲艾、罗田茯苓、英山苍术、房县虎杖等数字中草药;在粮油方面,我们将打造虾稻、再生稻等数字粮稻;而在菜籽油方面,我们也将推出数字菜籽油。

二、畜牧养殖业数智化示范应用场景建设

1. 推进现代信息技术在畜牧养殖业中的应用

基于湖北省畜牧养殖业的当前状况及未来发展趋势,我们计划充分利用大数据、云计算、区块链、物联网和人工智能等现代通信技术,推动畜牧养殖业向数字化、智能化方向迈进。我们的目标是打造数字养殖场,并将基于大数据、人工智能与工业互联网的智能设备与软件技术融入养殖生产的每一个环节,从而显著提升畜牧业生产运营管理的智能化水平。为此,我们将构建智慧养殖大数据中心(平台),通过智能设备收集环境数据、运行数据、预警数据、养殖数据、水电饲料数据以及视频监控数据等,并进行数字建模和分析计算。这将使我们能够实现畜禽养殖环境的智能监测、设备的自动控制、智能饲喂、基于AI图像的估重、牲畜异常状态报警、机器人协同作业、能繁育种、疫病防控、产品追溯以及粪污无害化处理的数字化管理。通过这一系列的数字化管理措施,我们旨在推进行业监管监测的在线化、管理的数字化,从而确保畜产品的安全。

2. 打造智能化示范养殖基地

为了优化畜牧养殖的空间布局,我们将精心选取发展基础扎实且具备显著比较优势的区域,致力于打造一系列智能化示范养殖基地。具体而言,在生猪产业方面,我们将重点关注江汉平原、鄂中、鄂西北、鄂东以及鄂西南等区域,全力打造这些地区的生猪产业智能养殖示范基地。在家禽产业方面,我们将分别针对鄂北、鄂东南的肉鸡养殖,鄂中、鄂东的蛋鸡养殖,以及江汉平原的蛋鸭养殖,打造各自的智能养殖示范基地。对于肉牛产业,我们计划以汉江流域、大别山—幕阜山区、武陵—秦巴山区为重点,建设肉牛智能养殖示范基地。在肉羊产业上,秦巴山区、江汉流域、清江流域以及大别山—幕阜山区将成为我们打造肉羊智能养殖示范基地的核心区域。至于奶牛产业,我们将以武汉"1+8"城市圈、襄阳、宜昌等地为中心,打造奶牛智能养殖示范基地,并积极培育十堰、荆门、恩施等新兴奶牛养殖示范基地,以推动畜牧养殖业的整体发展。

三、水产养殖业数智化示范应用场景建设

1. 推进现代信息技术在水产养殖中的应用

基于湖北当前水产养殖业的发展状况,我们致力于探索水产养殖智能

化应用场景,以期实现传统渔业与智能科技的深度融合。借助互联网、云计算、大数据、人工智能等现代信息技术,我们将养殖技术、装备技术与信息技术紧密结合,利用水下机器人、无人船、无人机等现代智能化水产养殖设备,推动智慧化养殖的实现。同时,我们还将搭建智慧渔业大数据平台,实现养殖生产的自动化、管理的精准化和智能化,以及决策的智慧化。这将有助于水产养殖产业实现集约化、规模化发展,推动其向绿色、智能、高产、高效的方向迈进。通过示范养殖基地的建设,我们将全面推进养殖场水体环境的实时监控、饵料的精准投喂、鱼病监测预警以及循环水装备控制等数字技术和装备在全省的普及应用。

2. 打造智能化示范淡水养殖基地

我们致力于重点打造平原湖区智能化养殖示范基地,特别是在江汉平原和沿江沿湖地区,将集中力量发展淡水鱼、小龙虾、河蟹、武昌鱼、鳜鱼、黄颡鱼、黄鳝、泥鳅等品类的智能养殖示范基地。同时,为了充分利用丘岗山区的特色资源,我们将在鄂东南地区建设沿长江特色水产品智能养殖区,专注于小龙虾、河蟹、武昌鱼、鳜鱼、黄颡鱼、黄鳝、泥鳅、斑点叉尾鮰等特色品种的养殖。此外,我们还将在鄂东北、鄂西南、鄂西北的丘陵地区打造塘堰特色水产养殖区,重点推进龟鳖生态养殖、大鲵驯养、鲟鱼工厂化养殖、富硒鱼养殖等特色精品养殖项目,以满足市场对多样化水产品的需求,并推动湖北水产养殖业的持续健康发展。

四、现代种业数智化示范应用场景建设

1. 建设种业大数据共享服务平台

通过运用大数据、云计算等先进信息技术,我们将有力推动现代育种技术和种业产业向高质量发展迈进。为此,我们将构建全省统一的种业大数据共享服务平台,有效打通种业科研机构与作物种子种苗、种畜禽、水产苗种市场以及种业生产经营主体之间的信息壁垒,实现种业科研机构、育种基地、种业企业、生产基地、加工中心和用种大户等相关数据资源的互通和共建共享。这一平台将为决策者、农民和企业提供精准、及时的种业信息,为他们的决策提供有力支持,从而进一步提升种业的智能化水平,推动湖北种业产业的蓬勃发展。

2. 推动信息技术在种业各环节的应用

在种业生产经营的各个环节中,我们致力于加速信息技术的广泛应用,

特别是在制种基地、种质资源保护区、种畜禽场区、水产苗种场区以及种子种苗交易市场等关键领域。通过巧妙运用物联网、传感器和无人机等先进技术，我们能够精准地收集种植环境和作物生长的相关数据，进而实现对种植过程进行实时的、全方位的监测与管理。同样地，这些技术也被用于收集养殖环境和畜牧生长的相关数据，使养殖环节的监测与管理更加高效和精准。此外，我们借助云计算和大数据分析技术的强大力量，对收集到的种植、养殖数据进行深入的挖掘和分析，从而提取出有价值的信息。这些信息将为决策者提供科学依据，帮助他们更加明智地选择种业和育种方案，进而推动整个种业产业的持续健康发展。

3. 实现种业流程的可追溯管理

通过综合运用品种审定、种子生产经营许可、生产备案和市场质量监督等一体化监测手段，我们实现了对种业研发、生产、流通过程的全面可追溯管理。借助信息技术的力量，我们对种业的各个环节进行精准的数据记录和管理，确保种子种苗的质量和来源可追溯，从而迅速响应并解决潜在的质量问题。这不仅提升了种业行业的智能化监管水平，也增强了消费者对种业产品的信任度。同时，我们高度重视种业安全和隐私保护，建立健全的种业数据安全管理体系，采取加密、权限管理、安全审计等多重措施，确保种业数据的安全性和完整性，为种业产业的持续健康发展提供有力保障。

4. 强化种业科研与创新能力

我们积极运用数智化技术，强化种业科研机构的数据管理和分析能力，建立了一套完善的种业科研项目管理系统和科研成果数据库，实现了科研数据的规范化和集成化管理。此外，我们利用先进的人工智能和机器学习算法，对大规模的种业数据进行深度挖掘和分析，为种业研究提供了全新的思路和方法。通过精准的数据分析和模型预测，我们有效助力农业科研机构和种业企业加速育种进程，显著提高新品种的研发效率和质量。同时，我们还通过优化种子种苗的生产和流通环节，不断提升种业产品的质量和市场竞争力，为推动种业产业的创新发展贡献力量。

五、农机数智化示范应用场景建设

我们积极整合信息技术和智能设备，致力于加强农机智能化建设，并不断优化农机监管调度平台。通过广泛应用农用无人机和无人驾驶农机等先进设备,我们实现了农机作业的自动化、精确化和智能化,显著提升了农业生产的效率和质量。

1.农机智能化建设与应用

我们致力于推进农业机械化与信息化的深度融合,加强农机智能化建设。通过引入北斗终端、导航技术和精准作业技术,我们将智能化设备融入农机装备之中,实现农机的自动化操作和精确作业。同时,我们建设了智慧农机装备示范基地,用以展示和推广智能农机装备的最新技术与应用,让更多人了解并接受这一创新技术。此外,我们还利用无人机进行农田巡查、农作物监测和植保施药等任务,大大提高了农田管理的效率和精度。我们更进一步开展无人驾驶农机的试验示范,积极探索无人作业农场的建立,力求实现农机的全自动化作业,为农业现代化贡献力量。

2.农机监管调度平台优化

我们借助智能监测和信息接收终端,实时获取农田、作物和农机等数据,对农机作业进行监测和分析,实现了农机安全生产监管、跨区域智能调度、精准作业和在线服务等功能,有效提升了农机作业效率和管理服务水平。我们不断优化完善农机监管调度平台的功能,利用该平台和智能监测、信息接收终端,实时掌握全省各地农机的分布情况,并监控农机的状态和作业情况等信息,为农业生产的顺利进行提供了有力保障。

3.智慧农机装备示范基地建设

我们积极建设一批智慧农机装备示范基地,用于展示和推广农机智能化装备的先进技术和应用案例,旨在促进农民和农机操作人员对新技术的接受和应用。我们根据湖北省的农业特点和需求,确定了示范基地的重点建设内容和技术方向,确保基地建设的针对性和实用性。同时,我们与农机企业、科研机构、农业部门等建立了紧密的合作关系,设立了专门的技术研发团队,加大了对智慧农机装备相关技术的研究和创新力度,推动了自主研发、技术改进和标准制定,提高了装备的性能、可靠性和适应性。我们采购和配置了符合示范基地定位的智慧农机装备,涵盖了农机智能化、自动化和信息化等方面的技术应用,包括智能植保无人机、自动驾驶拖拉机、精准施肥设备等,为农业生产的高效、精准、可持续发展提供了有力支撑。

4.构建智能农机体系

我们致力于构建涵盖智能化种子培育、智能育肥系统、智能农机收割、智能农机采摘的完整智能农机体系。通过运用智能设备和技术,我们精确监测和控制种子的生长环境、水肥管理、光照等因素,实现了种子的高效培育;利用传感器和智能控制技术,我们实时监测土壤的各项参数,并根据监测结果自动调控肥料施用,实现了精确施肥,提高了作物的生长和产量;引入自动驾驶技术和图像识别技术,我们的农机具备了自主导航和目标识别能力,通过先进的传感器实现了对作物的精确检测和定位,提高了收割效率和质量;结合机器视觉和机器人技术,我们研发了智能采摘机器人,通过视觉系统识别成熟的果实,采用机械臂、夹爪等装置进行自动采摘,实现了高效、精准的采摘操作。这一智能农机体系的构建,将极大地推动农业现代化进程,提高农业生产效率和质量。

六、农业旅游数智化示范应用场景建设

1. 加速美丽乡村数字化体系构建

我们致力于推动全省农旅融合数字化体系的建设,实施全域旅游的智能旅游精准服务战略。为乡村旅游提供高速互联网接入、无线网络覆盖及基础通信设施,部署光纤网络、无线网络热点以及智能设备和传感器,以支撑智慧旅游的实施。同时,加快湖北省基于创意农业、共享农业、观光农业、健康养生和创意民宿等新业态旅游的数字化项目建设,为美丽乡村提供全方位的数字化支持和服务。特别是在武汉、恩施、神农架、宜昌、襄阳、十堰、荆州等地,我们将率先打造一批农旅融合的美丽乡村示范点,深入挖掘农业的多元功能,拓展休闲、观光、创意农旅产业链,构建田园综合体,实现传统景区旅游方式的数字化升级。此外,我们还将建立传统村落数字博物馆,打造武汉、恩施、咸宁、襄阳、随州、黄冈、黄石、十堰、荆州等一批特色数字古村落。通过构建互动式智能旅游多元化营销平台,创新智能旅游营销模式,结合大数据分析,制定精准的市场营销策略,提升农产品的知名度和品牌影响力。借助线上线下的宣传推广、参展展销、农产品体验活动等方式,吸引消费者的关注与参与。

2. 深化智能化景区服务应用场景

我们致力于开发农村旅游智慧导览系统,通过移动应用程序或导览设备,为游客提供定位、导航、景点介绍、线路推荐和实时信息查询等功能,满足游客个性化参观需求。同时,实现美丽乡村的智能化管理,运用物联网技

术、大数据分析和人工智能等先进技术,对乡村景区进行实时监控和管理,确保游客流量、环境质量和景区设施状态得到及时处理,提供优质服务。此外,我们还将推动农村移动电子商务的发展,整合移动互联网在旅游、娱乐、消费等领域的资源,开发户外直播电商等新媒体服务,推动旅游服务模式的创新和业务的拓展,宣传农村特色产品和民俗文化,提供农产品在线预订、支付和配送服务,拓宽农产品销售渠道。

将农村旅游与智慧农业相结合,为游客呈现智慧农业种植、智慧养殖、智能采摘、智能收割、智能育肥等现代农业经营场景,鼓励游客参与智慧农田、智慧采摘的体验,增强旅游的互动性和体验性。我们还将通过建设乡村旅游官方网站、社交媒体平台和在线客服系统,为游客提供在线咨询、评价和投诉处理等服务。同时,开展线上农业活动、互动游戏和虚拟实境体验,提供"云种植""云养殖"服务,让游客在线体验农耕文化,增强游客的参与度和留存度。

3. 加强数字化农业与旅游的融合应用

我们致力于打造数字化观光农园、休闲农园、科技农园、生态农园、农家乐等新型景观,将传统农业园区与数字化技术相结合,推动农业与旅游的深度融合。通过促进数字化农业景观的转型升级,将传统的田园、聚落、建筑、农耕文化等景观进行数字化处理,通过线上展示吸引游客线下游玩,提升乡村旅游的知名度。同时,我们将农业文化数字化,将农具与农活、食俗文化、岁时节日、民俗文化、植物文化、民间歌舞等数字化,通过线上推广展示农家特色文化,吸引消费者线下体验。此外,我们还将引入虚拟现实和增强现实技术,为游客打造沉浸式的农业体验,让游客可以参与农务、体验民俗、学习科普知识、观光采摘等,增强游客的互动体验和参与感。

第四节 大数据提升生态农业产品供给

生态农产品是在农业生产环节中,严格遵循生态环境保护原则,运用可持续的农业生产方式和管理策略,所产出的一种高品质且环境友好的农产品。在生产过程中,它高度重视生态平衡、资源合理利用以及生物多样性的保护,力求最大限度地减少对土壤、水源和空气的污染,从而维护农业生态系统的稳定性与健康。

一、将生态产品作为推进生态惠民的抓手

尽管湖北拥有优质的生态环境,但生态产品的供给能力尚显不足。同时,自然条件的变迁以及经济发展过程中对环境的影响不容忽视。随着城市化、工业化和农业活动的推进,湖泊和河流正面临着污染威胁,交通运输的发展也带来了大气污染问题。土壤污染和大气污染不仅威胁着农业生产的稳定性和生态系统的平衡,也对人体健康构成潜在风险。此外,由于人类活动的不断加剧,栖息地的破坏和非法捕猎等因素,自然环境中的生物多样性正在锐减,生态系统出现退化,这无疑给生态安全带来了巨大压力。

1. 优质的生态产品成为稀缺资源

生态产品,囊括了温暖宜人的气候、明媚充足的阳光、清新洁净的空气、纯净无瑕的水源、丰饶肥沃的土壤、宁静祥和的环境、和谐温馨的氛围以及美丽迷人的风景,它们广泛渗透于我们生活的方方面面。然而,由于环境污染与破坏,高质量的生态产品正日益成为人类生存与发展的稀缺自然财富。因此,借助云计算、大数据和"3S"等尖端技术来保护生态资源,已经成为提升生态产品供给质量的关键举措。

2. 改变传统生态产品的供给模式

自改革开放以来,湖北省经济实现了迅猛的发展,整体综合实力显著增强。然而,这种发展在很大程度上依赖于简单粗放的模式,导致资源日益枯竭、环境持续恶化以及能源供应紧张等诸多问题。过度耕作和化学农药、化肥的滥用,使得土壤逐渐退化,削弱了其肥力、保水能力和生物多样性,对农业的可持续发展构成严重威胁。同时,水源的污染和过度开发导致水资源短缺和质量下降,不仅影响人们的饮水安全和农业灌溉,也威胁着生态系统的健康。空气污染问题日益严重,对人类健康产生负面影响,增加了呼吸道疾病、心血管疾病等健康风险。生物多样性的丧失破坏了生态平衡,影响了食物链和生态系统的稳定性。

为了改变这一现状,我们需要依托大数据等先进技术,提升环境质量,实现从简单粗放型发展模式向"绿水青山就是金山银山"的生态循环发展模式的转变。我们要坚持生态文明导向的生态价值观,注重在提升增量的同时保护存量,追求高质量发展的同时维护生态平衡。通过合理利用资源、推

动绿色技术创新、改善环境治理和倡导可持续生活方式,我们能够促进优质生态产品的可持续供应,满足人们对健康、环境友好产品的需求,实现人与自然的和谐共生。在这个过程中,我们必须守好"发展和生态的两条底线",确保经济社会的可持续发展与生态环境的保护相得益彰。

二、从供给侧发力提升生态产品供给水平

为了优化经济结构,我们应加强供给侧结构性改革,持续从供给侧入手,致力于提供高品质的生态产品及服务。通过提升全省生态空间、生态系统、生态技术和生态制度的供给能力,我们将依托先进的生态技术、管理手段以及展现方式,推动全省生态治理的现代化进程,从而实现生态与经济的和谐共生与可持续发展。

1.提升生态空间供给能力

依据中共中央、国务院印发的《生态文明体制改革总体方案》的指引,我们坚决加强全省自然生态空间保护,深入推进自然资源管理体制改革。全面贯彻落实《全国主体功能区规划》和《自然生态空间用途管制办法(试行)》等战略部署,致力于扩大绿色生态空间,坚决守住生态发展红线。借助数字化环境监测手段,我们积极保护和恢复生态系统,加大对森林、湿地、草地等各类生态系统的保护力度。扩大自然保护区网络,增设自然保护区,增加其面积与数量,有效保护野生动植物的栖息地,维护生物多样性。同时,我们推动生态农业和林业的可持续发展,推广生态友好的农业和林业管理模式,减少化学农药和化肥的使用,采用有机农业和林业可持续发展的管理方法,降低对生态环境的污染,保护农田和森林的生态功能。我们强化环境监测与管理,及时掌握生态环境状况,并采取相应措施。加强环境执法,严厉打击破坏生态环境的行为,确保生态空间的可持续供给能力。此外,通过举办环境教育活动和宣传,我们提高公众对生态环境保护的意识和重视程度,培养人们的环保意识,促使全社会形成保护生态空间的共识。

2.强化生态技术供给能力

我们致力于加大互联网、云计算、大数据、人工智能、物联网、智能制造、节能减排、新材料及新能源、生态修复、循环利用等相关生态技术的推广应用,并改造提升传统生态技术。在能源领域,我们优先利用天然气、生物质能源、风力资源、生物沼气等生物燃料,积极推广可再生能源的利用,提升其

在能源消费中的比重,最大程度减少直接煤炭燃烧带来的污染,提高能源利用效率。通过绿色技术创新,我们为群众提供低环境污染、低碳排放、低能源消耗、高产出的高质量生态产品,积极培育环境友好的新业态、新产业、新经济,并大力推广绿色生产方式,为群众创造舒适宜居的生活环境和美丽的生态空间,使人民群众的生产、生活、思维、消费方式更加绿色、健康、智能。我们增加对生态技术研发的投资,鼓励科研机构、高等院校和企业加大研发经费和人力资源的投入,促进技术创新和成果转化。同时,加大对生态技术领域人才的培养支持力度,包括设立专业学位、开展培训计划和设立奖学金,吸引更多人才投身生态技术的研究和应用。此外,我们加强与其他国家和地区的合作与交流,共享生态技术研发成果和经验,通过国际合作获取更多资源和技术支持,提升生态技术的供给能力。

3. 深化生态制度供给能力

在坚持生态文明和生态发展价值观的基础上,我们致力于构建经济、社会和生态效益和谐统一的生态利益体系,有效配置和整合各种创新要素和资源,实现人与自然的和谐共生及生态平衡。在坚守发展和生态两条底线的同时,我们保持经济的稳定增长。我们建立健全法律保障制度,明确生态保护和可持续发展的目标,加强对生态制度的研究和规划,确保制度的科学性、可行性和有效性。我们设立专门的生态保护和可持续发展管理机构,明确职责和权限,加强生态制度的监督和执法力度,建立健全的监测和评估体系,及时发现和纠正制度执行中的问题。我们完善生态保护补偿机制,增加对生态制度的资金投入,确保其运行和维护的可持续性。我们建立激励机制,鼓励各级政府、企业和公众积极参与生态保护和可持续发展的实践,促进资源的合理利用和环境的改善。此外,我们建立信息公开和公众参与的机制,使公众能够了解生态制度的建设和运行情况,并参与相关决策和评估过程,增强生态制度的透明度和公信力,促进各方的共识和合作。

三、应用大数据促进生态产业发展

依托大数据技术,我们致力于向市场推出更多符合消费者需求的商用生态产品和服务,从而进一步提升大数据生态产品服务的供给能力,满足市场的多样化需求。

1. 以大数据有效促进生态产业的高质量发展

我们精心构建了生态环境数据收集系统,全面汇集与生态产业息息相关的海量数据,涵盖环境监测、生物多样性以及气候等多维度信息。借助先进的数据分析和挖掘技术,我们建立起精准的数据模型,从中提炼出有价值的信息与模式。通过深入分析市场数据、消费者行为及趋势,我们深刻洞察生态产品的市场需求、资源利用状况以及环境演变趋势,从而精准调整产业结构与产品组合,科学规划资源配置与生产布局,实现生态产业的精细化运营。大数据分析在生态产业资源优化配置中发挥着关键作用,有效促进了资源的节约与高效利用。我们深入剖析生产过程和资源利用数据,及时发现资源浪费和效率低下的问题,并提出针对性的改进措施。同时,我们建立了智能监测系统,对生态产业的关键指标与环境因素进行实时追踪与预警。通过智能监测与控制系统,我们实现了能源消耗的实时监测与精准调节,显著提升了能源利用效率。此外,我们还通过分析环境监测、气象等多源数据,提前预警自然灾害、环境污染等潜在风险,制定有效的应对策略与预案,确保生态产业的稳健运行。为了推动生态产业的自动化与智能化发展,我们在农业领域积极运用大数据分析与物联网技术,实现了精准的农业管理与自动化生产,显著提高了农业资源的利用效率和生产效益。

2. 以大数据提升自然环境生态产品供给质量

在增强生态产品服务供给方面,我们积极运用大数据、传感器、遥感技术等先进手段,全面收集自然环境的多维度数据,包括气象、水质、土壤质量等关键信息。通过构建精细化的数据模型,并结合历史与实时数据,我们能够精准预测种植和养殖过程中可能遭遇的疾病、害虫、天气等风险,以及自然环境的变化趋势。这使我们能够提前预警病虫灾害和自然灾害,有效预防和减少环境污染,保护生态平衡,并优化资源配置,从而显著提升生态产品供给的效率和质量。

基于深入的大数据分析,我们制定出一系列科学合理的种植和养殖方案,旨在提高生产效率和质量。借助智能化系统,我们能够实现对种植和养殖环境的自动监测和智能调节,实现精细化、科学化的管理。通过对种植养殖过程中的环境数据进行深度分析,我们进一步优化农作物和养殖动物的生长环境,减少农药和饲料的使用量,改善种植环境条件和养殖动物的健康状况,提升生产性能。同时,通过持续监测水质、空气质量等关键指标,我们能够及时调整饲养条件,降低对环境的负面影响,有效预防疾病的发生,进一步提高养殖效益和产品质量。

第五节　建设高素质大数据人才队伍

为了推动大数据产业的持续发展,我们致力于加强高素质、多层次的大数据人才队伍建设。我们实施了一系列举措,包括大数据人才培育、培养、培训和引进,同时建立了大数据人才交流平台,旨在完善从基础研究到产品研发再到场景应用的人才培养体系。通过这些努力,我们成功构建了多层次的人才梯队,为大数据的蓬勃发展提供了坚实的支撑。

为了吸引更多优秀的大数据人才,我们特别出台了一系列优惠政策,并优化了人才交流的体制机制。我们积极鼓励人才落户并扎根湖北,努力打通大数据企业与人才之间的流通通道。这些举措的实施,不仅为农业大数据产业的发展提供了有力的人才保障,也为农业供给侧结构性改革、乡村振兴和创新创业注入了新的活力。我们坚信,通过这些举措,我们能够汇聚更多优秀的大数据人才,共同推动湖北乃至全国的大数据产业迈向新的高度。

一、实施大数据人才培育行动计划

依托湖北丰富的高校教育资源,我们积极鼓励高校申报并设立与大数据和数字经济相关的专业,包括成立大数据学院、数字经济学院、人工智能学院等,以丰富湖北省的大数据教育内容。同时,在职业技术学院中,我们设立了一系列应用型为主的专业,如数字经济、大数据、物联网、人工智能等,以满足社会对人才的需求。

为了培养具备跨领域知识和技能的复合型人才,我们探索建立了"大数据＋农业""互联网＋农业""人工智能＋农业""智能制造＋农业"等理实一体化的专业人才培养模式。我们特别重视大数据、物联网、人工智能、专家系统、智能制造等与农业领域相关的作物学、遗传学、土壤学、畜牧学、农业生态学、园艺植物育种学、园艺植物栽培学、病虫害防治学、水产学、林学、食品生产与检验、农产品流通与管理、农资营销与服务等学科的交叉融合,以提升学生的综合素质和竞争力。

为了扩大农业大数据人才的培养规模和提升培养质量,我们采取了多种措施。一方面,通过增加省内高等院校大数据相关专业的招生计划,吸引更多学生投身这一领域。另一方面,我们与省外高等院校合作,开展定向委培项目,以满足湖北省对农业大数据人才的需求。同时,我们建立了涵盖"运营→技术→营销→管理"的农业大数据培养体系,以及"理论→实习→实训→就业"的全流程培养模式,确保学生能够在学习中获得实践经验,并在毕业后顺利就业。这些举措将有力推动湖北省农业大数据人才的培养和发展。

二、实施乡村数字化发展人才培养行动计划

数字乡村正逐渐崭露头角,成为我国乡村振兴的重要引擎和突破口。它依托数字技术,致力于推动乡村产业的数智化转型、乡村生活的智慧化升级以及乡村治理的现代化进程。在这一进程中,培养既具备农业知识又精通大数据经营管理的复合型人才显得尤为关键,因为人才振兴是数字乡村发展的核心驱动力。

我们立足产业实际,坚持以人为本的理念,致力于将数字经济的触角延伸至村镇基层。为此,湖北省乡村振兴局、农业农村局、大数据管理局、经济和信息化委、商务厅以及省人力资源和社会保障厅等多部门将携手合作,共同实施数字乡村人才培养行动计划。我们的目标是建设一支专业的数字农业人才队伍,以有效解决数字农业、数字内容传播、数字创意 IP 产品、数字平台农文旅以及数字工具创客等领域中大数据人才匮乏的问题,为数字乡村振兴提供坚实的人才保障。

1. 全力培养数字乡村专业人才

我们将充分利用湖北省人力资源和社会保障厅、乡村振兴局、农业农村局的技能培训和专业培训资源,通过产教融合、校企合作、订单式培养、套餐制培训等多种方式,有计划、分层次地培养数字农业专业化人才。具体而言,我们将首先提升新农人的数字素养,建设一批数字技能人才培养试验区,并打造一批数字农业技能提升培训基地。其次,我们将针对从事数字农业、智慧农业生产的涉农企业和农户,选拔基础较好的从业者,按照低级、中级、高级的梯级结构进行专业的数字化农业生产培训。同时,我们还将注重培养懂农业和懂管理的专业性新型运营能力人才,打造一批"数字+农业"的数字化运营和管理人才。此外,我们还将特别关注培养一批紧缺的"新型电商带头人",重点加强目前市场缺乏的社区团购、直播电商、短视频电商、

社交电商人才的培养。我们将举办数字乡村和农村电子商务大赛活动,以赛促学,以学促建。同时,我们还将加强市县乡村四级数据平台的业务培训和工作指导,确保各级干部能熟练和掌握使用大数据平台。最后,我们将制定奖励扶持办法,鼓励和支持市、县、乡、村四级发展"大数据+""互联网+"产业,对做出突出贡献的企业和个人给予奖励。

2.积极引进各类农业大数据人才

我们将充分发挥高等校、科研院所、上级业务主管部门的人才优势,建设数字乡村咨询工作机构,鼓励企业设立大数据专家工作站、大数据博士工作站,发挥专家团队、专业人才的指导与咨询作用。同时,我们将协调各地大数据局、组织部、人力资源和社会保障部、工业和信息化部、共青团、妇联、残联等部门,根据湖北省大数据农业发展需求,积极引进专业化农业大数据人才,开辟农业大数据人才引进"绿色通道"。我们将把大数据高端人才纳入湖北省急需紧缺高层次人才引进计划,并落实大数据、互联网、电子商务创新创业资助等优惠政策,吸引更多农业大数据专业人才、互联网专家、电子商务英才汇聚湖北。

3.加大对基层乡村数字化发展人才培训力度

我们将加强对全省特别是市州、区县和乡镇数字化产业服务平台使用的指导与培训,积极与我国高端互联网和大数据公司如阿里巴巴集团、华为公司、京东公司、百度公司、北京字节跳动公司以及省内的武汉斗鱼网络科技有限公司、武汉奇米网络科技有限公司等开展合作。我们将共同签订数字乡村人才合作计划,建设数字乡村人才赋能中心,制定完善的数字乡村人才培养体系和课程体系。通过这种方式,我们既能留住本地基层人才,又能解决这些公司基层人才缺乏的问题。对于相对固定的农业农村大数据系统的工作人员,我们将组织他们到专业化的农业大数据公司、高等院校进行分期分批交流或培训,并定期聘请大数据系统的专家到基层进行培训,确保大数据系统的高效运行,充分发挥大数据服务系统在调度、分析和协同方面的作用。

三、实施大数据人才培训行动计划

湖北省经信委、人力资源和社会保障厅、大数据管理局及农业农村局携手合作,共同制定了大数据农业专业技术领军人才培训计划,并付诸实施。

每年,我们聚焦农业大数据基础研究、技术研发、智能装备及场景应用等核心领域,精心选拔50至100名中青年农业大数据骨干人才,安排他们进入武汉大学、华中科技大学、华中农业大学、武汉理工大学等省内知名高校,系统学习大数据知识,提升专业能力。此外,我们还计划选派同等数量的农业大数据人才赴英国、德国、澳大利亚、荷兰、以色列、法国、日本、韩国等农业发达国家,学习其智慧农业建设的先进经验。同时,将推动中青年大数据骨干人才与八个国家大数据综合实验区进行挂职交流,促进国际间的合作与学习。

为培养更多优秀的大数据企业家,我们实施百名大数据企业家培训计划,每年选拔培训100名"楚天大数据英才"、100名"楚天数字经济英才"、100名"楚天数字经济创业能人"以及100名"楚天智慧农业专家",并为他们提供3万元至5万元的培训资助,以支持他们的个人成长与事业发展。为充分发挥博士服务团的作用,我们将从高校和科研院所中选派大数据专业的专家学者,前往各地市州的大数据管理局和科技局挂职或担任科技特派员。他们将在获得充分授权的基础上,开展各类大数据地方培训活动,推动大数据技术在地方的实际应用与发展。

四、实施大数据人才引进行动计划

人才是发展的核心驱动力和宝贵战略资源。为了充分发挥人才的作用,我们应迅速制定并实施《湖北省大数据人才发展行动计划》,将大数据人才引进纳入"百人计划"和"百千万人才工程"计划,为顶尖人才和领军人才量身定制个性化政策,为中高级专业人才提供优厚待遇、良好的工作环境和宽广的职业发展平台,消除其后顾之忧,从而吸引更多人才来湖北发展,实现人才的安居乐业。此外,我们还应积极搭建引才平台,吸引海内外大数据领域的优秀人才。通过构建线上招聘平台、校园招聘平台以及高校和科研院所人才平台,实现政、校、行、企的联动,共同为湖北省推荐和引进杰出人才。我们的引才重点应放在那些掌握国际尖端数字技术、引领大数据发展、推动数字创新创业的领军人才,以及从事科技创新和成果转化的高层次人才上。对于自带项目、技术和资金的领军型大数据创新创业团队,我们将提供最高500万元的资助,并为其提供三年500万元的贴息贷款以及五年的财税减免等优惠政策。同时,对于引进的大数据高端创业人才,我们将一次性给予100万元的资助,并鼓励柔性引进外国大数据领域的专家,给予一次性200万元的资助,以此展示湖北对人才的高度重视和诚意。

五、实施大数据人才交流平台建设行动计划

为了构建大数据人才交流服务平台,我们建议由湖北省人力资源和保障厅、湖北省科技厅、湖北省大数据管理局、湖北省教育厅、湖北省经济和信息化厅、湖北省团省委、湖北省农业农村厅、湖北省商务厅等多部门联手,共同成立湖北省数字经济人才服务联盟。这一联盟将致力于搭建一个高效的大数据人才服务交流平台,各部门每年轮流担任联盟主席,负责制定并执行交流服务规划。每年,我们将定期举办人才交流会,不断优化数字经济人才培养体系。同时,聘请数字经济领域的知名专家学者、大数据相关产业的实业家和技术专家等,为企业提供全方位的大数据产业相关服务,切实帮助企业解决在大数据经营管理方面遇到的难题。此外,由数字经济联盟牵头,我们将成立"中国·光谷"和"武汉·中国光谷"高端人才创新创业促进会,举办相应的创客大赛,并定期举办创业互助、经验分享、考察交流等各类活动。通过这些举措,我们希望能够共同构建一个数字经济人才的"事业圈"和"生活圈",为人才提供一个更加广阔的舞台,共同推动数字经济的发展。

六、实施大数据"政校行企"行动计划

为了满足大数据产业的迫切需求,我们计划搭建一个"政校行企"四位一体的大数据人才培养平台,以政府为主导、学校为主体、协会为桥梁、企业积极参与。在此过程中,我们将充分利用省教育厅、省科技厅、省人力资源和社会保障厅、省大数据管理局等政府职能部门的资源整合优势,发挥它们的牵线搭桥作用,加强与国内外大数据专业领域的知名高校、行业协会以及海外高科技企业的紧密合作。我们支持国内外知名高校在湖北省内设立大数据研究机构,同时鼓励本地企业与国内外大数据领域的知名高校、研究机构、知名企业成立联合研究中心,共同开展合作研究。此外,我们还将在企业内部设立院士工作站、专家工作站、博士工作站等,为企业提供基于大数据的人才培养、科学研究、企业咨询以及创新创业等服务活动,以促进产学研的深度融合。同时,我们还将成立大数据行业协会,充分发挥其在政产学研之间的桥梁纽带作用,搭建合作交流平台,组织大数据产业链上下游企业的交流与合作。通过资源聚合、业态繁荣、深化应用以及创新创业等方面的努力,我们期望在推动大数据产业发展方面发挥重要作用。

参 考 文 献

[1] SAY J B. Traité D'économie Politique[M]. FB Editions. France: Createspace, 2015.

[2] KEYNES J M. The General Theory of Employment, Interest and Money[M]. 2007 Edition. United Kingdom: Palgrave Macmillan, 1936.

[3] Goodwin N, Harris J, Nelson J A, et al. Principles of economics in context[M]. New York: M. E. Sharpe, 2014.

[4] 滕泰. 更新供给结构、放松供给约束、解除供给抑制——新供给主义经济学的理论创新[J]. 世界经济研究, 2013(12):3-8.

[5] SAY J B. Traité D'économie Politique[M]. FB Editions. France: Createspace, 2015.

[6] KEYNES J M. The General Theory of Employment, Interest and Money[M]. 2007 Edition. United Kingdom: Palgrave Macmillan, 1936.

[7] Goodwin N, Harris J, Nelson J A, et al. Principles of economics in context[M]. New York: M. E. Sharpe, 2014.

[8] 滕泰. 更新供给结构、放松供给约束、解除供给抑制——新供给主义经济学的理论创新[J]. 世界经济研究, 2013(12):3-8.

[9] 刘元春. 论供给侧结构性改革的理论基础[N]. 人民日报, 2016-02-25(07).

[10] 林毅夫, 邱超奕. 供给侧改革彰显我国制度优越性[N]. 人民日报, 2016-11-21(010).

[11] 吴敬琏. 供给侧改革不能简单理解为"调结构"[J]. 财经界, 2016(06):48-51.

[12] 厉以宁. 持续推进供给侧结构性改革[J]. 中国流通经济, 2017, 31(01):3-8.

[13] 何军, 王越. 以基础设施建设为主要内容的农业供给侧结构改革[J]. 南京农业大学学报(社会科学版), 2016, 16(06):6-13, 152.

[14] 刘志彪. 现代服务业发展与供给侧结构改革[J]. 南京社会科学, 2016

(05):10-15.

[15] 李家凯,胡静.以供给侧改革推动湖北经济转型研究[J].商场现代化,2016(14):213-214.

[16] 信军.农业供给侧改革的六大任务[J].农经,2016(03):38.

[17] 叶兴庆.农业供给侧结构性改革需要解决的问题和推进方向[J].区域经济评论,2017(06):20-22.

[18] 黄季焜.农业供给侧结构性改革的关键问题:政府职能和市场作用[J].中国农村经济,2018(02):2-14.

[19] 孙洁.农业供给侧改革 从"病根"上解决问题[J].中国农村科技,2016(12):8.

[20] 韩俊.农业供给侧结构性改革是乡村振兴战略的重要内容[J].中国经济报告,2017(12):15-17.

[21] ROMER P M. Endogeneous technological change[J]. Journal of Political Economy,1990,98(3210):s71-s102.

[22] PORTER M E. The competitive advantage of nations[M]. New York:Simon and Schuster,2011.

[23] 刘文剑,卿苏德.大数据促进我国产业转型升级[J].电信科学,2015(11):180-184.

[24] 刘强.基于大数据的制造业转型升级[J].科技经济导刊,2016(07):36.

[25] 陈德余,汤勇刚.大数据背景下产业结构转型升级研究[J].科技管理研究,2017(01):128-132.

[26] 秋缬滢.以大数据运用促生态环境供给侧改革[J].环境保护,2016(13):9-10.

[27] 秦如培.加快建设国家大数据综合试验区 推动供给侧结构性改革走出新路[J].行政管理改革,2016(12):22-27.

[28] 赵爱清.供给侧结构性改革与大数据应用[J].中国高校社会科学,2017(05):69-77.

[29] 成艾华,蒋杭.湖北省农业供给侧结构性改革面临的问题及对策研究[J].湖北农业科学,2017,56(23):4624-4627+4631.

[30] 孙九林,李灯华,许世卫,等.农业大数据与信息化基础设施发展战略研

究[J].中国工程科学,2021,23(04):10-18.

[31] 黄群慧.以产业链供应链现代化水平提升推动经济体系优化升级[J].马克思主义与现实,2020(06):38-42.

[32] 杨继军,金梦圆,张晓磊.全球供应链安全的战略考量与中国应对[J].国际贸易,2022(01):51-57+96.

[33] 黄南,王聪,薄文广.新发展格局下数字经济驱动产业变革:内在机理与实现路径[J].江海学刊,2022(02):91-99.

[34] 占晶晶,崔岩.数字技术重塑全球产业链群生态体系的创新路径[J].经济体制改革,2022(01):119-126.

[35] 宋华,韩思齐,刘文诣.数字技术如何构建供应链金融网络信任关系[J].管理世界,2022,38(03):182-200.

[36] 许志勇,刘宗慧,彭芸.中小企业资产、价值、大数据与平台融资[J].中国软科学,2021(12):154-162.

[37] 董春岩,刘佳佳,王小兵.日本农业数据协作平台建设运营的做法与启示[J].中国农业资源与区划,2020,41(01):212-216.

[38] 白世贞,黄绍娟.数字经济赋能农产品供应链管理转型升级[J].商业经济研究,2021(19):137-140.

[39] 李国英.农业全产业链数字化转型的底层逻辑及推进策略[J].区域经济评论,2022(05):86-93.

[40] 农业农村部信息中心课题组,王小兵,钟永玲.农业全产业链大数据的作用机理和建设路径研究[J].农业经济问题,2021(09):90-97.

[41] 钱静斐,陈秧分.典型发达国家农业信息化建设对我国农业"新基建"的启示[J].科技管理研究,2021,41(23):174-180.

[42] 张伟,黄颖,李长春,等.收入分化、需求演变与农业保险供给侧改革[J].农业经济问题,2018(11):123-134.

[43] 冯叶,陈盛伟,宋长青.农业企业采纳大数据技术影响因素研究——基于ISM模型的实证分析[J].技术经济,2020,39(07):18-26.

[44] 赵丙奇,章合杰.数字农产品追溯体系的运行机理和实施模式研究[J].农业经济问题,2021(08):52-62.

[45] 许玉韫,张龙耀.农业供应链金融的数字化转型:理论与中国案例[J].农业经济问题,2020(04):72-81.

[46] Wikipedia. Big data[EB/OL].[2018-04-10]. https://en.wikipedia.org/wiki/Big_data.

[47] 舍恩伯格.大数据时代——生活、工作与思维的大变革[M].周涛,译.杭州:浙江人民出版社,2013.

[48] 阿尔文·托夫勒.第三次浪潮[M].黄明坚,译.北京:中信出版社,2006.

[49] 徐充,郑朝霞.高质量发展视域下供给侧结构性改革推进路径研究[J].广西社会科学,2021(10):72-78.

[50] 周密,胡清元,边杨.扩大内需战略同供给侧结构性改革有机结合的逻辑框架与实现路径[J].经济纵横,2021(09):34-42.

[51] 任保平,张越.新经济推动生产体系变化下供给侧结构性改革的路径[J].北京师范大学学报(社会科学版),2021(06):150-157.

[52] 斯密.国富论[M].北京:商务印书馆,2015.

[53] 马克思.资本论[M].北京:人民出版社,2018.

[54] 西蒙·史密斯·库兹涅茨.各国的经济增长[M].常勋等,译.北京:商务印书馆,2022.

[55] 约瑟夫·熊彼特.经济发展理论[M].北京:中国人民大学出版社,2019.

[56] 滕泰,刘哲.供给侧改革的经济学逻辑——新供给主义经济学的理论探索[J].兰州大学学报(社会科学版),2018,46(01):1-12.

[57] Maslow A H. A Theory of Human Motivation[J]. Psychological Review,1943,50(4):370-396.

[58] Herzberg F, Mausner B, Snyderman B B. The Motivation to Work (2nd ed.)[M]. New York: John Wiley & Sons, 1959.

[59] Henderson J C, Venkatraman N. Strategic alignment: a model for organizational transformation through information technology[J]. Transforming organizations,1990(11):9-48.

[60] 李慧,马德新.农业大数据应用发展现状及其对策研究[J].江苏农业科学,2021,49(16):48-52.

[61] 金璟.农业大数据与农业产业经济数量分析[M].成都:西南财经大学出版社,2020.

[62] 王文生,陈明.大数据与农业应用[M].北京:科学出版社,2021.

[63] 林毅夫.新结构经济学[M].北京:北京大学出版社,2018.

[64] 何迪.美国、日本、德国农业信息化发展比较与经验借鉴[J].世界农业,2017(03):164-170.

[65] 袁紫晋,毛克彪,曹萌萌,等.国内外农业大数据发展的现状与存在的问题[J].中国农业信息,2021,33(3):1-12.

[66] 李天华,陈宏毅.美国智慧农业对中国农业发展的启示[J].黑龙江农业科学,2020(4):111-114.

[67] 董春岩,刘佳佳,王小兵.日本农业数据协作平台建设运营的做法与启示[J].中国农业资源与区划,2020.41(1):212-216.

[68] 陈启斐,田真真.大数据与产业赋能——基于国家级大数据试验区的分析[J].南开经济研究,2023(07):90-107.

[69] 张益豪,郭晓辉.大数据发展与企业全要素生产率——基于国家级大数据综合试验区的实证分析[J].产业经济研究,2023(02):69-82.

[70] 王晓红,李娜.数字技术发展、产学研合作与企业创新能力——基于国家级大数据综合试验区的分析[J].科技管理研究,2022,42(17):1-8.

[71] 徐林,侯林岐,程广斌.国家级大数据综合试验区创新效应研究[J].科技进步与对策,2022,39(20):101-111.

[72] 丁煌,马小成.数据要素驱动数字经济发展的治理逻辑与创新进路——以贵州省大数据综合试验区建设为例[J].理论与改革,2021(06):128-139.

[73] 邱子迅,周亚虹.数字经济发展与地区全要素生产率——基于国家级大数据综合试验区的分析[J].财经研究,2021,47(07):4-17.

[74] 曹平,陆松,梁明柳.大数据战略、知识管理能力与中国企业创新[J].产经评论,2021,12(02):102-119.

[75] 陈加友.国家大数据(贵州)综合试验区发展研究[J].贵州社会科学,2017(12):149-155.

[76] 杨强.我国农业供给侧结构性改革中农业供给结构分析[J].南方农业学报,2020,51(10):2588-2596.